Wissensmanagement
wird
digital

Angelika Mittelmann

Wissensmanagement wird digital

Gastbeiträge
von
Manfred della Schiava

Bibliografische Information der Deutschen Nationalbibliothek

Die Deutsche Nationalbibliothek verzeichnet diese Publikation in der Deutschen Nationalbibliografie; detaillierte bibliografische Daten sind im Internet über http://dnb.d-nb.de abrufbar.

Impressum:

© 2019 Mittelmann, Angelika

Herstellung und Verlag: BoD – Books on Demand, Norderstedt

ISBN 9783746027654

Vorwort

Die Rechenautomaten haben etwas
von den Zauberern im Märchen.
Sie geben einem wohl, was man sich wünscht,
doch sagen sie einem nicht, was man sich wünschen soll.
Norbert Wiener, amerikanischer Mathematiker (1894–1964)

Die Digitalisierung in allen unseren Lebensbereichen schreitet unaufhaltsam voran. Diese Transformation stellt nicht nur Einzelpersonen, sondern vor allem auch Organisationen vor große Herausforderungen. Beispielsweise möchten Kunden ihr Leben soweit wie möglich online gestalten. Das beginnt beim Einkauf von Produkten des täglichen Bedarfs und reicht bis zur Abwicklung aller ihrer Geschäftstätigkeiten. Immer mehr Mitarbeiter möchten unabhängig von Zeit und Ort ihre Arbeitsleistung erbringen und fordern daher immer öfter flexible Arbeitsmodelle und -umgebungen (Telearbeit, Homeoffice). Immer mehr Unternehmen lassen ihre Geschäfte und Projekte von flexiblen, global agierenden Teams abwickeln, um alle strategisch relevanten und rentablen Geschäftsoptionen realisieren zu können. Immer größere Datenmengen (Stichwort Big Data) werden ausgewertet, um neue Geschäftsmodelle in immer kürzeren Zeitabständen für den nachhaltigen Geschäftserfolg zu entwickeln.

Organisationen haben jedoch oft Schwierigkeiten mit der digitalen Transformation. Nicht zuletzt fehlen den Mitarbeitern häufig die notwendigen Kompetenzen, die sie für die professionelle Abwicklung digitalisierter Arbeitsschritte benötigen. Unter diesem Blickwinkel stellt sich die Frage, wie auch Methoden des Wissensmanagements angepasst werden können, um diese Veränderungen zu begleiten. Ihr Beitrag ist, den Geschäftserfolg der sich transformierenden oder bereits transformierten Organisation durch den professionellen Umgang mit Wissen absichern zu helfen.

Für dieses Buch wurden alle Methoden im „Werkzeugkasten Wissensmanagement" auf ihr Digitalisierungspotenzial hin überprüft. Weiters wurde eine Vorgehensweise entwickelt, mit deren Hilfe der Digitalisierungsgrad der Methoden angehoben werden kann. Sie wurde auf viele Methoden im Werkzeugkasten angewendet. Durch die schrittweise Erhöhung des Digitalisierungsgrads mit Hilfe vorhandener IT-Infrastruktur wird allen Mitarbeitern in einer Organisation diese Transformation erleichtert.

Alle IT-Werkzeuge, die für die Digitalisierung der Methoden zur Anwendung kommen, wurden kategorisiert, um der Problematik des hoch volatilen Software-Marktes, in dem ständig Produkte vom Markt genommen werden und neue hinzukommen, auszukommen.

Dieses Buch stellt somit eine Weiterentwicklung des „Werkzeugkasten Wissensmanagement" dar. Es sind jene Methoden enthalten, deren Digitalisierungsgrad gegenüber der ursprünglichen Version angehoben werden kann. Einige neue sind hinzugekommen, die mittlerweile im Kontext von Wissensmanagement von großem Interesse sind oder besonders zukunftsweisende Ansätze aufweisen.

Linz, im Sommer 2019
Angelika Mittelmann

Inhaltsverzeichnis

Grundlagen

Um die Verwendung des digitalisierten Werkzeugkastens so einfach wie möglich zu gestalten, werden in diesem Kapitel einige wenige Grundlagen dargelegt. Diese umfassen Begriffsklärungen und die Beschreibung der Werkzeugkategorien. Zur Abrundung des Themas werden Hilfestellungen für die Begleitung der Einführung der digitalisierten Methoden gegeben.

Begriffsklärungen

Da es sich um den digitalisierten Werkzeugkasten Wissensmanagement handelt, muss als erstes der Begriff „Digitalisierung" geklärt werden, der in unterschiedlichen Zusammenhängen verwendet wird. Es ist sinnvoll, sich mit den verschiedenen Bedeutungen näher zu befassen, die im Kontext von Wissensmanagement wichtig sind.

Der Begriff „Digitalisierung" meint zunächst (1. Bedeutung) den möglichst durchgängigen Einsatz von Informationstechnologien (IT) bei der Ausführung von Geschäftsprozessen, die der Informationsbeschaffung und -visualisierung bzw. der synchronen oder asynchronen Kommunikation zwischen Gesprächspartnern dienen. Die „digitalisierte" Informationsbeschaffung kann beispielsweise in einer Suchmaschine durch eine Suchabfrage erfolgen, das Ergebnis wird durch Anzeige der gefundenen Einträge visualisiert. Räumlich weit verstreute Projektteammitglieder können durch Einsatz eines Videokonferenz-Systems eine Teamsitzung abhalten (synchrone Kommunikation) oder im Forum einer Projektplattform Themen diskutieren (asynchrone Kommunikation). Im Kontext von Wissensmanagement-Methoden ist vor allem diese Bedeutung von Interesse.

Im Kontext von „Industrie 4.0" steht der Begriff (2. Bedeutung) für das Zusammenwachsen von Menschen und Maschinen zu cyber-humanen Systemen (vgl. Bendel 2015, Hess 2016). Das bekannteste und derzeit am heftigsten diskutierte Beispiel ist das autonome Fahrzeug, in dessen Transportaufgabe der Mensch nur noch in Ausnahmefällen eingreift. Tiefgreifender beschreibt diese Integration das Konzept der „digitalen Fabrik", in der Mitarbeiter, Softwarewerkzeuge (Applikationen) und cyber-humane Systeme gemeinschaftlich zur Erstellung der virtuellen und reellen Produkte eingesetzt werden (vgl. Zäh et al. 2003, S. 76).

Der Begriff wird auch häufig verwendet (3. Bedeutung) in Zusammenhang mit den beobachtbaren Veränderungen, die Organisationen durch den verstärkten Einsatz von IT in allen ihren Geschäftstätigkeiten durchlaufen. Der Begriff steht hier als Kurzform für „digitale Transformation". Ein bekanntes Beispiel für diese Art von Transformation einer gesamten Branche ist das Unternehmen Uber, ein Online-Vermittlungsdienst zur Personenbeförderung. Das Unternehmen lebt von den Provisionen aus den Einkünften der vermittelten Personentransporte. Die Vermittlung läuft ausschließlich über eine Smartphone-App oder eine Website. Es besitzt keine eigenen Transportmittel und betreibt keine Vermittlungszentralen.

Die hier angesprochene digitale Wende ist an und für sich kein neues Phänomen. Seit mehreren Jahrzehnten werden Informationstechnologien zur Beschleunigung und Verbesserung von Geschäftsprozessen eingesetzt. Was in den letzten Jahren allerdings stark zugenommen hat, ist der Druck zur Transformation durch den massiven Fortschritt auf vielen technologischen Gebieten (vgl. Matt/Hess/Benlian 2015). Daher sollte diese Bedeutung bei der Einführung oder Anpassung von Wissensmanagement in Organisationen nicht außer Acht gelassen werden.

Da es im Kontext von Wissensmanagement immer wieder zu Begriffsverwirrungen zwischen den Begriffen „Methode", „Werkzeug" und „Instrument" kommt, erfolgt vorab eine klare Abgrenzung:

- Eine **Methode** ist ein Verfahren, ein planbarer Weg oder ein dokumentierter, in Zukunft wiederverwendbarer Prozess, dessen Ausführung in einer festgelegten Folge von Schritten zum Ziel führt (Cermak 1993; Chroust 1992, S. 50; Mittelmann 1998, S. 154).

- Ein **Werkzeug** (engl. Tool) ist ein für einen bestimmten Zweck erzeugtes Objekt, mit dessen Hilfe etwas hergestellt oder bearbeitet wird. Dieses Hilfsmittel kann auch in Form eines Softwaresystems vorliegen (vgl. Heinrich 1993, S. 335; Dudenredaktion; wikipedia 2016).

- Ein **Instrument** (im technisch-wissenschaftlichen Kontext) ist ein kompliziertes Gerät für technische und/oder wissenschaftliche Messungen oder Untersuchungen (Wiktionary 2016).

Aus diesen Definitionen ist ersichtlich, dass im Wissensmanagement (WM) Methoden zum Einsatz kommen. Durch den Einsatz von geeigneten Werkzeugen in Form von Softwaresystemen in passenden Prozessschritten der Methoden können diese digitalisiert werden. Auf die Verwendung des Begriffs „Instrument" kann verzichtet werden, da im Kontext von Wissensmanagement (derzeit) keine physischen Mess- oder Untersuchungsgeräte verwendet werden.

Kategorien von digitalen Werkzeugen

Die Kategorisierung schließt nicht alle Arten von Werkzeugen ein, sondern nur jene, die für die Digitalisierung von WM-Methoden zum Einsatz kommen können. Die Bezeichnung der Kategorien erfolgt mit Hilfe von Verben, die die gewünschten Funktionen der Werkzeuge charakterisieren.

Die Werkzeuge werden zwölf Kategorien (siehe Abbildung 1) zugeordnet. Jeweils drei Kategorien sind zu einer Gruppe mit einem eindeutigen Funktionsfokus zusammengefasst. Der Fokus der Gruppe „netzwerken-kommunizieren-zusammenarbeiten" (Farbe Orange in Abbildung 1) liegt in der Kommunikation. Das Wesentliche bei der Gruppe „teilen-veröffentlichen-verteilen" sind die Artefakte, Beiträge oder Links, die online bereitgestellt werden (Farbe Grün in Abbildung 1). Bei der Gruppe „befragen-spielen-lernen" geht es um Interaktion im jeweiligen Themengebiet (Farbe Violett in Abbildung 1). Bei der Gruppe „suchen-visualisieren-kuratieren" (Farbe Blau in Abbildung 1) geht es um das Finden, Ordnen und Darstellen von Informationen entsprechend definierter Zielsetzung.

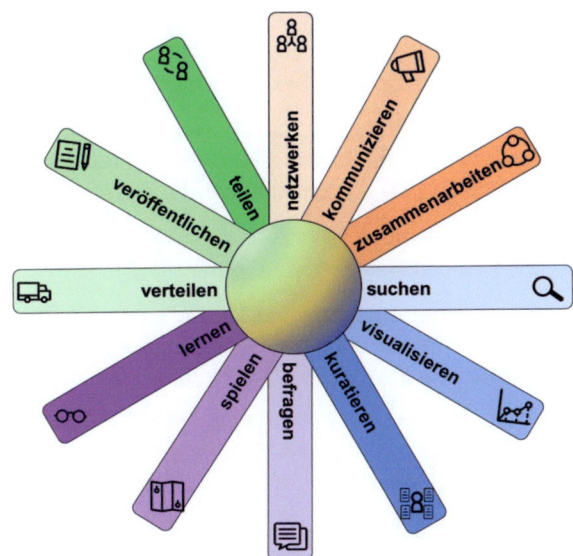

Abbildung 1: Werkzeug-Kategorien

Nachfolgend werden je Kategorie die wichtigsten Funktionen angegeben, die Werkzeuge in dieser Kategorie anbieten müssen. Darunter sind jeweils einige Beispiele für zugehörige Technologien angeführt. Kurzbeschreibungen zu den Technologien sind im Glossar (auf Seite 393) zu finden.

Werkzeuge der Kategorie *netzwerken* (networking) unterstützen beim Knüpfen und Pflegen von Beziehungen im Netz.

z.B. Social Networking, Business Networking, Social Media

 Werkzeuge der Kategorie *kommunizieren* (messaging) ermöglichen Personen, sich über Text-, Audio- und/oder Video-Nachrichten in Echtzeit oder auch asynchron auszutauschen.

z.B.
Synchrone: Instant Messaging, Telefonkonferenz, Chats, Videokonferenz, Webkonferenz
Asynchrone: E-Mail, Sprach-Mail, SMS, Mailing-Listen, Diskussionsforum

 Werkzeuge der Kategorie *zusammenarbeiten* (collaborating) versetzen in die Lage, Inhalte synchron oder asynchron gemeinsam zu erarbeiten, darüber zu diskutieren, zu verändern und anzupassen entsprechend der Zielsetzungen.

z.B. Elektronische Gruppenkalender, Social Bookmarking, Social Tagging, Groupware, Teamräume, Diskussionsforum, Workflow Management System, Projektkooperationssystem

 Werkzeuge der Kategorie *suchen* (searching) unterstützen das Finden von benötigten Informationen in allen verfügbaren Datenquellen (z.B. Datenbanken, Internet, soziale Netze).

z.B. Suchmaschinen, Spezialsuchmaschinen, Metasuchmaschinen, Social Bookmarking, Social Tagging

 Werkzeuge der Kategorie *visualisieren* (visualizing) ermöglichen die Analyse von Daten und Inhalten sowie die bildhafte Strukturierung und/oder Darstellung von Inhalten.

z.B. Data Mining, Data Analyzing, Tabellen, 2D/3D-Diagramme, Mapping, Prozess-Visualisierung, Infografik, Augmented Reality (AR), Virtual Reality (VR)

 Werkzeuge der Kategorie *kuratieren* (curating) helfen beim Auswählen, Sortieren und Aufbereiten von Informationen.

z.B. Team Bookmarking, RSS Feeds, Abstract Dienste, Social Media Monitoring, Curation Services

Werkzeuge der Kategorie *befragen* (survey) erlauben das Erstellen, Durchführen und Auswerten von Online-Befragungen.

z.B. Computer Assisted Telephone Interview, Online-Befragung, Multimedia-Befragung

 Werkzeuge der Kategorie *spielen* (gaming) ermöglichen das Entwickeln und zur Verfügung stellen von Lernspielen.

z.B. Entwicklungswerkzeuge für Interaktive Rallye, Videoanimation, Rollenspiele etc., Lern-/Spiele-Plattformen

 Werkzeuge der Kategorie *lernen* (learning) bieten Unterstützung bei der Erstellung von Lerninhalten entsprechend pädagogisch-didaktischen Grundsätzen.

z.B. Autorenwerkzeuge für Online Lerncards, Online Quizz etc., Test-Tools, Learning Analytics Tools, Lern-Plattformen

 Werkzeuge der Kategorie *verteilen* (distributing) bieten die Möglichkeit, beliebige Artefakte (z.B. Dokumente, Präsentationen, Bilder, Musik, Videos) oder Verweise auf Artefakte öffentlich im Netz zur Verfügung zu stellen.

z.B. Öffentliche Ordner für Wissensobjekte, Streaming-Dienste (live, Musik, Video etc.), Audio/Video-Podcasting, Sharing-Plattformen (Foto, Video, Musik etc.)

 Werkzeuge der Kategorie *veröffentlichen* (publishing) sind behilflich, Inhalte auf einfache Art und Weise selbst zu erstellen und online zu veröffentlichen.

z.B. Web-Notebooks, Blog, wiki

 Werkzeuge der Kategorie *teilen* (sharing) machen es möglich, beliebige Artefakte (z.B. Dokumente, Präsentationen, Videos) anderen Personen innerhalb selbstgewählter Gruppen im Netz zugänglich zu machen und sich über deren Inhalte in Form von Kommentaren auszutauschen.

z.B. Ordner für geschlossene Gruppen, Teamräume

Manche Werkzeuge bieten Funktionalitäten, die mehrere Kategorien überdecken. Solche „Universalwerkzeuge" sind in der Regel spezialisierten Einzelwerkzeugen vorzuziehen, weil sie helfen, Komplexität zu reduzieren.

Digitalisierung von WM-Methoden

In Organisationen sind viele WM-Methoden im praktischen Einsatz mit unterschiedlichem Digitalisierungsgrad. Manche kommen völlig ohne Technikunterstützung aus (siehe z.b. „Dialog" in Mittelmann 2011, S. 155), bei einigen werden in einzelnen Prozessschritten IT-Werkzeuge eingesetzt (siehe z.b. „Ontologieentwicklung - Schritt Implementierung", ebd. S. 198), einige wenige benötigen durchgängige IT-Unterstützung (siehe z.b. „Serious Games", ebd. S. 34).

Folgende Vorgehensweise (siehe Abbildung 2) kann genutzt werden, um die Möglichkeit des Einsatzes von IT-Werkzeugen im Rahmen einer WM-Methoden-Anwendung zu untersuchen und ggfs. vorzubereiten.

1. Eine Beschreibung der Methode in Prozessschritten nutzen bzw. erarbeiten, wenn keine gefunden werden konnte.

2. Jeden einzelnen Prozessschritt oder die Beschreibung als Ganzes untersuchen, ob der Einsatz eines IT-Werkzeugs möglich und sinnvoll wäre. Dazu können die Beschreibungen der Werkzeugkategorien herangezogen werden.

3. Die Anwendung der ausgewählten Werkzeugkategorien in diesem Prozessschritt so konkret wie möglich beschreiben, um die Anforderungen an das Werkzeug daraus ableiten zu können, als gute Vorbereitung für die nachfolgende Umsetzung.

4. Bei der Umsetzung in die Praxis müssen zunächst für den Anwendungsfall passende Werkzeuge aus der entsprechenden Kategorie ausgewählt, angeschafft oder entwickelt und implementiert werden.

5. Danach erfolgt der prototypische Einsatz des Werkzeugs im Rahmen der Anwendung der WM-Methode. Erfahrungen aus diesen ersten Anwendungen werden gesammelt und zur Perfektionierung der digitalisierten Methode verwendet. Erst wenn ein stabiler Einsatz gegeben ist, kann die Methodenanwendung auf die passenden Zielgruppen bzw. die gesamte Organisation ausgeweitet werden.

Ausgehend von der Zielsetzung für die Digitalisierung der Methode (z.B. Effizienz- oder Produktivitätssteigerung, größere Reichweite, höhere Verfügbarkeit von erfolgsrelevantem Erfahrungswissen) wird nach einer angemessenen Zeitspanne das Ergebnis des Methodeneinsatzes evaluiert. Am besten gelingt dies durch eine Befragung der Methodenanwender. Die Ergebnisse dieser Befragung liefert für die weitere Optimierung des Methodeneinsatzes wertvolle Hinweise.

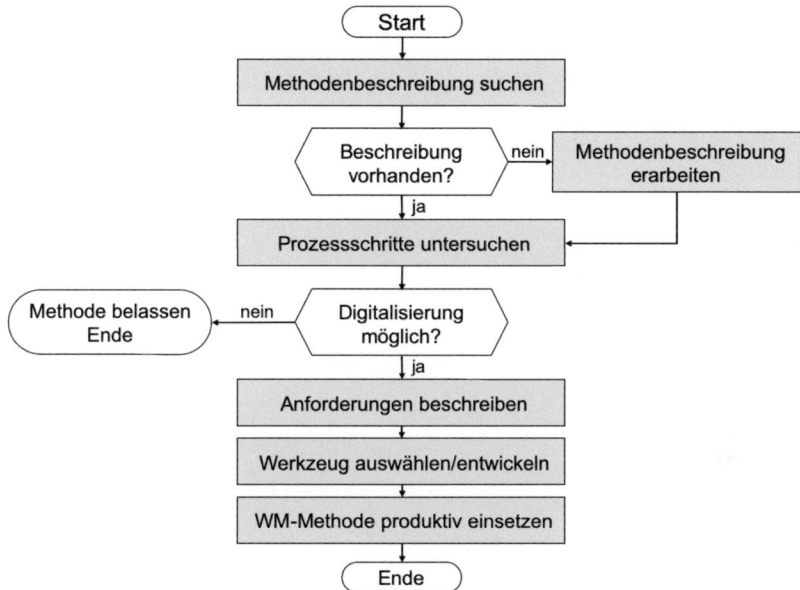

Abbildung 2: Vorgehensweise zur Digitalisierung einer WM-Methode

Begleitendes Change Management mit WM-Botschaftern

Die erfolgreiche Digitalisierung einer WM-Methode im organisationalen Umfeld erfordert eine enge Zusammenarbeit zwischen Entscheidungsträgern, Methodenanwendern, WM- und IT-Experten sowie Personalmanagement während des gesamten Einführungsprozesses. Den erfahrenen Methodenanwendern kommt in dieser Gruppe eine besondere Rolle zu. Sie sind diejenigen, die die WM-Methode in- und auswendig kennen und in ihrem Arbeitsalltag professionell und mit Begeisterung einsetzen. Daher sind sie prädestiniert für die Rolle der WM-Botschafter im Rahmen des Change Prozesses.

WM-Botschafter haben idealerweise eine gewisse IT-Affinität und starkes Interesse an Wissensmanagement. Außerdem sind sie bei ihren Kollegen geschätzt und können auch schwierige Inhalte gut erklären. Sie begleiten ihre Kollegen bei der ersten Methodenanwendung direkt am Arbeitsplatz (training on the job) und sind die Ansprechpartner bei weiteren Fragen oder Problemen.

Sollte für die betreffende Methode noch keine Beschreibung vorliegen, sind die WM-Botschafter die erste Adresse für die Ausformulierung der Prozessschritte. Ob sich der Einsatz eines IT-Werkzeugs lohnt, untersuchen sie danach gemeinsam in dem gesamten Einführungsteam, um möglichst viele Perspektiven in die Entscheidung einfließen zu lassen. Eine grobe erste Kosteneinschätzung erleichtert den Ressourcenverantwortlichen die Entscheidung über die weitere Vorgehensweise.

Von den IT-Experten werden die WM-Botschafter auch für die Anforderungsbeschreibung der geplanten IT-Werkzeuge hinzugezogen, um die Anwendersicht möglichst gut abzudecken. Das hat den unschätzbaren Vorteil, dass die WM-Botschafter schon im Vorfeld ein Gefühl dafür bekommen, wie die IT-Werkzeuge die Methodenanwendung unterstützen werden und welche Vorteile oder Schwierigkeiten der reale Einsatz mit sich bringen wird. Sollte ein IT-Werkzeug für die Methodenanwendung neu entwickelt bzw. ein vorhandenes angepasst werden, werden die WM-Botschafter aus denselben Gründen in den Entwicklungsprozess einbezogen.

Während dieser Phase untersucht das Personalmanagement, ob und inwieweit die notwendigen Kompetenzen für den Einsatz der digitalisierten Methode bei den zukünftigen Anwendern vorhanden sind. Sollten hier Defizite festgestellt werden, entwickeln sie gemeinsam mit den WM-Botschaftern passende Ausbildungsinitiativen. Diese können je nach Erfordernissen von einfachen Trainings am Arbeitsplatz bis zur Entwicklung von E-Learning-Einheiten reichen.

Auch die besten Begleitmaßnahmen können Widerstände gegenüber der Methodenanwendung nicht vollständig verhindern. Die WM-Botschafter leisten in diesem Fall Überzeugungsarbeit durch ihr Vorbild und ihre gute Begleitung. Die zuständigen Manager untersuchen die Ursachen für den Widerstand bei den einzelnen Mitarbeitern, um maßgeschneiderte Initiativen setzen zu können. Wichtig ist in jedem Fall, dass sie die digitalisierte WM-Methode auch selbst anwenden.

Wenn die Digitalisierung in der betreffenden Organisation noch in den Anfängen steckt, ist es hilfreich, den Digitalisierungsgrad der betreffenden Methoden stufenweise zu erhöhen. Nachfolgend wird beschrieben, welche Stufen wie beschritten werden können, um einen möglichst sanften Übergang zu schaffen.

Stufenweise Digitalisierung

Eine WM-Methode, die zum aktuellen Zeitpunkt gänzlich ohne Werkzeug-unterstützung eingesetzt wird, muss nicht zwingend sofort in vollem Umfang digitalisiert werden. Der Digitalisierungsgrad kann stufenweise erhöht werden, um den Umstieg für alle Betroffenen zu erleichtern. Die Stufen werden wie folgt beschritten:

Stufe 0: Die Methode kommt völlig ohne Werkzeugunterstützung aus. Der Einsatz eines Textverarbeitungs- oder Tabellenkalkulationssystems wird dieser Stufe zugeordnet.

Stufe 1: Höchstens ein Prozessschritt der Methode wird mit Hilfe eines einfach anzuwendenden Werkzeugs ausgeführt.
In der Anwendung einfach sind Werkzeuge in den Kategorien *kommunizieren, suchen, netzwerken* und *verteilen*. Das Benutzen von Werkzeugen in diesen Kategorien ist mehr oder weniger selbsterklärend und erfordert kein Training.

Stufe 2: Mehr als ein Prozessschritt der Methode wird Werkzeug-unterstützt ausgeführt. Die verwendeten Werkzeuge erfordern mehr Anwendungswissen als in der Stufe 1.
Hier finden sich Werkzeuge aus den Kategorien *teilen, veröffentlichen* und *visualisieren*. Das Einrichten, die Texteingabe und die Benutzung dieser Werkzeuge erfordern einige Grundkenntnisse, die durch Erklärvideos oder kurze Trainings vermittelt werden können.

Stufe 3: Bei mehr als der Hälfte der Prozessschritte der Methode kommen Werkzeuge aus verschiedenen Kategorien zum Einsatz, deren Benutzung fundiertes Anwendungswissen erfordern.
Werkzeuge dieser Stufe befinden sich in den Kategorien *befragen* und *zusammenarbeiten*. Bei Werkzeugen in der Kategorie *befragen* sind Kenntnisse für das Erstellen qualitativ passender Fragebögen erforderlich. Werkzeuge der Kategorie *zusammenarbeiten* bieten eine Vielzahl von Funktionen für die virtuelle Zusammenarbeit in Gruppen an. Daher ist ein Training unumgänglich, um diese Werkzeuge produktiv bei allen Gruppenprozessen optimal einsetzen zu können.

Stufe 4: Alle Prozessschritte werden durch Werkzeuge unterstützt, d.h. die Methode ist im vollen Umfang digitalisiert. Es kommen auch Werkzeuge zum Einsatz, die Expertenwissen erfordern.
Hier sind Werkzeuge der Kategorien *lernen, spielen* und *kuratieren* zu finden. Die adäquate Benutzung von Werkzeugen aus den Kate-

gorien *lernen* und *spielen* setzt fundierte Kenntnisse in der Softwareentwicklung voraus. Bei der Kategorie *lernen* kommen noch Kenntnisse aus der Mediendidaktik, bei der Kategorie *spielen* Spezialkenntnisse der Spieleprogrammierung hinzu. Werkzeuge der Kategorie *kuratieren* erfordern Kenntnisse der Informationswirtschaft und Grundkenntnisse im Journalismus.

Es gibt Methoden, die aus den unterschiedlichsten Gründen nicht vollständig digitalisiert werden können. In diesen Fällen werden nur die relevanten Stufen genutzt und begründet, was einem weitergehenden Werkzeugeinsatz entgegensteht.

Mit Hilfe der vorgestellten Vorgehensweise lässt sich jede WM-Methode auf ihr Digitalisierungspotenzial überprüfen und weiterentwickeln in Richtung eines höheren Digitalisierungsgrades. Es ist dabei allerdings sehr wichtig, dass die betroffenen Mitarbeiter diese digitalisierten Methoden benutzen **können** und auch **wollen**. Eine stufenweise Erhöhung des Digitalisierungsgrades und eine entsprechende Begleitung der Implementierung durch Management und „WM-Botschafter" sichert den Erfolg nachhaltig ab.

Referenzen

Bendel, O. (2016). *Stichwort: Digitalisierung.* In: Gabler Wirtschaftslexikon, Springer Gabler Verlag (Herausgeber), http://wirtschaftslexikon.gabler.de/Archiv/-2046143105/digitalisierung-v2.html, Abruf: 18.05.2019.

Cermak, P. (1993). *Methodologie Methodik Methode.* In: Mitteilungen der GI-Fachgruppe Entwicklungsmethoden für Informationssysteme und deren Anwendung, Heft 2 (1993).

Chroust, G. (1992). *Modelle der Software-Entwicklung: Aufbau und Interpretation von Vorgehensmodellen.* München/Wien: Oldenbourg.

Dudenredaktion (o.J.). „*Werkzeug*" auf Duden online. https://www.duden.de/rechtschreibung/Werkzeug, Abruf: 18.05.2019.

Heinrich, L. J. (1993). *Wirtschaftsinformatik.* München/Wien: Oldenbourg.

Hess, T. (2019). *Digitalisierung.* Enzyklopädie der Wirtschaftsinformatik Online-Lexikon, http://www.enzyklopaedie-der-wirtschaftsinformatik.de/lexikon/technologien-methoden/Informatik--Grundlagen/digitalisierung, Abruf: 18.05.2019.

Hirt, M.; Willmott P. (2014). *Strategic principles for competing in the digital age*. In: Mac Kinsey Quarterly, May 2014. http://www.mckinsey.com/business-functions/strategy-and-corporate-finance/our-insights/strategic-principles-for-competing-in-the-digital-age, Abruf: 18.05.2019.

Kraft, B. (2015). *The Biggest Digital Challenges and Opportunities Facing Businesses Today*. In: Digital Marketing Magazine, Artikel vom 14.10.2015, http://digitalmarketingmagazine.co.uk/articles/the-biggest-digital-challenges-and-opportunities-facing-businesses-today/2705#, Abruf: 23.05.2016.

Matt, C.; Hess, T.; Benlian, A. (2015). *Digital Transformation Strategies*. In: Business and Information Systems Engineering, 57 (2015) 5, S. 339-343.

Mittelmann, A. (1998). *Der Einsatz von Methoden des „Organisationalen Lernens" in den Software-Lebenszyklus-Prozessen*. Dissertation, Johannes-Kepler-Universität, Linz.

Mittelmann, A. (2011). *Werkzeugkasten Wissensmanagement*. Norderstedt: Books on Demand.

Mittelmann, A. (2016). *Wissensmanagement und Change Management - ein siamesisches Zwillingspaar*. In: Wimmer, P. (Hrsg.), Wissen schafft Neues, Beiträge zu den Kremser Wissensmanagement-Tagen 2016, S. 115-125.

Picot, A.; Neuburger, R. (2013). *Arbeit in der digitalen Welt*. Zusammen-fassung der Ergebnisse der AG1-Projektgruppe anlässlich des IT-Gipfels-Prozesses 2013, http://www.forschungsnetzwerk.at/downloadpub/arbeit-in-der-digitalen-welt.pdf, Abruf: 18.05.2019.

wikipedia (2019). *Werkzeug*. https://de.wikipedia.org/wiki/Werkzeug, letzte Änderung: 30.04.2019, Abruf: 18.05.2019.

Wiktionary (2018). *Instrument*. https://de.wiktionary.org/wiki/Instrument, letzte Änderung: 19.12.2018, Abruf: 18.05.2019.

Zäh, M. F.; Patron, C.; Fusch, T. (2003). *Die Digitale Fabrik. Definition und Handlungsfelder*. In: ZWF (03), S. 75–77.

Navigationshilfe für die Methodensuche

Die Einordnung der Methoden in den nachfolgenden vier Kapiteln folgt der Logik des Semantischen Raums des Wissensmanagements, der sich als Strukturierungshilfsmittel bereits bewährt hat. Er wurde allerdings überarbeitet und erweitert, um die Doppelbedeutung der Entität „Beziehung" aufzulösen.

Semantischer Raum des Wissensmanagements

Der Semantische Raum des Wissensmanagements (SRWM) spannt sich über zehn Entitäten (Wissensträger, Organisationen, Prozesse, Kompetenzen, Relationen, Beziehungen, Wissensgebiete, Kategorien, Wissensobjekte, Orte) auf, die im Fokus von Wissensmanagementaktivitäten liegen. Jede WM-Methode findet darin ihren spezifischen Platz und kann dort leicht gefunden werden.

Die Entitäten tragen im Kontext des SRWM folgende Bedeutungen:

 Mit der Entität *Wissensträger* (Wt) sind alle Personen gemeint, die im Laufe ihres Lebens Wissen und Erfahrungen gesammelt haben, die für andere wertvoll sein können. Im Kontext von Wissensmanagement ist es besonders wichtig, dass die Wissensträger bereit sind, ihren Wissens- und Erfahrungsschatz mit anderen zu teilen.

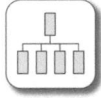 Die Entität *Organisationen* (Or) umschließt soziale Gefüge von Menschen, die gemeinsam ein bestimmtes Ziel verfolgen. Organisationen können Unternehmensteile, einzelne Unternehmen oder Unternehmensnetzwerke sein.

 Die Entität Relationen (Rl) repräsentiert Zusammenhänge zwischen verschiedenen Entitäten und dient in diesem Kontext der Strukturierung von Wissensgebieten und Kategorien.

 Die Entität *Beziehungen* (Bz) ist eine Spezialform der Entität Relationen. Sie umfassen die sozialen Bindungen zwischen Wissensträgern.

Die Entität *Prozesse* (Pr) beinhaltet alle Abläufe in einem Unternehmen, die die Herstellung von Produkten oder die Erbringung einer Dienstleitung zum Ziel haben. Oft wird diese Entität auch als Geschäftsprozess bezeichnet.

 Die Entität *Kompetenzen* (Ko) umspannt die Fähigkeiten, Fertigkeiten, das Wissen, und die Erfahrungen eines Wissensträgers oder einer Organisation. Nicht damit gemeint ist die Zuständigkeit oder das Zuständigsein einer Person für die Erbringung einer bestimmten Leistung oder für die Lösung eines Problems.

 Die Entität *Wissensgebiete* (Wg) schließt alle Themen und Begriffe klar unterscheidbarer Fachbereiche ein. Synonym für Wissensgebiete werden die Begriffe Wissensbereich oder Wissensdomäne verwendet.

 Die Entität *Kategorien* (Ka) enthält alle Grundbegriffe eines Wissensgebiets. Diese Grundbegriffe können in ihrer Bedeutung klar voneinander abgegrenzt werden. Sie dienen in weiterer Folge der Beschlagwortung von Wissensobjekten.

 Die Entität *Wissensobjekte* (Wo) inkludiert sowohl die physischen als auch die virtuellen Artefakte, in denen die Wissensträger ihr Wissen und ihre Erfahrungen manifestieren.

 Die Entität *Orte* (Ot) umfasst sowohl physische Orte wie z.B. Gebäude oder Zimmer als auch virtuelle Orte wie Fileserver oder virtuelle Kommunikationsräume im Internet.

Im Zentrum jeder Wissensmanagementaktivität sind die *Wissensträger*, die daher am prominentesten Punkt des SRWM zu finden sind. Wissensträger haben *Kompetenzen*, die es ihnen ermöglichen, in *Organisationen Prozesse* auszuführen. Organisationen besitzen ebenso wie Wissensträger Kompetenzen und betreiben Prozesse, um ihren Geschäftszweck zu erfüllen.

Da *Beziehungen* von besonderer Bedeutung für das Wissensmanagement sind, scheinen sie als eigene Entität im Semantischen Raum auf. Sie sind eine Sonderform von Relationen und repräsentieren die sozialen Bindungen zwischen Wissensträgern. *Relationen* beschreiben die Zusammenhänge zwischen *Wissensgebieten* und *Kategorien*. Wissensgebiete umfassen Kategorien, die die Kernbegriffe des jeweiligen Wissensgebietes repräsentieren. Z.B. für das Wissensgebiet „Astronomie" sind das u.a. die Kategorien „Sonnen" und „Planeten".

Wissensgebiete manifestieren sich in *Wissensobjekten*. In diesen beschreiben die Wissensträger ihr dokumentierbares Wissen. Die Kategorien nutzen sie als Schlüsselwörter für die Beschlagwortung der Wissensobjekte. Sowohl Wissensträger als auch Wissensobjekte befinden sich an physischen oder virtuellen *Orten*. Wissensträger sind z.B. in einem bestimmten Gebäude und Raum zu finden und haben sich mit Hilfe ihres elektronischen Geräts (Notebook, Tablet, Handy, etc.) in ein virtuelles soziales Netz eingeklinkt. Wissensobjekte befinden sich als Bücher oder Zeitschriften u.ä. an einem bestimmten Ort oder sind als elektronische Artefakte auf einem Fileserver oder in einer Datenbank gespeichert.

Jeder Methode sind diese Entitäten zugeordnet, die für sie charakteristisch sind. Meist sind drei Entitäten einer Methode zugeordnet. Die Methoden-Kapitel des Buches entsprechen Clustern mit ähnlichen Entitäten-Zuordnungen. Sie umfassen Teilgebiete des Semantischen Raums, die sich mehr oder weniger überdecken.

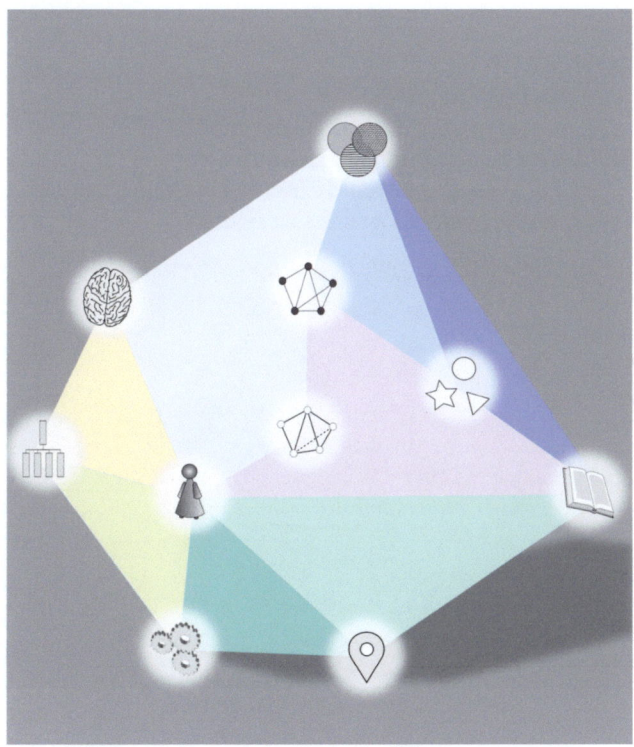

Abbildung 3: Semantischer Raum des Wissensmanagements

Die vier Methoden-Cluster

Der **erste Cluster** umfasst den Semantischen Raum rund um die Entitäten Kompetenzen und Wissensträger. Er enthält Methoden, die bei der **Entwicklung der eigenen Kompetenzen** zum Einsatz kommen können:

Methoden-Name	Entitäten									
	Wt	Or	Pr	Bz	Rl	Ko	Wg	Ka	Wo	Ot
Brainstorming Revisited	✓			✓	✓					
E-Coaching	✓			✓	✓					
E-Portfolio	✓			✓	✓					
Kompetenz-Portfolio	✓				✓					
Lernpartnerschaft	✓			✓	✓					
Lerntagebuch	✓				✓				✓	
Mentoring	✓			✓	✓					
Mikroartikel	✓				✓				✓	
Mikrolernen	✓		✓		✓					
PQ4R Methode	✓					✓	✓			
Speed Mentoring	✓			✓	✓					
Wissensorientiertes Mitarbeitergespräch	✓	✓			✓					
Zettelkasten						✓	✓			

Der **zweite Cluster** hat die Entitäten Kompetenzen und Organisationen im Fokus. In diesem Gebiet des Semantischen Raums sind Methoden für die **Entfaltung organisationalen Lernens** zu finden:

Methoden-Name	Entitäten									
	Wt	Or	Pr	Bz	Rl	Ko	Wg	Ka	Wo	Ot
2-5-1 Story Telling	✓	✓				✓				
Aktionslernen	✓	✓				✓				
Befragung	✓		✓				✓			
Lernsprint	✓	✓				✓				
Lessons Learned Prozess	✓	✓				✓				
Manöverkritiksitzung	✓	✓				✓				
Story-Telling-One-Day	✓					✓			✓	
Storytelling	✓		✓			✓				
Storytelling-Prozess	✓					✓			✓	
Transfer Stories	✓					✓			✓	
Wissensentwicklungskarten	✓	✓				✓				
Wissensmeeting	✓					✓			✓	
Wissensstafette	✓					✓	✓			

Navigationshilfe für die Methodensuche

Im **dritten Cluster** stehen die Entitäten Beziehungen und Organisationen im Mittelpunkt. Dieses Teilgebiet des Semantischen Raums ist den Methoden rund um **Beziehungsmanagement** und **Wissenskommunikation** gewidmet:

Methoden-Name	Entitäten									
	Wt	Or	Pr	Bz	Rl	Ko	Wg	Ka	Wo	Ot
Anekdoten Zirkel	✓		✓		✓					
Begegnungsräume		✓		✓						✓
Beziehungslandkarte	✓	✓	✓							
Beziehungslandkarte, egozentrierte	✓		✓							
Beziehungsmanagement	✓		✓		✓					
Knowledge Café		✓	✓		✓					
Knowledge Camp	✓		✓		✓					
Kommunikationsforum		✓	✓		✓					
Soziale Netzwerkanalyse	✓	✓	✓							
Wissensdialoge		✓	✓	✓						
Wissensnetzwerk		✓	✓				✓			
Wissensträgerkarten	✓					✓	✓			

Im **vierten Cluster** dreht es sich um die Entitäten Wissensobjekte und Kategorien. Die Methoden in dieser Gegend des Semantischen Raums unterstützen die **Wissensstrukturierung** und das **Wissensbestandsmanagement**:

Methoden-Name	Entitäten									
	Wt	Or	Pr	Bz	Rl	Ko	Wg	Ka	Wo	Ot
Argumentationskarten	✓	✓						✓		
Assoziationspaarbildung		✓			✓			✓		
Canvas Checkliste	✓	✓						✓		
FAQ		✓						✓	✓	
LernCard		✓						✓	✓	
Metaphernanalyse		✓			✓			✓		
Mind Mapping	✓	✓					✓	✓		
Morphologisches Tableau		✓			✓			✓		
quICK win Produktivitätsanalyse		✓						✓	✓	
Wissensanwendungskarten	✓		✓						✓	
Wissensbestandskarten	✓								✓	✓
Wissensstrukturkarten	✓				✓			✓		

Navigieren im Semantischen Raum

Bei der Suche nach Methoden empfiehlt sich folgende Vorgehensweise:

- Zunächst legt man anhand des semantischen Raums aus Abbildung 3 fest, für welche Entitäten die Methode zum Einsatz kommen soll. Sucht man z.B. Methoden für das persönliche Wissensmanagement, wird man die Methoden mit der Entität *Wissensträger* sichten. Sind Methoden für das organisationale Wissensmanagement gefragt, sind diejenigen, die mit der Entität *Organisationen* gekennzeichnet sind, mit hoher Wahrscheinlichkeit die richtigen.

- Zur weiteren Einschränkung der Suche überlegt man sich, ob es eher um Methoden z.B. für die Wissensdokumentation (Entitäten *Wissensobjekte* und *Orte*), Wissensstrukturierung (Entitäten *Wissensgebiete*, *Kategorien* und *Relationen*), Wissenserzeugung (Entitäten *Kompetenzen* und *Beziehungen*), Wissenstransfer (Entitäten *Beziehungen* und *Wissensobjekte*) oder Wissensanwendung (Entitäten *Prozesse* und *Wissensobjekte*) geht.

- Danach kann man mit Hilfe der obigen Tabellen die passenden Methoden mit den entsprechenden Entitäten bzw. Entitätenbündel auswählen.

Jede Methodenbeschreibung enthält die Verortung der Methode im SRWM und die benötigten *Werkzeugkategorien* für die Werkzeug-unterstützten Teile der Methode. Weiters umfasst sie eine Kurzcharakterisierung der Methode (*Die Methode*), Ziele der Methode (*Ziele und Nutzen*) und Vorgangsweise bei der Anwendung der Methode (*Anwendung*). Bei vielen Methoden ist zur besseren Illustration ein *Beispiel* skizziert. Die *Stufenweise Digitalisierung* beschreibt, wie der Digitalisierungsgrad der Methode mit Hilfe welcher Werkzeugkategorien schrittweise erhöht werden kann. Im Abschnitt *Grenzen/Risiken und Anwendungskompetenzen* werden Stolpersteine bei der Methodenanwendung skizziert und welche Kompetenzen benötigt werden, um die Methode erfolgreich einzusetzen. Am Ende scheinen alle *Referenzen* auf, aus denen Material verwendet wurde.

Die Methoden können entsprechend der Zielsetzung und vorliegenden Situation in der Organisation miteinander kombiniert werden, um die persönlichen Kompetenzen und/oder die einer Organisation auf- und auszubauen. Wissensmanagement in digitalisierter Form entfaltet seine Wirksamkeit im jeweiligen Einsatzgebiet unter Ausnutzung der vorhandenen IT-Werkzeuge.

Methoden im ersten Cluster

PQ4R
Lesemethode um Texte besser zu verstehen und zu behalten

Brainstorming Revisited
Optimierte Kreativitätstechnik zur Ideenentwicklung und Bewertung

Mikrolernen
Methode zum gesteuerten individuellen Lernen

Zettelkasten
Wissensentwicklungsmethode für das Kern- und Spezialwissen einer Person

Lernpartnerschaft
Lernmethode für Personen, die mit- und voneinander lernen wollen

E-Coaching
Führungsinstrument zum Entwickeln neuer Fertigkeiten von Mitarbeitern

Mentoring
Entwicklungsmethode für die Entwicklungsbegleitung von Mitarbeitern

Speed Mentoring
Kurzfristige Unterstützungsmethode für Ratsuchende

Lerntagebuch
Ein Werkzeug zum Reflektieren und Dokumentieren von Gelerntem

Mikroartikel
Dokumentationsmethode für stark kontextabhängiges Wissen

E-Portfolio
Methode um den Entwicklungstand der eigenen Kompetenzen zu zeigen

Kompetenz-Portfolio
Visualisierung der eigenen Kompetenzen nach Qualität und Nützlichkeit

Wissensorientiertes Mitarbeitergespräch
Mitarbeitergespräch, bei dem Wissensziele und wissensorientiertes
Verhalten einbezogen werden

Die eigenen Kompetenzen entwickeln

In diesem Kapitel finden sich Methoden, die der Kompetenzentwicklung eines Wissensträgers dienen. Im SRWM bewegen wir uns daher rund um die Entitäten *Kompetenzen* und *Wissensträger*.

Wissensträger bauen ihre Kompetenzen auf und aus, indem sie (lernpartnerschaftliche) *Beziehungen* knüpfen, sich Denk-, Lern- und Reflexions-*Prozessen* unterwerfen und ihre Erkenntnisse und Lernerfahrungen in *Wissensobjekten*, die bestimmten *Wissensgebieten* zugeordnet werden können, zusammenfassen.

Dieses Gebiet des SRWM umfasst Lese- und Denkmethoden (PQ4R, Brainstorming Revisited), die die Entitäten *Wissensgebiete* und *Prozesse* berühren. Es umschließt individuelle Lernmethoden (Mikrolernen, Zettelkasten) und lernpartnerschaftliche Methoden (Lernpartnerschaft, E-Coaching, Mentoring, Speed Mentoring), die natürlich die Entität *Beziehungen* benötigen (siehe Abbildung 4).

Abbildung 4: Methodenübersicht erster Cluster

Weiters sind darin Dokumentationsmethoden für Gelerntes (Lerntagebuch, Mikroartikel, E-Portfolio), deren sichtbare Ergebnisse *Wissensobjekte* sind, zu finden. Komplettiert wird dieser Ausschnitt mit den beiden Methoden Kompetenz-Portfolio und wissensorientiertes Mitarbeitergespräch, die die Kompetenzentwicklung eines Mitarbeiters in den betrieblichen Kontext stellen und daher wieder die Entität *Prozesse* berührt. Diese Methodenauswahl kann genutzt werden, um sich sein individuelles Methodenset für den Auf- und Ausbau der eigenen Kompetenzen zusammenzustellen.

Für die Digitalisierung dieses Methoden-Clusters werden am häufigsten Werkzeuge aus den Kategorien *kommunizieren* und *teilen* benötigt.

Methoden-Name	Werkzeug-Kategorien											
	nw	ko	zu	su	vi	ku	bf	sp	le	vt	vö	te
Brainstorming Revisited	✓	✓					✓					✓
E-Coaching	✓	✓	✓									✓
E-Portfolio	✓	✓	✓								✓	
Kompetenz-Portfolio		✓			✓							✓
Lernpartnerschaft (inkl. -annonce)	✓	✓	✓	✓								✓
Lerntagebuch		✓	✓							✓	✓	✓
Mentoring	✓	✓		✓								✓
Mikroartikel			✓							✓	✓	✓
Mikrolernen		✓	✓		✓		✓		✓		✓	
PQ4R Methode					✓					✓	✓	
Speed Mentoring	✓	✓	✓									✓
Wissensorientiertes MAG		✓	✓									✓
Zettelkasten				✓	✓	✓					✓	

Abbildung 5: Werkzeug-Kategorien für den ersten Methoden-Cluster

Um ihre Lern- und Entwicklungsprozesse optimal an ihre Arbeitsplatzsituation anpassen zu können, verwenden Wissensträger Kommunikationswerkzeuge für den Austausch untereinander. Werkzeuge zum Teilen ihrer Ergebnisse helfen ihnen, Rückmeldungen zu erhalten, um sich ständig zu verbessern.

Die eigenen Kompetenzen entwickeln

PQ4R-Methode

Die PQ4R-Methode verhilft
zu besserem Behalten und
vertieftem Verständnis von
Fachliteratur. Sie dient daher
dem gezielten Wissens- bzw.
Kompetenzausbau über be-
stimmte Wissensgebiete.

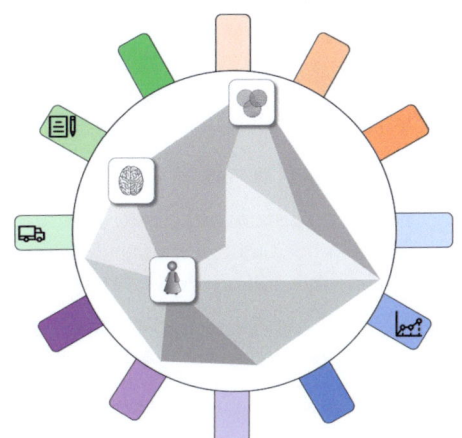

Ein Wissensträger baut seine
Kompetenzen in einem be-
stimmten Wissensgebiet aus.
Im Semantischen Raum ist
daher diese Methode zwi-
schen *Wissensträger*,
Wissensgebiete und *Kompetenzen* angesiedelt.

Für die Digitalisierung der PQ4R-Methode werden Werkzeuge aus den Kategorien *visualisieren*, *verteilen* oder *veröffentlichen* benötigt.

Die Methode

PQ4R ist eine Lesemethode, die von Thomas und Robinson (1979) entwickelt wurde. Die PQ4R-Methode ist eine einfach anwendbare Lesestrategie.
Sie dient einer möglichst vollständigen Erfassung eines Textes. Zentrales
Element dieser Methode ist das Entwickeln und Beantworten von Fragen
zum Text. Der Name leitet sich aus den (englischen) Anfangsbuchstaben der
sechs Phasen (Preview, Question, Read, Reflect, Recite, Review) ab.

Ziel und Nutzen

Untersuchungen belegen, dass beim herkömmlichen Durchlesen von Fachliteratur nur ca. 50 Prozent des Inhalts sofort nach der Lektüre wiedergegeben
werden können. Die Behaltensquote erhöht sich nur unwesentlich bei wie-
derholtem Lesen. Zu einem wesentlich besseren Ergebnis führt, experimen-
tell nachgewiesen (Andersen 1996), das Generieren eigener Fragen und der
Rückblick auf die Antworten im weiteren Verlauf der Methodenanwendung.

Ziel dieser Methode ist es, Texte durch die Fokussierung der Aufmerksamkeit besser zu verstehen und zu behalten. Sie unterstützt das Arbeiten mit

schwierigen Texten und verhilft zu einem vertieften Textverständnis, was das eigene Wissen über ein bestimmtes Thema gezielt erweitert.

Anwendung

Die Methode umfasst im Detail folgende sechs Phasen:

1. Vorprüfung (Preview)

Überfliegen des gesamten Textes, um die allgemeinen Themen zu bestimmen, die darin behandelt werden. Identifizieren der Abschnitte, die als Einheit zu lesen sind. Finden von Überschriften für die einzelnen Abschnitte.

Mit Hilfe eines Mindmapping-Werkzeugs (Kategorie *visualisieren*) eine Mindmap mit den gefundenen Überschriften erstellen.

Anwenden der folgenden vier Schritte (2, 3, 4, 5) auf jeden Abschnitt.

2. Fragen (Questions)

Formulieren von Fragen zu den Abschnitten. Oftmals genügt eine Umformulierung der Abschnittsüberschriften, um eine angemessene Frage zu stellen. Dabei ist darauf zu achten, dass die Fragen spezifisch genug formuliert werden, um die inhaltliche Auseinandersetzung mit dem Text zu fördern.

Die Fragen zu den Abschnitten in der Mindmap ergänzen.

3. Lesen (Read)

Sorgfältiges Lesen des Abschnitts, indem man versucht, die Fragen zu beantworten, die man dazu generiert hat.

Die Antworten zu den Fragen mit Hilfe der Notizfunktion des Mindmapping-Tools dokumentieren. Falls das Werkzeug diese Funktion nicht anbietet, in einem Werkzeug der Kategorie *veröffentlichen* einen Beitrag erstellen, der die Fragen und Antworten enthält. Den Beitrag in diesem Schritt noch nicht veröffentlichen.

4. Nachdenken (Reflect)

Während man den Text noch einmal liest, denkt man darüber nach, versucht ihn zu verstehen, findet Beispiele und setzt den Text in Bezug zum eigenen Vorwissen.

Die gefundenen Beispiele an den passenden Stellen in der Mindmap oder im Beitrag hinzufügen.

5. Wiedergeben (Recite)

Nachdem man einen Abschnitt fertig bearbeitet hat, versucht man, sich an die darin enthaltenen Informationen zu erinnern. Man versucht, die Fragen zu beantworten, die man zu diesem Abschnitt formuliert hat. Wenn man sich nicht genügend gut erinnern kann, liest man diejenigen Passagen noch einmal, die beim Erinnern Schwierigkeiten bereitet haben.

Ggfs. ergänzt man wichtige Details in den dokumentierten Antworten in der Mindmap oder im Beitrag.

6. Rückblick (Review)

Nachdem man den ganzen Text (das Kapitel, den Artikel) durchgearbeitet hat, geht man ihn nochmals in Gedanken durch und ruft sich die wichtigsten Punkte ins Gedächtnis. Man versucht wiederum, die Fragen zu beantworten, die man gestellt hat.

Nach diesem letzten Schritt kann der erstellte Beitrag mit Hilfe eines Werkzeugs der Kategorie *verteilen* oder *veröffentlichen* bereitgestellt werden, um bei Bedarf jederzeit darauf zugreifen bzw. auch anderen eine gute Zusammenfassung des Gelesenen anbieten zu können. Es ist auch ratsam, den Beitrag mit passenden Schlagwörtern zu versehen. Dies erleichtert das Wiederauffinden der Inhalte.

Bei regelmäßiger Anwendung der Methode entsteht fast „mühelos" eine kommentierte persönliche Literaturliste. Ihre wesentlichen Inhalte bleiben länger im Gedächtnis bzw. können mit Hilfe der dokumentierten Fragen und Antworten leichter und schneller wieder in Erinnerung gerufen werden.

Beispiel

Die PQ4R-Methode wird auf der Website http://bit.ly/pq4r_bsp Schritt-für-Schritt erklärt und anhand eines Textes erprobt.

Stufenweise Digitalisierung

Die ursprüngliche Methode kann völlig ohne Technikunterstützung angewendet werden. Allerdings bringt der Einsatz geeigneter IT-Werkzeuge Vorteile wie z.B. schnelleres Wiederfinden von Inhalten oder eine persönliche, kommentierte Literaturliste. Die Digitalisierung kann stufenweise erfolgen:

Stufe 0: Die Methode kommt IT-Werkzeug aus.

Stufe 1: Die generierten Fragen und gefundenen Antworten werden gemeinsam mit den bibliografischen Angaben zum Text in einem Textdokument abgelegt.

Stufe 2: Es wird ein Mind-Mapping-Tool (Kategorie *visualisieren*) zusätzlich verwendet, um den Aufbau des Textes zu visualisieren und die Fragen in der Struktur zu ergänzen.

Stufe 3: Die Fragen und Antworten werden mit Hilfe der Notizfunktion des Mind-Mapping-Tools direkt in der Mindmap eingegeben anstatt in einem Textdokument.

Stufe 4: Mit der Export-Funktion wird ein Dokument erzeugt, das alle Fragen und Antworten zum Text enthält. Mit Hilfe eines Werkzeugs der Kategorie *verteilen* wird der Inhalt inkl. passender Schlagwörter im Netz zur Verfügung gestellt.
Alternativ kann die Notiz- und Veröffentlichungsfunktion eines Zitier-Werkzeugs (Kategorie *verteilen*) verwendet werden. Solche Werkzeuge bieten die Möglichkeit, alle Bücher, Zeitschriftenartikel etc. mit den wichtigsten bibliografischen Details zu sammeln, um sie ggfs. korrekt zitieren zu können.

Grenzen/Risiken und Anwendungskompetenzen

Da die Methode auch bei entsprechender Übung recht aufwändig ist, wählt man für die Anwendung die Literatur sorgfältig aus. Wenn man sich in ein neues Fachgebiet einarbeitet, wird man die Methode für alle Textdokumente anwenden, die dessen Kernbereiche behandeln. Sinnvoll ist auch eine Anwendung bei Texten, die sich einer raschen Erfassung entziehen, weil sie kompliziert und/oder schwer verständlich formuliert sind.

Der Erfolg der Methodenanwendung steht und fällt mit der Qualität der generierten Fragen in Schritt 2. Sind sie zu trivial und damit leicht zu beantworten, wird man nicht tief genug in die Materie eindringen, um einen tatsächlichen Lernerfolg zu erzielen. Zu spezifische oder komplexe Fragen wiederum wirken demotivierend, weil das Formulieren der Antworten entsprechend schwerfällt und lange dauert. Es erfordert einige Übung, um das richtige Fragenstellen zu erlernen.

Dem Nachdenken im Schritt 4 kommt ebenfalls eine wichtige Rolle zu. Nur wenn es gelingt, in der Reflexion eigene Beispiele für das im Text Dargestellte zu finden, kann man davon ausgehen, den Text verstanden und mit dem eigenen Vorwissen verknüpft zu haben. Oberflächlichkeit ist hier kein guter Ratgeber.

Ein Anwender der Methode sollte mit Geduld und Reflexionsfähigkeit ausgestattet sein. Die Kunst des Fragenstellens zu beherrschen, erleichtert ebenfalls die Methodenanwendung und verbessert den Lernerfolg. Sich präzise auszudrücken, sichert die Qualität der Zusammenfassungen und erleichtert die Wiederverwendung durch andere. Falls IT-Werkzeuge wie ein Mindmapping-Tool zum Einsatz kommen, sollte der Nutzer über entsprechende Anwendungskenntnisse verfügen.

Referenzen

Abs, H. J.; Allgöwer, M.; Bill, B. (2000). *PQ4R-Methode*. In: Besser Lehren. Methodensammlung, Heft 2, Weinheim: Deutscher Studienverlag, S. 80f.

Andersen, J. R. (1996). *Kognitive Psychologie*. 2. Auflage, Heidelberg: Spektrum Akademischer Verlag, S. 192f.

Bohl, T. (2008). *Wissenschaftliches Arbeiten im Studium der Pädagogik. Arbeitsprozesse, Referate, Hausarbeiten, mündliche Prüfungen und mehr ...* (Beltz Pädagogik / BildungsWissen Lehramt). 3. Auflage, Weinheim und Basel: Beltz.

Christmann, U.; Groeben, N. (1999). *Psychologie des Lesens*. In: Franzmann, B.; Hasemann, K.; Löffler, D.; Schön, E. (Hrsg.), Handbuch Lesen. München: Saur, S. 145-223.

Gudjons, H. (2012). *Pädagogisches Grundwissen: Überblick - Kompendium - Studienbuch*. 11. Auflage, UTB-Band 3092 (Methodenbeschreibung im Vorwort).

Mittelmann, A. (2011). *Variante PQ4R-Methode*. In: Mittelmann, A., Werkzeugkasten Wissensmanagement, Norderstedt: Books on Demand, S. 26-27.

Thomas, E. L.; Robinson, H. A. (1972). *Improving reading in every class: A sourcebook for teachers*. Boston: Houghton Mifflin.

Brainstorming Revisited

Brainstorming Revisited ist die verbesserte Version des klassischen Brainstormings. Die Methode unterstützt den Ideenentwicklungs- und -bewertungsprozess von Einzelpersonen und Gruppen. Durch die Abwechslung von Einzel- und Gruppenphasen wird das kreative Potenzial aller Beteiligten zur vollen Entfaltung gebracht.

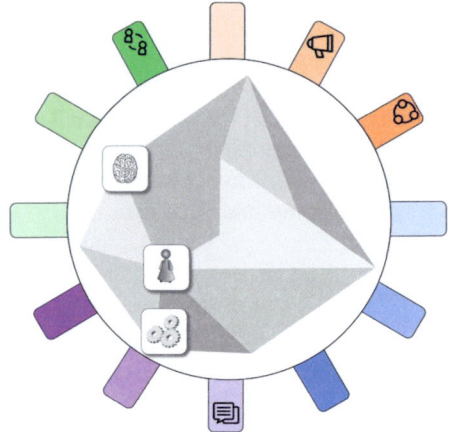

Ein Wissensträger baut seine Kompetenzen durch einen systematisierten Denkprozess aus. Daher befindet sich diese Methode im Semantischen Raum zwischen *Wissensträger*, *Prozesse* und *Kompetenzen*.

Für die Digitalisierung der Methode können Werkzeuge aus den Kategorien *kommunizieren, befragen, zusammenarbeiten* und *teilen* zum Einsatz kommen.

Die Methode

Brainstorming Revisited ist eine Kreativitätstechnik basierend auf dem klassischen Brainstorming. Die Methode kann sowohl von Einzelpersonen als auch von Gruppen für jede Problemstellung und in jeder Situation angewandt werden. Der systematische Ansatz mit einer deutlichen Zielsetzung verhindert weitgehend Kreativitätsblockaden. Dies wird durch die optimierte Kombination von Einzel- und Gruppensequenzen mit klar definierten Aufgaben unterstützt (siehe Abbildung 6). Negativer Gruppendruck oder das Zurückhalten von besonders „abwegigen" Ideen haben so keine Chance. Die Ideenauswahl erfolgt in Einzelarbeit, um eine möglichst objektive Einschätzung der vorliegenden Ideen zu erhalten. Die Ideenausarbeitung und abschließende Bewertung erfolgt wiederum in der Gruppe, damit alle Teamressourcen (bei Bedarf auch außerhalb der Gruppe) gut genutzt werden können. Damit hat Brainstorming Revisited klare Vorteile gegenüber der klassischen Methode vorzuweisen.

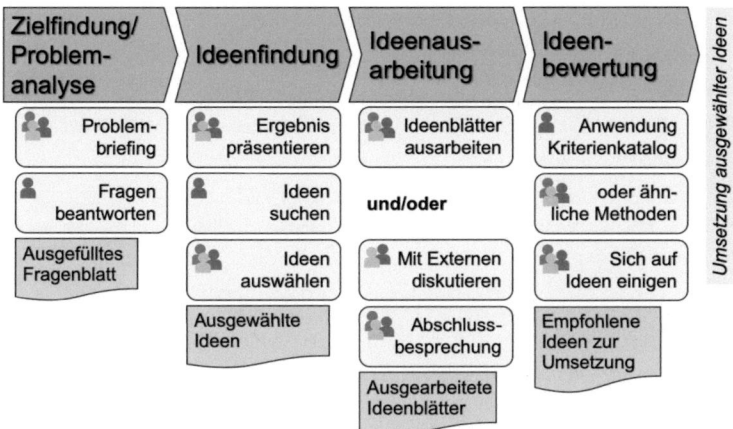

Abbildung 6: Brainstorming Revisited

Ziel und Nutzen

Ziel dieser Methode ist es, optimale Bedingungen für die Entwicklung und Bewertung von Ideen zu schaffen. Gegenüber dem klassischen Brainstorming hat die Methode den Vorteil, dass die Anwender mehr und vielfältigere Ideen finden. Die Ideenbewertung läuft objektiver ab und führt dadurch zu besseren Ergebnissen.

Anwendung

Die Methode umfasst folgende vier Phasen:

1. Zielfindung und Problemanalyse

In dieser Phase geht es vor allem darum, die vorliegende Problemstellung und das angestrebte Ziel möglichst gut zu erfassen sowie erste spontane Lösungsmöglichkeiten zu finden. Wichtig ist dabei, sich von seinen üblichen Denkschemata zu lösen, um einen breiten Denkrahmen für neue Ideen zu schaffen.

Wenn das Brainstorming in einer Gruppe praktiziert wird, kommen die Gruppenmitglieder zusammen und erhalten ein Briefing zum anstehenden Problem. Jeder sollte danach ein ausreichendes Verständnis haben, um in der anschließenden Einzelarbeit von maximal 15 Minuten folgende Fragen behandeln zu können:

o   Wie lautet die Fragestellung, an der Sie arbeiten sollen bzw. möchten?

o   Woran würden Sie und andere erkennen, dass Sie Ihr Ziel erreicht haben?

o   Wie können Sie sicherstellen, dass Sie Ihr Ziel garantiert nicht erreichen?

o   ... und umgekehrt, dass Sie Ihr Ziel erreichen?

o   Wie haben andere (aus anderen Disziplinen, Industrien, Kunst, Natur) ihr Ziel erreicht?

o   Wen sollten Sie von diesen Ideen erzählen und mit wem sie weiterbearbeiten?

Als Einzelperson sollte man immer einen Notizblock für interessante Gedanken oder Ideen dabeihaben. Die regelmäßige Anwendung (z.B. 5 Minuten täglich) der obigen sechs Fragen auf notierte Ideen hilft, das eigene kreative Potenzial zu entdecken und weiterzuentwickeln.

Das Problem-Briefing kann mit Hilfe eines Werkzeugs der Kategorie *kommunizieren* im Rahmen einer Videokonferenz stattfinden. In einem Werkzeug der Kategorie *zusammenarbeiten* kann eine Vorlage mit den sechs Fragen für die Einzelarbeit in einem Teamraum hinterlegt werden. Die Teilnehmer können ihre Ausarbeitungen ebenfalls dort abspeichern.

2. Ideenfindung

Nachdem alle Teilnehmer ihr Ergebnisblatt vervollständigt haben, kommen sie zu einem vereinbarten Zeitpunkt zusammen und stellen sich gegenseitig ihre Erkenntnisse vor. Wichtig ist, dass der jeweilige Sprecher bei seiner Präsentation nicht unterbrochen wird. Sollten andere Fragen haben, notieren sie sich diese. Sie stellen ihre Fragen erst, wenn sie an der Reihe sind. Die vorgetragenen Ideen dürfen zu diesem Zeitpunkt **nicht** diskutiert werden. Daran schließt eine weitere Sequenz mit Einzelarbeit (5 bis 10 Minuten) an, in der die Teilnehmer nach weiteren Ideen suchen. Dabei können sie ihre Notizen aus der Gruppensequenz nutzen.

In der nachfolgenden Gruppensequenz trägt jeder wieder seine Ideen vor und gibt Feedback, welche Einfälle er besonders gut findet, welche vielleicht miteinander kombiniert werden könnten oder welche Hindernisse er speziell bei der Umsetzung dieser Idee sieht. Auch in dieser Runde gilt wieder, dass immer nur eine Person spricht. Wenn jemand etwas zu einer Aussage des anderen sagen möchte, macht er sich Notizen. Er äußert sie erst, wenn er an der Reihe ist. Am Ende der Diskussion schreibt jeder seine drei Lieblingsideen auf je ein Kärtchen und pinnt sie auf die Gruppenwand. Die drei Ideen mit der größten Zustimmung werden zur Weiterbearbeitung in die nächste Phase übernommen. Alle anderen bleiben in einem Ideenpool und können jederzeit wieder weiterverfolgt werden.

Die Gruppenbesprechungen können wiederum mit einem Werkzeug der Kategorie *kommunizieren* durchgeführt werden. Für die Auswahl der Ideen kann ein Werkzeug der Kategorie *befragen* zum Einsatz kommen. Der vorgeschlagene Ideenpool kann mit einem Werkzeug der Kategorie *teilen* realisiert werden.

3. Ideenausarbeitung

In dieser Phase erfolgt die detaillierte Ausarbeitung der drei ausgewählten Ideen. Die Bearbeitung kann in der Gruppe erfolgen. Die Ergebnisse werden im vorbereiteten Ideenausarbeitungsblatt (siehe Abbildung 7), das zu Beginn der Bearbeitung eine grobe Beschreibung der Idee und die obigen Teile als Überschriften enthält, zusammengefasst. Sollen Personen außerhalb der Gruppe einbezogen werden (gemäß Ergebnissen aus Phase 1), können einzelne Gruppenmitglieder diese Aufgabe übernehmen. Sie bringen ihre Erkenntnisse aus den Gesprächen mit den externen Personen in die abschließende Besprechung ein.

Abbildung 7: Ideenausarbeitungsblatt

Für diese Phase kommt idealerweise ein Werkzeug der Kategorie *zusammenarbeiten* zum Einsatz, das sowohl synchrone als auch asynchrone Kommunikation und kollaboratives Bearbeiten von Dokumenten (Ideenausarbeitungsblatt) ermöglicht. Für die Gespräche mit externen Personen kann ergänzend ein Werkzeug der Kategorie *kommunizieren* verwendet werden.

4. Ideenbewertung

Hier geht es um die Überprüfung der Idee auf ihre Anwendbarkeit im Alltag und die Ableitung von Handlungsoptionen. Diese Phase kann sich unmittelbar an die vorhergehende anschließen und ebenfalls in der Gruppe stattfinden, wenn es sich um eine eher „einfache" Idee handelt wie z.B. um eine innovative Herangehensweise in einem bekannten Prozessschritt der Organisation.

Je komplexer oder umfangreicher eine Idee ist, desto eher sollte die Bewertung allerdings in Einzelarbeit erfolgen. Wenn es sich beispielsweise um eine völlig neue Geschäftsidee handelt, ist es ratsam, die Bewertung allein bzw. mit Unterstützung externer Experten vorzunehmen. Das bietet allen Gruppenmitgliedern die Möglichkeit, das fertige Ideenausarbeitungsblatt zu überdenken und von externen, für die Umsetzung der Idee wichtigen Personen ihre Meinung einzuholen. Das Ergebnis dieser Phase ist eine begründete Empfehlung, welche Idee weiterverfolgt bzw. umgesetzt werden soll.

Eine Liste mit passenden Kriterien bietet hier eine gute Unterstützung zur möglichst objektiven Beurteilung von Ideen. Viele Organisationen werden einen entsprechenden Kriterienkatalog oder alternative Vorgangsweisen (z.B. SWAT-Analyse) bereits entwickelt und im Einsatz haben. Daher wird an dieser Stelle auf eine Auflistung von Kriterien zur Ideenbewertung verzichtet und bei Bedarf auf die unten angeführte Literatur verwiesen.

Werkzeuge der Kategorie *kommunizieren* können für die Gruppendiskussionen oder den Austausch mit externen Personen zum Einsatz kommen. Die Bewertung der Kriterien kann mit Hilfe eines Werkzeugs der Kategorie *befragen* erfolgen.

Stufenweise Digitalisierung

Stufe 0: Brainstorming Revisited kommt im Prinzip ohne Technikunterstützung aus. Eventuell kann man seine Notizen oder das Ideenausarbeitungsblatt mit Hilfe eines Textverarbeitungssystems bearbeiten.

Die eigenen Kompetenzen entwickeln

Stufe 1: Für die Gruppensequenzen können Werkzeuge aus der Kategorie *kommunizieren* (z.B. Videokonferenzsysteme) zum Einsatz kommen.

Stufe 2: Ergänzend zu Videokonferenzen können die Ergebnisse der Einzelarbeiten mit einem Werkzeug der Kategorie *teilen* allen anderen zur Verfügung gestellt werden.

Stufe 3: Die Ideenauswahl und -bewertung kann mit Hilfe eines Werkzeugs der Kategorie *befragen* erfolgen.

Stufe 4: Um den gesamten Brainstorming-Prozess werkzeugunterstützt ablaufen zu lassen, wird man zu einem Werkzeug der Kategorie *zusammenarbeiten* greifen, das synchrone und asynchrone Kommunikation, individuelle Ausarbeitung und Befragungen ermöglicht.

In einem vollständig digitalisierten Szenario ist auf einer Kollaborationsplattform bereits ein Teamraum vorbereitet, der für alle Prozessschritte eines Brainstormings in Gruppen die notwendigen Dokumentvorlagen (z.B. Fragenliste für die erste Einzelarbeit, Ideenausarbeitungsblatt) bereit hält. Der Moderator diskutiert in einem Videochat mit dem Auftraggeber die anstehende Problemstellung und den Teilnehmerkreis. Danach lädt er die potenziellen Teilnehmer auf Basis einer Suche in den Kompetenzprofilen der Mitarbeiter ein.

Zur Einstimmung stellt er die Videosequenz online, in der der Auftraggeber die Problemstellung schildert. Sobald sich eine ausreichend große Gruppe von Mitarbeitern im Teamraum angemeldet hat, nutzt er den integrierten Gruppenkalender für die Terminkoordination einer ersten Video-Konferenz. In dieser lernen sich die Teilnehmer kennen, wenn nötig, und klären die offenen Fragen zur Problemstellung. Die Session wird kurz (ca. 15 Minuten) unterbrochen, damit jeder die bereitgestellte Fragenliste individuell beantworten und hochladen kann. In der fortgesetzten Video-Konferenz schildern sie sich gegenseitig kurz ihre ersten Erkenntnisse und klären Fragen zu den Einzelpräsentationen. Während dieser Phase lässt der Moderator vom System eine Liste von Schlüsselwörtern aus den Einzelausarbeitungen extrahieren. Diese Liste stellt er den Teilnehmern für den nächsten Ideenfindungsschritt zur Verfügung.

Die Teilnehmer begeben sich nun wieder individuell auf die Suche nach weiteren Ideen. Sie nutzen die Schlüsselwortliste für Recherchen mit Hilfe einer Metasuchmaschine, um ein möglichst breites Spektrum von möglichen Ideen zu finden. Alle Ideen werden samt Kurzbeschreibung in das Bewertungstool der Plattform eingespeist. Der Moderator gibt die Bewertung frei, sobald die Ideenfindungsphase abgeschlossen und alle inhaltlichen Fragen zu einzelnen Ideen geklärt sind. Für die drei am besten bewerteten Ideen wird von Teilgruppen das Ideenausarbeitungsblatt erstellt. Falls dazu externe Inputgeber benötigt werden, werden diese von einzelnen Gruppenmitgliedern in getrennten Audio- oder Videochats befragt. Die Ergebnisse arbeiten sie direkt in das entsprechende Ideenblatt mit Hinweisen auf die Quelle ein.

Für die abschließende Bewertung der Ideen lädt der Moderator den Auftraggeber, alle Teilnehmer und externe Experten zu einer Web-Konferenz ein. Jede Idee wird ausführlich diskutiert, ihre Machbarkeit überprüft. Die finale Empfehlung wird vom Moderator schriftlich festgehalten und dem Auftraggeber online zur Verfügung gestellt. Alle Dokumente des Teamraums werden archiviert und für die nächste Brainstormimg-Runde bereit gestellt.

Grenzen/Risiken und Anwendungskompetenzen

Wenn vor der ersten Anwendung verabsäumt wurde, die Vorteile der neuen Form des Brainstorming allen ausreichend gut näher zu bringen, werden die Teilnehmer beim ersten Problem-Briefing statt Fragen zur weiteren Problemklärung zu stellen, voraussichtlich sofort mit der Ideengenerierung beginnen. In diesem Fall wird der Prozess mit Hinweis auf die neue Vorgehensweise sofort abgebrochen. Die bereits gefundenen Ideen werden für die spätere Bearbeitung notiert. Die Gesprächsleitung klärt durch geschicktes Fragen, ob das Problem ausreichend gut verstanden wurde, und bittet die Teilnehmer, das Fragenblatt in Einzelarbeit auszufüllen. Im Nachgang werden weitere Kommunikationsmaßnahmen zur Verbreitung von Brainstorming Revisited in der Organisation ergriffen.

Es wird immer wieder passieren, dass die Ausarbeitungen der Fragen lückenhaft sind. Sei es, dass die Teilnehmer beim Problem-Briefing Wichtiges überhört haben, sei es, dass sie Schwierigkeiten mit der Art der Fragestellung haben. Die erste Präsentationsrunde in der Gruppe könnte in diesem Fall wenig ergiebig sein. Dieses Manko wird normalerweise durch die zweite Runde ausgeglichen. Wichtig ist, dass der Moderator in dieser Phase jede Diskussion der Ideen in der Gruppe strikt verhindert.

Die Ideenausarbeitungsphase kann einen längeren Zeitraum in Anspruch nehmen, je nachdem wie viele zusätzliche externe Personen eingebunden werden. Die Schwierigkeit ist hier, eine vernünftige Zeitspanne bis zur abschließenden Besprechung dieser Phase zu vereinbaren. Wird sie zu lang gewählt, driftet die Aufgabe an den Rand des Aufmerksamkeitsfokus der Teilnehmer. Die Folge ist, dass die Ideenblätter bei der Abschlussbesprechung Lücken aufweisen und die Ideenbewertung verschoben werden muss, bis die fehlenden Details ergänzt sind. Wird sie zu kurz gewählt, leidet die Qualität des Gesamtergebnisses, weil ev. wichtige externe Personen aus Zeitgründen nicht befragt werden konnten. Auch hier ist eine Nachbearbeitung vor der Ideenbewertung ratsam.

Wenn es in der betreffenden Organisation keine vordefinierten Kriterienkataloge für Ideenbewertungen gibt, kann dies Schwierigkeiten im Bewertungsprozess bereiten. Die Teilnehmer können sich z.B. nicht auf ein gemeinsames Kriterienset einigen oder auf eine sinnvolle Gewichtung der Kriterien. In diesen Fällen kann die Methode Assessalog (siehe Seite 292), begleitet durch einen externen Moderator, zum Einsatz kommen, bei der zuerst die Kriterien samt Gewichtung gemeinsam entwickelt und die Ideenwertung daran angeschlossen wird.

Von den Teilnehmern wird Unvoreingenommenheit gegenüber fremden Ideen erwartet, wertschätzende Würdigung auch von unkonventionellen Ideen sowie Mut, selbst auch scheinbar abwegige Ideen einzubringen. Der Moderator soll neben Methodenanwendungserfahrung über Kommunikations- und Moderationsfertigkeiten verfügen sowie Konfliktlösungsmethoden beherrschen.

Referenzen

Coyne, K. P.; Coyne, S. T. (2011). *Seven Steps to better brainstorming.* Artikel in McKinsey Quarterly März 2011. http://www.mckinsey.com/business-functions/strategy-and-corporate-finance/our-insights/seven-steps-to-better-brainstorming, Abruf: 03.05.2019.

Drachsler, K. (2007). *Bewertung von Produktideen.* Stuttgart: Fraunhofer IRB Verlag.

Eppler, M. J.; Hoffmann, F.; Pfister, R. A. (2014). *Creability. Gemeinsam kreativ – innovative Methoden für die Ideenentwicklung in Teams.* 2. Auflage, Stuttgart: Schäffer-Poeschel.

Fingerle, B. I.; Mumenthaler, R. (2016). *Innovationsmanagement in Bibliotheken (Praxiswissen).* München: De Gruyter Saur, S. 38.

Häberli, M. (2017). *Darum ist klassisches Brainstorming unnütz.* cleverclip Blogpost vom 6. Februar 2017. https://cleverclip.at/blog/darum-ist-klassisches-brainstorming-unnuetz/, Abruf: 03.05.2019.

McCaffrey, T. (2016). *Warum Brainstorming nicht funktioniert - und wie es besser geht.* Havard Business Manager vom 29. März 2016.
http://www.harvardbusinessmanager.de/blogs/warum-brainstorming-nicht-funktioniert-und-wie-es-besser-geht-a-1077825.html,
Abruf: 03.05.2019.

wikipedia (2018). *Ideenbewertung.* Letzte Änderung: 1. Oktober 2018.
https://de.wikipedia.org/wiki/Ideenbewertung, Abruf: 03.05.2019.

Mikrolernen

Mikrolernen dient dem Erwerb, Ausbau und Erhalt von Basiskompetenzen. Der Lernprozess wird durch möglichst kurze Lerneinheiten unterstützt.

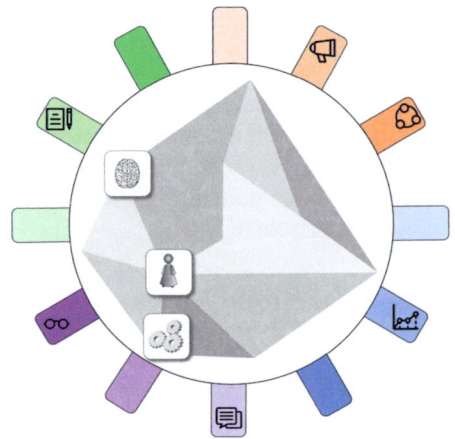

Ein Wissensträger baut seine Kompetenzen durch eine spezielle Form des Lernens aus. Daher befindet sich diese Methode im Semantischen Raum zwischen *Wissensträger, Prozesse* und *Kompetenzen.*

Für die Digitalisierung von Mikrolernen können Werkzeuge aus den Kategorien *kommunizieren, zusammenarbeiten, veröffentlichen, befragen, visualisieren* und *lernen* zum Einsatz kommen.

Die Methode

Mikrolernen (englisch *microlearning*) ist Lernen in kleinen Einheiten. Es ist gesteuertes informelles Lernen, weil Lernende sich abseits von formalen Lernangeboten die Inhalte selbst wählen und/oder mitgestalten können. Diese Form des Lernens weist im Unterschied zu klassischen Lernprozessen spezielle Charakteristiken auf. Eine Mikrolerneinheit dauert einige Sekunden bis maximal 15 Minuten. Sie eignen sich am besten für schnell erfassbare Inhalte. Als Formen zur Vermittlung bieten sich einfache Fakten, Episoden, Bilder oder Metaphern an.

Das Feedback erfolgt unmittelbar und direkt am Ende jeder Mikrolernein-heit. Mikrolerneinheiten können integriert in einem umfangreicheren Lern-prozess oder begleitend zu Weiterbildungsaktivitäten oder für die Wieder-holung von Lerninhalten eingesetzt werden. Als Vermittlungsmedien kom-men gedruckte, elektronische oder multi-mediale Formate zum Einsatz.

Besonders interessant ist Mikrolernen für die Vermittlung von Erfahrungs-wissen, das in dokumentierter Form vorliegt und sich einfach „verpacken" lässt. So können z.B. aus Erfahrungsgeschichten (siehe Seite 159) Mikro-lerneinheiten entwickelt werden, die erfolgsrelevante Tipps in Form von leicht verdaulichen Lernhäppchen enthalten. Die Verbreitung und Anwen-dung des Erfahrungsschatzes der Organisation wird dadurch erleichtert.

Ziel und Nutzen

Ziel dieser Methode ist der Erwerb, die Erweiterung und Erhaltung von Kompetenzen mit Hilfe von kurzen Lerneinheiten. Diese kleinen Lernein-heiten lassen sich nicht nur rasch erstellen, sie können auch leicht verändert, ergänzt und mit neuen Inhalten befüllt werden. Ebenso können sie relativ einfach zu größeren Lernsequenzen zusammengefasst werden. Durch das unmittelbare Feedback in jeder Mikrolerneinheit wird nicht nur die Lern-motivation des Lernenden („Meine Antwort war wieder richtig!" ☺), son-dern auch die Effektivität und Effizienz des gesamten Lernprozesses deut-lich gesteigert.

Lernen mit Mikrolerneinheiten lässt sich auf unkomplizierte Art und Weise in den Arbeitsalltag integrieren, weil es orts- und zeitunabhängig stattfinden kann. Der Lernende kann seinen Lernprozess ganz an seine individuellen Bedürfnisse anpassen. Mikrolernen unterstützt damit auf ideale Weise lebenslanges Lernen.

Anwendung

Mikrolernen verläuft in drei Phasen (siehe Abbildung 8). In der ersten Phase geht es um die Planung und Strukturierung, in der zweiten um die Entwick-lung der Mikrolerneinheiten und in der dritten um ihre Integration in den Arbeitsalltag.

Diese Schritte können im einfachsten Fall von einer Person (z.B. Mikrolern-einheiten in Form von LernCards (siehe Seite 351) für das Lernen von Vo-kabeln einer Fremdsprache) oder von einer Personengruppe, bestehend aus Themen- und Lernexperten (z.B. Mikrolerneinheiten für Verkäufer zu den

Themen Produkteigenschaften und Verkaufsargumente), oder von Lernenden in einer Lerngemeinschaft in einem sozialen Netz ausgeführt werden.

Eine weitere Variante ist, dass eine Personengruppe (Entwickler) die Planung und Entwicklung übernimmt und eine andere (Anwender) die Mikrolerneinheiten ausschließlich anwendet. In diesem Fall muss dafür gesorgt werden, dass die Entwickler Fehlermeldungen sowie Änderungs- und Ergänzungsvorschläge der Anwender zeitnah erhalten und für die kontinuierliche Weiterentwicklung der Mikrolerneinheiten nutzen.

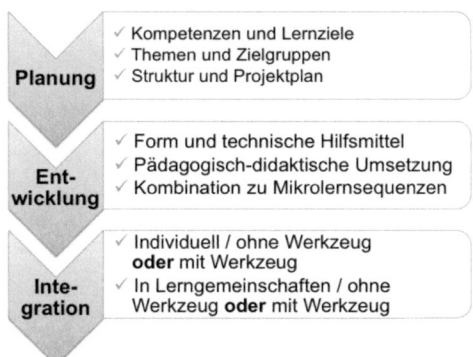

Abbildung 8: Phasen von Mikrolernen

1. Planung

Bevor es an die Entwicklung von Mikrolerninhalten geht, sind einige Entscheidungen zu treffen. Diese beeinflussen nicht nur den Inhalt, sondern auch den personellen und finanziellen Aufwand für die nachfolgende Entwicklung. Als erstes ist festzulegen, welche Kompetenzen durch die Verwendung der Mikrolerneinheiten erworben oder ausgebaut werden sollen. Daraus ergeben sich unmittelbar die Lernziele und die Themen, die behandelt werden sollen. Um sicher zu gehen, dass die richtige Auswahl getroffen wurde, können einige Personen aus der gewählten Zielgruppe nach ihren Lernbedarfen befragt werden.

Um einen besseren Überblick über den gesamten Entwicklungsaufwand zu bekommen, werden nun die Themen in immer kleinere Inhaltseinheiten zerlegt, bis sie die Größe von Mikrolerneinheiten erreicht haben. Die sich ergebende Gesamtstruktur wird am besten in Form einer Mindmap (siehe Seite 315) visualisiert. Darauf aufbauend kann ein Projektplan inkl. der zeitlichen und finanziellen Bedarfe abgeleitet werden.

Die eigenen Kompetenzen entwickeln

Alle Planungsgespräche können unter Zuhilfenahme von Werkzeugen der Kategorie *kommunizieren* durchgeführt werden. Die Gesamtstruktur kann mit Unterstützung eines Werkzeugs der Kategorie *visualisieren* (Mindmap) dargestellt werden. Ein Projektplan kann mit Hilfe eines Werkzeugs der Kategorie *zusammenarbeiten* erstellt werden. Falls eine Befragung der Zielgruppe ins Auge gefasst wurde, kann ein Werkzeug der Kategorie *befragen* genutzt werden.

2. Entwicklung

Entsprechend den Charakteristiken des Mikrolernens sollten bei der Entwicklung von Mikrolerninhalten einige Gestaltungsprinzipien beherzigt werden. Eine Mikrolerneinheit muss rasch erfasst werden können. Gut geeignete Formate sind ein Wort oder eine Wortgruppe oder eine Zahl mit einer kurzen Erklärung, ein kurzer Text, ein selbstsprechendes Bild, ein Bild mit wenigen Zeilen erklärenden Texts oder eine kurze Videosequenz.

Die Verwendung von Analogien oder Metaphern (siehe Seite 326) erleichtern das Erfassen des Inhalts. Durch den Einsatz interaktiver Elemente wie zum Beispiel das Berühren von „Hot Spots", das Bewegen oder Selektieren von Objekten lassen sich ebenfalls viele unterschiedliche und motivierende Mikrolerneinheiten erstellen. Sie können verwendet werden, um Objekte zu ordnen oder aufeinander abzustimmen, eine bestimmte Stelle in einer Grafik, einem Bild oder Video anzuklicken oder Schieberegler zu justieren.

Aus einer Mikrolerneinheit muss der Sinnzusammenhang unmittelbar ersichtlich sein. Sie muss eine in sich geschlossene Einheit bilden, die ohne Zusatzinformation auskommt. Das schließt auch unmittelbares Feedback ein, ob die Antwort oder Handlung im Lernkontext richtig oder falsch war. Eine ausführliche Erläuterung, warum sie falsch war, samt Verweise auf Hintergrundinformationen steigert die Lernqualität. Um das Auffinden und die Wartbarkeit der Mikrolerneinheiten zu erhöhen, sollte neben dem kurzen Lerninhalt Titel, Thema, Autor, Datum und Schlüsselwort(e) erfasst sein. Jede im Internet zur Verfügung gestellte Mikrolerneinheit sollte eine eindeutig adressierbare Referenz haben, um von den Lernenden jederzeit abrufbar zu sein.

Im Rahmen der Erstellung von Mikrolerneinheiten sind einige pädagogisch-didaktische, technische und strukturelle Entscheidungen zu treffen. Diese beeinflussen wesentlich den Aufwand für den Entwicklungsprozess und seinen weiteren Verlauf.

Die erste Entscheidung ist technischer Natur und legt fest, ob die Mikrolerneinheiten physisch oder elektronisch vorliegen sollen. In den allermeisten

Fällen wird die elektronische Form bevorzugt. Einzelpersonen, die z.B. Vokabeln einer Fremdsprache oder Begriffe einer Fachsprache lernen wollen, entscheiden sich manchmal für die Papierform. Danach wird festgelegt, welche IT-Werkzeuge für die Entwicklung eingesetzt werden sollen. Das Spektrum reicht von Textverarbeitungs- bis zu Autorensystemen in einer Lernmanagementumgebung.

Die Inhaltseinheiten aus der Planungsphase werden nun aus pädagogisch-didaktischer Sicht untersucht. Es wird entschieden, welche Art der Umsetzung (Text, Bild, Bild und Text, Video, interaktive Elemente, etc.) sich für welchen Inhalt am besten eignet. Für abstrakte Inhalte sucht man nach passenden Analogien oder Metaphern, die Lernenden die Inhaltsaufnahme erleichtern. Strukturell ist zu entscheiden, welche Mikrolerneinheiten sich wie zu Mikrolernsequenzen kombinieren lassen. Das Ergebnis der anschließenden Entwicklung sind Mikrolerneinheiten, die das Thema den Lernenden in kleinsten Häppchen zur Verfügung stellen.

Alle notwendigen Besprechungen im Rahmen des Entwicklungsprozesses können mit Hilfe eines Werkzeugs der Kategorie *kommunizieren* (Telefon- oder Videokonferenz) durchgeführt werden. Abhängig von der Entscheidung über den Einsatz technischer Hilfsmittel können Werkzeuge aus den Kategorien *zusammenarbeiten*, *veröffentlichen* oder *lernen* zum Einsatz kommen.

3. Integration

Für die Integration in den Arbeitsalltag gibt es die folgenden vier Grundszenarien, die unterschiedliche Lernstrategien und -systeme erfordern:

- *Individuelles Lernen ohne Werkzeugunterstützung:*
  In diesem Szenario lernt die Person mit Hilfe von selbst geschriebenen Kärtchen, die sie in einer Box in mehreren Fächern thematisch geordnet hat (siehe LernCards auf Seite 351). Auf der Vorderseite der Kärtchen notiert sie z.B. Fachbegriffe oder Vokabeln einer Fremdsprache und auf der Rückseite die kurze Definition des Fachbegriffs bzw. die Übersetzung der Vokabel. Dabei muss sie unbedingt auf die Richtigkeit der Inhalte achten, um nichts Falsches zu lernen. Bereits durch das Schreiben der Kärtchen prägt sich der Lernstoff ein. Durch tägliche Wiederholungen von kleinen Lernpaketen verfestigt sich der Lernstoff und steht nach einer gewissen Zeit abrufbereit zur Verfügung. Dann kann das nächste Lernpaket in Angriff genommen werden. Das Lernen in kleinen Lerneinheiten und das Hinzufügen neuer Kärtchen können leicht in die tägliche Arbeitsroutine eingebaut werden.

- *Individuelles Lernen mit Werkzeugunterstützung:*
  Die oben beschriebene Lernkartenmethode kann auch werkzeugunterstützt angewendet werden. In diesem Fall ist es möglich, bereits vorhandene Lernkartensammlungen zum Lernen zu nutzen. Mikrolerneinheiten können auch aus dem Intra- oder Internet oder von einer Lernplattform abgerufen werden. Eine andere Möglichkeit ist, dass Lernende Mikrolerninhalte abonnieren und täglich eine Mikrolerneinheit per SMS oder E-Mail erhalten. Damit sich der Lernerfolg einstellt, ist es auch in diesem Szenario wichtig, dass der Lernende seine Lernzeiten fix in seinem Terminkalender einplant und die Termine einhält.

- *Lernen in Lerngemeinschaften ohne Werkzeugunterstützung:*
  Dieses Szenario setzt eine funktionierende Lernpartnerschaft (siehe Seite 64) voraus. Die Lernpartner bearbeiten gemeinsam Mikrolernaufträge gemäß ihren Lernzielen zu den vereinbarten Zeiten. Auch diese Lernform lässt sich einfach in den Arbeitsalltag integrieren.

- *Lernen in Lerngemeinschaften mit Werkzeugunterstützung:*
  In diesem Szenario sind die Lernenden aktive Mitglieder einer Lernplattform. Sie diskutieren ihre Themen in Diskussionsforen und erstellen online Mikrolerneinheiten für den weiteren Gebrauch für alle Mitglieder der Lernplattform. Die Lerninhalte können von allen Nutzern geändert und weiterentwickelt werden. Auf diese Art und Weise wird der Lernstoff sehr flexibel und zeitnah an die Bedürfnisse aller Lernenden angepasst. Es ist daher sehr gut geeignet für agile Arbeitsumgebungen.

Generell kann gesagt werden, dass Mikrolernen durch Werkzeugunterstützung flexibler und vielfältiger eingesetzt werden kann.

Beispiel

Eine sehr einfache Mikrolernmethode mit hohem Lerneffekt ist, sich eine Erinnerung, was man für sich selbst gerne ändern möchte, auf Notizzettel zu schreiben und in allen Taschen der Alltagskleidung zu verteilen. Bei jedem zufälligen In-die-Tasche-Greifen zieht man einen dieser Zettel heraus, liest ihn und erinnert sich wieder an den eigenen Vorsatz. Mit der Zeit gelingt es immer öfter, das gewünschte Verhalten an den Tag zu legen.

Das Angebot von werkzeugunterstütztem Mikrolernen ist sehr vielfältig und ständig in Bewegung. Daher kann an dieser Stelle kein Beispiel angeführt werden. Es lohnt sich jedenfalls bei Bedarf danach zu suchen.

Stufenweise Digitalisierung

Stufe 0: Die Methode kann völlig ohne Werkzeugunterstützung angewendet werden. Benötigt werden nur Kärtchen, Schreibzeug und passende Boxen. Für die kontinuierliche Anwendung und komplexere Wissensgebiete wird man allerdings rasch an die Grenze des Machbaren stoßen.

Stufe 1: Alle Gespräche im Rahmen von Mikrolernen können mit Hilfe eines Werkzeugs der Kategorie *kommunizieren* durchgeführt werden.

Stufe 2: Die Entwicklung und die Bereitstellung von Mikrolerneinheiten erfolgen mit Hilfe eines Werkzeugs der Kategorie *veröffentlichen*. Die Gesamtstruktur der Mikrolerneinheiten wird unter Einsatz eines Werkzeugs der Kategorie *visualisieren* dargestellt.

Stufe 3: Alle Aktivitäten, die Abstimmung und Zusammenarbeit erfordern, werden durch ein Werkzeug der Kategorie *zusammenarbeiten* unterstützt. Falls eine Befragung von Zielgruppen durchgeführt werden soll, wird ein Werkzeug der Kategorie *befragen* genutzt.

Stufe 4: Die Methode lässt sich vollständig digitalisieren. In allen Phasen von Mikrolernen kann durchgängig ein Werkzeug der Kategorie *zusammenarbeiten* eingesetzt werden. Die Entwicklung der Mikrolerneinheiten erfolgt mit Hilfe eines Werkzeugs der Kategorie *lernen*.

Grenzen/Risiken und Anwendungskompetenzen

Als reiner Anwender der Methode steht man stets vor der Herausforderung, die Lernangebote mit passenden Mikrolerneinheiten für den eigenen Entwicklungsbedarf zu finden. Sie müssen für die Erreichung der definierten Entwicklungsziele und zu den Rahmenbedingungen (Lernumgebung, verfügbare Zeit, ggf. IT-Infrastruktur, etc.) möglichst gut passen. Dadurch wird das Risiko reduziert, ungeeignete Lernangebote anzuschaffen, die zu Frustration statt Freude beim Lernen führen. Der Lernerfolg wird sich auch erst dann einstellen, wenn der Anwender Mikrolernen konsequent nutzt. Lerngemeinschaften können dabei helfen, die Eigenmotivation über einen längeren Zeitraum aufrecht zu erhalten.

Der erforderliche Aufwand für die Entwicklung von Mikrolerneinheiten wird häufig unterschätzt. Dadurch kann das Projekt-Budget bereits verbraucht sein, ohne das Projektziel erreicht zu haben, oder die Entwicklungszeit geht weit über die veranschlagte Projektdauer hinaus. Die Anwendung von agilen Entwicklungsmethoden (z.B. SCRUM) kann hier Abhilfe schaffen. Ein weiteres Lösungsszenario ist, die Entwicklung in die Hände einer erfahrenen Lerngemeinschaft zu legen, die die Inhalte zielgenau an ihren eigenen Bedarf zeitnah anpassen kann. Letzteres setzt voraus, dass in der Organisation eine adäquate, für jeden offene IT-Infrastruktur zur Verfügung steht und eine offene und auf Wissensteilung ausgerichtete Lernkultur herrscht.

Der Anwender sollte neben Durchhaltevermögen und der Fähigkeit zur Eigenmotivation auch Lernfähigkeit und -willigkeit mitbringen. Da Mikrolernen meist in den Arbeitsalltag integriert eingesetzt wird, erfordert es auch ein gutes Zeitmanagement. Auf Seiten der Entwickler ist je nach Spezialisierung IT-Kompetenz, Medien- bzw. mediendidaktische Kompetenz erforderlich. Die Projektleitung benötigt die üblichen Projektmanagement-Fertigkeiten, ev. gepaart mit agilen Methoden je nach Anwendungsfall.

Referenzen

Baumgartner, P. (2014). *Lernen in Häppchen - Microlearning als Instrument.* In: personal manager 1/2014, S. 20-22, online: http://peter.baumgartner.name/wp-content/uploads/2014/01/Microlearning-Personalentwicklung_20141.pdf, Abruf: 04.05.2019.

Buchem, I.; Hamelmann, H. (2010). *Microlearning: a strategy for ongoing professional development.* eLearning Papers, Nr. 21, September 2010, ISSN 1887-1542. https://changemethods.wordpress.com/2010/10/03/microlearning-a-strategy-for-ongoing-professional-development/, Abruf: 04.05.2019.

Després, L. (2018). *Microlearning: Lernen in kleinen Einheiten.* Check.Point eLearning Blogpost vom April 2018, https://www.checkpoint-elearning.de/kmu/microlearning-lernen-in-kleinen-einheiten, Abruf: 02.06.2019.

Hug, T. (2005). *Micro Learning and Narration.* http://hug-web.at/drupal-/sites/default/files/2005_Microlearning-and-Narration_Hug.pdf, Abruf: 04.05.2019.

Leitner, S. (2011). *So lernt man lernen.* 18. Auflage, Freiburg: Herder. (Beschreibung Lernkartensystem)

Robes, J. (2009). *Microlearning und Microtraining*. In: Hohenstein, A.; Wilbers, K. (Hrsg.): Handbuch E-Learning, 30. Erg.-Lfg., Oktober 2009, Köln: Deutscher Wirtschaftsdienst Wolters Kluwer, http://www.weiterbildungsblog.de/wp-content/uploads/2009/10/hel30_436_robes.pdf, Abruf: 04.05.2019.

Zettelkasten

Ein konsequent gepflegter Zettelkasten ist das externe Gedächtnis eines Wissensarbeiters. Er besteht aus einer großen Anzahl von Zetteln mit kleinen Informationseinheiten, die mit Hilfe von passenden Schlagwörtern und Querverweisen miteinander verknüpft sind.

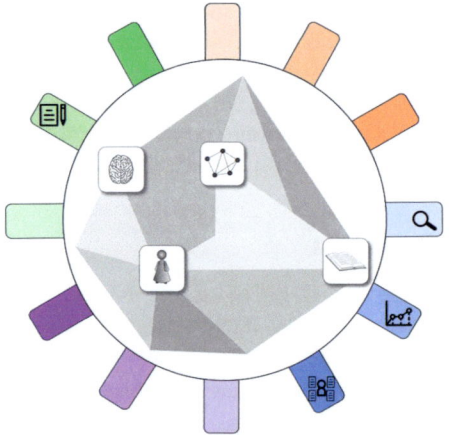

Durch die kontinuierliche Anwendung eines Zettelkastens wird der Ausbau individueller Kompetenzen und die Kreativität nachhaltig gefördert. Daher befindet sich diese Methode im Semantischen Raum zwischen *Wissensträger, Kompetenzen* und *Relationen*.

Für die Digitalisierung der Methode Zettelkasten können Werkzeuge aus den Kategorien *suchen*, *veröffentlichen*, *visualisieren* und *kuratieren* zum Einsatz kommen.

Die Methode

Die Methode Zettelkasten wurde von Niklas Luhmann erfunden. Das Zettelkasten-Prinzip (siehe Abbildung 9) ist relativ einfach. Alle Informationen, die ein Wissensarbeiter während seiner Arbeit recherchiert und benutzt, und eigene Ideen schreibt er in kleinen Einheiten und eigenen Worten auf durchnummerierte Zettel. Er benutzt Folgezettel, falls eine Informationseinheit für einen einzelnen Zettel zu umfangreich ist. Jeden Zettel ergänzt er um die zugehörigen Referenzen und passenden Schlagwörter. Falls es bereits Zettel mit logisch zugehörigen Informationseinheiten gibt, verknüpft er sie mit Hilfe von Querverweisen. Die Querverweise enthalten die Nummern der betreffenden Zettel.

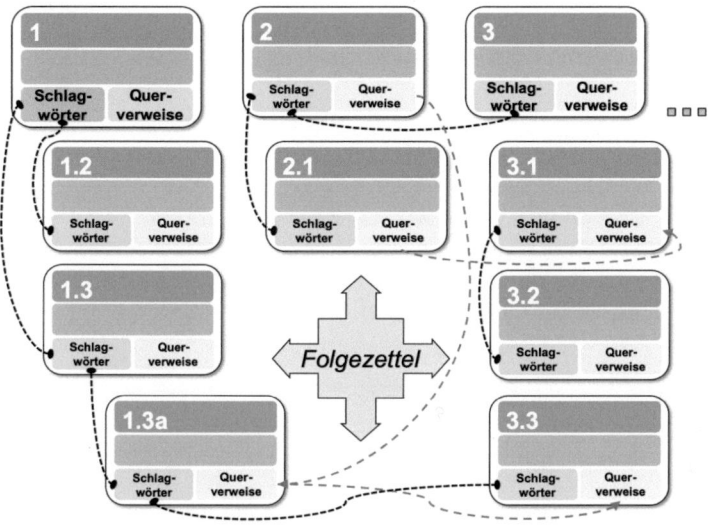

Abbildung 9: Zettelkasten-Prinzip

Auf diese Art und Weise entsteht ein scheinbar ungeordnetes Archiv von Informationseinheiten. Die innere Ordnung eines Zettelkastens entsteht allmählich durch die immer neuen Verknüpfungen über die Schlagwörter und Querverweise. Ein Kreativitätspotential stellt sich schlussendlich ein, weil Zettel durch gleiche Schlagwörter miteinander verbunden werden, ohne dass dies beabsichtigt wurde. Außerdem geraten Zettel mit wenigen Anknüpfungspunkten immer mehr in Vergessenheit, weil sie nicht so leicht auffindbar sind wie besser verknüpfte. Diese Effekte treten allerdings erst dann zu Tage, wenn der Zettelkasten mehrere hundert bis tausend Zettel enthält.

Die Mühe lohnt sich, weil ein Wissensarbeiter ab diesem Punkt beginnen kann, sich mit seinem Zettelkasten zu „unterhalten". Mit Hilfe der Schlagwörter, die für ihn von besonderem Interesse sind, und den Querverweisen sucht er Zettel aus seinem Zettelkasten heraus und verknüpft die enthaltenen Informationen zu völlig neuen Sinnzusammenhängen. Ohne diese „zufälligen" Verbindungen zwischen den Zetteln wäre dies nicht realisierbar.

Ein Zettelkasten ähnelt in seinem Aufbau einem neuronalen Netz. Die einzelnen Zettel sind die Nervenzellen, die über die Schlagwörter und Querverweise zu einem Netz von Informationseinheiten verknüpft werden. Daher kann ein Zettelkasten als künstliche Intelligenz angesehen werden, mit der sich ein Wissensarbeiter in der oben beschriebenen Art und Weise unterhalten kann. Luhmann hat den Zettelkasten als praktische Anwendung seiner Systemtheorie geschaffen. Durch Kommunikation mit seinem Zettelkasten konnte er ihm völlig neue Zusammenhänge entdecken und veröffentlichen.

Ziel und Nutzen

Durch die ausschließliche Verwendung von Schlagwörtern und Querverweisen benötigt ein Zettelkasten wenig Wartungsaufwand. Die Pflege beschränkt sich auf die Eindeutigkeit der Schlagwörter und die Sinnhaftigkeit der Querverweise. Da ein Zettelkasten keine „äußere" Ordnung besitzt, ist auch keine Restrukturierung erforderlich.

Wenn die Schlagwörter und Querverweise sorgfältig ausgewählt werden, kann jede Information leicht gefunden werden. Das Kreativitätspotenzial steigt, weil alle gefundenen Zettel mit dem gesuchten Schlagwort ev. verblüffende neue Zusammenhänge zeigen. Ein explizites Löschen von nicht wichtigen oder veralteten Informationen entfällt, weil Zettel mit wenig Anknüpfungspunkten sehr schwer gefunden werden.

Wenn die Schlagwörter regelmäßig und sorgfältig gepflegt werden, kann der Benutzer eines Zettelkastens nichts mehr vergessen. Ein passendes Schlagwort genügt, um die gesuchte Informationseinheit sicher und rasch zu finden.

Anwendung

Gemäß dem Prinzip eines Zettelkastens (siehe Abbildung 9) umfasst die Methode folgende Phasen:

1. Eingabe

Wie bereits erwähnt, entfaltet ein Zettelkasten erst dann sein volles Potenzial, wenn eine genügend große Anzahl von Zetteln zur Verfügung steht. Jeder Wissensarbeiter ist daher gut beraten, alle Informationen, die er bei seinen Recherchen findet, und seine eigenen Überlegungen dazu, sofort in seinen Zettelkasten zu integrieren. Durch die Verwendung eines Zettelkastens verändert sich seine Arbeitsweise vom Exzerpieren hin zum sofort in Zetteln Verarbeiten.

Ein Zettel eines Zettelkastens ist immer gleich aufgebaut (siehe Abbildung 10). Der Titel enthält eine Kurzcharakterisierung des Themas (z.B. „Das

Zettelkasten-Prinzip") und die fortlaufende Nummer des Zettels. Im Textteil fasst der Wissensarbeiter die Information möglichst kurz und knapp (max. drei kurze Absätze) in eigenen Worten zusammen. Sollte ein Zitat unumgänglich sein, schreibt er es unter Hochkommas und fügt die genaue Fundstelle hinzu. In den Referenzen listet er alle Literaturstellen auf, in denen er diese Information gefunden hat.

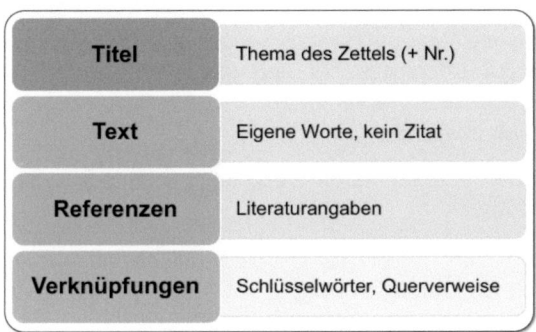

Abbildung 10: Aufbau eines Zettels

Zum Schluss wählt er sorgfältig alle Schlagwörter aus seiner Schlagwörterliste aus, die seinem Text am besten entsprechen. Falls es bereits Zettel mit verwandtem Inhalt gibt, verknüpft er sie zusätzlich mit Hilfe von Querverweisen. Sollte die Information für einen Zettel zu umfangreich sein, legt er Folgezettel (Nummerierungsvorschlag siehe Abbildung 9) mit der gleichen Struktur an.

Für die Erstellung eines Zettels findet ein Werkzeug aus der Kategorie *veröffentlichen* oder ein auf Zettelkästen spezialisiertes Werkzeug aus der Kategorie *visualisieren* Verwendung. Für die Recherche nach interessanten Inhalten kann ein Werkzeug der Kategorie *suchen* oder *kuratieren* zum Einsatz kommen.

2. Unterhaltung

Dazu wählt er ein Schlagwort aus, das für ihn von besonderem Interesse ist, und sucht in seinem Zettelkasten alle Zettel, die mit diesem Schlagwort verknüpft sind. Er legt so viele Zettel nebeneinander auf seinen (realen oder virtuellen) Schreibtisch, wie er gut überblicken kann. Anschließend liest er die Texte auf den Zetteln und folgt auch deren Querverweisen. Er wird sehr wahrscheinlich völlig neue Sinnzusammenhänge für sein Thema entdecken und kann so einen innovativen Artikel daraus erarbeiten.

Ein auf Zettelkästen spezialisiertes Werkzeug aus der Kategorie *visualisieren* wird für diese Phase am besten eingesetzt.

3. Pflege

Der Wissensarbeiter überprüft regelmäßig die Liste der Schlagwörter auf Dopplungen durch gleichlautende Singular-/Plural- oder fremdsprachlich analoge Begriffe (z.B. „Wissen" und „knowledge") oder Synonyme (z.B. „Wissenserzeugung" und „Wissensgenerierung"). Ggfs. ergänzt er auch Querverweise und Referenzen. Hin und wieder wird er auch den einen oder anderen Zettel bearbeiten, wenn ihm bessere Formulierungen oder neue Ideen in den Sinn kommen.

Für diese Phase werden dieselben Werkzeuge verwendet wie für die Erstellung eines Zettels.

Stufenweise Digitalisierung

Stufe 0: Ein Zettelkasten kann völlig ohne Technikunterstützung angewendet werden. Die Information, Schlagwörter und Nummerierung werden auf Papierzettel geschrieben und in Karteikästen mit den entsprechenden Schlagwörtern abgelegt. Luhmann hat eine riesige Sammlung von Papierzetteln mit handschriftlichen Notizen einsortiert in Karteikästen hinterlassen.

Stufe 1: Für das Auffinden von passenden Informationen für einen Zettelkasten kann ein Werkzeug der Kategorie *suchen* zum Einsatz kommen.

Stufe 2: Für die Eingabe von Informationen auf Zetteln und Folgezetteln wird ein Werkzeug der Kategorie *veröffentlichen* verwendet.

Stufe 3: Die Eingabe und Pflege von (Folge-)Zetteln erfolgt mit Hilfe eines auf die Methode Zettelkasten spezialisiertes Werkzeug aus der Kategorie *visualisieren*.

Stufe 4: Alle Schritte der Methode Zettelkasten inkl. der Unterhaltung läuft Werkzeug-unterstützt ab. Für das Auffinden von passenden Informationen kommt zusätzlich ein Werkzeug der Kategorie *kuratieren* zum Einsatz.

Grenzen/Risiken und Anwendungskompetenzen

Um einen Zettelkasten in der von Luhmann beschriebenen Form nutzen zu können, ist nicht nur die Eingabe von tausenden Zetteln erforderlich, sondern auch die ständige Beschäftigung mit dem System von Schlüsselwörtern und Querverweisen, um es redundanzfrei und aktuell zu halten. Das stellt eine große Hürde auch für willige Anwender der Methode dar. Es erfordert eine radikale Änderung der eigenen Arbeitsweise, die meist auf Suchen, Finden und direktes Verarbeiten von Informationen ausgerichtet ist, ohne den „Umweg" über das Erstellen der passenden Zettel und das Einfügen in den Zettelkasten. Bleibt die Arbeit mit dem Zettelkasten episodisch, ist eine Unterhaltung unmöglich, weil die Grundgesamtheit an Zetteln unzureichend ist.

Der Anwender benötigt also neben Durchhaltevermögen Veränderungsfähigkeit in Bezug auf seine Arbeitsweise und die Fertigkeit, mit einem Zettelkasten kompetent umzugehen. Dies umfasst, gefundene Informationen in auf Zettel passende Einzelteile in eigenen Worten zu formulieren und aufzuteilen sowie passende Schlüsselwörter, Referenzen und Querverweise hinzuzufügen. Um Nutzen aus einer Unterhaltung mit seinem Zettelkasten (eine entsprechende Anzahl von Zetteln im Zettelkasten vorausgesetzt) ziehen zu können, muss er darüber hinaus in der Lage sein, die ausgewählten Zettel kreativ zu neuen Inhalten zusammenzufügen.

Referenzen

Luhmann, N. (1992). *Kommunikation mit Zettelkästen. Ein Erfahrungsbericht.* In: Niklas Luhmann: Universität als Milieu. Kleine Schriften. Hrsg. von André Kieserling. Bielefeld: Haux, S. 53–61.

Niklas-Luhmann-Archiv (Digitalisierung 2019, im Aufbau), https://niklas-luhmann-archiv.de/bestand/zettelkasten/zettel/ZK_1_NB_1_1_V.

Noack, P. (2019). *Missing Link: Luhmanns Denkmaschine endlich im Netz.* heise online Artikel vom 7. April 2019, https://www.heise.de/newsticker/meldung/Missing-Link-Luhmanns-Denkmaschine-endlich-im-Netz-4364512.html?seite=all, Abruf: 08.04.2019.

Täubner, M. (2012). *Das ausgelagerte Gehirn.* brand eins Wirtschaftsmagazin, https://www.brandeins.de/magazine/brand-eins-wirtschaftsmagazin/2012/relevanz/das-ausgelagerte-gehirn, Abruf: 01.06.2019.

Lernpartnerschaft

Eine Lernpartnerschaft wird innerhalb einer kleinen Gruppe von Personen geknüpft, die mit- und voneinander lernen wollen.

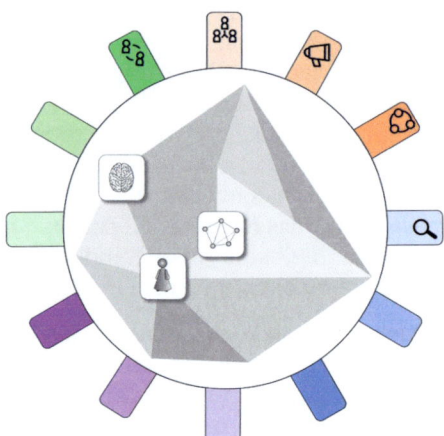

Wissensträger bauen Beziehungen zu Lernpartnern auf, um Kompetenzen auszubauen. Im Semantischen Raum findet man diese Methode daher zwischen *Wissensträger*, *Beziehungen* und *Kompetenzen*.

Für die Digitalisierung der Methode können Werkzeuge aus den Kategorien *kommunizieren*, *suchen*, *netzwerken*, *teilen* oder *zusammenarbeiten* zum Einsatz kommen.

Die Methode

Eine Lernpartnerschaft ist ein freiwilliger temporärer Zusammenschluss von mehreren Personen mit dem Ziel, mit- und voneinander zu lernen. Eine Lernpartnerschaft kann im Rahmen eines längerfristigen Aus- und Weiterbildungsprogramms oder als Wissenstransfermethode zwischen älteren und jüngeren Mitarbeitern in einer Organisation zum Einsatz kommen.

Im ersteren Fall wird sie als ergänzende Methode eingesetzt, um Trainingsinhalte selbstorganisiert im Rahmen von Lernpartnerschaftstreffen zu üben und zu vertiefen. Die Lernpartnerschaften umfassen hier eine Gruppe von bis zu fünf Personen.

Als Wissenstransfermethode wird sie direkt in den Arbeitsalltag der Lernpartner integriert. In diesem Kontext bilden meist zwei Personen mit einem deutlichen Altersunterschied eine Lernpartnerschaft. Dadurch soll erreicht werden, dass der jüngeren Generation erfolgsrelevantes Erfahrungswissen zugutekommt und die ältere Generation raschen und unkomplizierten Zugang zu aktuellem Fachwissen erhält. Das so erworbene Wissen kommt direkt am Arbeitsplatz zeitnah zum Einsatz. Diese Form von Lernpartnerschaften wird auch Lerntandems oder Generationenlernen genannt.

Eine Lernpartnerschaft wird mit hoher Wahrscheinlichkeit gelingen, wenn die Lernpartner ...

... einander respektieren.

... neugierig auf die Lernangebote des anderen sind.

... ein persönliches Interesse am Erfolg des Lernprojekts haben.

... die Verantwortung für das Gelingen des Lernprojekts übernehmen.

... ihr Lernprojekt selbstständig nach eigenen Bedürfnissen gestalten.

... hohe Bereitschaft zeigen, Erfahrungen auszutauschen.

... sich gerne gegenseitig beim Lernen unterstützen.

... sich konstruktives Feedback geben.

Ziel und Nutzen

Ziel dieser Methode ist es, sich gegenseitig im eigenen Kompetenzbereich weiter zu qualifizieren, das eigene Lernverhalten kritisch zu hinterfragen und bei Bedarf gemeinsam mit dem Lernpartner schrittweise zu verbessern. Sowohl essenzielles Erfahrungswissen als auch Fachwissen auf dem neuesten Stand wird zielgerichtet geteilt und unmittelbar in den Arbeitsprozessen angewandt.

Im Rahmen von Trainingsprogrammen unterstützen Lernpartnerschaften das informelle Lernen. Sie begleiten den Transfer der Lerninhalte bei der Anwendung am Arbeitsplatz. Aus erfolgreichen Lernpartnerschaften entstehen oft längerfristige tragfähige Beziehungen, die insbesonders den informellen Wissensaustausch in der Organisation begünstigen.

Anwendung

Eine Lernpartnerschaft durchläuft üblicherweise folgende Phasen:

1. Vorbereitungsphase

In dieser Phase definieren die potenziellen Lernpartner ihre persönlichen Lernziele und wählen die Kompetenzen aus, die sie anderen anbieten können. Die Formulierung und Veröffentlichung einer Lernpartnerannonce an passender Stelle in der Organisation kann hier wertvolle Dienste leisten.

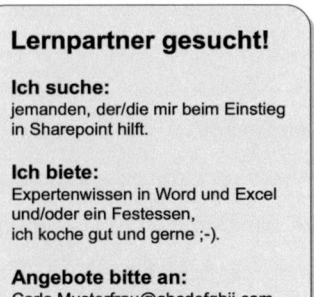

Abbildung 11: Beispiel Lernpartnerannonce

Bei der Erstellung einer Lernpartnerannonce ist es hilfreich, sich an folgenden Fragen zu orientieren:

- Welche Kompetenzen und Eigenheiten bringe ich in eine Lernpartnerschaft mit?
- Was sollte mein Lernpartner/meine Lernpartnerin für Eigenschaften mitbringen?
- Mit welchem Thema möchte ich mich beschäftigen und was interessiert mich besonders am Thema?
- Welchen Detailfragen möchte ich nachgehen?
- Welche Alltagssituationen möchte ich besonders genau beobachten?

Eine Lernpartnerannonce enthält idealerweise folgende Informationen: Name des Lernpartner-Suchenden, Telefonnummer, E-Mail-Adresse, Lernziele („Ich suche") und Kompetenzangebote („Ich biete"), optional Persönliches (siehe Abbildung 11).

Als Alternative dazu bieten sich spezielle Räume in sozialen Netzwerken an, in denen Lernangebot und -nachfrage gepostet werden können. Eine andere Möglichkeit ist, Treffen für potenzielle Lernpartnersuchende zu organisieren, in denen sie ihren individuellen Lernbedarf und ihre Kompetenzangebote wie auf einem Marktplatz austauschen können. Wichtig bei der Auswahl ist, dass die Lernpartner einander sympathisch sind.

Für diese Phase sind Werkzeuge aus den Kategorien *kommunizieren, suchen* und *netzwerken* geeignet.

Die eigenen Kompetenzen entwickeln

2. Planungsphase

Die Lernpartner definieren zumindest ein, maximal drei persönliche, möglichst konkrete Lernziele, bezogen auf ihre jeweilige Arbeitssituation. Falls sie in der Formulierung von Lernzielen ungeübt sind, können sie sich Hilfe bei Experten in der Personalentwicklung holen. Ein gemeinsame Lernziel ist immer die Verbesserung des eigenen Lernprozesses. Alle Lernpartner sollen einen Nutzen aus der Zielerreichung ziehen. Entsprechend der vereinbarten Lernziele erstellen sie einen Plan mit zeitlich fixierten Lernpaketen und periodischen Gesprächsterminen zur Reflexion des Gelernten und des Lernprozesses.

Werkzeuge aus den Kategorien *kommunizieren, teilen* oder *zusammenarbeiten* können hier verwendet werden.

3. Lern- und Reflexionsphase

Die Lernpartner bearbeiten miteinander (und/oder mit anderen Experten des jeweiligen Fachgebietes) die Lernpakete direkt am Arbeitsplatz (learning by doing) oder komplexere Themen auch außerhalb des Arbeitsumfelds. Diese Inhalte versuchen sie anschließend, soweit wie möglich, in ihrem beruflichen Kontext anzuwenden. Sie beobachten sich selbst beim Lernen und halten ihre Erkenntnisse in einem Lerntagebuch (siehe Seite 85) fest. Zu den vereinbarten Terminen treffen sich die Lernpartner, um ihre Lerntagebücher gemeinsam zu sichten und den Grad ihrer Lernzielerreichung zu überprüfen. Wichtig dabei ist, dass jeder seinen eigenen Lernprozess kritisch hinterfragt und sich für konstruktive Rückmeldungen der Lernpartner öffnet.

Ein Werkzeug aus der Kategorie *kommunizieren* oder *zusammenarbeiten* ist in dieser Phase hilfreich.

4. Abschlussphase

Eine Lernpartnerschaft ist dann beendet, wenn die Lernpartner gemeinsam feststellen, dass sie ihre Lernziele in ausreichender Qualität erreicht haben. Die Lernpartner reflektieren ein letztes Mal ihre Lernerfahrungen und fassen sie in einem Abschlussdokument (je ein Teil jeder für sich und einen gemeinsamen Teil über die Erfahrungen in der Lernpartnerschaft selbst) zusammen. Anschließend feiern sie gemeinsam ihren Erfolg.

Werkzeuge aus den Kategorien *kommunizieren, teilen* oder *zusammenarbeiten* werden hier verwendet.

Stufenweise Digitalisierung

Stufe 0: Die Methode kommt weitgehend ohne Technikunterstützung aus. Lernpartnerannonce, Lernziele, Erkenntnisse und Lernerfahrungen werden die Lernpartner ev. mit Hilfe eines Textverarbeitungssystems dokumentieren.

Stufe 1: In der Vorbereitungsphase werden für die Suche nach geeigneten Lernpartnern Werkzeuge aus den Kategorien *suchen* oder *netzwerken* eingesetzt.

Stufe 2: Für alle Gespräche zwischen den Lernpartnern wird ein Werkzeug aus der Kategorie *kommunizieren* verwendet.

Stufe 3: Alle dokumentierten Ergebnisse werden mit Hilfe eines Werkzeugs der Kategorie *teilen* den Lernpartnern zum Kommentieren zur Verfügung gestellt.

Stufe 4: Die Methode kann vollständig digitalisiert werden, indem ein Werkzeug der Kategorie *zusammenarbeiten* alle anderen Werkzeuge ersetzt. Um allerdings gut funktionierende Lernbeziehungen aufzubauen und zu pflegen, sind persönliche Begegnungen unbedingt erforderlich.

Grenzen/Risiken und Anwendungskompetenzen

Wenn Lernpartnerschaften scheitern, dann oft aus dem ganz banalen Grund, dass die Lernpartner zu wenig Zeit für die gemeinsamen Aktivitäten erübrigen konnten. Sobald sie beginnen, einen eingeplanten Termin zu verschieben oder gar abzusagen, kann dies ein erstes Alarmsignal sein. Am Ende der vereinbarten Zeitspanne für die Lernpartnerschaft werden sie wahrscheinlich feststellen, dass sie ihre Lernziele nicht erreicht haben und enttäuscht einen weiteren Versuch ablehnen.

Lernpartnerschaften können natürlich auch organisationsunabhängig vereinbart und durchgeführt werden. Falls sie im organisationalen Rahmen stattfinden, ist die Unterstützung durch die jeweiligen Führungskräfte unerlässlich. Diese müssen dafür Sorge tragen, dass passende Lernziele vereinbart werden und genügend Zeit für den Wissenstransfer sowie den Erfahrungsaustausch zur Verfügung steht. Darüber hinaus sollten sie sich hin und wieder über den Lernerfolg berichten lassen und Feedback aus eigenen Beobachtungen geben. Nicht immer sind sich Führungskräfte ihrer Rolle und dieser Aufgaben bewusst, wenn sie Lernpartnerschaften auf den Weg schicken.

Eine besonders kritische Situation ist, wenn aus irgendeinem Grund ein Konflikt zwischen den Lernpartnern ausbricht. In diesem Fall ist es ratsam, die Lernpartnerschaft zu unterbrechen und zu versuchen, den Konflikt auf konstruktive Art und Weise zu lösen. Sollte dies nicht in absehbarer Zeit gelingen, wird die Lernpartnerschaft beendet, um den Konflikt in Ruhe entschärfen zu können.

Ein weiteres Risiko steckt in den Lernzielen selbst. Die Lernpartner definieren zu herausfordernde Ziele, die sie in der verfügbaren Zeit und/oder in der gewünschten Qualität unmöglich erreichen können. In diesem Fall ist es besser, die betroffenen Lernziele in kleinere Etappenziele zu zerlegen.

Manche werden bei der Definition von Lernzielen feststellen, dass dies kein leichtes Unterfangen ist. Wenn man die notwendige Sorgfalt vermissen lässt, führt dies zu vagen Zielformulierungen, die eine konkrete Zielverfolgung erschweren oder gar unmöglich machen.

Um den Grad der Zielerreichung überhaupt einschätzen zu können, ist die Festlegung von Kriterien erforderlich. Keine oder sehr weitgefasste Kriterien machen es den Lernpartnern unmöglich, den Grad ihrer Lernzielerreichung realistisch zu bewerten. Sie beenden ihre Lernpartnerschaft möglicherweise, ohne ihre tatsächlichen Lernziele überhaupt erreicht zu haben.

Ein potenzieller Lernpartner benötigt als Basis gut ausgeprägte Kommunikations- und Kontaktfertigkeiten, um einen passenden Lernpartner zu finden. Strukturiertes Denken und Grundlagen des Projektmanagements helfen in der Planungsphase. In der Lern-, Reflexions- und Abschlussphase sind vor allem Kompetenzen wie Lernfähigkeit, pädagogisches Geschick, Selbstreflexions- und Teamfähigkeit gefragt. Alle angeführten Kompetenzen werden neben den fachlichen Kenntnissen in einer Lernpartnerschaft weiterentwickelt.

Referenzen

Krauss-Hoffmann, P.; Sieland-Bortz, M. (2009). *Vorfahrt für Tandems: Wissenstransfer durch Lernpartnerschaften.* In: Lernfähig im Tandem. https://www.inqa.de/SharedDocs/PDFs/DE/Publikationen/lernfaehig-im-tandem.pdf?__blob=publicationFile, Abruf: 03.05.2019, S. 19-23.

Mittelmann, A. (2011). *Lernpartnerannonce.* In: Mittelmann, A., Werkzeugkasten Wissensmanagement, Norderstedt: Books on Demand, S. 48-49.

Mittelmann, A. (2011). *Lernpartnerschaft.* In: Mittelmann, A., Werkzeugkasten Wissensmanagement, Norderstedt: Books on Demand, S. 50-52.

E-Coaching

E-Coaching ist Coaching unter Zuhilfenahme von digitalen Medien. Coaching wiederum ist die Kunst, jemanden dabei zu unterstützen und zu begleiten, den individuellen Entwicklungsweg zu finden. Der Coach geht eine lernpartnerschaftliche Beziehung mit dieser Person ein.

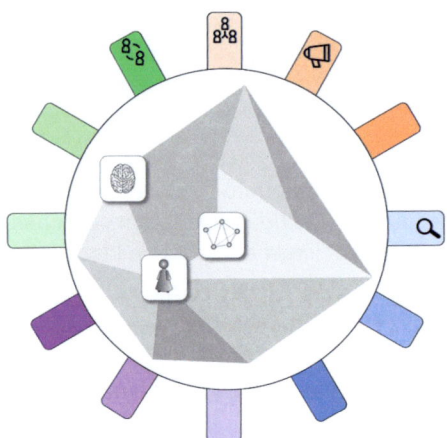

Wissensträger bauen Beziehungen auf, um ihre Kompetenzen auszubauen. Daher befindet sich diese Methode im Semantischen Raum zwischen *Wissensträger*, *Beziehungen* und *Kompetenzen*.

Für die Digitalisierung der Methode E-Coaching werden Werkzeuge aus den Kategorien *suchen*, *netzwerken*, *kommunizieren* und je nach Form des E-Coaching auch der Kategorie *teilen* benötigt.

Die Methode

E-Coaching (engl. electronic coaching; Synonyme: virtuelles Coaching, Tele-Coaching, Online Coaching, webbasiertes Coaching) ist wie Coaching eine Form von lernpartnerschaftlicher Beziehung. Der Fokus liegt im beruflichen Kontext auf schwierigen Arbeitssituationen und persönlichem Verhalten im Umgang mit Mitarbeitern, Kollegen, Vorgesetzen und Projektpartnern. Der Ansatz der Unterstützung liegt im gemeinsamen Bearbeiten von Problemen beruflicher oder privater Natur, entsprechend der zu Beginn vereinbarten Zielsetzung. Der Coach fungiert als neutraler Gesprächspartner, der seinem Coaching-Partner (Coachee) den Weg zur individuellen Weiterentwicklung erleichtert und ihn dabei professionell begleitet.

Es gibt folgende drei Formen von Coaching (siehe Abbildung 12), die sich durch ihre räumlichen und zeitlichen Rahmenbedingungen unterscheiden:

- *Präsenz Coaching*:
  Coach und Coachee treffen sich zur vereinbarten Zeit und am vereinbarten Ort. Der Ort kann der Arbeitsplatz des Coachee sein oder bewusst ein neutraler Ort je nach Wunsch des Coachee.

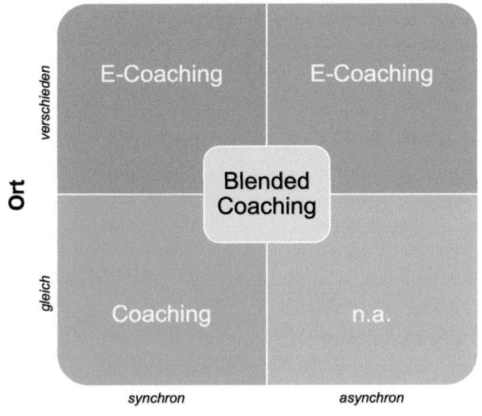

Abbildung 12: Formen von Coaching

- *E-Coaching*:
  Je nach Vereinbarung kann diese Form von Coaching synchron oder asynchron stattfinden. Beim synchronen E-Coaching nutzen Coach und Coachee ein digitales Medium, das ihnen eine zeitgleiche Kommunikation von ihrem jeweiligen Standort aus ermöglicht. Im Fall von asynchronem E-Coaching findet die Kommunikation zwischen den Coaching-Partnern zeitlich versetzt statt.

- *Blended Coaching*:
  Bei dieser Form des Coaching werden Präsenz- und E-Coaching-Sequenzen miteinander kombiniert.

Alle drei Formen haben Vor- und Nachteile. Ähnlich wie bei E-Learning hat sich das Blended Coaching als optimale Lösung herausgestellt. Es schont einerseits die zeitlichen und finanziellen Ressourcen, weil es weniger Reisezeiten und -kosten verursacht als reines Präsenzcoaching. Andererseits können durch Präsenzsequenzen inkongruente Verhaltensweisen des Coachee leichter erkannt und/oder Missverständnisse aus den E-Coaching-Sequenzen, ausgelöst durch das Fehlen von non-verbalen Kommunikationselementen, ausgeräumt werden.

Ziel und Nutzen

Ziel dieser Methode ist es, im beruflichen Umfeld die Qualität längerfristiger komplexer Aufgaben sicherzustellen und dabei neue Fähigkeiten des Mitarbeiters zu entwickeln. Im privaten Kontext ist die generelle Zielsetzung, erfolgreiche Verhaltensweisen zur Bewältigung problematischer Situationen zu erlernen und zu erproben.

Anwendung

Die Methode umfasst im Detail folgende drei Phasen:

1. Startphase

Eine Person erkennt, dass sie eine professionelle Begleitung in der aktuellen problembehafteten Situation benötigt. Im beruflichen Kontext kann auch eine Führungskraft bei sich selbst oder einem ihrer Mitarbeiter Coachingbedarf feststellen. Der nächste Schritt ist die Suche nach einem Coach, der zu dieser Person passt.

Im ersten Kontaktgespräch lernen sich der potenzielle Coach und Coachee kennen und überprüfen, ob sie persönlich miteinander klarkommen. Erst wenn dies gegeben ist, werden die Voraussetzungen überprüft und die Ausgangssituation geklärt. Im Nachfolgetermin wird die grobe Zielsetzung erarbeitet, ein formaler Vertrag (Kosten, Dauer) abgeschlossen, das weitere Vorgehen abgesprochen und die Spielregeln für die Folgetreffen vereinbart.

Um einen geeigneten Coach zu finden, kann ein Werkzeug der Kategorie *netzwerken* oder *suchen* zum Einsatz kommen. Für die beiden Nachfolgegespräche kann eines aus der Kategorie *kommunizieren* verwendet werden. Einem Werkzeug der Kategorie *teilen* sollte dann der Vorzug gegeben werden, wenn Coach und Coachee Artefakte (Vertrag, Problembeschreibung, Spielregeln, etc.) aus Datenschutzgründen in einer geschlossenen Gruppe austauschen möchten.

2. Hauptphase

Im ersten Treffen in der Hauptphase wird der Coach gemeinsam mit seinem Coachee die Problemstellung im Detail klären und die ersten Lösungsschritte planen. Da Coaching bei komplexen Aufgabenstellungen zum Einsatz kommt, kann und wird der Coach seinem Coachee (im Gegensatz zur Instruktion) keine Vorgangsweise vorschlagen. In den vereinbarten Folgetreffen werden die erreichten Ergebnisse besprochen, offene Probleme geklärt und die jeweils nächsten Umsetzungsschritte besprochen. Sollten in diesen

Gesprächen Qualifikationsdefizite offen zu Tage treten, wird der Coach entsprechende Weiterbildungsmaßnahmen vorschlagen.

Alle Gespräche der Hauptphase können unter Zuhilfenahme von Werkzeugen der Kategorie *kommunizieren* und/oder *teilen* (wie oben) durchgeführt werden.

3. Abschlussphase

Nach Erreichung der vereinbarten Zielsetzung wird in einem abschließenden Treffen Feedback ausgetauscht. Gemeinsam überprüfen beide, inwieweit die Ziele erreicht worden sind, und bewerten die langfristigen Effekte des Coachingprozesses. Der Coach teilt seinem Coachee mit, in welcher Qualität er seiner Beobachtung nach die erwünschten neuen Fertigkeiten erworben und welche Verbesserungspotenziale er darüber hinaus noch erkannt hat. Der Coachee bespricht mit seinem Coach, wie er das Coaching erlebt hat, welche Vorgangsweise und eingesetzte Methoden im Nachhinein betrachtet für ihn förderlich bzw. hinderlich waren.

Für dieses Gespräch kann ebenfalls ein Werkzeug der Kategorie *kommunizieren* zum Einsatz kommen. Sollte der Wunsch nach einer Dokumentation dieses Gesprächs bestehen, sollte ein Werkzeug der Kategorie *teilen* (wie oben) verwendet werden.

Stufenweise Digitalisierung

Alle Formen des E-Coaching erfordern den Einsatz geeigneter IT-Werkzeuge, die Vorteile wie Ressourcenschonung und Ortsunabhängigkeit bringen. Die Digitalisierung kann stufenweise erfolgen:

Stufe 1: Für die Suche nach einem geeigneten Coach wird in einem Internet-Browser eine Suchmaschine (Werkzeug der Kategorie *suchen*) mit geeigneten Schlüsselwörtern verwendet.

Stufe 2: Statt einer Suchmaschine wird ein Werkzeug der Kategorie *netzwerken* verwendet, um einen geeigneten Coach in einem sozialen Netzwerk zu finden.

Stufe 3: Die Coachinggespräche finden unter Zuhilfenahme eines Werkzeugs der Kategorie *kommunizieren* statt. Es können sowohl synchrone als auch asynchrone Kommunikationsformen zum Einsatz kommen.

Stufe 4: Der gesamte Coachingprozess läuft Werkzeug-unterstützt ab. Je nach den aktuellen Anforderungen und Prozessphase kommen Werkzeuge der Kategorien *netzwerken, kommunizieren* und *teilen* zum Einsatz.

Grenzen/Risiken und Anwendungskompetenzen

Grundsätzlich kann jede Form von Coaching im betrieblichen Kontext nur zum Einsatz kommen, wenn es zur Unternehmenskultur passt. In Organisationen, in denen Coaching in Anspruch zu nehmen ein Zeichen von Schwäche ist, ist von einem Einsatz der Methode Abstand zu nehmen. Dieses Vorurteil kann durchbrochen werden, wenn eine Person aus dem höheren Management bewusst auf Coaching setzt, Ressourcen zur Verfügung stellt und Mitarbeiter in ihrem Einflussbereich bei Bedarf dazu ermuntert. Hilfreich ist auch eine Kommunikationsstrategie, die das Bearbeiten persönlicher Entwicklungsfelder mit Hilfe von Coaching positiv besetzt.

Im Rahmen der Anwendung von Coaching kann es zu unerwünschten Nebenwirkungen, Misserfolgen oder gar Schäden kommen. Risikofaktoren können ihren Ausgangspunkt haben in

(a) der Theorie und Ausbildung,

(b) der Persönlichkeit oder dem Verhalten des Coachs,

(c) der Persönlichkeit oder dem Verhalten des Coachee oder

(d) im Umfeld.

Diese Kategorien sind zum Teil voneinander abhängig.

Ausbildungsdefizite eines Coachs können unangemessenes Verhalten im Coachingprozess nach sich ziehen. Dies führt schlussendlich zum Verfehlen des Coaching-Ziels. Der Coach muss sich jederzeit um einen transparenten Prozess bemühen, in dem jede Manipulation des Coachee verhindert wird. Risiken, die in der Persönlichkeit und dem Verhalten des Coachs liegen, finden sich vor allem in mangelndem Einfühlungsvermögen, in der Überschreitung professioneller Grenzen oder in der Selbstüberschätzung eigener Fähigkeiten. Im Umfeld des Coachees liegt ein weitverbreitetes Risiko in der „hidden agenda" (-> Glossar auf Seite 395), die die Führungskraft dem Coach im Rahmen eines Veränderungsprozesses mitgibt.

Ein guter Coach verfügt über hohe Prozess- und Methodenkompetenz, Selbstreflexion sowie eine ethische Grundhaltung, die Manipulation ausschließt. Er hinterfragt sich und den beobachtbaren Entwicklungsprozess des Coachees regelmäßig. Der Coachee benötigt neben einer offenen Grundhaltung Reflexions- und Introspektionsfähigkeiten. Er bringt die Bereitschaft mit, sich bewusst mit der eigenen Persönlichkeit auseinanderzusetzen und vorgeschlagene neue Wege auszuprobieren.

Referenzen

Faltin, L. (2014). *Ablauf und Schritte im systemischen Coaching-Prozess.* https://meincoach.at/coaching-prozess/, Abruf: 3.5.2019.

Geißler, H.; Metz, M. (Hrg., 2012). *E-Coaching und Online-Beratung: Formate, Konzepte, Diskussionen.* Wiesbaden: Verlag für Sozialwissenschaften.

Künzli, H. (2013). *Die andere Seite von Coaching. Zu Risiken und Nebenwirkungen lesen Sie die Packungsbeilage.* Coaching Magazin 4/2013, S. 52-56, https://www.coaching-magazin.de/philosophie-ethik/andere-seite-coaching, Abruf: 8.3.2019.

Kaiser, A. (2004). *Berufungscoaching und E-Coaching im Blickwinkel des Wissensmanagements.* https://ai.wu.ac.at/~kaiser/wmvo/e-coaching.pdf, Abruf: 3.5.2019.

Knatz, B. (2012). *Coaching per Internet – wie es geht und wie es wirkt.* In: Geißler, H.; Metz, M. (Hrsg.), E-Coaching und Online-Beratung. Wiesbaden: VS Verlag für Sozialwissenschaften, S. 71-86.

Mittelmann, A. (2011). *Coaching.* In: Mittelmann, A., Werkzeugkasten Wissensmanagement, Norderstedt: Books on Demand, S. 43-44.

Rauen, C. (2001). *Die Phasen eines Coaching-Prozesses im Überblick.* https://www.coach-datenbank.de/ratgeber/artikel/ablauf-coaching-prozess.html, Abruf: 3.5.2019.

Rauen, C. (Hrsg., 2005). *Handbuch Coaching.* 3. Auflage, Göttingen: Hogrefe.

Mentoring

Mentoring ist wie Coaching eine Entwicklungs- und Lernbegleitungsmethode. Der Mentor knüpft eine lernpartnerschaftliche Beziehung, die längerfristig angelegt ist.

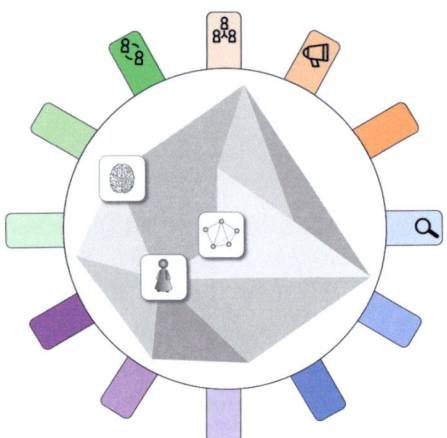

Wissensträger als Mentees bauen Beziehungen auf, um ihre Kompetenzen auszubauen. Daher befindet sich diese Methode im Semantischen Raum zwischen *Wissensträger*, *Beziehungen* und *Kompetenzen*.

Für die Digitalisierung der Methode Mentoring werden Werkzeuge aus den Kategorien *suchen*, *netzwerken*, *kommunizieren* und *teilen* benötigt.

Die Methode

Mentoring ist eine Form von lernpartnerschaftlicher Beziehung. Man versteht darunter die Förderung und Begleitung des Entwicklungsprozesses einer Person durch einen lebenserfahrenen Experten im Sinne eines wohlwollenden Förderers. Die Begleitung erstreckt sich über einen längeren Zeitraum, im Extremfall über den gesamten Karriereweg. Der Mentor bemüht sich um einen Austausch auf Augenhöhe, hört dem Mentee zu, stellt Fragen und nimmt Gegenpositionen ein, um dessen Bewusstseins- und Kenntnisstand zu erweitern.

Die Bedeutung des Begriffs "Mentor" hat ihre Wurzeln in der griechischen Mythologie. Bevor der Held Odysseus seine Heimat Ithaka verließ, um gegen Troja zu kämpfen, beauftragte er einen hochgeschätzten, klugen Mann namens Mentor, sich während seiner Abwesenheit um die Erziehung seines Sohnes Telemachos zu kümmern. Unter einem "Mentor" wird daher ein allgemein geschätzter und beliebter Mensch verstanden, der Jüngere und weniger Erfahrene verantwortungsbewusst in ihrer Entwicklung begleitet.

Ausgehend von den USA wurde Mentoring als bewusste und konsequente Methode eingeführt. Hierbei unterstützen und betreuen ältere und erfahrene Führungskräfte jüngere Nachwuchskräfte. Mittlerweile hat sich die Methode auch für die Entwicklung von unerfahrenen Fachkräften durch anerkannte Experten bewährt.

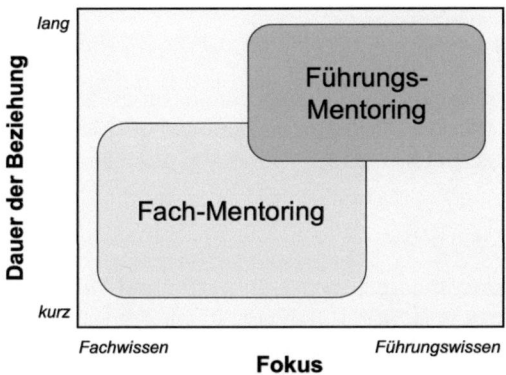

Abbildung 13: Formen von Mentoring

Es gibt folgende Formen von Mentoring (siehe Abbildung 13), die sich durch ihren Fokus und die Dauer der Beziehung zwischen Mentor und Mentee unterscheiden:

- *Führungsmentoring*:
  Nachwuchsführungskräfte werden durch ältere und erfahrene Führungskräfte unterstützt und auf ihrem Entwicklungsweg über einen längeren Zeitraum begleitet.

- *Fachmentoring*:
  Nachwuchsfachkräfte werden durch ältere Experten in ihrer fachlichen Entwicklung eine Zeit lang begleitet. Der Schwerpunkt der Mentoringgespräche liegt hier auf den fachlichen Themen.

Beide Formen haben ihre Spezifika. Im Fall von Fachmentoring kann auch eine führungsspezifische Komponente hinzukommen, wenn die Nachwuchsfachkraft ein Team oder Netzwerk von Experten fachlich führen soll.

Ziel und Nutzen

Ziel dieser Methode ist es, jüngere Nachwuchsführungskräfte durch ältere und erfahrene Führungskräfte zu unterstützen und zu betreuen, um sie möglichst umfassend auf ihre Führungsfunktion vorzubereiten bzw. ihr Führungsverhalten zu verbessern. Bei wenig erfahrenen Fachkräften ist es das Ziel, sie möglichst effizient und so umfassend wie nötig in ihr Fachgebiet einzuführen und ihre Problemlösungskompetenz durch wertschätzende Kritik gezielt zu verbessern.

Anwendung

Voraussetzung für einen gelingenden Mentoring-Prozess ist, dass beide Seiten diese Art von Lernbeziehung eingehen wollen. Mentoring wird im Rahmen von Einzelgesprächen durchgeführt und durchläuft üblicherweise folgende Phasen:

1. Einstimmungsphase

In der Einstimmungsphase lernen sich Mentor und Mentee kennen. Der Mentor baut durch geeignete Rahmenbedingungen (ungestörter Gesprächsort, entspanntes Gesprächsklima, empathisches Verhalten) Vertrauen auf und vereinbart mit seinem Mentee Entwicklungsziele. Sie klären auch, welche Anforderungen, persönlichen Bedürfnisse und Wünsche beide Partner an diese spezielle Gesprächsform stellen, wie ihre Rollen in der Zeit der Mentor-Betreuung zu sehen sind und wieviel Zeit sie sich dafür nehmen wollen.

Um einen geeigneten Mentor zu finden, kann ein Werkzeug der Kategorie *netzwerken* oder *suchen* zum Einsatz kommen. Für die Einstimmungsgespräche kann eines der Kategorie *kommunizieren* verwendet werden.

2. Arbeitsphase

In der nachfolgenden Arbeitsphase werden sowohl fachliche Themen (z.B. Arbeitssituation, kurzfristige Ziele, Hindernisse in der Arbeit) als auch die sozialen Beziehungen der beiden Partner zueinander und zu anderen wichtigen Kommunikationspartnern besprochen und reflektiert. Die Gesprächspartner fassen am Ende jedes Mentor-Gespräches die wichtigsten Erkenntnisse zusammen, tauschen Feedback über die Gesprächsführung aus und vereinbaren das nächste Gespräch.

Alle Gespräche der Arbeitsphase können unter Zuhilfenahme von Werkzeugen der Kategorie *kommunizieren* und/oder *teilen* (wie oben) durchgeführt werden.

3. Abschlussphase

In der Abschlussphase werden alle Vorbereitungen zur Beendigung des Mentorings getroffen. Letzte Themenstellungen werden in der üblichen Form (siehe Arbeitsphase) bearbeitet. Die Gesprächspartner halten Rückschau über die gemeinsam verbrachte Zeit und tauschen Feedback aus. Sie dokumentieren ihre wichtigsten Erfahrungen im Rahmen des Mentoring-Prozesses und stellen sie Interessierten zur Verfügung.

Für dieses Gespräch kann ebenfalls ein Werkzeug der Kategorie *kommunizieren* zum Einsatz kommen. Für die Dokumentation der Erfahrungen sollte ein Werkzeug der Kategorie *teilen* verwendet werden.

Stufenweise Digitalisierung

Stufe 0: Beide Formen von Mentoring kommen völlig ohne Technikunterstützung aus. Allerdings wird eine Kombination von virtuellen und persönlichen Gesprächen den häufigen zeitlichen Einschränkungen von Experten und Führungskräften eher gerecht werden.

Stufe 1: Für die Suche nach einem geeigneten Mentor wird in einem Internet-Browser eine Suchmaschine (Werkzeug der Kategorie *suchen*) mit geeigneten Schlüsselwörtern verwendet.

Stufe 2: Statt einer Suchmaschine wird ein Werkzeug der Kategorie *netzwerken* verwendet, um einen geeigneten Mentor in einem sozialen Netzwerk zu finden.

Stufe 3: Je nach Form, den aktuellen Anforderungen und der Prozessphase kommen Werkzeuge der Kategorien *kommunizieren* oder *teilen* zum Einsatz.

Erfahrungen haben gezeigt, dass persönliche Gespräche während der Arbeitsphase sowohl die Qualität der Beziehung als auch die Ergebnisse positiv beeinflussen. Körpersprache und nonverbale Kommunikationssignale der Gesprächspartner tragen das Ihre dazu bei. Es ist daher ratsam, von einer vollständigen Digitalisierung der Methode abzusehen.

Grenzen/Risiken und Anwendungskompetenzen

Die Risikofelder beim Mentoring liegen zunächst im Mentoring-Tandem selbst begründet. Die Nicht-Passung von Mentor und Mentee kann ausgelöst werden durch unterschiedliche Erwartungshaltungen und Lernstile, unklares Rollenverständnis auf beiden Seiten, Übereifer des Mentees oder Zögerlichkeit des Mentors. Eine gute Vorbereitung der Mentoren auf ihre neue Rolle ist hier die halbe Miete. Auch die Klärung aller offenen Fragen rechtzeitig vor dem Start des Mentoringprozesses kann Abhilfe schaffen. Das größte Risiko, das zum Abbruch einer Mentoring-Beziehung führen kann, ist ein

Vertraulichkeitsbruch aufgrund von Rollenkonflikten oder Einfluss bzw. Störungen von außen.

Die Organisation des Mentoringprozesses kann ein Risiko darstellen, wenn kaum Zeiten für Treffen wegen inkompatibler Arbeitszeiten und/oder -orte gefunden werden können oder die Unterstützung durch Kollegen oder Führungskräfte fehlt. Auslöser für das Scheitern von Mentoring können Konflikte im Umfeld der Mentoring-Partner sein, oder wenn Mentoring-Beziehungen von Kollegen oder den Führungskräften skeptisch betrachtet werden.

Ein guter Mentor besitzt neben ganzheitlichem Denken Empathiefähigkeit und Reflexionsvermögen. Darüber hinaus ist er in der Lage, dem anderen durch geschicktes Fragen neue Wege aufzuzeigen, ihn aber selbstständig gehen zu lassen. Er ist bereit, sein berufliches Netzwerk seinem Mentee zu öffnen. Der Mentee benötigt ebenso Reflexionsvermögen und die Bereitschaft, über sich und seinen derzeitigen Entwicklungsstand nachzudenken. Er benötigt Klarheit über seine Ziele, die er auch im Rahmen des Mentoringprozesses konsequent verfolgt.

Referenzen

Graf, N.; Edelkraut, F. (2017). *Mentoring: Das Praxisbuch für Personalverantwortliche und Unternehmer*. 2. Auflage, Wiesbaden: Springer Gabler.

Mittelmann, A. (2011). *Mentoring*. In: Mittelmann, A., Werkzeugkasten Wissensmanagement. Norderstedt: Books on Demand, S. 53-55.

Stöger, H.; Ziegler, A. (2012). *Wie effektiv ist Mentoring? Ergebnisse von Einzelfall- und Meta-Analysen*. Diskurs Kindheits- und Jugendforschung Heft 2-2012, S. 131-146, https://www.budrich-journals.de/index.php/diskurs/article/download/7111/6123, Abruf: 09.03.2019.

Speed Mentoring

Speed Mentoring ist eine Variante des klassischen Mentoring und mehr eine Potenzialerkundungs- als eine Entwicklungsmethode. Die lernpartnerschaftliche Beziehung beschränkt sich auf die kurzen Gesprächssequenzen während des Speed Mentoring Events.

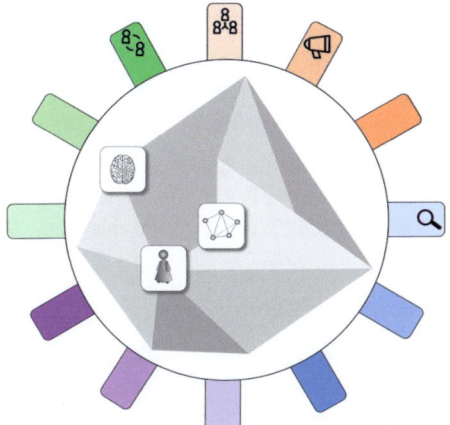

Wissensträger bauen Beziehungen auf, um ihre Potenziale zu entdecken und Lösungsansätze für ihre Anliegen zu finden. Daher befindet sich diese Methode im Semantischen Raum zwischen *Wissensträger*, *Beziehungen* und *Kompetenzen*.

Für die Digitalisierung der Methode Speed Mentoring werden Werkzeuge aus den Kategorien *suchen*, *netzwerken*, *kommunizieren* und *teilen* benötigt.

Die Methode

Üblicherweise ist Speed Mentoring eine einmalige Vernetzungsveranstaltung für eine bestimmte Zielgruppe von potenziellen Mentees (z.B. Studenten mit Geschäftsideen oder Karrierefragen, Frauen mit Fragen zu ihrer persönlichen Weiterentwicklung). Die eingeladenen Experten beraten während der Veranstaltung in kurzen Zeiteinheiten (vgl. Speed Dating) ihre jeweiligen Gesprächspartner, die sich im Vorfeld ihre brennendsten Fragen überlegt haben. In den Wartezeiten zwischen den Gesprächssequenzen bietet sich den Mentees auch die Gelegenheit, sich mit anderen Personen mit ähnlichen Anliegen auszutauschen.

Speed Mentoring unterscheidet sich vom klassischen Mentoring durch die sehr kurze Dauer der Beziehung, dem Schwerpunkt der Beratung, die fachliche und/oder führungsspezifische Themen umfassen können, und der Anzahl der Mentoren, die für einen Mentee zum Einsatz kommen (siehe Abbildung 14).

Kriterien	Mentoring-Formen		
	Speed	Fach	Führung
Dauer	sehr kurz	kurz-mittel	mittel-lang
Schwerpunkt	beides	Fach	Führung
Anzahl Mentoren	mehrere	ein	ein

Abbildung 14: Unterscheidung von Mentoring-Formen

Von manchen Fachleuten wird bezweifelt, ob es sich bei Speed Mentoring tatsächlich um eine Form von Mentoring handelt, weil die Beziehungsebene aufgrund der Kürze und Anzahl der Gespräche zu kurz kommt.

Ziel und Nutzen

Zielsetzung ist, in der zur Verfügung stehenden Zeit dem jeweiligen Gesprächspartner seine brennendsten Fragen zu beantworten und zukünftige Entwicklungschancen gemeinsam zu entdecken. Der Nutzen für den Mentee liegt in der Vielfältigkeit der Sichtweisen der unterschiedlichen Mentoren. Darüber hinaus haben die Mentees die Möglichkeit, andere Personen mit ähnlichen Anliegen kennen zu lernen und sich mit ihnen auszutauschen. Im Idealfall findet der eine oder andere Mentee einen Mentor für eine längerfristige lernpartnerschaftliche Beziehung.

Anwendung

Speed Mentoring durchläuft folgende Phasen:

1. Vorbereitungsphase

Im Vorfeld des Events werden die Mentoren vom jeweiligen Veranstalter passend für die adressierte Zielgruppe ausgewählt. Anschließend erfolgt die Einladung zur Veranstaltung. Die angemeldeten Teilnehmer informieren sich vor dem Event über die eingeladenen Mentoren, bereiten eine Liste ihrer bevorzugten Gesprächspartner und ihre wichtigsten Fragen vor. Wenn sinnvoll, halten sie auch Konzepte oder Prototypen von Produktideen bereit.

Um einen geeigneten Mentor zu finden, kann ein Werkzeug der Kategorie *netzwerken* oder *suchen* zum Einsatz kommen. Für die Einstimmungsgespräche kann eines der Kategorie *kommunizieren* verwendet werden.

2. Arbeitsphase

Während des Events läuft Speed Mentoring wie Speed Dating in 15-minütigen Gesprächssequenzen ab. Üblicherweise können sich die Teilnehmer mit vier Mentoren ihrer Wahl besprechen. Meist bieten solche Veranstaltungen auch die Möglichkeit, sich während der Gesprächspausen mit Gleichgesinnten auszutauschen.

Alle Gespräche der Arbeitsphase können unter Zuhilfenahme von Werkzeugen der Kategorie *kommunizieren* und/oder *teilen* (wie oben) durchgeführt werden.

3. Abschlussphase

Am Ende des Events erfolgt eine gemeinsame Abschlussrunde. Alle Gesprächspartner tauschen sich darüber aus, was sie konkret aus der Veranstaltung mitnehmen, und nehmen wertschätzend Abschied.

Für diese Sequenz kann ebenfalls ein Werkzeug der Kategorie *kommunizieren* zum Einsatz kommen. Für die Dokumentation der Erfahrungen sollte ein Werkzeug der Kategorie *teilen* verwendet werden.

Beispiel

Das Southbank Centre in London hat im Jahr 2012 im Rahmen des International Womens' Day einen der größten Speed Mentoring Event weltweit veranstaltet. Hunderte von Frauen und Mädchen aus allen Gesellschaftsschichten erhielten die Gelegenheit, mit drei selbstgewählten Mentorinnen aus den verschiedensten Fachgebieten und Industrien jeweils eine Viertelstunde zu sprechen. Ziel der Mentoringgespräche war, den Frauen beim Meistern ihrer Probleme oder Herausforderungen zu helfen. Im Vorfeld erhielten sie eine Vorbereitungsunterlage, die sie dabei unterstützte, das Maximum aus ihren Mentoring-Sequenzen herauszuholen. Sie wurden auch dazu ermuntert, sich im Rahmen des Events mit Gleichgesinnten auszutauschen. Aufgrund des Erfolgs dieser Veranstaltung findet dieser Event mittlerweile einmal jährlich statt.

Weitere Details (inkl. Vorbereitungsunterlage für die Mentees) zu den WOW Speed Mentoring Events des Southbank Centre sind zu finden unter: https://www.southbankcentre.co.uk/whats-on/120663-wow-speed-mentoring-2017 (Abruf: 10.3.2019).

Stufenweise Digitalisierung

Stufe 1: Für die Suche nach geeigneten Mentoren wird in einem Internet-Browser eine Suchmaschine (Werkzeug der Kategorie *suchen*) mit passenden Schlüsselwörtern verwendet.

Stufe 2: Statt einer Suchmaschine wird ein Werkzeug der Kategorie *netzwerken* verwendet, um geeignete Mentoren in sozialen Netzwerken zu finden.

Stufe 3: Die Speed Mentoringgespräche finden unter Zuhilfenahme eines Werkzeugs der Kategorie *kommunizieren* (z.B. Videokonferenzsysteme) statt. Es können nur synchrone Kommunikationsformen zum Einsatz kommen.

Stufe 4: Der gesamte Speed Mentoringprozess läuft Werkzeug-unterstützt ab. Je nach Form, den aktuellen Anforderungen und der Prozessphase kommen Werkzeuge der Kategorien *netzwerken*, *kommunizieren* und *teilen* zum Einsatz.

Es bleibt aber zu bedenken, dass der Geist und Enthusiasmus von Speed Mentoring primär durch das persönliche Zusammentreffen der Mentoren und Mentees entstehen. Die Arbeitsphase sollte daher nur dann Werkzeugunterstützt ablaufen, wenn andere Möglichkeiten ausgeschlossen sind.

Grenzen/Risiken und Anwendungskompetenzen

Speed Mentoring kann einen klassischen Mentoringprozess nicht ersetzen. Nichtsdestotrotz haben die Mentees die Chance, Antworten auf ihre brennendsten Anliegen innerhalb kürzester Zeit zu bekommen. Voraussetzung ist, dass sie sich gut auf die Arbeitsphase vorbereiten und das Glück haben, mit allen gewünschten Mentoren sprechen zu können.

Die Mentoren werden nur dann bereitwillig ihr Wissen weitergeben, wenn sie ein wertschätzendes Umfeld während des gesamten Prozesses vorfinden. Eine entspannte Atmosphäre in der Arbeitsphase trägt zum Gelingen der Gespräche wesentlich bei.

Sowohl Mentoren als auch Mentees benötigen gute Kommunikationsfertigkeiten und die Fähigkeit, sich rasch auf neue Gesprächspartner einzustellen. Veranstalter und Mentees profitieren von exzellenten Kontaktfertigkeiten und Zielorientierung. Mentees verfügen über Neugier und eine offene Haltung zur Wissensteilung, die auch Mentoren auszeichnet.

Referenzen

Kelly, D. (2016). *Speed mentoring tips*. British Library, Innovation and Enterprise Blog, Blogpost vom 25. Jänner 2016.

http://blogs.bl.uk/business/2016/01/speed-mentoring-tips.html, Abruf: 10.03.2019.

Kelly, J. (2012). *Speed Mentoring for Women*. Guardian Professional, Blogpost vom 6. März 2012, https://www.theguardian.com/culture-professionals-network/culture-professionals-blog/2012/mar/06/women-speed-mentoring-southbank-centre, Abruf: 10.03.2019.

Richardson, M. (o.J.). *Is „Speed Mentoring" Really Mentoring?* Art of Mentoring Blog, https://artofmentoring.net/speed-mentoring/, Abruf: 10.03.2019.

Lerntagebuch

Ein Lerntagebuch unterstützt die optimale Gestaltung des eigenen Lernprozesses und dient der Dokumentation daraus resultierender Erkenntnisse und Erfahrungen.

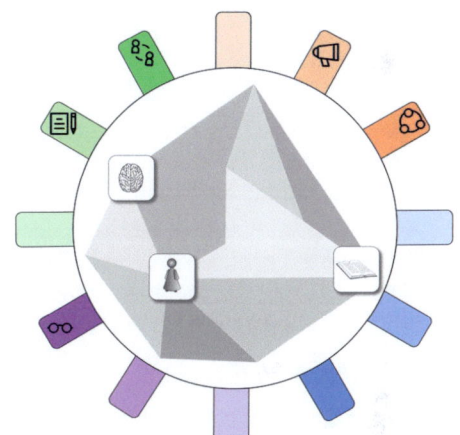

Ein Wissensträger baut seine Kompetenzen durch Führen eines Lerntagebuches aus. Diese Methode befindet sich daher im Semantischen Raum zwischen *Wissensträger*, *Kompetenzen* und *Wissensobjekte*.

Für die Digitalisierung der Methode Lerntagebuch werden Werkzeuge aus den Kategorien *teilen, kommunizieren, zusammenarbeiten, veröffentlichen* und *lernen* benötigt.

Die Methode

Das Lerntagebuch ist eine Methode zur Selbstevaluation, mit deren Hilfe der eigene Lernprozess systematisch beobachtet und reflektiert werden kann. Ein Lerntagebuch enthält die schriftliche, chronologische Dokumentation von Gelerntem, Erfahrungen oder typischen Anwendungsszenarien für Gelerntes.

Ziel und Nutzen

Ziel dieser Methode ist es, durch die Dokumentation von Erfahrungen und typischen Wissensanwendungen zunächst die persönliche Wissensbasis systematisch zu erweitern. Durch die regelmäßige Zusammenführung individueller Aufzeichnungen einer Gruppe oder von Mitgliedern einer Organisationseinheit kann organisationalem Lernen Vorschub geleistet werden. Ein Lerntagebuch erleichtert darüber hinaus, den eigenen Lernprozess bewusster zu gestalten und zu optimieren, wenn erforderlich.

Anwendung

Für den Einsatz eines Lerntagebuchs gibt es verschiedene Anwendungsszenarien. Es kann

- lebenslang dem persönlichen, selbstgesteuerten Lernprozess dienen,
- als begleitende Reflexions- und Transfermethode während einer längeren Aus- und Weiterbildung eingesetzt werden oder
- organisationales Lernen unterstützen, wenn Mitarbeiter sich über ihre Eintragungen in ihrem Lerntagebuch regelmäßig austauschen und Erkenntnisse daraus im Arbeitsalltag einfließen lassen.

Für die betriebliche Praxis ist das letztgenannte Szenario am interessantesten. Daher wird dieses nachfolgend näher ausgeführt. Zu beachten ist dabei stets, dass der Erfolg der Methode vor allem von der Qualität der individuellen Einträge und deren regelmäßiger Erstellung abhängt.

1. Motivationsphase

Die Führungskraft wirkt im Rahmen von wissensorientierten Mitarbeitergesprächen (siehe Seite 109) motivierend auf ihre Mitarbeiter ein, damit sie regelmäßig (z.B. wöchentlich) ihre Erfahrungen, die sie bei der Erledigung der täglichen Arbeit bzw. bei der Lösung von Problemen gemacht haben, reflektieren und dokumentieren.

Hilfreich sind dabei folgende Fragen:

- Was ist mir bei der Arbeitserledigung/Problemlösung Besonderes aufgefallen?
- Was habe ich Neues gelernt ...
  - o ... in Bezug auf die Inhalte fachlicher und übergreifender Art (meine Fachkompetenz)?

- o ... in Bezug auf die Art und Weise der Arbeitserledigung bzw. Problemlösung (meine Methodenkompetenz)?
- o ... in Bezug auf mich als Person (meine personale und soziale Kompetenz)?
- Welche weiteren bzw. neuen Anwendungsszenarien fallen mir dazu ein?
- Was lässt sich wie verallgemeinern?

Für die Aufzeichnung der Lerntagebucheintragungen kann ein Textverarbeitungssystem oder bei fortgeschrittener Digitalisierung ein Werkzeug der Kategorie *teilen* zum Einsatz kommen.

2. Austauschphase

In regelmäßigen Abständen (z.B. quartalsweise) treffen sich die Gruppen- oder Organisationsmitglieder und tauschen sich über ihre wichtigsten Erfahrungen fachlicher und/oder methodischer Art aus ihren Lerntagebüchern aus. Sie verdichten ihre Erkenntnisse zu verbesserten Praktiken in ihrer Arbeitsumgebung und dokumentieren sie in passender Form und an der entsprechenden Stelle in der Organisation.

Diese Diskussionsrunden können unter Zuhilfenahme von Werkzeugen der Kategorie *kommunizieren* oder *zusammenarbeiten* durchgeführt werden. Für die Dokumentation kann ein Werkzeug der Kategorie *veröffentlichen* zum Einsatz kommen.

3. Umsetzungsphase

Allen von der Änderung betroffenen Personen werden die neuen Praktiken erklärt und auf die Dokumentation hingewiesen. Damit diese Veränderungen nachhaltig in der Organisation wirken, werden diese Erklärungen immer wieder gegeben, bis die neuen Praktiken wie selbstverständlich ausgeführt werden. Die Erklärungen können auch in Form von kurzen Video- oder E-Learning-Sequenzen veröffentlicht werden.

Für diese Phase kann ebenfalls ein Werkzeug der Kategorie *kommunizieren* zum Einsatz kommen. Für die Erklärungen in Form von E-Learning-Sequenzen kann ein Werkzeug der Kategorie *lernen* verwendet werden.

Beispiel

Da für das organisationale Anwendungsszenario mehrere individuelle Lerntagebucheintragungen notwendig wären, wird hier als Beispiel eine Lerntagebucheintragung dargestellt und die organisationale Komponente nur angedeutet.

Ein Mitarbeiter, der seit einem halben Jahr ein größeres Projekt leitet, schrieb folgenden Lerntagebucheintrag nach einer Projektteamsitzung:

Kontext:
Wieder einmal wären sich Max und Susi über die Art und Weise der Bearbeitung eines ihrer Arbeitspakete in die Haare geraten, wenn ich nicht eingegriffen hätte. Ich hatte mir im Vorfeld eine neue Vorgangsweise zurechtgelegt, weil ich mit einem neuerlichen Auftreten dieser speziellen Situation gerechnet hatte.

Meine neue Vorgangsweise:
Max wollte wie immer gleich mit der Bearbeitung loslegen, während Susi sich etwas Zeit nehmen wollte, um vorab eine ihr wichtig erscheinende Voraussetzung zu klären, was Max kategorisch ablehnte. Bevor Susi wütend darauf reagieren konnte, stoppte ich die beiden ab und bat sie nach der Projektteamsitzung sich eine halbe Stunde Zeit zu nehmen, um mit mir darüber zu reden. In diesem Sechs-Augen-Gespräch kamen wir sehr rasch auf eine für beide annehmbare gemeinsame Vorgangsweise. Ich führte ihnen in diesem Gespräch vor Augen, dass unterschiedliche Herangehensweisen an eine Aufgabe die Qualität des Ergebnisses sehr positiv beeinflussen kann, wenn alle Beteiligten ihre unterschiedlichen Qualitäten schätzen und richtig einsetzen lernen.

Neues gelernt:
Es ist ratsam, sich für wiederkehrende Problemsituationen im Vorhinein Lösungsstrategien zu entwickeln. Im vorliegenden Fall war die Lösung in der Unterschiedlichkeit der beteiligten Charaktere zu finden und den Beteiligten diese Erklärung explizit anzubieten.

Verallgemeinerung:
In Zukunft werde ich schon beim Projektstart ein Teamprofil erstellen und den Projektteammitgliedern näherbringen lassen, damit sie schneller lernen, mit unterschiedlichen Herangehensweisen konstruktiv umzugehen.

Falls bei der Zusammenführung einzelner Lerntagebucheintragungen dieses Projektteams mehrere ähnliche Situations- und Lösungsbeschreibungen zum Vorschein kommen, kann als verbesserte Praxis im Projektmanagementprozess dieser Organisation die verpflichtende Erstellung eines Teamprofils bei Projektstart eingeführt werden.

Die eigenen Kompetenzen entwickeln

Stufenweise Digitalisierung

Stufe 0: Individuellen Einträge können mit Hilfe eines Textverarbeitungssystems gemacht werden. Ansonsten kommt die Methode völlig ohne Technikunterstützung aus. Wenn man ein Lerntagebuch nicht nur für sich allein verwenden, sondern durch Teilung mancher Inhalte von anderen lernen will, sollte man weitergehende Digitalisierungsschritte in Betracht ziehen.

Stufe 1: Für die Abstimmung in der Gruppe bzw. im Team und die Verbreitung der optimierten Praktiken wird ein Werkzeug der Kategorie *kommunizieren* eingesetzt.

Stufe 2: Die individuellen Lerntagebucheinträge können mit Hilfe eines Werkzeugs der Kategorie *veröffentlichen* (z.B. individuelle Mitarbeiter-Blogs) oder *teilen* erstellt werden, falls die individuellen Lerntagebucheinträge nur für Gruppen- oder Teammitglieder sichtbar sein sollen.

Stufe 3: Es kann ein Werkzeug der Kategorie *zusammenarbeiten* für alle Phasen zum Einsatz kommen statt einer Kombination von Werkzeugen der Kategorien kommunizieren, veröffentlichen und teilen.

Stufe 4: Mit der Erstellung von Erklärungen in Form von E-Learning-Sequenzen mit Hilfe eines Werkzeugs der Kategorie *lernen* ist eine vollständige Digitalisierung der Methode erreicht.

Grenzen/Risiken und Anwendungskompetenzen

Auch wenn es aus der Sicht der Führungskraft wünschenswert wäre, wird es kaum gelingen, allen Mitarbeitern das Lerntagebuch schmackhaft zu machen. Zu unterschiedlich sind die individuellen Lernbiografien und die daraus resultierenden Lerngewohnheiten der Mitarbeiter. Sie erleben das Bearbeiten eines Lerntagesbuchs mehr als zusätzlichen Aufwand, als es ihnen Nutzen bringt. Je nach vorherrschender Unternehmenskultur und praktiziertem Führungsstil wird ein Lerntagebuch mehr als Kontrollinstrument denn als Methode des Wissensaustauschs und der Wissensentwicklung wahrgenommen.

Anwender der Methode benötigen vor allem die Bereitschaft und Fertigkeit zu Selbstreflexion und -evaluation. Für die Dokumentation der Erkenntnisse ist darüber hinaus die Fähigkeit, Inhalte knapp und klar formulieren zu können, von Nöten. Von der Führungskraft, die den Anwendungsprozess begleitet, werden vor allem Vorbildwirkung und Moderationsfertigkeiten erwartet.

Referenzen

Kahle, R. (2015). *Evaluation mit dem Lerntagebuch.* Deutsches Institut für Erwachsenenbildung – Leibniz-Zentrum für Lebenslanges Lernen e.V., https://wb-web.de/material/methoden/evaluation-mit-dem-lerntagebuch.html, Abruf: 11.03.2019.

Mittelmann, A. (2011). *Lerntagebuch.* In: Mittelmann, A. (2011), Werkzeugkasten Wissensmanagement, Norderstedt: Books on Demand, S. 57-59.

Sehnal, K. (2016). *Lerntagebuch unterstützt Lerntransfer.* erwachsenenbildung.at Blogpost vom 28. September 2016, https://erwachsenenbildung.at/aktuell/nachrichten_details.php?nid=10136, Abruf: 10.03.2019.

Stangl, W. (2010). *Lerntagebücher als Werkzeuge für selbstorganisiertes Lernen.* http://arbeitsblaetter.stangl-taller.at/LERNTECHNIK/Lerntagebuch.shtml, Abruf: 10.03.2019.

Velik, K. (2015). *Lerntagebücher in der betrieblichen Weiterbildung am Beispiel Raiffeisen Campus.* Masterarbeit, Universität Wien.

Mikroartikel

Ein Mikroartikel dient der Dokumentation von Erfahrungen und Erkenntnissen. D.h. ein Wissensträger baut seine Kompetenzen durch Schreiben von Mikroartikeln aus.

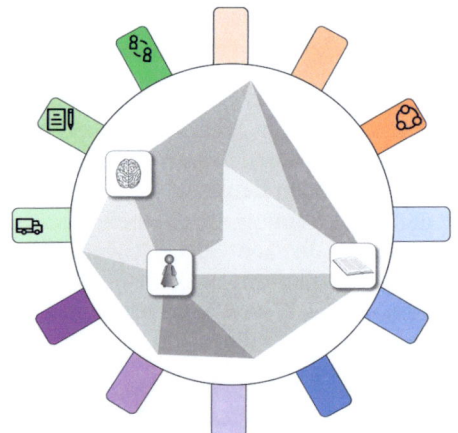

Diese Methode befindet sich daher im Semantischen Raum zwischen *Wissensträger*, *Kompetenzen* und *Wissensobjekte*.

Für die Digitalisierung der Methode werden Werkzeuge aus den Kategorien *veröffentlichen, teilen, verteilen* oder *zusammenarbeiten* benötigt.

Die Methode

Der Mikroartikel wurde von Prof. Helmut Willke entwickelt und unter dem Namen „MikroArt" 1998 veröffentlicht. Willke versteht einen Mikroartikel als komprimierte Fallstudie einer Person, die daraus Erkenntnisse oder Ideen gewonnen, also persönliches Wissen erzeugt hat. Die Niederschrift in dieser kompakten Form zwingt den Autor sein Erfahrungswissen auf verständliche Art und Weise zu dokumentieren und damit anderen leichter zugänglich zu machen.

Ein Mikroartikel umfasst maximal eine Textseite in einer bestimmten Struktur (siehe Abbildung 15). Er beinhaltet eine kurze Situationsschilderung in Form einer persönlich erlebten Episode und die Erfahrungen, die daraus gewonnen wurden. Die Erzählform einer Geschichte sorgt dafür, dass dem Leser der Kontext, in dem diese Erfahrungen gemacht wurden, nahegebracht wird. Er soll damit in die Lage versetzt werden, die dokumentierten Erkenntnisse wiederzuverwenden und weiterzuentwickeln. Der Mikroartikel fungiert so als Brücke zwischen der persönlichen und organisationalen Wissensbasis.

Ziel und Nutzen

Ziel von Mikroartikeln ist es, kontextabhängiges individuelles Wissen leichter dokumentier- und wiederauffindbar zu machen. Bei konsequenter Anwendung der Methode in Organisationen wird eine Brücke geschlagen zwischen dem Lernen von Personen und dem Lernen von sozialen Systemen.

Anwendung

Ein Mikroartikel eignet sich gut für folgende Anwendungsszenarien:

- Dokumentation von persönlichen Lernerfahrungen z.B. in einem Lerntagebuch (siehe Seite 85)
- Niederschrift von Erfahrungen aus einem Lessons Learned Prozess (siehe Seite 142)
- Dokumentation von Entscheidungen, um deren Nachvollziehbarkeit zu erleichtern
- Zusammenfassung von Lektüre

Die beiden erstgenannten Szenarien sind aus der Sicht von Wissensmanagement besonders interessant. Daher werden deren Prozessschritte nachfolgend näher beleuchtet.

1. Bewusstmachen

In diesem ersten Schritt geht es darum, sich bewusst zu machen, welche Erfahrungen man aus welchen Situationen gewonnen hat. Dies gelingt am besten, wenn man konsequent in regelmäßigen Abständen (z.B. wöchentlich) über die vergangene Periode Rückschau hält und sich auf die Suche nach gemachten Erfahrungen begibt. Besonders ergiebig sind solche Situationen, in denen einem etwas besonders gut gelungen oder völlig schiefgegangen ist.

Dieser Schritt kann nicht von einem IT-Werkzeug unterstützt werden, weil er ausschließlich auf den kognitiven Prozessen im Gehirn der betreffenden Person basiert.

2. Schreiben

Sobald man fündig geworden ist, beginnt man mit dem Ausformulieren des Mikroartikels, indem man der vorgeschlagenen Grundstruktur (siehe Abbildung 15) folgt. In der Praxis hat sich gezeigt, dass man am besten mit der Schilderung der Episode (Abschnitt *Geschichte* in Abbildung 15) beginnt. Je persönlicher und prägnanter die Geschichte erzählt wird, desto leichter fällt es einem selbst und anderen, sie später nachzuvollziehen und Lernerfahrungen daraus zu ziehen.

Wenn es sich um die Dokumentation von Erfahrungen aus einem Lessons Learned Prozess handelt, können folgende Leitfragen die Ausformulierung der Geschichte erleichtern:

o   Was ist konkret passiert?

o   Warum ist es passiert?

o   Was waren die positiven bzw. negativen Folgen?

Daran anschließend beschreibt man kurz die gewonnenen Erfahrungen und Einsichten (Abschnitt *Einsichten* in Abbildung 15). Auch hier gilt, weniger ist mehr, ohne allerdings Wichtiges wegzulassen. Für die Niederschrift von Erfahrungen aus einem Lessons Learned Prozess können folgende Fragen hilfreich sein:

o   Was habe ich / haben wir daraus gelernt?

o   Was sind die konkreten Empfehlungen?

o   Was ist der Nutzen, wenn man diesen Empfehlungen folgt?

Nach der Ausformulierung der Geschichte und Einsichten hat man meist genügend „Stoff", um einen Titel (Abschnitt *Titel* in Abbildung 15) zu finden, der das Thema des Mikroartikels gut charakterisiert. Das Hinzufügen von passenden Schlüsselwörtern erleichtert ebenfalls das (Wieder-)Finden des Mikroartikels, wenn eine ähnlich gelagerte Situation vorliegt.

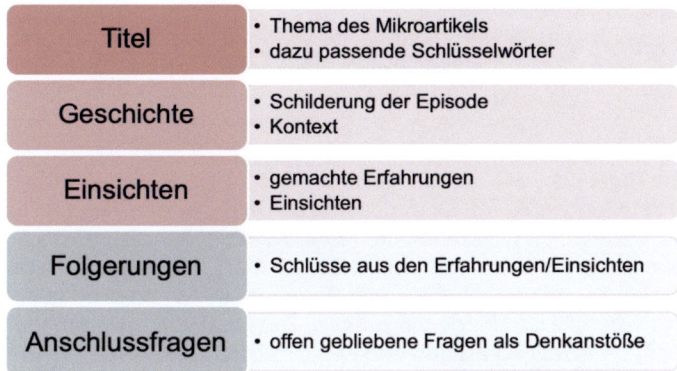

Abbildung 15: Grundstruktur Mikroartikel

Im Abschnitt *Folgerungen* werden die Schlüsse zusammengefasst, die man aus den Einsichten zieht. Unter dem Abschnitt *Anschlussfragen* werden offen gebliebene Fragen notiert, die zum Denken anregen sollen. Die Abschnitte "Folgerungen" und "Anschlussfragen" können auch fehlen.

Für diesen Schritt können passende Mikroartikel-Vorlagen in einem Textverarbeitungssystem oder in einem Werkzeug der Kategorien *veröffentlichen* oder *zusammenarbeiten* benutzt werden.

3. Verbreiten

Dieser Schritt ist nur sinnvoll, wenn Mikroartikel nicht nur für das persönliche, sondern auch im organisationalen Wissensmanagement verwendet werden. Die Mikroartikel-Dokumente werden dafür an einer öffentlich zugänglichen Stelle in der Organisation abgespeichert.

Werkzeuge der Kategorie *veröffentlichen* und *verteilen* können hier zum Einsatz kommen, wenn der betreffende Mikroartikel für eine breite Öffentlichkeit geeignet ist. Sollte er eher für eine bestimmte Zielgruppe passen, dann verwendet man besser ein Werkzeug der Kategorie *teilen* oder *zusammenarbeiten*, in denen man die Verwendung auf bestimmte Personengruppen einschränken kann.

Beispiel

Titel	Die Kunst des Nein-Sagens oder der Fluch der Desorganisation
Schlüsselwörter	Selbstorganisation, Organisation, Planung, Sperrzeiten

Geschichte

Laut Tagesplan war von der Ankunft im Büro bis 9:00 geplant, alle Vorbereitungsarbeiten für die beiden darauffolgenden Tage zu erledigen. Dazu fuhr ich extra mit dem Auto etwas früher als gewöhnlich ins Büro. Sollte die Zeit am Morgen nicht reichen, war geplant, es nach dem letzten Besprechungstermin (Ende ca. 16:30) zu erledigen. De facto erledigte ich dringende E-Mails, ließ mich von Kollegen mit durchaus wichtigen Fragen und Diskussionen von meinem Plan abbringen. Die ganze Vorbereitungsarbeit erledigte ich nach meinem letzten Besprechungstermin. Das dauerte bis 19 Uhr. In Summe schlauchte mich dieser Tag so sehr, dass es meine Familie zu spüren bekam.

Einsichten	Folgerungen
Der beste Plan hilft nichts, wenn man ihn nicht einhalten kann. Am Abend hat man zwar viel Ruhe, aber nicht mehr so viel Kraft, um wirklich gute Arbeit zu leisten. Ich bringe es nicht fertig, Kollegen "abzuwimmeln", auch wenn es auf Kosten meiner Energiereserven geht.	Workshops sollte man früher vorbereiten. Mit Kollegen eine Sperrzeit vereinbaren o.ä.
	Anschlussfragen
	Was kann ich tun, damit ich meine Pläne besser verwirklichen kann? Wie kann ich "Sperrzeiten" durchsetzen?

Dieser Mikroartikel kann nicht nur vom Autor selbst genutzt werden, um die beschriebene Situation zu verbessern. Falls er ihn an die Kollegen weitergibt und mit ihnen bespricht, kann innerhalb der Gruppe eine gute Lösung gefunden werden, um solche belastenden Situationen in Zukunft zu vermeiden.

Stufenweise Digitalisierung

Stufe 0: Auch wenn die Methode ohne Technikunterstützung auskommt, ist es ratsam, in einem Textverarbeitungssystem eine Vorlage mit der Mikroartikel-Struktur bereitzuhalten und Mikroartikel elektronisch zu speichern, um sie leichter wiederzufinden und -verwenden zu können. Für eine über die persönliche Nutzung hinausgehende Verwendung sind weitergehende Digitalisierungsschritte anzuraten.

Stufe 1: Für das Verbreiten des Mikroartikels als Textdokument wird ein Werkzeug der Kategorien *verteilen* bei öffentlicher Verwendung oder *teilen* bei zielgruppenspezifischer Verwendung eingesetzt.

Stufe 2: Für das Schreiben und Verbreiten des Mikroartikels wird ein Werkzeug der Kategorie *veröffentlichen* statt eines Textverarbeitungssystems eingesetzt.

Stufe 3: Für alle Schritte außer „Bewusstmachen" wird ein Werkzeug der Kategorie *zusammenarbeiten* verwendet, in dem auch geschützte Bereiche für bestimmte Zielgruppen definiert werden können, wenn erforderlich.

Die Methode kann nicht vollständig digitalisiert werden, weil für den Schritt „Bewusstmachen" eine Technikunterstützung sinnlos ist.

Grenzen/Risiken und Anwendungskompetenzen

Die Vorbehalte gegenüber dem Einsatz von Mikroartikeln sind ähnlich gelagert wie beim Lerntagebuch. In unterschiedlichen Lernbiografien und daraus resultierende Lerngewohnheiten der Mitarbeiter könnten einige Mitarbeiter mehr Aufwand als Nutzen sehen und sich kontrolliert fühlen.

Wenn eine Wiederverwendung der Mikroartikel auf der organisationalen Ebene gewünscht ist, besteht das größte Hindernis in der Verständlichkeit und Nachvollziehbarkeit der Inhalte. Nur wenn ausreichend Kontextinformation im Mikroartikel zu finden ist und die Einsichten kurz und klar formuliert sind, werden sie auf neue Situationen übertragen werden können. Ansonsten bleiben die Nutzungsmöglichkeiten auf die individuelle Ebene beschränkt.

Anwender der Methode benötigen vor allem die Bereitschaft und Fertigkeit zu Selbstreflexion und Selbstevaluation. Für die Dokumentation der Erkenntnisse ist darüber hinaus die Fähigkeit zum Publizieren erforderlich.

Anwender berichten, dass durch die kontinuierliche Erstellung von Mikroartikeln genau diese Fähigkeit sukzessive entwickelt wird.

Referenzen

Liesch, D. (2016). *MikroArtikel.* http://wissensmanagement.open-academy.com/category/methoden/wissen-dokumentieren/mikroartikel/index.html, Abruf: 02.06.2019.

Mittelmann, A. (2011). *Mikroartikel.* In: Mittelmann, A., Werkzeugkasten Wissensmanagement, Norderstedt: Books on Demand, S. 50-51.

Willke, H. (1998). *Systemisches Wissensmanagement.* Stuttgart: Lucius & Lucius, S. 100 ff.

Willke, H. (2009). *Der MikroArtikel als Instrument des Wissensmanagements.* In: Rietmann S., Hensen G. (Hrsg.), Werkstattbuch Familienzentrum. Wiesbaden: VS Verlag für Sozialwissenschaften, S. 97-108.

E-Portfolio

Ein E-Portfolio unterstützt den individuellen Lernprozess und dient der Präsentation der daraus resultierenden Ergebnisse. Wissensträger bauen so ihre Kompetenzen durch die Verwendung eines E-Portfolios aus.

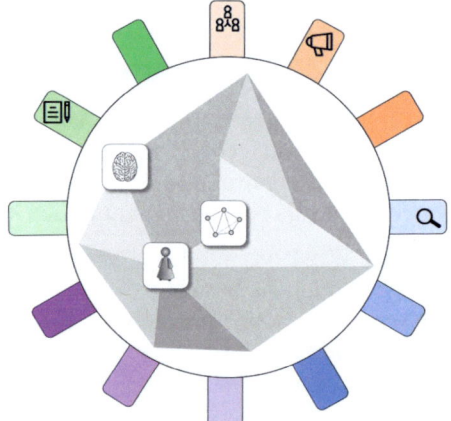

Diese Methode befindet sich daher im Semantischen Raum zwischen *Wissensträger*, *Beziehungen* und *Kompetenzen*.

Für die Digitalisierung der Methode können Werkzeuge aus den Kategorien *kommunizieren*, *suchen*, *netzwerken* und *veröffentlichen* zum Einsatz kommen.

Die Methode

Das Wort „Portfolio" setzt sich aus den beiden lateinischen Wörtern „portare" (= tragen) und „folium" (= Blatt) zusammen. Portfolio bedeutet allgemein eine Mappe, die Blätter enthält. Für bildende Künstler, Architekten oder Designer ist es selbstverständlich, eine Meistermappe griffbereit zu haben, um potenziellen Kunden die besten Arbeiten zeigen zu können. Aus dieser Tradition hat sich die im Folgenden dargestellte E-Portfolio-Methode entwickelt.

E-Portfolios sind eine digitale Sammlung von Artefakten (Bücher, Fachartikel, Präsentationen, Tabellen, Bilder, Videos, Podcasts, Modelle, Prototypen etc.). Mit Hilfe der dahinterliegenden Methode wählt eine Person oder eine Organisation die passenden digitalen Artefakte aus und präsentiert sie in geeigneter Form, um den Entwicklungsstand ihrer Kompetenzen zu zeigen. Wenn die Sammlung die besten Arbeiten umfasst, spricht man von einem *Produkt-* oder *Ergebnisportfolio*. Sind darin Artefakte enthalten, die den Lernprozess bzw. Entwicklungsweg seines Besitzers beschreiben, handelt es sich um ein *Entwicklungsportfolio*. Damit werden E-Portfolios gleichzeitig auch Lernwerkzeug. Bauer/Baumgartner nennen sie sehr anschaulich „Schaufenster des Lernens".

Ziel und Nutzen

Die Arbeit mit E-Portfolios erhöht die Lernmotivation und Eigenverantwortung, fördert sowohl die Selbstorganisation als auch die Selbstreflexion. Sie unterstützt beim Definieren und Verfolgen von individuellen Entwicklungszielen. Darüber hinaus werden die Lernenden zur Beurteilung der Qualität der erworbenen Kompetenzen und Lernergebnisse angeregt, was zur Klarheit über die eigenen Stärken und Schwächen beiträgt. E-Portfolios unterstützen dadurch das lebenslange Lernen.

Durch die zielgerichtete Präsentation der individuellen Bildungs- und Berufsbiografie inkl. der zugehörigen Artefakte entsteht ein erweitertes Profil, das dem Unternehmen oder der Ausbildungsstätte nach eigenem Ermessen zur Verfügung gestellt werden kann. Diese individuellen E-Portfolios können als Bausteine für ein organisationales E-Portfolio dienen.

Ein organisationales E-Portfolio hilft bei der Einschätzung des Entwicklungsstands der Organisation. Darauf aufbauend kann die strategische Stoßrichtung samt erforderlicher organisationsentwicklerischer Maßnahmen abgeleitet werden. Breitflächig eingesetzt, trägt es langfristig zur Entwicklung einer offenen Lernkultur bei.

Anwendung

Ein individueller E-Portfolio-Prozess orientiert sich am Lernprozess einer Person. Folgende Schritte werden dabei durchlaufen:

1. Festlegen der Zielsetzung

Der erste Schritt zu einer erfolgreichen E-Portfolio-Arbeit ist die Definition, was man mit dem E-Portfolio erreichen will. Die Beantwortung folgender Fragen ist dafür hilfreich:

- o Für welche Problemstellungen möchte ich nachhaltige Lösungen finden?
- o Wo sehe ich für mich einen Lernbedarf und wozu?
- o Welche Lernziele lassen sich daraus ableiten?
- o Zu welchem Zweck (Ergebnis- oder Entwicklungsportfolio) möchte ich mein Portfolio erstellen?
- o Wem soll mein E-Portfolio präsentiert werden?

Auch wenn dieser Schritt eine sehr individuelle Angelegenheit ist, kann es hilfreich sein, eine Vertrauensperson einzubeziehen. Es sollte eine erfahrene Person sein, die einem wohlwollend, aber trotzdem kritisch gegenübersteht. Falls man Mitglied einer Lerngruppe ist, holt man sich alternativ von dort Rückmeldung.

Ein Werkzeug aus der Kategorie *suchen* unterstützt bei der Suche nach relevanten Fachgebieten. Für die Besprechung der Ergebnisse mit einer Vertrauensperson hilft ein Werkzeug aus der Kategorie *kommunizieren*. Für den Austausch mit Lerngruppe sind Werkzeuge aus der Kategorie *netzwerken* geeignet.

2. Strukturieren des E-Portfolios

Ausgehend vom Ergebnis der Überlegungen im ersten Schritt kann nun die Struktur und äußere Form des E-Portfolios festgelegt werden. Eine Grobstruktur ist in Abbildung 16 dargestellt.

Je nach gewähltem Zweck des E-Portfolios kann der Abschnitt C weggelassen werden. Ein E-Portfolio sollte für potenzielle Leser ansprechend und übersichtlich gestaltet sein. Es ist quasi wie ein Aushängeschild für die Selbstvermarktung anzusehen.

A Motivation/Zielsetzung

1 Problemstellung, Lernbedarf
  oder Lernziel
2 Zweck des E-Portfolios
3 Begründung für die Verwendung
  des E-Portfolios
4 Darstellung der Vorgehensweise bei der Verwendung

B Selbstdarstellung und
Status Quo

1 Biografische Daten und Foto
2 Bildungs- und Berufsbiografie
3 Selbsteinschätzung der eigenen
  Kompetenzen
4 Fremdeinschätzungen

C Mein Lernprozess

1 Eigene Lernbedürfnisse und
  -fähigkeiten
2 Meine Lern- und Arbeits-
  techniken
3 Dokumentation des Lernprozesses (Lernpakete/Zeitschiene)
4 Beurteilungskriterien

D Dossier
1 Dokumentation gelungener
  Arbeiten
2 Erfahrungs-/Reflexionsdoku-
  mente über Arbeiten und
  Lernschritte
3 Abschlüsse, Zertifikate,
  Qualifikationsbeschreibungen
4 Sprachleveleinschätzung der
  Fremdsprachenkenntnisse

Abbildung 16: Grobstruktur eines E-Portfolios

Die Grobstruktur wird mit Hilfe eines Spezial-Werkzeugs für das Arbeiten mit E-Portfolios aus der Kategorie *veröffentlichen* eingerichtet. Ein Werkzeug aus den Kategorien *suchen* oder *netzwerken* wird verwendet, um die passenden Zielpersonen bzw. -gruppen zu finden, denen das E-Portfolio präsentiert werden soll.

3. Sammeln und Auswählen von Material

Sobald die Grobstruktur eingerichtet und initial befüllt ist, kann mit der Sammlung und Sichtung der vorhandenen Materialien begonnen werden. Im Vordergrund steht hier die Verwendbarkeit für das E-Portfolio. Bei jeder Arbeit fragt man sich, inwieweit sie die Beurteilungskriterien erfüllt und was ihre Besonderheit ist, um ihre Aufnahme in das E-Portfolio zu rechtfertigen. Die Erkenntnisse können wiederum mit Vertrauenspersonen diskutiert werden.

Für die Diskussionen mit Vertrauenspersonen kommt ein Werkzeug aus der Kategorie *kommunizieren* zum Einsatz. Das Hinzufügen des ausgewählten Materials erfolgt mit Hilfe des Spezialwerkzeugs für E-Portfolios aus der Kategorie *veröffentlichen*.

4. Reflexion und Begründung der Auswahl

Der Reflexion kommt in der E-Portfolioarbeit besondere Bedeutung zu. Es ist wichtig, sowohl den eigenen Lernprozess als auch dessen Ergebnisse kritisch zu hinterfragen. Die Reflexion über jede Arbeit kann durch folgende Fragen angeregt werden:

- o Warum sehe ich dies als beste Arbeit von mir an?
- o Was ist mir in der Bearbeitung bereits gelungen? (Schwierigkeiten und ihre Bewältigung, erste Hypothesen und Lösungen, Überprüfung und Anwendung, neu erworbene Methodenkompetenz)
- o Wie habe ich die Arbeit ausgeführt und vervollständigt?
- o Was zeigt das Ergebnis von mir und meiner Arbeit?
- o Wo sehe ich noch Schwachstellen und Lernmöglichkeiten?
- o Was werde ich beim nächsten Mal anders machen?
- o Worin unterscheidet sich dieses beste Ergebnis von dem vorherigen besten Ergebnis?
- o Wie bezieht sich das Ergebnis auf bisher Gelerntes?
- o Auf welche Bereiche ließe sich das Gelernte übertragen?

Durch die Auseinandersetzung mit diesen Fragen zu jedem Artefakt gelingt es, ein relativ objektives Bild des aktuellen persönlichen Entwicklungsstands zu erlangen. Daraus lässt sich die passende Zielausrichtung für weitere Lernschritte erkennen. Die Unterstützung durch Vertrauenspersonen ist auch in diesem Schritt hilfreich.

Ein Werkzeug aus der Kategorie *kommunizieren* kann hier zum Einsatz kommen.

5. Evaluatieren des Portfolios

In diesem Schritt weitet man den Blick von den Einzelergebnissen auf das Gesamtergebnis aus. Man beurteilt, welche Ziele in welcher Qualität erreicht wurden. Zur Gewährleistung eines kontinuierlichen Lernprozesses formuliert man weitere oder weiterführende Zielsetzungen und steigt damit wieder bei Schritt eins ein. Ein E-Portfolio kann einen Lernenden sein Leben lang begleiten und wird so zu einem unschätzbar wertvollen Wissens- und Erfahrungsschatz sowie Lernwerkzeug.

Wenn wieder Vertrauenspersonen in diesen Schritt einbezogen werden, nutzt man ein Werkzeug aus der Kategorie *kommunizieren*. Ergänzungen im

E-Portfolio erfolgen mit Unterstützung des Spezialwerkzeugs für E-Portfolios aus der Kategorie *veröffentlichen*.

Stufenweise Digitalisierung

Wie aus dem Namen der Methode bereits hervorgeht, benötigt die Methode Technikunterstützung, da alle Materialien für das E-Portfolio in elektronischer Form benötigt werden. Die schrittweise Erhöhung des Digitalisierungsgrades kann folgendermaßen geschehen:

Stufe 1: Die Grobstruktur für das E-Portfolio wird in Form einer Ordnerstruktur auf einem elektronischen Datenträger eingerichtet und befüllt. Um die geeigneten Zielpersonen bzw. -gruppen zu finden, wird ein Werkzeug aus der Kategorie *suchen* oder *netzwerken* verwendet.

Stufe 2: Für Abstimmungsgespräche mit Vertrauenspersonen wird ein Werkzeug aus der Kategorie *kommunizieren* eingesetzt.

Stufe 3: Statt einer Ordnerstruktur auf einem Datenträger wird das E-Portfolio mit Hilfe eines Spezialwerkzeugs aus der Kategorie *veröffentlichen* aufgebaut und bearbeitet.

Stufe 4: Die Methode kann vollständig digitalisiert werden, in dem das E-Portfolio-Spezialwerkzeug mit einem Werkzeug aus der Kategorie *kommunizieren* kombiniert wird, falls Vertrauenspersonen einbezogen werden.

Beispiel

Als Beispiel dient hier der Auszug aus einem E-Portfolio eines Projektmanagers, der seine Arbeit in Projekten aktiv zur Weiterentwicklung seiner Kompetenzen nutzt. Die Darstellung folgt der Grobstruktur aus Abbildung 16. Die Befüllung ist skizzenhaft ausgeführt.

A Motivation und Zielsetzung

1   Für das Projekt xy habe ich mir zum Ziel gesetzt, meine Teamentwicklungskompetenz zu vertiefen.

2   Dieses Portfolio dient primär dem Zweck, meine Lernschritte zu reflektieren und zu dokumentieren. Es handelt sich also um ein Entwicklungsportfolio, das ich mit meiner Führungskraft im nächsten

Mitarbeitergespräch besprechen werde, um gemeinsam weitere Entwicklungsmaßnahmen daraus abzuleiten.

3 Ich habe diese Form der Dokumentation gewählt, weil ich mir davon tiefergehende Erkenntnisse erwarte.

4 Einmal im Monat und bei besonderen Ereignissen im Team werde ich eine Reflexionssequenz über den Teamstatus in Bezug auf meine Teamentwicklungsmaßnahmen für mich allein und mit dem Projektteam durchführen.

B Selbstdarstellung und Status Quo

1 nicht ausgeführt

2 nicht ausgeführt

3 Auf der vierstufigen Skala „kennen/können/beherrschen/umfassend beherrschen" schätze ich mich bei „beherrschen" ein.

4 Diese Einschätzung wurde im letzten Mitarbeitergespräch von meiner Führungskraft bestätigt.

C Mein Lernprozess

1 nicht ausgeführt

2 nicht ausgeführt

3 Lernpaket 1: Teamrollen feststellen und nutzen (Projektstart)
Lernpaket 2: Teambarometer einführen und nutzen (während der gesamten Projektlaufzeit)

4 Beurteilungskriterien: Angemessenheit und Wirkung der ausgewählten Teamentwicklungsmethoden (qualitative Beurteilung durch Interviews mit Teammitgliedern durch unabhängigen Dritten)

D Dossier

1 zu Lernpaket 1: siehe Dokument „Ergebnis Teamrollentest"
zu Lernpaket 2: siehe Dokument „Teambarometer"

2 siehe Dokument: „Ableitungen aus Teamrollentest"
siehe Dokument: „Auswertung und Reflexion Teambarometer"

3 n.a.

4 n.a.

Grenzen/Risiken und Anwendungskompetenzen

Ein E-Portfolio kann nur dann seinen Wert als Selbstvermarktungs- und Lernwerkzeug entfalten, wenn es gut aufgebaut und sorgfältig gepflegt wird. Wenn viele Materialien im E-Portfolio veraltet sind, wirft das von außen betrachtet ein schlechtes Licht auf seinen Besitzer. Daher ist es besser, sein E-Portfolio vor der Öffentlichkeit zu verbergen, wenn man für seine Pflege keine Lust oder keine Zeit mehr hat.

Eine der größten Herausforderungen im Rahmen der Portfolio-Arbeit ist die Auswahl von passenden Artefakten. Man ist immer wieder gefordert, über die erzielten Ergebnisse nachzudenken und geeignete Kriterien für die Selbstbeurteilung mit Bezug auf die eigenen Lernziele zu finden. Externe Hilfe kann hier gute Unterstützung leisten, wenn man bereit ist, Kritik anzunehmen und konstruktiv damit umzugehen.

Eine weitere Hürde liegt in der Verwendung eines Spezialwerkzeugs für die E-Portfolio-Arbeit. Es ist notwendig, sich mit den Möglichkeiten der Software auseinanderzusetzen und dann zu entscheiden, welche Funktionen für den eigenen Anwendungsfall geeignet sind. Mit diesen beschäftigt man sich anschließend intensiv, um sie effizient benutzen zu können. Besonderes Augenmerk ist auf den Sicherheitsaspekt zu legen. Die Applikation muss es ermöglichen, ein Artefakt erst dann zu veröffentlichen, wenn sein Entwicklungsstand nach Einschätzung seines Autors die nötige Reife erreicht hat.

Als Anwender von E-Portfolios benötigt man vor allem Disziplin und Selbstreflexionsfähigkeit. Man muss sich mit der Portfolio-Arbeit vertraut machen (Methodenkompetenz). Wenn die Anwendung längerfristig gelingen soll, muss man in der Lage sein, mit Vertrauenspersonen adäquat zu kommunizieren. Last but not least, erfordert der Einsatz eines E-Portfolio-Werkzeugs entsprechende IT-Kenntnisse.

Referenzen

Bauer, R.; Baumgartner, P. (2012). *Schaufenster des Lernens. Eine Sammlung von Mustern zur Arbeit mit E-Portfolios*. Münster: Waxmann.

Baumgartner, P.; Bauer, R. (2013). *Auf dem Weg zu einer Mustersprache für E-Portfolios*. In: Miller, D.; Volk, B. (Hrsg.), E-Portfolio an der Schnittstelle von Studium und Beruf. Münster: Waxmann 2013, S. 91-104, https://www.pedocs.de/volltexte/2015/10922/pdf/Baumgartner_Bauer_2013

_Auf_dem_Weg_zu_einer_Mustersprache_fuer_E_Portfolios.pdf, Abruf: 03.06.2019.

Bisovsky, G.; Schaffert, S. (2009). *Lehren und Lernen mit dem E-Portfolio.* http://www.die-bonn.de/doks/bisovsky0901.pdf, Abruf: 03.06.2019.

Brunner, I.; Häcker, T.; Winter, F. (Hrsg., 2006). *Das Handbuch Portfolioarbeit.* Velber: Kallmeyer.

Mittelmann, A. (2011). *Portfolio und E-Portfolio.* In: Mittelmann, A., Werkzeugkasten Wissensmanagement, Norderstedt: Books on Demand, S. 64-69.

Plamenik, B. (2001). *Vom Lesetagebuch zum Portfolio. Ein Baustein für das eigenverantwortliche Arbeiten und Lernen.* Graz: Pädagogisches Institut des Bundes in der Steiermark, Themenhefte Heft 7.

Kompetenz-Portfolio

Die Erstellung eines Kompetenz-Portfolios dient dem Erkennen und dem Ausbau individueller Kompetenzen.

Daher befindet sich diese Methode im Semantischen Raum zwischen *Wissensträger* und *Kompetenzen*.

Für die Digitalisierung der Methode können Werkzeuge aus den Kategorien *kommunizieren, teilen* oder *visualisieren* zum Einsatz kommen.

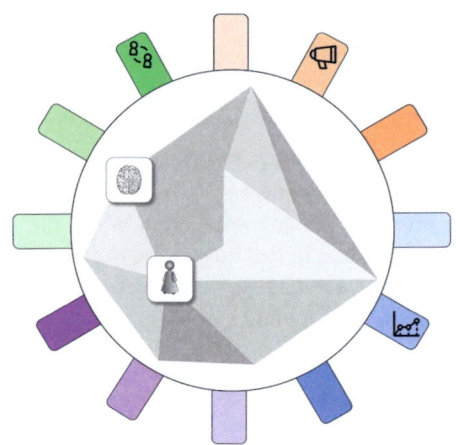

Die Methode

Ein Kompetenz-Portfolio umfasst die Erarbeitung und grafische Darstellung der persönlichen Ist- und Soll-Kompetenzen unter dem Blickwinkel der Qualität und Nützlichkeit, um sie gezielt weiterentwickeln zu können.

Ziel und Nutzen

Durch die Auseinandersetzung mit seinem persönlichen Kompetenz-Portfolio wird man sich seiner Kompetenzen und deren Tiefe bewusst. Vergleicht man dieses Ergebnis mit seinen persönlichen Lernzielen, erkennt man seine Entwicklungsfelder. Damit wird man in die Lage versetzt, seine persönliche Entwicklung zu steuern. Die grafische Darstellung ermöglicht einem einen schnellen Überblick über den aktuellen und geplanten Entwicklungsstand.

Anwendung

Zur Erstellung und Nutzung eines persönlichen Kompetenz-Portfolios sind folgende Schritte notwendig:

1. Erfassung der derzeitigen Kompetenzfelder

Zunächst verschafft man sich einen Überblick über die aktuellen eigenen Kompetenzen, indem man ehrliche Antworten auf die Frage "Was kann ich derzeit?" sucht. Die Unterstützung einer Vertrauensperson ist hier hilfreich. Als Ergebnis dieses Schritts entsteht eine Liste von Kompetenzen, die man ggfs. in passenden Kompetenzfeldern (z.B. Fach-, Methoden-, personale, interpersonale) zusammenfasst.

Für diesen Schritt sind Werkzeuge aus den Kategorien *kommunizieren* und *teilen* geeignet.

2. Beurteilung dieser Kompetenzen nach Qualität und Nutzen

Nun geht es um die Beurteilung der Tiefe der Kompetenzen und deren Nutzen für sich selbst und für andere Zielgruppen (z.B. derzeitige/zukünftige Arbeitgeber, Kunden). Die Diskussion der Fragen "Wie gut kann ich es derzeit?" und "Wie groß ist der Nutzen für meinen derzeitigen Arbeitgeber bzw. meine Kunden, für mich persönlich?" mit der ausgewählten Vertrauensperson hilft bei dieser herausfordernden Aufgabe. Den Abschluss dieses Schritts bildet die Einordnung der Kompetenzfelder in das Portfolio nach Qualität und Nutzen und dessen grafische Repräsentation (siehe Kreise in Abbildung 17). Damit ist die Statuserhebung der Ist-Kompetenzen abgeschlossen.

Werkzeuge aus der Kategorie *kommunizieren*, *teilen* und *visualisieren* können hier zum Einsatz kommen.

3. Definition der persönlichen Entwicklungsziele

Um diese Methode als Entwicklungswerkzeug zu nutzen, erarbeitet man jetzt die persönlichen Lernziele. Die beiden Fragen "Wo möchte ich besser werden und wozu? " und "Wie werde ich erkennen, dass ich mein Ziel erreicht habe?" leisten hier gute Dienste. Sie unterstützen bei der Ableitung von konkreten Zielen. Die Erörterung auch dieser Fragen mit einer Vertrauensperson ist nützlich.

Werkzeuge aus den Kategorien *kommunizieren* und *teilen* können genutzt werden.

4. Erstellung des Soll-Portfolios

Ausgehend von den definierten Entwicklungszielen ergänzt man die geplante Position der betreffenden Kompetenzfelder im Portfolio (siehe Sterne in Abbildung 17).

Ein Werkzeug aus der Kategorie *visualisieren* kann zum Einsatz kommen.

5. Ableitung Aktionsplan

Um den eigenen Entwicklungsweg gut zu steuern, nutzt man die beiden Fragen „Welches Wissensziel möchte ich bis wann in welcher Qualität erreicht haben?" und „Wer kann mir in welcher Form bei der Erreichung meiner Ziele helfen?". Ergebnis sind die nächsten drei konkreten Schritte zur Zielerreichung. Sobald man eines der Ziele erreicht hat, passt man das Ist-Portfolio entsprechend an, ergänzt Ziele und ändert das Soll-Portfolio, wenn nötig.

Werkzeuge aus den Kategorien *kommunizieren*, *teilen* und *visualisieren* können hier zum Einsatz kommen.

Stufenweise Digitalisierung

Stufe 0: Papier und Bleistift sind für die Methodenanwendung völlig ausreichend. Man kann aus Effizienzgründen ein Textverarbeitungs- oder Tabellenkalkulationsprogramm nutzen. Möchte man andere Personen in den Entstehungs- und Nutzungsprozess seines Kompetenz-Portfolios einbeziehen, wird dies durch den Einsatz von IT-Werkzeugen erleichtert.

Stufe 1: Falls man eine Vertrauensperson als Unterstützung einbinden möchte, setzt man ein Werkzeug aus der Kategorie *kommunizieren* ein, wenn ein persönliches Treffen mit der Person nicht möglich oder nicht leicht zu bewerkstelligen ist.

Stufe 2: Um das Ergebnis der eigenen Überlegungen mit der Vertrauensperson zu besprechen, kann es mit Hilfe eines Werkzeugs aus der Kategorie *teilen* zur Verfügung gestellt werden.

Stufe 3: Die grafische Darstellung des Ist- und Soll-Kompetenz-Portfolios wird durch ein Werkzeug der Kategorie *visualisieren* unterstützt.

Stufe 4: Die Methode kann vollständig digitalisiert werden. Allerdings sind persönliche Begegnungen einer digitalisierten Form immer vorzuziehen, um das Vertrauensverhältnis mit der betreffenden Person abzusichern.

Beispiel

Ein erfahrener Projektleiter wird mit der Aufgabe betraut, in einem halben Jahr ein Projekt mit einem 30-köpfigen Team aus sechs verschiedenen Ländern zu leiten. Ziel des Projekts ist, Ergebnisse aus einem Forschungsprojekt in konkrete Produktentwicklungen zu transferieren und marktreif zu machen. Um gut auf diese Herausforderung vorbereitet zu sein, beschließt er, ein persönliches Kompetenz-Portfolio der kritischsten Kompetenzen für diesen Job zu erarbeiten. Er bittet einen befreundeten Kollegen aus dem Personalmanagement um Unterstützung.

Aus der Analyse der Rahmenbedingungen und Zielsetzungen des Projekts sowie aus dem Ergebnis des letzten Mitarbeitergesprächs leiten sie als relevanteste Kompetenzen Führungskompetenz, Kommunikationsfertigkeit, Kenntnisse in MS Project, Projektmanagement und Englisch ab. Ihre Diskussion über Qualität und Nutzen dieser Kompetenzen führt zu den als Kreise grafisch dargestellten Ergebnissen in Abbildung 17.

Da der Projektleiter zum ersten Mal ein so großes, international zusammengesetztes Team leiten soll, besprechen sie zuallererst die Kompetenz „Führungskompetenz". Das Ergebnis dieser Diskussion ist beispielhaft nachfolgend dargestellt.

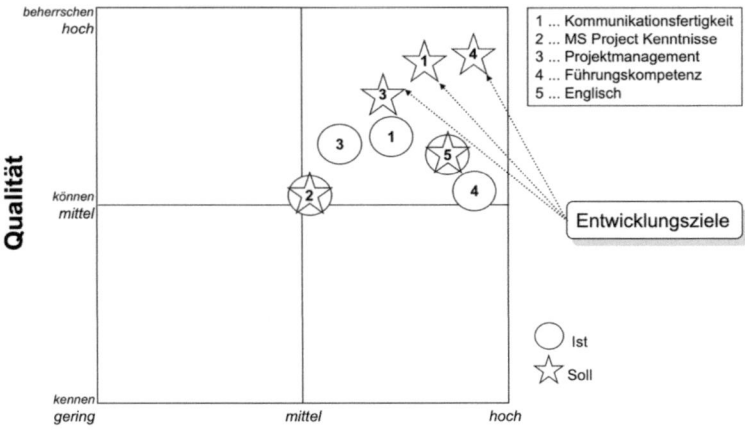

Abbildung 17: Beispiel eines Kompetenz-Portfolios

Wissensziel (zu 4)

Ich möchte bis Ende des Jahres 20xx meine Führungskompetenz von *können* auf *beherrschen* ausbauen. Die Zielerreichung werde ich daran erkennen, dass ich bei der Leitung des Projekts XY konfliktbehaftete Führungssituationen problemlos bewältigen kann.

Aktionsplan (zu 4)

1. Dokumentation aller konfliktbelasteten Führungssituationen inkl. Lösungswege ab sofort.
2. Auswahl eines Projekt-Coach und Abstimmung meines Wissensziel bis Ende Q2/xx.
3. Besuch des Seminars „Führen von großen virtuellen Teams" bis Q3/xx.

Grenzen/Risiken und Anwendungskompetenzen

Wenn es nicht möglich ist, sein Kompetenz-Profil mit einer erfahrenen Vertrauensperson zu diskutieren, besteht die größte Schwierigkeit zunächst darin, die „richtigen" Kompetenzen für die eigene Weiterentwicklung auszuwählen. Auch die Einschätzung der Kompetenzen nach Qualität und Nützlichkeit ist kein leichtes Unterfangen und gelingt nur dann, wenn man aus Eigenbeobachtungen die richtigen Schlüsse ziehen kann. Die Ableitung passender Entwicklungsziele für die eigene berufliche Situation ist ebenfalls nicht ganz einfach. Sie müssen möglichst konkret formuliert werden und im Arbeitsalltag umsetzbar sein, um die Steuerung des eigenen Lernprozesses zu unterstützen.

Um die Methode gut anwenden zu können, sollte man über die Fähigkeit der Selbstreflexion verfügen. Darüber hinaus benötigt man die Gabe der Selbstbeobachtung, um zu den richtigen Schlüssen zu gelangen. Die Visualisierung des Kompetenz-Portfolios erfordert lediglich Grundkenntnisse in der Datenrepräsentation und sollte mit Hilfe des obigen Beispiels keine Schwierigkeiten bereiten.

Referenzen

Mittelmann, A. (2011). *Kompetenz-Portfolio*. In: Mittelmann, A., Werkzeugkasten Wissensmanagement, Norderstedt: Books on Demand, S. 70-72.

Wissensorientiertes Mitarbeitergespräch

Das wissensorientierte Mitarbeitergespräch kanalisiert die Lernprozesse und den zielgerichteten Kompetenzaufbau eines Mitarbeiters.

Daher befindet sich diese Methode im Semantischen Raumzwischen *Wissensträger*, *Prozesse* und *Kompetenzen*.

Für die Digitalisierung dieser Methode können Werkzeuge aus den Kategorien *kommunizieren*, *teilen* und *zusammenarbeiten* zum Einsatz kommen.

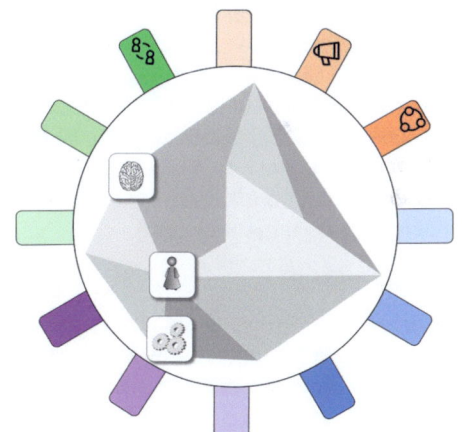

Die Methode

Ein wissensorientiertes Mitarbeitergespräch ist ein Mitarbeitergespräch, bei dem Wissensziele und wissensorientiertes Verhalten neben den üblichen Gesprächsthemen zur Sprache kommen. Für die Vorbereitung für dieses Gespräch kommt die Beschreibung der Kompetenz Wissensorientierung (Abbildung 18) zum Einsatz.

Ziel und Nutzen

Die Ressource Wissen wird immer mehr zum wettbewerbsentscheidenden Faktor. Wissen ist untrennbar mit Personen verbunden, daher ist es wichtig, bereits beim einzelnen Mitarbeiter das Bewusstsein für einen pfleglichen Umgang mit seinem Wissen zu wecken und zu stärken. Dies gelingt am besten durch die direkte Führungskraft. Als passendes Führungsinstrument bietet sich das Mitarbeitergespräch an.

Anwendung

Ein Mitarbeitergespräch durchläuft üblicherweise die drei Phasen Vorbereitung, Gesprächsführung und Maßnahmenvereinbarung. Im wissensorientierten Mitarbeitergespräch ist neben den üblichen Themen (Rückblick auf die vergangene Periode, aktuelle und zukünftige Aufgabengebiete, gegenseitiges Feedback) ein zentrales Element die Kompetenz „Wissensorientierung". Die Beschreibung dieser Kompetenz (siehe Abbildung 18) dient als Ausgangspunkt für die Einschätzung des Mitarbeiters und der Führungskraft für den Umgang mit seinem Wissen in der Organisation. Der nachfolgend beschriebene Ablauf berücksichtigt ausschließlich die Aktivitäten im Zusammenhang mit dieser Kompetenz.

1. Vorbereitung

Im Rahmen der Vorbereitung schätzt sich der Mitarbeiter selbst ein, welche der angeführten Fertigkeiten in der Kompetenzbeschreibung er bereits erlangt hat. Er ergänzt Beispiele aus seinem Arbeitsalltag, die die Anwendung dieser Fertigkeiten zeigt. Die Führungskraft macht dies analog als Fremdeinschätzung und hinterlegt ebenfalls Beobachtungen für ihre Einschätzung.

Für diese Phase ist ein Werkzeug aus den Kategorien *teilen* oder *zusammenarbeiten* geeignet, mit dessen Hilfe Mitarbeiter und Führungskraft ihre Einschätzungen unter Verwendung einer Vorlage schriftlich festhalten.

Wissensorientierung		
Kenner	**Könner**	**Experte**
sich seines eigenen Wissens bewusst sein und in Form einer Wissenslandkarte visualisieren können	Zusammenhänge grafisch übersichtlich aufbereiten können	komplexe Sachverhalte kurz und prägnant auf den Punkt bringen können
aktiv nach Hilfe fragen, wenn man sie benötigt	explizieren können von implizitem Wissen, was bedeutet sein Erfahrungswissen anderen verständlich erklären zu können	sich immer wieder nach Verbesserungsmöglichkeiten beim nächsten Mal fragen, diese dokumentieren und strukturiert ablegen
aktiv zuhören können, d.h. sich bei seinem Gesprächspartner durch Nachfragen zu vergewissern, ob man alles richtig verstanden hat	Gelerntes (zB aus Projekten) routinemäßig sichern und gezielt an andere weitergeben	als Mentor für weniger erfahrene Personen fungieren

Abbildung 18: Beschreibung Kompetenz Wissensorientierung

2. Gesprächsführung

Mitarbeiter und Führungskraft vergleichen im Verlauf des Gesprächs ihre Einschätzungen der Kompetenz „Wissensorientierung" und einigen sich auf eine gemeinsame Version. Sie diskutieren dieses Ergebnis und darüber hinaus Wissensziele für die speziellen Wissensgebiete des Mitarbeiters. Sie geben sich gegenseitiges Feedback, inwieweit sie wissensorientierte Fertigkeiten und wissensorientiertes Verhalten gemäß der Kompetenzbeschreibung weiterentwickelt haben.

Für diese Phase können Werkzeuge aus den Kategorien *kommunizieren* (für die Gesprächsführung), *teilen* (für das Zur-Verfügung-Stellen des Einschätzungsdokuments) oder *zusammenarbeiten* (für alle Aktivitäten dieser Phase statt einzelner Werkzeuge) eingesetzt werden.

3. Maßnahmenvereinbarung

Ausgehend vom Gesprächsergebnis vereinbaren sie Bildungsmaßnahmen entsprechend den identifizierten Entwicklungsbedarfen. Für einen Mitarbeiter auf der Kompetenzstufe eines Neulings könnten folgende Entwicklungsmaßnahmen zielführend sein:

- die Erarbeitung seiner Wissenslandkarte, um sich seines Wissens besser bewusst zu werden

- ein Kommunikationsseminar, in dem aktiv zuhören erlernt und geübt wird

Um die Stufe des Könners zu erreichen, könnten folgende Maßnahmen unterstützen:

- das Erlernen und routinemäßige Einsetzen von Mapping-Werkzeugen (z.B. Mind Mapping (siehe Seite 315), Konzeptkarten (siehe Seite 377)) für die Dokumentation und Visualisierung von fachrelevanten Inhalten und/oder gemachten Erfahrungen

- Führen eines Lerntagebuchs (siehe Seite 85), in dem der Mitarbeiter regelmäßig Gelerntes aus dem Arbeitsalltag oder aus Projekten notiert und innerhalb der nächsten zwölf Monate Kollegen relevante Inhalte im Rahmen von Abteilungsbesprechungen weitergibt

Zur Erreichung der Stufe des Experten könnten folgende Fördermaßnahmen zum Erfolg führen:

- Einbringen von mindestens einer Verbesserungsidee, die sich aus der Dokumentation von Lessons Learned (siehe Seite 142) ergeben

- Verantwortungsübernahme für die Entwicklung von Mikrolerneinheiten (siehe Seite 42) in seinem Fachgebiet

- Ausbildung und Einsatz als Fachmentor für weniger erfahrene Mitarbeiter in seinem Spezialgebiet

Die Führungskraft wird die Bildungsmaßnahmen gemeinsam mit dem Mitarbeiter ganz auf seine individuelle Situation abstimmen zum beiderseitigen Nutzen.

Für diese Phase kommen Werkzeuge aus den Kategorien *kommunizieren* (für den Vereinbarungsdialog), *teilen* (für die Dokumentation der Bildungsmaßnahmen) oder *zusammenarbeiten* (für alle Aktivitäten dieser Phase statt einzelner Werkzeuge) zum Einsatz.

Beispiele

Zur nachhaltigen Unterstützung der Wissensweitergabe und der Kompetenzentwicklung hat Harmonic Drive in Limburg in seine periodischen Mitarbeitergespräche und -beurteilungen folgende Fragen aufgenommen (siehe Bellinger/Krieger, S.171):

1. Was haben Sie im letzten Jahr getan, um Ihre eigene Kompetenz zu steigern?

2. Was haben Sie getan, um Ihr Wissen an Kollegen weiterzugeben oder im Informationssystem zu verankern?

3. Was haben Sie zur Entwicklung neuer Produkte beigetragen bzw. haben Sie einen Verbesserungsvorschlag eingereicht?

Beim MitarbeiterInnenorientierungsgespräch (MOG) im Magistrat der Stadt Wien kommen folgende Fragen für den zielgerichteten Kompetenzaufbau zum Einsatz:

- Über welche fachlichen und fachunabhängigen Stärken, über welches Wissen verfügt die Mitarbeiterin bzw. der Mitarbeiter? Kann sie bzw. er diese Fähigkeiten, dieses Wissen einbringen? Sind diese Kompetenzen, dieses Wissen für die Aufgabenerfüllung relevant? Welche Kompetenzen sollen verstärkt bzw. aufgebaut werden?
- Welche Lernformen können beim Aufbau der Kompetenzen unterstützen?

    o Einsatz in Projekten, Unterweisung am Arbeitsplatz, Übertragung von Sonderaufgaben etc.

    o Coaching, Mentoring, Patinnen- und Patensysteme, kollegiale Beratung etc.

    o Fachliche Schulungen, persönlichkeitsbildende Seminare, Lehrgänge, E-Learning, Kongresse etc.

- Gemeinsame Rückschau: Wie nützlich waren die beim letzten MOG vereinbarten Maßnahmen zum Kompetenzaufbau? Haben sie bei der Bewältigung der Aufgaben geholfen?
- Welche Lernziele sollen für die künftige Arbeitsperiode vereinbart werden? Welche Maßnahmen werden gesetzt, um sicherzustellen, dass sie erreicht werden?
- Verfügt die Mitarbeiterin bzw. der Mitarbeiter über Informationen und (Erfahrungs-)Wissen, die auch für andere wichtig sein könnten? Wie werden diese Informationen und dieses Wissen derzeit weitergegeben bzw. gesichert? Gibt es Optimierungsbedarfe?

Stufenweise Digitalisierung

Stufe 0: Ein wissensorientiertes Mitarbeitergespräch kommt im Großen und Ganzen ohne Werkzeugunterstützung aus. Das Kompetenzprofil und der Entwicklungsplan werden ev. mit Hilfe von Office-Anwendungen erstellt.

Stufe 1: Für die Gesprächsführung kann ein Werkzeug der Kategorie *kommunizieren* (z.B. ein Videokonferenz-System) verwendet werden.

Stufe 2: Für die Vorbereitung ihrer Einschätzung können Mitarbeiter und Führungskraft ein Werkzeug der Kategorie *teilen* einsetzen, um die bereitgestellte Kompetenzvorlage auszufüllen. Der Entwicklungsplan im Rahmen der Maßnahmenvereinbarung kann ebenfalls mit diesem Werkzeug erstellt werden.

Stufe 3: Statt je eines Werkzeugs aus den Kategorien *kommunizieren* und *teilen* kommt ein Werkzeug aus der Kategorie *zusammenarbeiten* zum Einsatz.

Stufe 4: Eine vollständige Digitalisierung der Methode ist möglich. Allerdings ist ein persönliches Gespräch zwischen Mitarbeiter und Führungskraft einer technikunterstützten Gesprächsform immer vorzuziehen, um die persönliche Beziehung zwischen den Beteiligten zu stärken.

Grenzen/Risiken und Anwendungskompetenzen

Wenn eine Organisation noch keine oder nur wenig Erfahrung mit dem Thema Wissensmanagement gesammelt hat, kann die Einführung des wissensorientierten Mitarbeitergesprächs ein erster Einstieg sein. Das wird allerdings nur gelingen, wenn in der Organisation grundsätzlich die Bereitschaft besteht, sich mit dem Thema und den damit zusammenhängenden Veränderungen in der Zusammenarbeit auseinanderzusetzen. Die Führungskräfte müssen sich über ihre Intentionen und (Wissens-)Ziele völlig im Klaren sein, damit sie den dadurch ausgelösten Veränderungsprozess gut begleiten können.

Fehlen in der Organisation die Definitionen stellenspezifischer Kompetenzen (insbesonders die Kompetenz „Wissensorientierung"), können Führungskraft und Mitarbeiter das wissensorientierte Mitarbeitergespräch nur individuell bezogen auf die beobachtbaren Kompetenzen führen. Die Vergleichbarkeit von Ist-Profilen der Mitarbeiter auf organisationaler Ebene ist damit ausgeschlossen. Auf der individuellen Ebene wird es trotzdem seine Wirkung entfalten, wenn eine entsprechende Gesprächskultur gegeben ist.

Wie bei jeder Art von Mitarbeitergespräch benötigen alle Beteiligten gute Kommunikationsfertigkeiten. Neben der Bereitschaft sich unvoreingenommen den Rückmeldungen des Gesprächspartners zu öffnen, ist Kritikfähigkeit gefragt. Grundlagen in Wissens- und Kompetenzmanagement runden das Anwenderkompetenzprofil ab.

Die eigenen Kompetenzen entwickeln

Referenzen

Bellinger, A.; Krieger, D. J. (Hrsg., 2006). *Wissensmanagement für KMU*. Zürich: Vdf Hochschulverlag.

Lembke, G. (2007). *Persönliches Wissensmanagement*. Perspektive blau, Jänner 2007, http://www.perspektive-blau.de/artikel/0701a/0701a.pdf, Abrufdatum: 01.06.2019.

Magistrat der Stadt Wien (2018). *wien mags wissen – Toolbox*. wissen smart vernetzen. Version 4.1.

Mittelmann, A. (2011). *Wissensorientiertes Mitarbeitergespräch*. In: Mittelmann, A., Werkzeugkasten Wissensmanagement, Norderstedt: Books on Demand, S. 62-63.

Methoden im zweiten Cluster

Wissensentwicklungskarten
Darstellung von Wissen zur optimalen Abwicklung der Geschäftsprozesse

Manöverkritiksitzung
Teambesprechung, um unmittelbar aus Erfolgen/Fehlschlägen zu lernen

2-5-1 Storytelling
Strukturierte Methode für unmittelbares Lernen aus Erfolgen/Fehlschlägen

Befragung
Methode zum Erschließen impliziten Wissens durch gezieltes Fragen

Lessons Learned Prozess
Lernprozess, durch den systematisch neue Erfahrungen integriert werden

Storytelling
Methode zum Austausch und Verdichtung von Wissen und Erfahrungen

Storytelling-Prozess
Methodische Erfassung und Transfer von implizitem Erfahrungswissen

Story-Telling-One-Day
Eintägige Variante des Storytelling-Prozesses

Transfer Stories
Methodischer Transfer von implizitem Erfahrungswissen eines Experten

Wissensstafette
Methode zur Wissensbewahrung ausscheidender Experten

Wissensmeeting
Besprechung zur gezielten Entwicklung bzw. Transfer von Wissen

Lernsprint
Kollaboratives Lernen in kurzen, wiederholten Sequenzen

Aktionslernen
Erfahrungsorientierter Ansatz zur Entwicklung von Managementfähigkeiten

Organisationales Lernen entfalten

Organisationales Lernen entfalten

In diesem Kapitel finden sich Methoden, die der Kompetenzentwicklung einer Organisation dienen. Im Semantischen Raum bewegen wir uns rund um die Entitäten *Kompetenzen* und *Organisationen* in enger Verbindung mit der Entität *Wissensträger*, ohne die es keine Organisation gäbe.

Organisationen bauen ihre Kompetenzen auf und aus, indem ihre Wissensträger *Prozesse* betreiben und optimieren, *Beziehungen* pflegen und diese für ihr Lernen aus Erfahrungen nutzen. Sie strukturieren ihre *Wissensgebiete* samt zugehörigen *Wissensobjekten* und stellen deren *Relationen* untereinander und zu den Wissensträgern dar, um Transparenz über vorhandenes und benötigtes Wissen zu erlangen.

Dieses Gebiet des SRWM umfasst eine Methode für Wissenstransparenz (Wissensentwicklungskarten) und eine breite Methodenauswahl zur Wissens- und Erfahrungssicherung (Manöverkritiksitzung, 2-5-1 Storytelling, Befragung, Lessons Learned Prozess, Storytelling, Storytelling-Prozess, Story-Telling-One-Day, Transfer Stories, Wissensstafette). Hier ist der Übergang zu den Methoden, die nicht nur der Wissenssicherung, sondern auch der Wissens- und Kompetenzentwicklung dienen (Wissensmeeting, Lernsprint, Aktionslernen). Diese Methodenauswahl kann genutzt werden, um den Weg einer Organisation in Richtung organisationales Lernen zu begleiten (siehe Abbildung 19).

Abbildung 19: Methodenübersicht zweiter Cluster

Aus dieser Schwerpunktsetzung ergibt sich eine Konzentration auf die Werkzeug-Kategorien *kommunizieren, zusammenarbeiten, teilen* und *visualisieren.*

Methoden-Name	Werkzeug-Kategorien											
	nw	ko	zu	su	vi	ku	bf	sp	le	vt	vö	te
2-5-1 Story Telling	✓	✓						✓				✓
Aktionslernen	✓	✓		✓	✓							✓
Befragung	✓	✓		✓	✓					✓		✓
Lernsprint	✓	✓	✓	✓				✓	✓	✓	✓	✓
Lessons Learned Prozess	✓							✓	✓	✓	✓	✓
Manöverkritiksitzung	✓	✓							✓	✓		✓
Story-Telling-One-Day	✓	✓		✓	✓					✓		✓
Storytelling	✓	✓		✓								✓
Storytelling-Prozess	✓	✓		✓						✓		
Transfer Stories	✓	✓		✓				✓	✓	✓	✓	✓
Wissensentwicklungskarten	✓	✓	✓	✓								
Wissensmeeting	✓	✓		✓						✓		
Wissensstafette	✓	✓		✓	✓							✓

Abbildung 20: Werkzeug-Kategorien für den zweiten Methoden-Cluster

Für die Entfaltung organisationalen Lernens benötigen Wissensträger Werkzeuge, um über Zeit und Raum hinweg gut miteinander kommunizieren und effizient zusammenarbeiten zu können. Visualisierungswerkzeuge unterstützen sie bei der Analyse und Repräsentation der benötigten Daten und Informationen.

Wissensentwicklungskarten

Wissensentwicklungskarten beschreiben, welches Wissen und welche Kompetenzen nötig sind, um die Geschäftsprozesse einer Organisation gemäß den definierten Qualitätskriterien zu betreiben und zu optimieren.

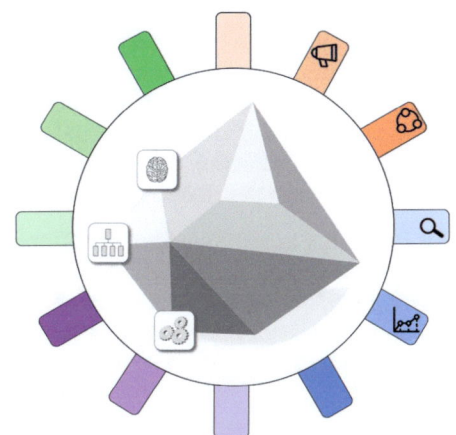

Daher befindet sich diese Methode im Semantischen Raum zwischen *Organisationen*, *Prozesse* und *Kompetenzen*.

Für die Digitalisierung der Methode können Werkzeuge aus den Kategorien *kommunizieren*, *suchen*, *visualisieren* und *zusammenarbeiten* zum Einsatz kommen.

Die Methode

Wissensentwicklungskarten (Synonym: Kompetenzlandkarten) enthalten nicht das Anwendungswissen selbst wie die Wissensanwendungskarten (siehe Seite 357). Sie beschreiben vielmehr, welches Wissen und welche Kompetenzen erforderlich sind, um die Geschäftsprozesse der betreffenden Organisation optimal zu betreiben. Damit stellen sie eine optimale Ergänzung zu den Wissensanwendungskarten dar.

Ziel und Nutzen

Ziel von Wissensentwicklungskarten ist es, die Identifikation von Wissenslücken zu erleichtern und zu schließen. Die Erreichung von operativen Wissenszielen wird dadurch unterstützt.

Anwendung

Die Anwendung der Methode erfolgt in vier Schritten:

1. Erstellung

Bei der Erstellung von Wissensentwicklungskarten ist der Schulterschluss zwischen den Experten der jeweiligen Wissensgebiete und der Personalentwicklung unerlässlich. Die Fachexperten listen auf, was jemand wissen und können muss, um bestimmte Aufgabenstellungen in den Wissensgebieten erfolgreich zu bewältigen. Die Personalentwickler übersetzen diese Listen in einen Anforderungskatalog von Kompetenzen, die meist noch in Kompetenzstufen (z.B. Kenner, Könner, Experte) gegliedert sind.

In der Praxis hat es sich bewährt, die Kompetenzen entlang der Stellen mit ihren spezifischen Aufgabengebieten zu erarbeiten. Der sich daraus ergebende Kompetenzkatalog kann dann sowohl Stellen- als auch Wissensgebietspezifisch durchsucht und visualisiert werden. In Abbildung 21 ist ein Erarbeitungsschema für Kompetenzen inklusive Soll-Profil für die betrachtete Stelle skizziert.

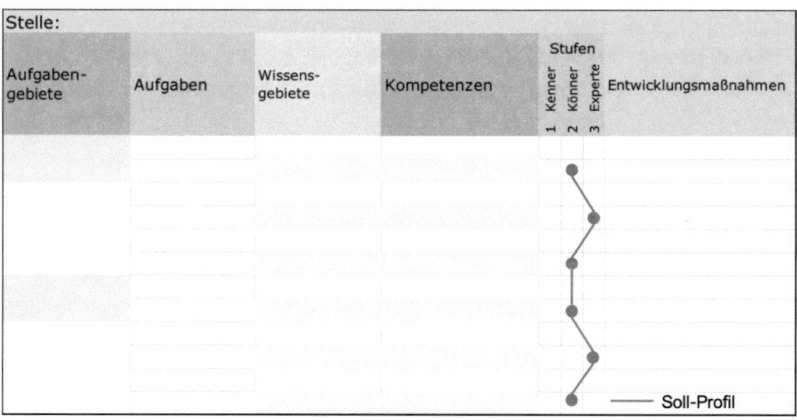

Abbildung 21: Erarbeitungsschema für Kompetenzen

Je Stelle listen die Personalentwickler zunächst die Aufgabengebiete (z.B. aus den Stellenbeschreibungen) auf. Danach werden die Aufgabengebiete in die drei bis fünf wichtigsten Aufgaben zerlegt.

Gemeinsam mit den Fachexperten und den für die Stelle verantwortlichen Führungskräften wird erarbeitet, welches Wissen aus welchen Wissensgebieten und welche Kompetenzen erforderlich sind, um die Aufgabe entsprechend den Qualitätskriterien der Organisation zu erledigen. Führungskräfte und Fachexperten einigen sich je Kompetenz, in welcher Tiefe (Kompetenzstufe) die Kompetenz ausgeprägt sein soll, um die Aufgabe optimal erfüllen zu können. Aus diesen Einschätzungen ergibt sich das Soll-Profil je Stelle.

Organisationales Lernen entfalten

Falls es bereits Standard-Entwicklungsmaßnahmen für bestimmte Kompetenzen gibt, werden diese hinzugefügt.

Für diesen Schritt kommen Werkzeuge aus den Kategorien *kommunizieren* oder *zusammenarbeiten* für die Erarbeitung der Kompetenzen bzw. *suchen* für das Auffinden bereits vorhandener Kompetenzbeschreibungen in Frage.

2. Anwendung auf der individuellen Ebene

Die Führungskräfte verwenden den jeweils für ihre Organisationseinheit relevanten Ausschnitt aus dem Kompetenzkatalog im wissensorientierten Mitarbeitergespräch (siehe Seite 109). Sie nutzen die spezifischen Wissensentwicklungskarten für die Einschätzung des aktuellen Entwicklungsstands ihrer Mitarbeiter und als Grundlage für die Vereinbarung von individuellen Entwicklungsmaßnahmen. In Abbildung 22 ist ein schematisches Beispiel für eine visualisierte Wissensentwicklungskarte eines Mitarbeiters dargestellt. Diese Art der Darstellung ist auch unter dem Begriff „Kompetenzrad" bekannt.

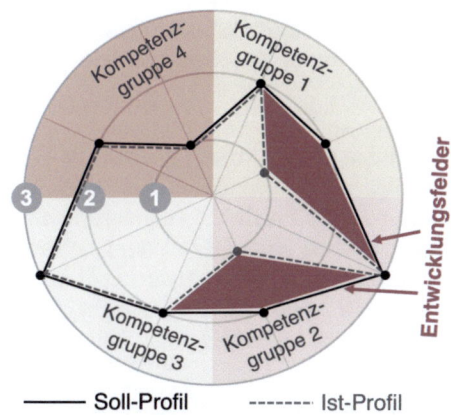

Abbildung 22: Visualisierte Wissensentwicklungskarte

Dieser Schritt kann durch Werkzeuge aus den Kategorien *kommunizieren* oder *zusammenarbeiten* für die Abstimmung zwischen Führungskraft und Mitarbeiter sowie *visualisieren* für die grafische Darstellung unterstützt werden.

3. Anwendung auf der organisationalen Ebene

Auf der organisationalen Ebene führen die Personalentwickler die Ist-Profile aller Mitarbeiter zusammen und vergleichen sie mit den Soll-Profilen je Wissensgebiet oder Kompetenzgruppe. Auf diese Art und Weise können sie

Wissenslücken in der Organisation erkennen und geeignete Entwicklungs-maßnahmen auf organisationaler Ebene (siehe Entwicklungsfelder in Abbildung 22) vorschlagen.

Durch diese Analyse können sie auch feststellen, für welche Wissensgebiete es nur wenige Wissensträger gibt. Falls alle Wissensträger für strategisch wichtige Wissensgebiete ausfallen, stellt dies ein hohes Wissensrisiko für die Organisation dar. Sie werden in diesen Fällen dafür sorgen, dass der Wissenstransfer forciert wird, um das Risiko zu minimieren.

Eine weitere Anwendungsmöglichkeit ist, für spezielle Aufgaben (z.B. Projekt) in der Organisation geeignete Mitarbeiter auf Basis ihrer Ist-Profile zu finden. Die Projektverantwortlichen definieren ein Soll-Profil für ihr Projekt und übergeben es den Personalentwicklern. Diese vergleichen es mit den Ist-Profilen der Mitarbeiter und schlagen geeignete Projektmitarbeiter vor. Beide dargestellten Anwendungsmöglichkeiten benötigen Technikunterstützung für den Vergleichsprozess.

Es können hier dieselben Werkzeuge aus den Kategorien *kommunizieren* oder *zusammenarbeiten* zum Einsatz kommen und eine spezialisierte Software für Kompetenzmanagement, um Profilvergleiche durchzuführen.

4. Anpassung

In regelmäßigen Abständen (z.B. jährlich) werden die Wissensentwick-lungskarten (Soll-Profile) auf ihre Aktualität hin überprüft und ggfs. überarbeitet. Die Überprüfung der Ist-Profile ist Gegenstand der wissensorientierten Mitarbeitergespräche (siehe Seite 109). Wenn sich an der Geschäftstätigkeit der Organisation grundlegend etwas ändert (z.B. neue Märkte oder Produkte), ist dies ebenfalls ein Anlass für die Überarbeitung der Wissensentwicklungskarten, um Wissenslücken zielgenau und rasch schließen zu können.

Es kommen dieselben Werkzeuge zum Einsatz wie in den vorangegangenen Schritten.

Stufenweise Digitalisierung

Stufe 0: Die Methode kommt weitgehend ohne Technikunterstützung aus. Der Kompetenzkatalog kann mit Hilfe eines Tabellenkalkulations-programms erstellt werden, um die Handhabung von großen Kompetenzlisten zu erleichtern.

Stufe 1: Wissensentwicklungskarten können mit Hilfe eines Werkzeugs der Kategorie *kommunizieren* (z.B. Videokonferenz) erstellt werden. Ebenso kann ihre Anwendung damit unterstützt werden.

Stufe 2: Ein Werkzeug der Kategorie *suchen* erleichtert das Auffinden der passenden Kompetenzen für die betreffende Stelle oder für das Wissensgebiet.

Stufe 3: Für die Darstellung der Entwicklungsfelder kommt ein Werkzeug der Kategorie *visualisieren* zum Einsatz.

Stufe 4: Die Methode kann vollständig digitalisiert werden, indem ein Werkzeug der Kategorie *zusammenarbeiten* für die Erstellung und Anwendung genutzt wird. Der Kompetenzkatalog selbst wird mit Hilfe einer spezialisierten Software für Kompetenzmanagement erstellt und gepflegt. Für alle Vergleichsprozesse wird in größeren Organisationen dieses IT-Werkzeug ebenfalls benötigt.

Grenzen/Risiken und Anwendungskompetenzen

Die erste Hürde stellt die unumgängliche Zusammenarbeit zwischen den Experten der Wissensgebiete und der Personalentwicklung bei der Erarbeitung der Kompetenzen dar. Nur wenn der Nutzen von Wissensentwicklungskarten für beide Seiten offensichtlich ist, wird die Entwicklungsarbeit gelingen. Darüber hinaus benötigen alle Beteiligten ein gemeinsames Verständnis für die Sache, damit das Ringen um passgenaue Kompetenzbeschreibungen und Soll-Profile je Stelle von Erfolg gekrönt wird.

Beim Abgleich des Ist-Profils eines Mitarbeiters mit dem Soll-Profil der Stelle kann es zwischen Führungskraft und Mitarbeiter zu Meinungsverschiedenheiten kommen. Wenn in der Organisation im Vorfeld kein entsprechendes Regelwerk vereinbart wurde, kann dies zu großen Irritationen mit Produktivitätseinbußen führen.

Die organisationsweite Auswertung von Wissensentwicklungskarten muss unter sorgfältiger Beachtung des Schutzes personenbezogener Daten erfolgen. Auch hier gilt es, das vorhandene Regelwerk strikt einzuhalten bzw., wenn nicht vorhanden, auf dessen Erarbeitung zu drängen.

Von allen am Entwicklungsprozess Beteiligten wird erwartet, dass sie mit der nötigen Unvoreingenommenheit und Offenheit für andere Sichtweisen ans Werk gehen. Der Prozessbegleiter benötigt neben der Methodenkenntnis gute Kommunikations- und Moderationsfertigkeiten. Er muss sprachlich gewandt sein, um konsensfähige Kompetenzbeschreibungen vorschlagen zu können.

Referenzen

Eppler, M. J. (2004). *Making Knowledge Visible through Knowledge Maps: Concepts, Elements, Cases.* In: Holsapple, C.W. (Hrsg.), Handbook on Knowledge Management, 1. International Handbooks on Information Systems, Band 1, Berlin/Heidelberg: Springer, S. 189-205.

Mittelmann, A. (2011). *Wissensentwicklungskarten.* In: Mittelmann, A., Werkzeugkasten Wissensmanagement, Norderstedt: Books on Demand, S. 66 - 67.

North, K.; Reinhardt, K.; Sieber-Suter, B. (2012). *Kompetenzlandkarte.* In: Kompetenzmanagement in der Praxis. Mitarbeiterkompetenzen systematisch identifizieren, nutzen und entwickeln, 2. Auflage, Wiesbaden: Springer Gabler, S 122-124.

Ott, G. (2015). *Nutzung von Wissenslandkarten zur Verwaltung von Wissenskapital in Unternehmen.* eBusinessLotse Dresden Arbeitspapier, https://tu-dresden.de/ing/maschinenwesen/cimtt/ressourcen/dateien/ebl_Broschuere_F euvrier_Wissenslandkarten_final.pdf?lang=de, Abruf: 31.05.2019.

Manöverkritiksitzung

Manöverkritiksitzungen sind kurze Teambesprechungen zur Reflexion von Arbeitsergebnissen. Erkenntnisse daraus können sofort in den diskutierten Arbeitsprozessen nutzbringend verwertet werden. Die Wissensbasis der Organisation wird ausgebaut.

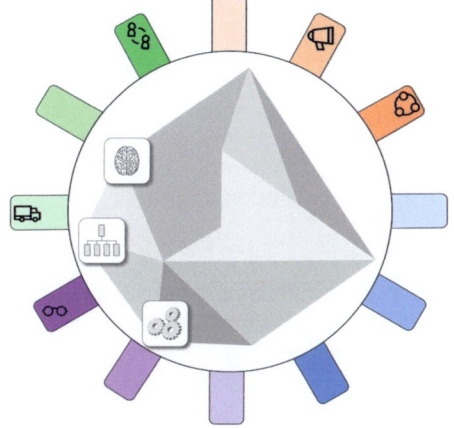

Diese Methode ist daher im Semantischen Raum zwischen *Organisationen*, *Prozesse* und *Kompetenzen* zu finden.

Für die Digitalisierung der Methode Manöverkritiksitzung können Werkzeuge aus den Kategorien *kommunizieren*, *teilen*, *verteilen*, *zusammenarbeiten* und *lernen* zum Einsatz kommen.

Die Methode

Eine Manöverkritiksitzung (englisch: After Action Review) ist eine kurze Teambesprechung (30 bis max. 90 Minuten) unmittelbar nach Abschluss einer Aufgabe oder nach einem kritischen Arbeitsschritt. Die Methode wurde vom amerikanischen Department of Defense in den 90er-Jahren des letzten Jahrhunderts entwickelt, um aus Einsätzen nachhaltig zu lernen. Sie soll immer dann durchgeführt werden, wenn es deutlich erkennbare positive und/oder negative Abweichungen vom geplanten Vorgehen gibt und wenn die Aufgabe mit hohen Kosten bzw. erheblichem Aufwand verbunden oder am kritischen Pfad ist.

Ziel und Nutzen

Ziel ist, unmittelbar aus Erfolgen und Fehlschlägen zu lernen und die Erkenntnisse sofort im weiteren Verlauf des Arbeitsprozesses nutzbringend einzusetzen. Das ermöglicht Anpassungen während des Ablaufs auf Basis der gemachten Erfahrungen, die Optimierung der Zusammenarbeit im Team und den Aufbau einer kollektiven, handlungsorientierten Wissensbasis.

Eine Manöverkritiksitzung benötigt wenig Zeit und bringt rasch Erfolge. Eine externe Unterstützung ist nicht erforderlich. Die Methode kann schnell erlernt und eingesetzt werden. Sie hat eine niedrige Einstiegsschwelle auch für Ungeübte.

Anwendung

Die Methodenanwendung erfordert die folgenden drei Schritte (siehe Standard-Ablauf in Abbildung 23):

1. Planung

Im Rahmen der Planung von Projekten, Workshops, Events und Initiativen werden Manöverkritiksitzungen als letzte Aktivität im Projektplan integriert. Bei längerfristigen Projekten und Initiativen werden sie unmittelbar vor Meilensteinen eingeplant. Alle Beteiligten erhalten im Vorfeld eine kurze Information, was eine Manöverkritiksitzung ist und was von ihnen während des Ablaufs erwartet wird.

Für die Verteilung der Information zu Zweck, Regeln und Ablauf einer Manöverkritiksitzung wird ein Werkzeug der Kategorie *verteilen* oder *zusammenarbeiten* eingesetzt.

2. Durchführung

Die Teilnehmer wählen zu Beginn aus ihrer Mitte einen Moderator, der dafür sorgt, dass alle Erfahrungen und Erkenntnisse zur Sprache kommen. Er soll nicht selbst Antworten geben, sondern den Teilnehmern helfen, Antworten zu finden. Zur Unterstützung des Moderators wählen sie einen Dokumentator, der die Kernaussagen der Teilnehmer während der Besprechung mitnotiert.

Manöverkritiksitzungen gelingen am besten, wenn sie in einer Atmosphäre der Offenheit, gegenseitiger Wertschätzung und Lernbereitschaft aller Beteiligten abgehalten werden. Dienstalter und Hierarchie müssen während dieser Besprechungen außer Kraft gesetzt werden. In Manöverkritiksitzungen passieren Lernvorgänge. Hier haben Kritik und Leistungsüberprüfungen keinen Platz. Der Moderator weist, wenn nötig, auf diese Regeln hin.

Nun werden die vier Kernfragen einer Manöverkritiksitzung der Reihe nach diskutiert:

1. Was hätte passieren sollen? (Erwartungen)
Der Moderator zeigt zum Einstieg den Projekt- oder Aktivitätenplan. Die Antworten zu dieser Frage sollte eine kurze Wiederholung sein, was die

Ziele und erwarteten Ergebnisse waren. An den Antworten der Teilnehmer zeigt sich, ob alle verstanden haben, was damals hätte getan werden sollen.

2. Was ist wirklich passiert? (Wahrnehmung)
Die Teilnehmer sammeln alle Fakten (nicht Meinungen!), was tatsächlich passiert ist. Der Moderator bittet jeden, alle zur Sprache kommenden Fakten mit persönlichen Beobachtungen zu verknüpfen. Er muss auch darauf achten, dass Lernpunkte oder Probleme und nicht Schuldige gefunden werden.

3. Warum gab es Abweichungen (Soll-Ist-Vergleich)?
Die Teilnehmer diskutieren die Abweichungen und einigen sich auf deren Gründe. Sie identifizieren die Faktoren, die zu den Erfolgen oder Defiziten beigetragen haben.

4. Was können wir daraus lernen? (Veränderung)
Die Teilnehmer sammeln konkrete Ideen, was sie beim nächsten Mal wieder so oder anders machen könnten.

Werkzeuge aus den Kategorien *kommunizieren* oder *zusammenarbeiten* können für diesen Schritt zum Einsatz kommen.

3. Maßnahmendefinition

Die Teilnehmer erarbeiten aus den Veränderungsideen einen kurzen Maßnahmenplan. Die Maßnahmen werden so spezifisch definiert, dass sie sofort umsetzbar sind. Der Dokumentator hält auf dem Flipchart die wichtigsten Punkte fest, was geplant war und was tatsächlich passiert ist, sowie die abgeleiteten Maßnahmen. Dies erleichtert das Teilen der Lernerfahrungen im Team und bildet die Basis für weitergehende Lerninitiativen in der Organisation.

Für die Erarbeitung des Maßnahmenplans ist ein Werkzeug der Kategorie *kommunizieren* oder *zusammenarbeiten* geeignet. Die Verteilung der Lernerfahrungen im Team erfolgt mit einem Werkzeug der Kategorie *teilen*, für die organisationsweite mit einem der Kategorie *verteilen*. Falls bestimmte Inhalte zu E-Learning-Einheiten weiterverarbeitet werden sollen, kommt ein Werkzeug der Kategorie *lernen* zum Einsatz.

Die Methode entfaltet ihre Wirksamkeit und ihren Nutzen für das organisationale Lernen erst dann, wenn sie regelmäßig angewandt wird. Es ist daher ratsam, kurze Manöverkritiksitzungen in den Arbeitsalltag der Organisation zu integrieren.

Im Folgenden werden zwei weitere Varianten (siehe Abbildung 23) beschrieben, die in den angegebenen Fällen nützlich sind.

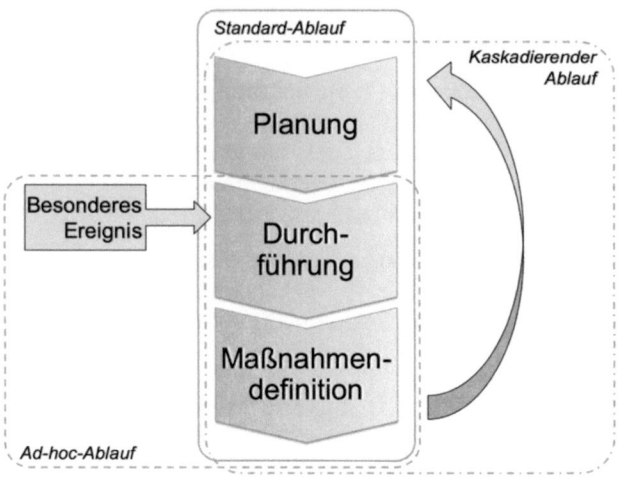

Abbildung 23: Varianten von Manöverkritiksitzungen

Ad-hoc Manöverkritiksitzungen

Bei besonderen Ereignissen während des Arbeitsablaufs können Manöver-kritiksitzungen auch spontan eingesetzt werden. Sofort nach einem kriti-schen Arbeitsschritt oder Ereignis versammeln sich alle Beteiligten an einem Ort in unmittelbarer Nähe der Arbeitsstätte, wo sie ungestört ihre Teamsit-zung abhalten können. Ihre Erinnerungen sind noch frisch und das Gelernte kann unmittelbar danach umgesetzt werden.

Wenn sehr wenig Zeit zur Verfügung steht und das Team mit der Methode bereits vertraut ist, kann auf eine ausführliche Analyse verzichtet werden. Es genügt, mit den folgenden drei Fragen zu arbeiten:

1. Was hat gut funktioniert und warum?

2. Was hat nicht funktioniert?

3. Was kann verbessert werden und wie?

Auf einen schriftlichen Maßnahmenplan wird verzichtet. Es werden nur die Verantwortlichen für die gefundenen Anpassungen festgelegt.

Ein Werkzeug aus der Kategorie *kommunizieren* kann hier zum Einsatz kommen, wenn es sich um ein virtuell zusammenarbeitendes Team handelt.

Organisationales Lernen entfalten

Kaskadierende Manöverkritiksitzungen

Für große Projekte mit vielen Teammitgliedern oder geografisch verteilten Teams können kaskadierende Manöverkritiksitzungen eingesetzt werden. Zuerst werden in jedem der kleineren Teams Manöverkritiksitzungen durchgeführt. Anschließend kommen Repräsentanten aus jedem Team zu einer weiteren Manöverkritiksitzung zusammen, um die Ergebnisse aus der vorangegangenen Runde zusammenzuführen. Damit dies leichter gelingt, sollten in allen Manöverkritiksitzungen die gleichen Hilfsmittel (Flipchart, Kärtchen, Mitschrift in einem Textverarbeitungssystem etc.) verwendet werden.

Die Repräsentanten müssen Entscheidungsbefugnis besitzen, damit die vereinbarten Verbesserungen auch umgesetzt werden. Diese Vorgangsweise ist zwar zeitintensiv, stellt aber sicher, dass die Teilnehmeranzahl in einem vernünftigen Rahmen gehalten werden kann und Projektlernen über alle Teams hinweg aufgebaut wird.

Auch in diesem Fall kann ein Werkzeug aus der Kategorie *kommunizieren* verwendet werden. Falls Ergebnisse verteilt werden sollen, können Werkzeuge der Kategorie *teilen* (im Team) oder *verteilen* (organisationsweit) eingesetzt werden.

Stufenweise Digitalisierung

Stufe 0: Für eine Manöverkritiksitzung ist es völlig ausreichend, wenn der Dokumentator auf Flipchart mitnotiert. Ev. ist eine Mitschrift in einem Textverarbeitungssystem effizienter, wenn die Ergebnisse unmittelbar nach Beendigung des Meetings zur Verfügung stehen sollen.

Stufe 1: Manöverkritiksitzungen können mit Hilfe eines Werkzeugs der Kategorie *kommunizieren* (z.B. Videokonferenz) durchgeführt werden.

Stufe 2: Ergänzend kann im dritten Schritt für die Dokumentation der Ergebnisse ein Werkzeug der Kategorie *teilen* oder *verteilen* verwendet werden.

Stufe 3: Es kommt durchgängig ein Werkzeug der Kategorie *zusammenarbeiten* zum Einsatz anstatt je eines aus den Kategorien kommunizieren teilen und verteilen.

Stufe 4: Alle Schritte laufen Werkzeug-unterstützt ab. Sollen Lerninhalte aus Manöverkritiksitzungen organisationsweit verbreitet werden, wird ein Werkzeug der Kategorien *lernen* für die Entwicklung von passenden E-Learning-Einheiten eingesetzt.

Grenzen/Risiken und Anwendungskompetenzen

Manöverkritiksitzungen nehmen tendenziell nur wenig Zeit in Anspruch. Wenn im Vorfeld gar keine oder zu wenig Zeitressourcen (weniger als 30 Minuten) eingeplant wurden, werden sie nicht durchgeführt werden können oder wenig ergiebig sein. Falls viel Zeit zwischen dem Ereignis oder Meilenstein und der Durchführung der Manöverkritiksitzung vergangen ist, können die Ergebnisse kaum noch für unmittelbare Verbesserungen genutzt werden.

Wie bei jeder Zusammenkunft von Personen, die eine bestimmte Zielsetzung verfolgen, sind auch bei Manöverkritiksitzungen die Regeln guter Gespräche einzuhalten (z.B. gegenseitige Wertschätzung, einander zuhören, Unterschiede ergründen statt ablehnen, jeden zu Wort kommen lassen). Für einen ungeübten Moderator kann dies bereits eine große Herausforderung sein, besonders wenn es sich um eine große Gruppe von Teilnehmern handelt. Für die Behandlung eines heiklen Themas ist der Einsatz einer externen Begleitung ratsam. Besonders wichtig in Manöverkritiksitzungen ist, den Einfluss von Hierarchie einzuschränken, nur das Wichtigste zu diskutieren und auf unnötige Details strikt zu verzichten. Ein großes Risiko stellt der Missbrauch von Manöverkritiksitzungen für Leistungsüberprüfung sowie Lob oder Tadel für einzelne Teilnehmer dar. Manöverkritiksitzungen können unter solchen Vorzeichen nicht mehr eingesetzt werden.

Der Fokus bei Manöverkritiksitzungen liegt auf dem gemeinsamen Verständnis, was passiert ist und welche Abweichungen erkennbar sind, um daraus zu lernen. Nur wenn nötig, wird ein Aktionsplan erstellt. Hier besteht die Hürde darin, dass er kurz und einfach ist, ohne eindeutige Verantwortlichkeiten und Erledigungszeitpunkt auszulassen. Damit die vereinbarten Änderungen auch tatsächlich erfolgen, müssen die Schlüsselpersonen für die Umsetzung der Verbesserungsmaßnahmen involviert sein.

Von allen Beteiligten wird Offenheit und Ehrlichkeit erwartet. Der gewählte Moderator sollte möglichst über gute Kommunikations- und Moderationsfertigkeiten verfügen. Der Dokumentator sollte in der Lage sein, während der Sitzung das Wichtigste allgemein verständlich kurz zusammenzufassen.

Referenzen

Collison, C. (2005). *Knowledge Management - Learning Whilst Doing - Facilitating an After Action Review*. Ezine @rticles, http://ezinearticles.com/?Knowledge-Management---Learning-Whilst-Doing---Facilitating-an-After-Action-Review&id=12447, Abruf: 15.03.2019.

Humpl, B. (2004). *After Action Review*. In: B. Humpl, Transfer von Erfahrungen - Ein Beitrag zur Leistungssteigerung in projektorientierten Organisationen, 1. Auflage, Wiesbaden: Deutscher Universitäts-Verlag, S. 178.

Mittelmann, A. (2011). *Manöverkritiksitzung*. In: A. Mittelmann, Werkzeugkasten Wissensmanagement, Norderstedt: Books on Demand, S. 68-70.

Mullerbeck, E. (2015). *After Action Review*. UNICEF KE Toolbox, https://www.unicef.org/knowledge-exchange/files/After_Action_Review_production.pdf, Abruf: 13.03.2019.

2-5-1 Storytelling

2-5-1 Storytelling sind kurze Teambesprechungen zur Reflexion unmittelbar davor abgeschlossener Aktivitäten. Daraus resultierende Erkenntnisse werden danach sofort umgesetzt. Die Wissensbasis des Teams wird ausgebaut.

Diese Methode ist daher im Semantischen Raum zwischen *Organisationen*, *Prozesse* und *Kompetenzen* zu finden.

Für die Digitalisierung der Methode können Werkzeuge aus den Kategorien *kommunizieren*, *teilen*, *zusammenarbeiten* und *lernen* zum Einsatz kommen.

Die Methode

2-5-1 Storytelling wurde von Lt Col Karuna Ramanathan und seinem Team beim Militär von Singapur entwickelt. Ramanathan führte diese standardisierte Form einer Manöverkritiksitzung (siehe Seite 125) ein, um der Zurückhaltung des Militärpersonals in den Besprechungen entgegenzuwirken. Für die Anwendung der Methode benötigt man nur seine beiden Hände, die der Methode ihren Namen (2 Hände, 5 Finger, 1 Daumen) und ihre Struktur (siehe Abbildung 24) geben.

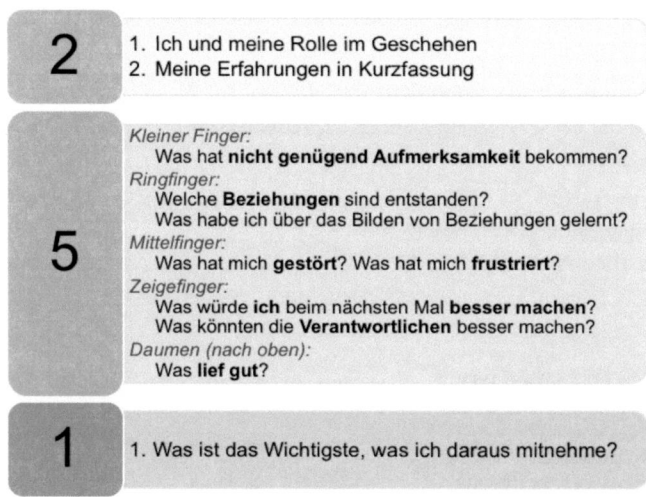

Abbildung 24: 2-5-1 Storytelling Struktur

Ziel und Nutzen

Ziel dieser Methode ist es, unmittelbar aus Erfolgen und Fehlschlägen zu lernen und die Erkenntnisse anschließend sofort nutzbringend einzusetzen. Das ermöglicht Kurskorrekturen während des Ablaufs auf Basis des Gelernten, die Optimierung der Zusammenarbeit im Team und den Aufbau einer kollektiven, handlungsorientierten Wissensbasis.

2-5-1 Storytelling erleichtert das Kommunizieren von Erfahrungswissen unabhängig von Rang und Dienstalter. Es benötigt wenig Zeit, kann schnell erlernt und eingesetzt werden. Sie hat eine sehr niedrige Einstiegsschwelle auch für Ungeübte.

Anwendung

Zu Beginn der Teambesprechung wird auf die wichtigste Grundregel, dass alle Teilnehmer gleichwertig sind, hingewiesen. Die Teilnehmer verwenden nun reihum ihre Hände, während sie zu den vorgegebenen Punkten (siehe Abbildung 24) berichten. Die linke Hand zeigt den jeweiligen Abschnitt und die rechte den Unterpunkt.

Stufenweise Digitalisierung

Stufe 1: 2-5-1 Storytelling kann mit Hilfe eines Werkzeugs der Kategorie *kommunizieren* (z.B. Videokonferenz) durchgeführt werden, falls ein physisches Treffen nicht möglich ist.

Stufe 2: Ergänzend kann für die Dokumentation der Ergebnisse ein Werkzeug der Kategorie *teilen* verwendet werden.

Stufe 3: Es kommt durchgängig ein Werkzeug der Kategorie *zusammenarbeiten* zum Einsatz anstatt je eines aus den Kategorien kommunizieren und teilen.

Stufe 4: Sollen Lerninhalte aus den Ergebnissen von 2-5-1 Storytelling organisationsweit verwendet werden, wird ein Werkzeug der Kategorien *lernen* für die Entwicklung von passenden E-Learning-Einheiten eingesetzt.

Beispiel

Ein mittelständiges IT-Unternehmen setzt die Methode für ein schnelles Projekt Debriefing am Ende eines jeden Projekts ein. Alle Mitarbeiter sind in der Anwendung der Methode mit Hilfe einer kurzen E-Learning-Einheit geschult. Das organisationsweit benutzte Fragenschema für die Methodenanwendung hängt in jedem Projekt-Besprechungsraum. Zu Beginn der Anwendung wählen die Projektmitarbeiter eine Person aus ihrer Mitte, die die Moderation übernimmt. Anschließend steht reihum jeder auf und beantwortet die Fragen:

2 (Hände)

- Wer bist du und was war deine Rolle im Projekt
- Deine Erfahrungen als knappe Zusammenfassung

5 (Finger)

Kleiner Finger
Was wurde im Projekt (noch) nicht ausreichend berücksichtigt

Ringfinger
Welche Beziehungen und Zusammenhänge sind für das Projekt aus deiner
Sicht wichtig, was ist dir in diesem Zusammenhang wichtig

Mittelfinger
Was hat dir nicht gefallen nicht, was hat dich besonders frustriert

Zeigefinger
Was würdest du das nächste Mal besser oder anders machen, was würdest
du den Projektverantwortlichen raten, beim nächsten Mal zu berücksichtigen

Daumen
Was war richtig gut, was hat gut funktioniert, soll beibehalten werden

1 (Daumen hoch)
deine wichtigste Erfahrung, das wichtigste Ergebnis des Projekts

Nach jedem Kurzbericht entscheidet die Gruppe, was der Moderator davon
niederschreiben soll. Abschließend sichten sie die notierten Punkte und entscheiden, was damit geschehen soll und wer sich darum kümmert. Die konsequente Methodenanwendung hat dazu beigetragen, dass die Projekte einen
hohen Qualitätsstandard erreichten, der auch über die Jahre gehalten werden
konnte.

Grenzen/Risiken und Anwendungskompetenzen

Wenn es in der Gruppe, die die Methode anwenden soll, einen ungelösten
Konfliktfall gibt, werden die Konfliktparteien kaum bereit sein, ihre Erfahrungen und persönlichen Erlebnisse offen auszusprechen. Eine erfolgreiche Methodenanwendung kann erst dann gewährleistet werden, wenn der
Konflikt vor der Anwendung zufriedenstellend gelöst wird. Alternativ kann
die Anwendung in Teilgruppen erfolgen, in denen die Konfliktparteien getrennt voneinander mitarbeiten. In diesem Fall haben die Moderatoren die
Zusatzaufgabe, die Teilergebnisse zu einem Gesamtergebnis
zusammenzufassen.

Eine kritische Situation kann daraus entstehen, wenn der Moderator scheitert, ein sich hierarchisch verhaltendes Gruppenmitglied zum Einhalten der
Gleichheitsregel zu bringen. In diesem Fall besteht die Gefahr, dass einzelne
oder gar alle Gruppenmitglieder ihren Kurzbericht verweigern oder so ab-

schwächen, dass daraus kaum etwas Brauchbares gelernt werden kann. Der Moderator ist gut beraten, die Methodenanwendung abzubrechen.

Von den Methodenanwendern wird Offenheit, Reflexionsfähigkeit und die Bereitschaft, alle im Raum gleich zu behandeln, erwartet. Der Moderator benötigt gute Kommunikations- und Moderationsfertigkeiten. Darüber hinaus ist Erfahrung in der Anwendung der Methode von Vorteil.

Referenzen

Mittelmann, A. (2011). *Variante 2-5-1 Storytelling*. In: Mittelmann, A., Werkzeugkasten Wissensmanagement, Norderstedt: Books on Demand, S. 70.

Pape, K. (2009). *Project Review: 2-5-1 Ein Fünf-Finger-Framework fürs Storytelling*. Corporate Learning Blogpost vom 19. Dezember 2009, https://khpape.blog/wordpress/project-review-2-5-1-ein-funf-finger-framework-furs-storytelling/, Abruf: 04.06.2019.

Ramanathan, K. (2009). *2-5-1 Storytelling*. https://swanthinks.wordpress.com/2009/11/23/2-5-1-storytelling/, Abruf: 04.06.2019.

Swanwick, R. (2009). *2-5-1 Storytelling*. Future Business Blogpost vom 23. November 2009, https://swanthinks.wordpress.com/2009/11/23/2-5-1-storytelling/, Abruf: 04.06.2019.

Befragung

Die Befragung ist Grundlage einiger Wissenssicherungsmethoden und auch anderer Methoden, in denen es u.a. um das Einholen von Informationen geht. Wissensträger werden zu ihrem Wissen und ihren Erfahrungen in den Arbeitsprozessen und ihren Wissensgebieten befragt.

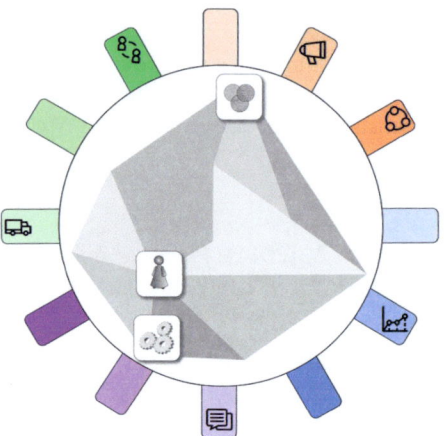

Im Semantischen Raum befindet sich daher diese Methode zwischen *Wissensträger*, *Prozesse* und *Wissensgebiete*.

Für die Digitalisierung der Methode können Werkzeuge aus den Kategorien *kommunizieren, verteilen, teilen, zusammenarbeiten, visualisieren* und *befragen* zum Einsatz kommen.

Die Methode

Die Befragung ist eine sozialwissenschaftliche Methode, bei der Informationen von Einzelpersonen oder Gruppen von Personen durch gezielte Fragen oder andere Stimuli (z.B. Bilder) eingeholt werden. Mündliche Befragungen werden meist als Interviews bezeichnet. Diese können mit Hilfe von vorbereiteten Fragebögen durchgeführt werden (= strukturierte Interviews) oder ganz offen (= narrative Interviews) gestaltet oder aus einem strukturierten und einem offenen Befragungsteil (= halbstrukturierte Befragung) zusammengesetzt sein. Narrative Interviews sind integrativer Teil der Methode Storytelling-Prozess (siehe Seite 159).

Ziel und Nutzen

Aus der Perspektive des Wissensmanagements ist das Ziel dieser Methode, implizite Wissensanteile auf einem bestimmten Gebiet und zu besonders interessanten Ereignissen oder Erlebnissen durch gezielte Fragen an Wissensträger zu erschließen.

Anwendung

Eine Befragung umfasst die folgenden drei Phasen:

1. Vorbereitungsphase

In dieser Phase wird vom Auftraggeber oder Initiator die Zielsetzung festgelegt und davon abhängig die Zielgruppe(n) ausgewählt. Darauf aufbauend, kann der Durchführende mit der Gestaltung der Befragung (siehe Abbildung 25) beginnen. Der Themenbereich und dessen Strukturierung in Teilbereiche wird festgelegt. Für eine strukturierte Befragung wird die Reihenfolge der einzelnen Teilbereiche festgelegt. Erfahrungsgemäß stellt man interessante, aber unkritische Fragen (Eisbrecherfragen) zu Beginn, komplizierte Fragen im mittleren Drittel und einfache Fragen (z.B. Angaben zur Person) am Ende der Befragung. Die Form der Befragung sollte dem Umfang und Zweck angepasst werden, wobei zwischen schriftlicher oder mündlicher/telefonischer Befragung und jeweils anonymem bzw. offenem Vorgehen gewählt werden kann.

Hinsichtlich der Gestaltung der Fragebögen ist die Art der Fragestellung (direkte oder indirekte Befragung), die Art der Fragen (offene oder geschlossene) sowie Umfang und Art der Standardisierung des Fragenkatalogs von Bedeutung. Bei der Formulierung der Fragen ist darauf zu achten, dass die Fragen möglichst exakt, konkret und eindeutig formuliert werden. Doppelte Verneinungen und Suggestivfragen sind zu vermeiden. Darüber hinaus berücksichtigt man das Bildungsniveau und die intellektuellen Fähigkeiten der Zielgruppe.

Abbildung 25: Gestaltungselemente einer Befragung

Eine Testbefragung von mehreren Freiwilligen aus der Zielgruppe ist empfehlenswert, um miss- oder unverständliche Formulierungen identifizieren und bereinigen zu können. Je nach Zielsetzung kann für eine qualitativ hochwertige Wissenserschließung eine größere Gruppe von Personen erforderlich sein. In diesem Fall wird eine Informationskampagne gestartet, die den Sinn und Zweck der geplanten Befragung erklärt und für hohe Beteiligung wirbt.

Für diese Phase kann ein Werkzeug aus der Kategorie *kommunizieren* oder *zusammenarbeiten* für die Abstimmung zwischen Auftraggeber und Durchführendem, für die Informationskampagne sowie für die Testbefragung verwendet werden. Falls die Befragung online erfolgen soll, wird bereits für den Probelauf der Befragung ein Werkzeug aus der Kategorie *befragen* eingesetzt. Die technische Umsetzung kann dabei mitgetestet werden, um den Befragten in der Durchführungsphase eine technisch einwandfreie Lösung zu bieten.

2. Durchführungsphase

Nun werden die Fragebögen verteilt bzw. wird die mündliche Befragung durchgeführt. Bei einer schriftlichen Befragung wird eine angemessene Zeitspanne für die Retournierung (z.B. drei Wochen) der ausgefüllten Fragebögen vorgegeben. Innerhalb des letzten Drittels des Befragungszeitraums schickt man ein Erinnerungsschreiben aus, um eine möglichst hohe Beteiligung zu erzielen. Wenn eine hohe Beteiligung aufgrund der Zielsetzung sehr wichtig ist, kann an die Teilnahme eine „Belohnung" (z.B. Preisausschreiben, Gratispräsent) geknüpft werden.

In dieser Phase kann ein Werkzeug aus der Kategorie *kommunizieren* oder *befragen* verwendet werden, je nachdem ob eine mündliche oder schriftliche Befragung gewählt wurde.

3. Nachbereitungsphase

In dieser Phase werden die Antworten aus den Fragebögen bzw. der mündlichen Befragung mit Hilfe statistischer Methoden ausgewertet. Die inhaltlichen Ergebnisse werden daran anschließend in Form einer Präsentation für die Auftraggeber und die Beteiligten aufbereitet. Wichtig ist, dass die Ergebnisse allen Beteiligten kommuniziert werden.

Im einfachsten Fall kann ein Tabellenkalkulationswerkzeug für die Auswertung und Visualisierung benutzt werden. Bei höherem Digitalisierungsgrad kommt ein Werkzeug aus der Kategorie *visualisieren* und/oder *befragen* zum Einsatz. Die Ergebnisse werden mit Hilfe eines Werkzeugs der Kategorie *kommunizieren* und *teilen* an die Befragten und die Auftraggeber weitergegeben. Falls gewünscht, kann eine komprimierte Fassung der Ergebnisse mit einem Werkzeug der Kategorie *verteilen* allen Interessierten zur Verfügung gestellt werden. Statt Werkzeugen aus den Kategorien kommunizieren, teilen und verteilen kann ein Werkzeug aus der Kategorie *zusammenarbeiten* eingesetzt werden.

Beispiel

Lessons-Learned-Gruppen-Interview

Die Zielsetzung für ein Lessons Learned Interview ist die Identifikation sowohl positiver als auch negativer Kernerfahrungen, die von den Beteiligten im Rahmen eines Projektes, der Lösung eines Problems oder bei der Bewältigung einer kritischen Situation gemacht wurden. Die Zielgruppe umfasst alle Personen, die daran beteiligt waren.

In der ersten Befragungsrunde, zu der alle Beteiligten eingeladen sind, werden gemeinsam jene Themengebiete identifiziert, wo besonders wichtige und viele Erfahrungen gemacht wurden. Der Leitfaden für die Aufarbeitung der einzelnen Themengebiete in den weiteren Interviewrunden folgt dem Schema:

Bitte beschreiben Sie die Rahmenbedingungen und Umstände des Themengebietes (Kontext), in der diese Erfahrungen gemacht wurden.

o   Was würden Sie wieder so machen bzw. ist Ihnen besonders gut gelungen?

o   Was würden Sie aus heutiger Sicht anders machen?

o   Was würden Sie unbedingt vermeiden bzw. hat Sie am Erfolg gehindert?

o   Welche Empfehlungen würden Sie jemandem geben, der eine vergleichbare Situation vorfindet?

Der Moderator schreibt die wichtigsten Aussagen inkl. einprägsamer Originalzitate der Teilnehmer auf Flipchart mit. Er erzeugt nach Abschluss der Befragungsrunden aus den Mitschriften ein Erfahrungsdokument in der obigen Struktur, das er allen Beteiligten zur Verfügung stellt.

Stufenweise Digitalisierung

Stufe 0: Eine Befragung kann mehr oder weniger ohne Technikunterstützung durchgeführt werden. Für die Erstellung des Fragebogens kann ein Textverarbeitungssystem zum Einsatz kommen, für die Auswertung der Antworten ein Tabellenkalkulationsprogramm.

Stufe 1: Die Vorbereitungs- und Durchführungsphase einer Befragung kann durch ein Werkzeug der Kategorie *kommunizieren* (Audio- oder Videokonferenzsystem) unterstützt werden. Die Veröffentlichung der Ergebnisse erfolgt mit Hilfe eines Werkzeugs der Kategorie *verteilen.*

Stufe 2: Zum Verteilen des Fragebogens an Personen der Zielgruppe kann ein Werkzeug der Kategorie *teilen* verwendet werden. Die Ergebnisse der Befragung werden mit Hilfe eines Werkzeugs der Kategorie *visualisieren* grafisch aufbereitet.

Stufe 3: Es kommt durchgängig ein Werkzeug der Kategorie *zusammenarbeiten* zum Einsatz anstatt je eines aus den Kategorien kommunizieren, verteilen und teilen.

Stufe 4: Der gesamte Prozess wird mit Hilfe eines Werkzeugs der Kategorie *befragen* durchgeführt. Für ausschließlich narrative Interviews sind die derzeit am Markt vorhandenen Werkzeuge dieser Kategorie ungeeignet.

Grenzen/Risiken und Anwendungskompetenzen

Um die Zielsetzung der Befragung zu erreichen, ist die Qualität des Fragebogens von besonderer Wichtigkeit. Neben den oben genannten Kriterien zur Gestaltung guter Fragebögen (Fragenablauf, Auswahl der Fragearten, Art der Fragestellung) spielt die Anpassung der Fragenformulierung an die Zielgruppe eine besondere Rolle. Wenn die Zielgruppe für die Befragung sehr heterogen zusammengesetzt ist, ist eine mündliche Befragung vorzuziehen. Hier kann der Durchführende bei Bedarf Fragen erläutern, wenn der Interviewpartner Schwierigkeiten mit dem Verstehen einzelner Fragen hat. Das birgt allerdings die Gefahr, dass der Befragte durch die Erklärungen ungewollt in seinem Antwortverhalten beeinflusst wird. Im Fall einer Online-Befragung wird der Interviewte unverständliche Fragen nicht beantworten oder per Zufallsprinzip Antwortoptionen auswählen.

Ein zufriedenstellendes Ergebnis einer Befragung ist stark abhängig nicht nur von der Qualität der Fragen, sondern auch von der Art und Weise, wie der Interviewer bei einer mündlichen Befragung auf den Gesprächspartner eingeht. Es muss ihm gelingen, eine Atmosphäre der Sicherheit und des Vertrauens zu schaffen, um möglichst umfassende und offene Antworten zu bekommen.

Der Durchführende benötigt Expertise sowohl für die Fragebogenerstellung als auch für die Interviewdurchführung im Fall einer mündlichen Befragung. Darüber hinaus muss er in der Lage sein, die Befragungsergebnisse statistisch und inhaltlich korrekt auszuwerten und in geeigneter Form zusammenzufassen. Dazu sind IT-Kenntnisse für die Benutzung der eingesetzten Werkzeuge von Nöten. Von den Befragten wird vor allem die Bereitschaft erwartet, alle Fragen offen und ehrlich zu beantworten. Sie dürfen sich auch nicht scheuen nachzufragen, wenn für sie eine Frage unklar ist. Eine offene Grundhaltung hilft den Auftraggebern, mit unerwarteten Befragungsergebnissen konstruktiv umzugehen und für die Organisation einen Nutzen daraus zu ziehen.

Referenzen

Gläser, J.; Laudel, G. (2004). *Experteninterviews und qualitative Inhaltsanalyse.* Wiesbaden: VS Verlag für Sozialwissenschaften.

Helfferich, C. (2014). *Leitfaden- und Experteninterviews.* In: Baur, N.; Blasius J. (Hrsg.), Handbuch Methoden der empirischen Sozialforschung. Wiesbaden: Springer VS.

Küsters, I. (2006). *Narrative Interviews. Grundlagen und Anwendungen.* 2. Auflage, Wiesbaden: VS Verlag für Sozialwissenschaften.

Mittelmann, A. (2011): *Befragung.* In: Werkzeugkasten Wissensmanagement, Norderstedt: Books on Demand, S. 71-73.

Scheuch, E. K. (1973). *Das Interview in der Sozialforschung.* In: König, R. (Hrsg.), Handbuch der empirischen Sozialforschung. Band 2, Grundlegende Methoden und Techniken der empirischen Sozialforschung. Erster Teil. Stuttgart: Enke.

Lessons Learned Prozess

Lessons Learned Prozesse (LLP) ermöglichen Organisationen, aus Erfolgen und Misserfolgen systematisch zu lernen und ihre Prozesse zu optimieren.

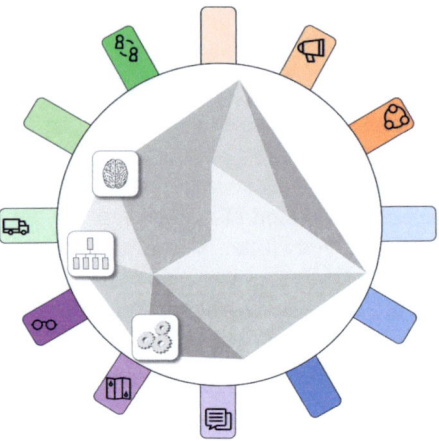

Diese Methode ist daher im Semantischen Raum zwischen *Organisationen*, *Prozesse* und *Kompetenzen* zu finden.

Für die Digitalisierung der Methode Lessons Learned Prozess können Werkzeuge aus den Kategorien *kommunizieren, zusammenarbeiten, befragen, lernen, spielen, verteilen* und *teilen* zum Einsatz kommen.

Die Methode

Ein Lessons Learned Prozess ist eine Lernschleife, durch die systematisch neue, erfolgsrelevante Erfahrungen sowohl von Einzelpersonen oder Teams als auch von der gesamten Organisation in ihre Handlungen integriert werden.

Das zyklische Vorgehen (siehe Abbildung 26) umfasst das *Identifizieren von* positiven als auch negativen *Erfahrungen*, das *Aufbereiten* der *Erfahrungen* (Lessons Learned), die von den Beteiligten im Rahmen eines Projektes, der Lösung eines Problems oder bei der Bewältigung einer kritischen Situation gemacht wurden. Danach erfolgt das *Setzen von* daraus abgeleiteten *Maßnahmen* und die nachhaltige *Integration des Gelernten* durch Verbesserung der damit verbundenen Prozesse oder Praktiken in der Organisation.

Ziel und Nutzen

Ziel dieser Methode ist, systematisch aus erfolgreichen und weniger erfolgreichen Vorgehensweisen bzw. Fehlern für die Zukunft zu lernen und diese Lehren nachhaltig in der Organisation zu verankern. Bei regelmäßiger Anwendung des LLP liegt der Nutzen nicht nur in der ständigen Verbesserung der Arbeitsprozesse, sondern auch in der Etablierung organisationalen Lernens auf allen Ebenen.

Abbildung 26: Lessons Learned Zyklus

Anwendung

Die vier zyklischen Schritte eines Lessons Learned Prozesses (siehe Abbildung 26) umfassen im Detail folgende Aktivitäten:

1. Identifizieren der Erfahrungen

Zunächst wählt das Management in der Organisation jenen Untersuchungsgegenstand (Projekt, Aktivität oder besonderes Ereignis) aus, wo es deutlich positive und/oder negative Abweichungen zwischen geplantem/erwartetem und tatsächlichem Vorgehen gab. Im nächsten Schritt werden die Hauptbeteiligten bzw. Schlüsselpersonen gemeinsam mit dem Management identifiziert. Der Untersuchungsgegenstand wird auf die wichtigsten Themen eingegrenzt, zu denen die Erfahrungen von möglichst vielen Beteiligten gesammelt werden sollen. Abschließend sucht man jene Erfassungsmethode bzw. jene Kombination von Methoden aus, die voraussichtlich die passende Ergebnisqualität bei vertretbarem Aufwand liefert (siehe Abbildung 27).

Als Erhebungsmethoden können strukturierte Einzel- oder Gruppeninterviews (siehe Seite 136), Storytelling-Prozess (siehe Seite 159), Transfer Stories (siehe Seite 176), Story-Telling-One-Day (siehe Seite 170), Critical Incident Technik (siehe Mittelmann 2011, S. 213-217) oder Manöverkritiksitzungen (siehe Seite 125) zum Einsatz kommen. Eine Einzelperson oder ein Team suchen dabei, mit oder ohne Unterstützung eines Moderators oder eines Leitfadens, Antwort auf die Frage zu finden, welche Lehren aus den vergangenen Ereignissen gezogen werden können, um die negativen Abweichungen zu vermeiden bzw. um die Erfolge zu wiederholen.

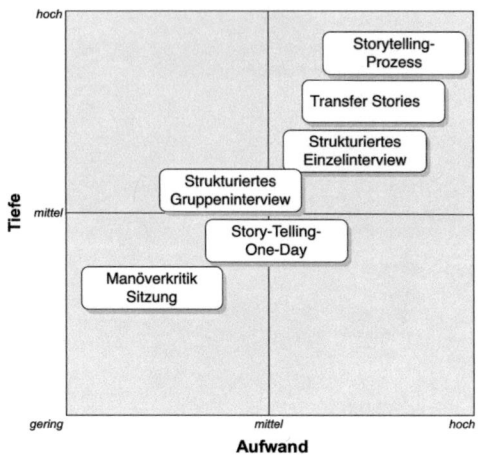

Abbildung 27: Aufwand vs. Tiefe der Erhebung

Für die Auswahl der Projekte, Aktivitäten oder besondere Ereignisse und alle Erhebungsmethoden mit Interviewcharakter kann ein Werkzeug der Kategorie *kommunizieren* zum Einsatz kommen. Im Fall eines strukturierten Einzel- oder Gruppeninterviews kann auch ein Werkzeug der Kategorie *befragen* benutzt werden.

2. Aufbereiten der Erfahrungen

Um die Nachvollziehbarkeit und Wiederverwendung dieser Erfahrungsberichte durch andere Personen in ähnlichen Situationen, die diese Erfahrungen nicht unmittelbar gemacht haben, zu fördern, empfiehlt es sich, dieser Grundstruktur zu folgen:

1. Gesamtsituation kurz beschreiben und Rahmenbedingungen, unter denen diese Erfahrungen gemacht wurden.

2. Je identifiziertem Kernthema beschreiben und begründen, was man in dieser Situation wieder so machen, unbedingt vermeiden bzw. keinesfalls mehr so machen und was man anders machen sollte.

3. Ev. allgemeine Empfehlungen hinzufügen, die nicht in das Schema unter Punkt 2 passen.

Diese Beschreibung sollte möglichst knapp gehalten werden, ohne auf die wesentlichsten Aussagen zu verzichten. Wenn der Kontext eine ausführlichere Beschreibung erfordert, sollte eine Zusammenfassung an den Anfang gestellt werden, die einen guten ersten Überblick über die gemachten Erfahrungen gibt.

Für die Erstellung der Erfahrungsberichte wird am besten ein Werkzeug der Kategorie *zusammenarbeiten* benutzt, das sowohl synchrones als auch asynchrones Bearbeiten unterstützt. Falls die Dokumente auch anderen Zielgruppen zugänglich gemacht werden sollen, kann ein Werkzeug der Kategorie *teilen* verwendet werden.

3. Maßnahmen setzen

In der Analyse dieser komprimierten Dokumentation durch das Management werden die darin enthaltenen Aussagen mit den Prozessen und Praktiken im Unternehmen in Beziehung gesetzt. Daraus ergeben sich Maßnahmen, bestimmte Prozesse oder Praktiken zukünftig auf eine ganz neue oder verbesserte Art und Weise zu handhaben. Im Idealfall können das auch Sofortmaßnahmen sein, um etwas ab sofort gar nicht mehr zu tun oder ein Problem unmittelbar zu lösen.

Für die Analyse der Dokumentation kann ein Werkzeug der Kategorie *zusammenarbeiten* oder *kommunizieren* zum Einsatz kommen je nach Intensität der Bearbeitung.

4. Gelerntes integrieren

Die Ergebnisse der gesetzten Maßnahmen werden nach einer angemessenen Zeitspanne auf ihre Wirksamkeit hin überprüft. Wenn sich die erwarteten positiven Auswirkungen in der Organisation einstellen, werden sie in die Prozessbeschreibungen, Verfahrensvorschriften und Arbeitsanweisungen integriert. Um die Nachhaltigkeit der geänderten Prozesse und Praktiken zu gewährleisten, werden ergänzend Informationskampagnen und/oder Trainings für die betroffenen Mitarbeiter durchgeführt. Auf diese Art und Weise werden aus identifizierten Kernerfahrungen gelernte Lektionen. Organisationales Lernen hat somit stattgefunden.

Für die Veröffentlichung der geänderten Prozessbeschreibungen, Verfahrensvorschriften und Arbeitsanweisungen kann ein Werkzeug der Kategorie *verteilen* verwendet werden. Informationskampagnen können mit einem Werkzeug der Kategorie *kommunizieren* unterstützt werden. Trainings können auch in Form von E-Learning-Einheiten angeboten werden, deren Erstellung ein Werkzeug der Kategorie *lernen* erfordert.

Beispiel

Lessons Learned Prozesse können je nach ausgewählter Situation sehr umfangreich sein. Deshalb kann an dieser Stelle nur ein kleines Beispiel angeführt werden, das den Charakter eines solchen Prozesses skizziert.

1. Identifizieren der Erfahrungen

In einer Organisation war ein Projekt nach etwas über drei Jahren Laufzeit abgeschlossen worden. Es war ein strategisch wichtiges Projekt mit einigen Höhen und Tiefen während der Bearbeitung. Daher wurde es vom Management für einen Lessons Learned Prozess ausgewählt. Mit Unterstützung des ehemaligen Projektleiters und zweier Schlüsselpersonen aus dem Projektteam wurde unter anderen das Thema „Projektteam" ausgewählt, weil die Zusammensetzung des Projektteams während der Laufzeit mehrmals verändert wurde.

2. Aufbereiten der Erfahrungen

Aus Zeitgründen konnte in diesem Fall kein gemeinsamer Termin für einen Story-Telling-One-Day-Workshop mit dem gesamten Projektteam gefunden werden, was für diese Konstellation die ideale Methode gewesen wäre. Man einigte sich auf Einzelinterviews mit dem Kernteam und dem Projektauftraggeber aus dem Top Management sowie drei Gruppeninterviews, davon eines mit den Personen aus dem erweiterten Projektteam, das zweite mit den Schlüsselpersonen des externen Zulieferers und das dritte mit Nutznießern der Projektergebnisse. Im Folgenden wird das Thema „Projektteam" beispielhaft weiter ausgeführt.

Gesamtsituation und Rahmenbedingungen:
Das Projektteam bestand insgesamt aus 12 Personen. Drei Personen stellten das Kernteam dar, das den überwiegenden Teil seiner Zeit dem Projekt widmete. Die übrigen neun Personen arbeiteten an den Arbeitspaketen mit, die ihr jeweiliges Expertenwissen erforderten. Während der Projektbearbeitung schied nach einem Jahr eine Person aus dem Kernteam aus, weil sie das Unternehmen verließ. Weitere zwei Personen wurden während des ersten Jahres durch andere Personen ersetzt. Eine Person wurde im dritten Jahr wegen anhaltender Konflikte mit zwei anderen Projektteammitgliedern vom Projektteam abgezogen. Der Projektleitung stand ein angemessenes Budget zur Verfügung, die geplante Laufzeit erforderte ein straffes Vorgehen, um den Terminplan halten zu können. Sowohl Projektbudget als auch Laufzeit wurden u.a. wegen des mehrfachen Projektteamumbaus überschritten.

Erfahrungen – wieder machen:

- Eineinhalbtägigen, moderierten Start-Workshop mit dem gesamten Projektteam, bei dem zu Beginn der Projektauftraggeber seine Zielsetzung und die erwarteten Ergebnisse dem gesamten Team klarlegt. Diese Vorgangsweise führte zu einem gemeinsamen Verständnis für die Projektziele im Team und eine rasche Arbeitsfähigkeit durch die teambildenden Maßnahmen im Workshop.

- Wissenstransfer bei Wechsel von Teammitgliedern unter Einbeziehung der Kernteammitglieder und des Projektauftraggebers planen und durchführen.
  Dadurch konnte erreicht werden, dass die beiden Wechsel im zweiten Jahr der Projektlaufzeit ohne größere Probleme in der Projektbearbeitung bewältigt werden konnten.

Erfahrungen – anders machen:

- Das Teammitglied, das im dritten Jahr vom Projekt abgezogen wurde, hätte bereits viel früher entfernt werden sollen, um ein Ausbreiten des Konfliktes im Team rechtzeitig zu verhindern.

Erfahrungen – nicht mehr machen:

- Der Projektleiter war mit dieser Konfliktsituation überfordert und hat es versäumt, sich externe professionelle Hilfe zu suchen. Dadurch wurde die Konfliktsituation weiter verschärft mit direkten Auswirkungen auf die Projektergebnisse.

2. Maßnahmen setzen

Aus dem obigen Ausschnitt aus dem Erfahrungsbericht leitete das Management folgende Maßnahmen ab:

- Sofortmaßnahme: Alle Projektleiter erhalten innerhalb der nächsten sechs Monate eine Trainingseinheit in Konflikterkennungs- und -lösungsmethoden.

- Bei Projekten mit einer Laufzeit von über einem halben Jahr wird ab sofort neben dem üblichen Projektcontrolling ein halbjährliches Teamreview mit externer Begleitung durchgeführt, um Konfliktsituationen rechtzeitig zu erkennen und zu entschärfen. Die Wirksamkeit dieser Maßnahme wird nach einem Jahr überprüft.

3. Gelerntes integrieren

Bei der Überprüfung der Maßnahme stellte sich heraus, dass das Teamreview von den Projektteams sehr geschätzt wird, weil es ihnen die Möglichkeit bietet, neben der inhaltlichen Arbeit auch auf die Entwicklung des eigenen Teams zu achten. Das wiederum brachte eine deutliche Verbesserung des Arbeitsklimas in den Teams und in Folge auch bessere Arbeitsergebnisse mit sich. Der Projektmanagementprozess wurde daraufhin um den Teilprozess „Teamreview" erweitert und als neuer Standard in der Organisation integriert.

Stufenweise Digitalisierung

Stufe 0: Ein Lessons Learned Prozess kommt im Großen und Ganzen ohne Technikunterstützung aus. Die Erhebungsmethoden Manöverkritiksitzung und Story-Telling-One-Day werden in Form von Workshops abgewickelt. Daher ist es hier nicht zielführend, IT-Werkzeuge einzusetzen. Die identifizierten Erfahrungen können mit Hilfe eines Textverarbeitungssystems dokumentiert werden.

Stufe 1: Für alle Aktivitäten eines Lessons Learned Prozesses, die eine Abstimmung zwischen mehreren Personen erfordern, können Werkzeuge der Kategorie *kommunizieren* (Video- oder Audiokonferenz) benutzt werden. Diese Aktivitäten sind: Auswahl der Projekte, Aktivitäten bzw. besondere Ereignisse, Einzel- und Gruppeninterviews, falls strukturierte bzw. halbstrukturierte Interviewtechnik zum Einsatz kommt, und Informationskampagnen über geänderte Prozesse oder Praktiken.

Stufe 2: Für die Einzel- und Gruppeninterviews kann alternativ ein Werkzeug der Kategorie *befragen* verwendet werden. Erfahrungsberichte können unter Verwendung eines Werkzeugs der Kategorie *teilen* passenden Zielgruppen zur Verfügung gestellt werden. Die Veröffentlichung der geänderten Prozessbeschreibungen, Verfahrensvorschriften und Arbeitsanweisungen kann mit Hilfe eines Werkzeugs der Kategorie *verteilen* erfolgen.

Stufe 3: Je komplexer der Lessons Learned Prozess angelegt ist, desto eher wird man auf ein Werkzeug der Kategorie *zusammenarbeiten* zurückgreifen, das eine durchgängige Unterstützung aller kollaborativen Aktivitäten bietet.

Stufe 4: Trainings zu geänderten Prozessen oder optimierten Arbeitsabläufen können mit Hilfe eines Werkzeugs der Kategorie *lernen* entwickelt werden, damit sie online zur Verfügung gestellt werden können. Alternativ können auch Lernspiele mit Hilfe eines Werkzeugs der Kategorie *spielen* produziert werden, wenn dies für die Organisation passt.

Grenzen/Risiken und Anwendungskompetenzen

Aus Erfahrungen kann nur gelernt werden, wenn den betroffenen Personen genügend Zeit und Freiraum zum Reflektieren eingeräumt werden. Man muss sich bewusst damit auseinandersetzen, was konkret mit welchen Folgen passiert ist und welchen Nutzen man aus der Vermeidung negativer bzw. Wiederholung positiver Erfahrungen ziehen kann. Im hektischen Arbeitsalltag wird dies oft vernachlässigt, was einen erfolgreichen Lessons Learned Prozess behindert.

Auch wenn sich die Mitarbeiter ausreichend Zeit für ihre Reflexionen nehmen konnten, scheitert das gemeinsame Lernen aus den Erfahrungen einfach daran, dass keine Ressourcen für einen entsprechenden Lessons Learned Prozess eingeplant wurden. Oft werden gemachte Erfahrungen innerhalb der Abteilungen oder Teams geteilt, aber nicht mit allen, für die sie von großem Interesse wären. Nur die Dokumentation von Lessons Learned reicht als Transfer normalerweise nicht aus, weil sie von der passenden Zielgruppe nicht gelesen und daher auch nicht genutzt wird. Dem Aufwand des Dokumentierens steht damit kein Nutzen gegenüber.

Soziales Lernen findet erst dann statt, wenn die Mitarbeiter sich sowohl über positive als auch negative Erfahrungen offen austauschen und gemeinsam mögliche Handlungsoptionen daraus entwickeln. Wo eine Kultur der Offenheit und Fehlertoleranz fehlt, werden negative Erfahrungen verschwiegen und die Organisation möglicherweise um wichtige Lernchancen gebracht. Auf der organisationalen Ebene kann es passieren, dass die vorgeschlagenen Verbesserungsmaßnahmen nicht oder unzureichend umgesetzt werden, weil die Entscheidungsträger nicht bzw. ausreichend gut in den Lessons Learned Prozess eingebunden sind.

Alle Beteiligten an einem Lessons Learned Prozess benötigen eine Haltung der Offenheit, Lernfähigkeit und -bereitschaft sowie Fehlertoleranz. Falls ein Moderator zum Einsatz kommt, werden von diesem Kommunikations- und Moderationsfertigkeiten erwartet.

Referenzen

Bannick, S. (2016). *Lessons Learned im Projektmanagement - so geht's richtig.* TPG Blogpost vom 20. September 2016, http://www.theprojectgroup.com/blog/lessons-learned-im-projektmanagement/, Abruf: 23.03.2019.

Duffield, S. M.; Whitty, S. J. (2012). *A systemic lessons learned and captured knowledge (SLLCK) model for project organizations.* In: Proceedings of the Annual Project Management Australia Conference Incorporating the PMI Australia National Conference (PMOz), Melbourne, Australia, 15-16 August 2012.

Lehner, F. (2014). *Wissensmanagement. Grundlagen, Methoden und technische Unterstützung.* 5. Auflage, München/Wien: Hanser, S. 202.

Mittelmann, A. (2011). *Lessons Learned Prozess.* In: Mittelmann, A., Werkzeugkasten Wissensmanagement. Norderstedt: Books on Demand, S. 74-79.

Plum, N. (2006). *Ein Beitrag zum Wissens- und Erfahrungsmanagement - Entwicklung einer Leitfragenstruktur für Erfahrungsberichte und ihre experimentelle Überprüfung.* Dissertation, Universität Hamburg, http://www.sub.uni-hamburg.de/opus/volltexte/2006/3111/pdf/volltext.pdf, Abruf: 23.03.2019.

Vollmar, G. (2016). *Aus Erfahrungen lernen – oder: Warum Lessons Learned (nicht) funktionieren.* DGQ White Paper, http://www.wissen-kommunizieren.de/wp-content/uploads/2016/04/Lessons-Learned_DGQ-White-Paper.pdf, Abruf: 23.03.2019.

Storytelling

Storytelling ist ein Kommuni-
kationshilfsmittel für den
Austausch von Wissen und
Erfahrungen und die Ver-
dichtung von komplexem
Wissen.

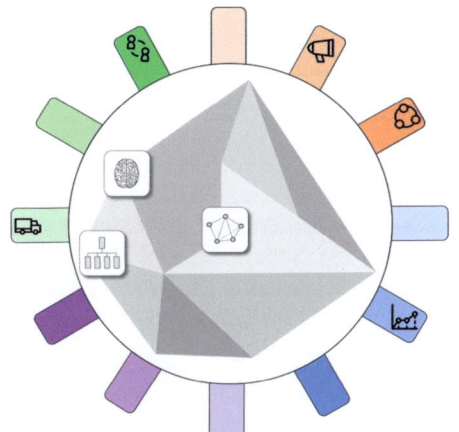

Im Semantischen Raum ist
diese Methode daher
zwischen *Organisationen*,
Beziehungen und
Kompetenzen zu finden.

Für die Digitalisierung der
Methode können Werkzeuge
aus den Kategorien *kommuni-
zieren, teilen, verteilen, zusammenarbeiten* und *visualisieren* zum Einsatz
kommen.

Die Methode

Menschen haben sich schon immer gegenseitig Geschichten erzählt. Sie geben Episoden aus ihrem eigenen Leben oder dem anderer zum Besten, um
die eigene Sichtweise anderen anschaulich näher zu bringen, oder einfach,
um andere zu unterhalten. Storytelling ist die bewusste Pflege dieser uralten
Kunst des Geschichten-Erzählens und des Zuhörens in einer Organisation.

Ziel und Nutzen

Storytelling ist eine leistungsstarke Methode, um Wissen und Erfahrungen
auszutauschen und komplexes Wissen zu verdichten. Geschichten sind ein
„natürliches" und sehr anschlussfähiges Kommunikationshilfsmittel für den
Wissensaustausch. Sie helfen, Vertrauen aufzubauen sowie Normen und Regeln zu vermitteln. Die Übertragung von stillem (d.h. nicht bewusstem) Wissen wird gleichfalls unterstützt. Eine gute Geschichte in Veränderungsprozessen (wie z.B. bei der Einführung von Wissensmanagement) erleichtert
Verlernen von Unerwünschtem und fördert das Annehmen von Veränderungen, indem sie emotionale Anschlüsse ermöglicht. „Fremdes" Wissen wird
deutlich leichter angenommen.

Anwendung

Storytelling umfasst die Phasen *Stoffsammlung, Schreiben der Geschichte* und *Erzählen der Geschichte*. In beiden Phasen sind gewisse Grundregeln zu beachten, um den Erfolg der Methode zu gewährleisten.

1. Stoffsammlung

Zunächst geht es darum, dass sich die Auftraggeber darüber im Klaren werden, welche Ziele mit Hilfe der Geschichte erreicht werden sollen. Je nach Zielsetzung erfordert die Geschichte eine andere Form (siehe Spalte 2 in Abbildung 28). Sobald das Ziel klar ist, beginnen die beauftragten Moderatoren, die den gesamten Storytelling-Prozess begleiten, mit der Suche nach passendem Stoff für Geschichten.

Basis für die Geschichten können Episoden aus dem Unternehmensalltag sein, wenn sie zweckdienlich sind. Mit Hilfe von Anekdoten-Zirkeln (siehe Seite 300) können solche Geschichten zu Tage gefördert werden. Eine kleinere Gruppe von Mitarbeitern, die Erfahrungen zu dem gewählten Thema haben, wird eingeladen. Durch geschicktes Fragen der Moderatoren werden sie angeregt, Episoden aus ihrem Unternehmensalltag zu erzählen. Eine weitere Möglichkeit, um zu ausreichend Stoff für gute Geschichten zu kommen, ist, mit den Mitarbeitern narrative Interviews (siehe Storytelling-Prozess auf Seite 159) durchzuführen. Basis für diese Interviews sind Situationen, in denen das Zielthema eine herausragende Rolle gespielt hat.

Unabhängig von der gewählten Methode zeichnen die Moderatoren die Geschichten mit Zustimmung der Teilnehmer für die Verwendung in der nächsten Phase auf. Die schnellste Art der Aufzeichnung ist ein Mitschnitt der Gespräche, die danach transkribiert werden. Diese Transkripte werden allen Teilnehmenden zur Verfügung gestellt. Eine weitere Möglichkeit ist, wichtige Elemente der Geschichten während der Gespräche auf Flipchart oder in elektronischer Form mitzuschreiben. Die Berichtenden werden am Ende der Gespräche gefragt, ob die Dokumentation aus ihrer Sicht korrekt ist bzw. was geändert oder ergänzt werden soll. Auch diese Mitschriften werden an alle verteilt.

Für diese Phase sind Werkzeuge aus der Kategorie *kommunizieren* für die Abstimmung mit den Auftraggebern und für die Durchführung von Anekdoten-Zirkeln oder von narrativen Interviews geeignet, wenn persönliche Treffen nicht möglich sind. Die Mitschriften können mit Hilfe eines Werkzeugs der Kategorie *teilen* oder *zusammenarbeiten* den Beteiligten zur Verfügung gestellt werden.

2. Schreiben der Geschichte

Nachdem genügend Material gesammelt wurde, beginnt nun der kreative Prozess des Schreibens. Als Geschichtenschreiber können im ersten Anlauf die Moderatoren fungieren. Sie sind am besten mit den Inhalten vertraut und haben auch die Zielsetzung mit den Auftraggebern abgestimmt. Im Verlauf des Geschichtenschreibens fragen sie sich immer wieder, ob das eigentlich Gemeinte und Gewollte zwischen den Zeilen der Formulierungen deutlich genug durchschimmert.

Eine Geschichte sollte außerdem ...

- die Struktur einer „richtigen" Erzählung haben mit einer *Einleitung* (Spannungsaufbau, Vorstellen der Protagonisten und der Herausforderung, der Aufgaben) - *Mittelteil* (Spannung, Krisen, mehrere Lösungsversuche der Aufgaben) - *Auflösung* (Spannungsabbau, Lösung der Aufgabe, Belohnung).

- möglichst *kompakt* sein, um nicht von der Kernaussage abzulenken.

- einen *Helden* haben, d.h. von einer Person handeln, die etwas Bemerkenswertes oder Besonderes fertig gebracht hat.

- ein *überraschendes Element* enthalten, das den Zuhörer etwas aus seiner Komfortzone wirft und seine Wirklichkeitskonstruktion erschüttert.

- ein *Aha-Erlebnis* auslösen, das den Zuhörer den offensichtlichen Weg in Richtung Veränderung sehen lässt.

- relativ *aktuell* bzw. *relevant* für die Zuhörer sein und *nahe an der Wahrheit* liegen.

- einen glücklichen Ausgang haben.

Die Moderatoren verdichten die aufgezeichneten Episoden und konstruieren eine oder mehrere Geschichten entsprechend der Zielsetzung und unter Beachtung der obigen Regeln. Sie setzen neben Texten auch visuelle oder auditive Gestaltungselemente ein, um mehrere Sinne bei den Zuhörern oder Lesern der Geschichte anzusprechen. Für die endgültige Ausgestaltung der Geschichten können professionelle „Geschichtenschreiber" wie Romanciers oder Journalisten und Visualisierungsexperten mit Rat und Tat zur Seite stehen. Je spannender und eingängiger die Geschichten aufbereitet sind, desto besser werden sie ihre Zielgruppe erreichen und damit ihren Zweck erfüllen.

Für diese Phase sind dieselben Werkzeuge geeignet wie in Phase 1. Falls mehrere Medien bei der Konstruktion zum Einsatz kommen, werden auch Werkzeuge der Kategorie *visualisieren* benötigt.

3. Verbreiten der Geschichte

Für die Wirksamkeit von Storytelling ist gutes Erzählen der Geschichte genauso wichtig wie das Konstruieren. Beim Erzählen einer Geschichte sollte man Folgendes beachten (siehe auch Spalte 3 in Abbildung 28):

- die Erzählung einfach und zielgerichtet gestalten, um den Zuhörern eine kompakte Darstellung zu liefern, die als guter Ersatz für eigene Erfahrungen dienen kann.

- wenn möglich, mehr als ein Medium verwenden, damit die Geschichte lebendig bleibt und andere inspiriert. Durch die Aktivierung mehrerer Sinne bleibt die Geschichte besser im Gedächtnis haften und kann so ihre Wirkung noch besser entfalten.

- die Aufnahme und Weiterverbreitung der Geschichte beobachten, um positive Rückmeldungen verstärken und unvorhergesehene negative abschwächen zu können. Geschichtenerzählungen sind Momente, in denen die Zuhörer bei der Wissensgenerierung beteiligt werden. Es ist daher ratsam zu verfolgen und abzuschätzen, wie dieses Wissens konstruiert und von Person zu Person weitergegeben wird.

Neben der Fertigkeit des Geschichtenerzählens sollte man auch seine Fähigkeit des Zuhörens schärfen. Geschichten von Kollegen können deutliche Hinweise über versteckte Ängste und Tabuthemen enthalten. Durch gutes Zuhören gelingt es, die unter der Oberfläche von Erzählungen liegenden Gefühle, Haltungen und Einstellungen der Organisationsmitglieder zu erkennen. Diejenigen, die die fertigen Geschichten für ihre Zwecke nutzen, sind gut beraten, ihre Fertigkeiten des Erzählens als auch des Zuhörens auszubauen, um die optimale Wirkung der Geschichte zu erzielen.

Die Geschichten können nicht nur durch Erzählen verbreitet werden. Wenn sie gut formuliert und ansprechend visualisiert sind, steht einer schriftlichen Verbreitung nichts im Weg. Die Auftraggeber werden in diesem Fall hin und wieder Rückmeldungen aus der Organisation einholen, um die Wirksamkeit der Geschichte einzuschätzen und korrigierend einzugreifen, wenn nötig.

Organisationales Lernen entfalten

Zielsetzung	Form der Geschichte	Ausführungstipps	Anregende Sätze
Wissen austauschen	Fokussiert auf gemachte Fehler und beschreibt kurz, wie er behoben wurde und warum es funktionierte.	Um weitere alternative (und möglicherweise bessere) Lösungen bitten.	„Es hätte jeden erwischen können ..." „Meine Güte! Wir sollten in Zukunft besser aufpassen!"
Zusammenarbeit fördern	Beschreibt eine ergreifende Situation, die die Zuhörer dazu bringt ihre, eigenen Geschichten zum Thema beizusteuern.	Dafür sorgen, dass die Flut der Geschichten den eigentlichen Zweck des Treffens nicht überdeckt. Vorbereitet sein, die durch die Geschichten geweckte Energie konstruktiv zu nutzen.	„Das erinnert mich an die Zeit, als ich ..." „Hey, ich kenne auch so eine Geschichte."
Handlungen auslösen	Beschreibt eine erfolgreiche Veränderung in der Vergangenheit und ermöglicht den Zuhörern sich vorzustellen, wie es in ihrer Situation funktionieren könnte.	Zu viele Details vermeiden, um die Zuhörer nicht von ihrer eigenen Herausforderung abzulenken.	„Stellen Sie sich vor ..." „Was, wenn ..."
Werte vermitteln	Kommt den Zuhörern vertraut vor und löst spontane Diskussionen über die Fragen aus, die das Leben dieser Werte aufwerfen.	Glaubhafte Charaktere und Situationen verwenden, die immer konsistent mit den eigenen Handlungen sein müssen.	„Warum machen wir das nicht schon die ganze Zeit!" „Das ist mit Sicherheit so richtig!"
Gerüchteküche bändigen	Beleuchtet, oft leicht humorvoll, einen bestimmten Aspekt eines Gerüchts, der sich als unwahr oder unglaubhaft herausstellt.	Der Versuchung widerstehen, böswillig zu werden. Sicher sein, dass das Gerücht wirklich falsch ist!	„Im Ernst!" „Ich habe mir das so noch nie durch den Kopf gehen lassen!"
Menschen in die Zukunft führen	Beschwört die Zukunft herauf, die man schaffen will, ohne zu sehr ins Detail zu gehen, was sich in weiterer Folge nur als falsch herausstellen kann.	Sich seiner Fähigkeiten als Geschichtenerzähler sicher sein. Sonst eine Geschichte aus der Vergangenheit nehmen, die als Sprungbrett für die Zukunft genutzt werden kann.	„Wann fangen wir damit an?" „Lasst uns starten!"

Abbildung 28: Zielsetzung, Form und Ausführungstipps (nach Denning)

Am besten werden die Geschichten im direkten persönlichen Kontakt weitergegeben. Wenn dies aus räumlichen oder zeitlichen Gründen nicht möglich ist, kann ein Werkzeug aus der Kategorie *kommunizieren* (Videokonferenz) zum Einsatz kommen. Im Fall einer Verbreitung in Textform wird ein Werkzeug der Kategorie *verteilen* verwendet.

Stufenweise Digitalisierung

Stufe 0: Die Methode kommt ohne Technikunterstützung aus. Die Mitschriften und die konstruierten Geschichten werden mit einem Textverarbeitungssystem geschrieben und über E-Mail verteilt.

Stufe 1: Die Abstimmung mit den Auftraggebern und zwischen den Moderatoren beim Schreiben der Geschichte sowie die Gespräche/Interviews mit den „Episoden-Lieferanten" erfolgt mit Hilfe eines Werkzeugs der Kategorie *kommunizieren*. Für die Verteilung der Geschichte in Textform wird ein Werkzeug der Kategorie *verteilen* verwendet.

Stufe 2: Für die Verteilung der Mitschriften und Geschichten wird ein Werkzeug der Kategorie *teilen* genutzt.

Stufe 3: Alle Abstimmungen zwischen den Moderatoren und die Verteilung der Ergebnisdokumente erfolgt mit Hilfe eines Werkzeugs der Kategorie *zusammenarbeiten* (statt teilen). Für die visuelle Gestaltung der Geschichten kommen Werkzeuge der Kategorie *visualisieren* zum Einsatz.

Stufe 4: Die vollständige Digitalisierung der Methode ist möglich, aber nicht ratsam. Insbesonders das Erzählen der Geschichte sollte in persönlichen Gesprächen erfolgen, um die Reaktion der Zuhörer direkt beobachten zu können. Der Erzähler ist so viel besser in der Lage abzuschätzen, ob die gewünschte Wirkung erzielt wurde.

Beispiel

Die etwas andere Schlossfeier

Es war einmal ein König, der ließ ein neues Schloss bauen. Trotz großer Mühen und Plagen wurde das Schloss in der geplanten Zeit fertig gestellt und war wunderschön. Der König war so voller Freude darüber, dass er ein großes Fest ausrichten ließ. Wen lud er als Ehrengäste ein? Die Fürsten samt Gefolge aus den angrenzenden Ländern? Nein! Die Menschen, die geholfen hatten, ein so schönes Schloss zu bauen - als Dank und Anerkennung für ihre Leistung!

Diese Geschichte dient einem Mitglied der Geschäftsführung, um seinen Projektleitern immer wieder die Wichtigkeit von Dank und Anerkennung der Leistung vor Augen zu führen und so mittelfristig eine Verhaltensänderung zu erreichen. In dieser Organisation gibt es für jeden Führungsgrundsatz eine passende „Königsgeschichte", die das erwünschte Verhalten illustriert. Mittlerweile genügt oft eine Frage wie „Hast du die Schlossfeier vergessen?", um ein Führungsproblem gar nicht erst entstehen zu lassen.

Grenzen/Risiken und Anwendungskompetenzen

Das größte Hindernis bei der Anwendung der Methode ist eine Unternehmenskultur, die den freien Meinungsaustausch zwischen Mitarbeitern behindert oder gar hemmt. In einer solchen Umgebung sprechen Mitarbeiter miteinander primär darüber, was der unmittelbaren Ausführung ihrer Tätigkeit dient. Persönliche Gespräche werden weitgehend vermieden oder in die

Freizeit ausgelagert. Man wird vergeblich nach Episoden fahnden. Storytelling ist in diesem Umfeld fehl am Platz.

Ob genügend Stoff für eine spannende Geschichte vorhanden ist, zeigt sich manchmal erst, wenn die Geschichtenschreiber beginnen, das Storyboard zu schreiben. Entstehen dabei Lücken, werden sie eine weitere Runde von narrativen Interviews oder einen zusätzlichen Anekdoten-Zirkel mit neuen Teilnehmern anregen. In diesen ergänzenden Stoffsammlungsrunden stellen die Moderatoren gezielt Fragen mit Schlüsselwörtern aus den festgestellten Lücken. Wenn die Episodensammlung z.B. Geschichten über ein besonders gelungenes großes Projekt enthält, aber eine wichtige Gruppe von Beteiligten darin fehlt, fragen die Moderatoren gezielt nach den Erfahrungen mit diesen Personen.

Sollte die Stofffülle zu groß sein, liegt die Herausforderung in der Aufteilung auf mehrere Geschichten, die möglicherweise für unterschiedliche Zielgruppen passen oder eine logische Abfolge von mehreren kleineren Fortsetzungsgeschichten ergeben. Der Einsatz einer kleinen Gruppe von Testlesern ist in diesem Fall besonders hilfreich, um die Schlüssigkeit der Geschichtenabfolge zu überprüfen.

Wenn die Geschichte mündlich verbreitet werden soll, kommt es auf den Ersterzähler an, ob sie, wie gewollt, weiterverbreitet wird oder nicht. Wenn er ein begnadeter Erzähler ist, wird ihm das ohne Zweifel gelingen. Der weniger geübte Erzähler sollte das Erzählen der Geschichte mehrmals in einem kleinen Kreis von wohlwollenden Zuhörern üben, bevor er sie vor der eigentlichen Zielgruppe zum Besten gibt. Durch das Einholen von Rückmeldungen kann er seine Performance mit jeder Erzählrunde verbessern.

Da mit diesen konstruierten Geschichten ein bestimmter Zweck verfolgt wird, beobachtet man in der Phase der Verbreitung konsequent die Reaktionen der Zuhörer und die Art der Weiterverbreitung in der Organisation. Bei einem Missbrauch wie z.B. Verdrehen oder ins Lächerliche ziehen der Geschichte wird der Auftraggeber sofort aufklärend eingreifen (siehe dazu „Gerüchteküche bändigen" in Abbildung 28). Wenn dies zu spät erfolgt, kann sich die Geschichte in der veränderten Form mit nicht absehbaren Folgen verselbstständigen.

Je nach Rolle der Personen in der Anwendung der Methode benötigen sie unterschiedliche Kompetenzen in verschiedener Tiefe. Bei den Moderatoren sind vor allem sehr gute Kommunikations- und Moderationsfertigkeiten von Nöten. Diese lassen sich ohne weiteres trainieren, wenn Grundfähigkeiten vorhanden sind. Die Geschichtenschreiber brauchen sprachliche Gewandtheit, gepaart mit journalistischen Fertigkeiten. Falls die Geschichten auch visuelle Komponenten enthalten sollen, erfordert dies gestalterische Fähigkeiten bis hin zu Medienkompetenz. Geschichtenerzähler sollten wie die Moderatoren gute Kommunikationsfertigkeiten besitzen allerdings mit der Ausprägung, gut und spannend zu erzählen im Sinne von schauspielerischen Fähigkeiten. Es wird kaum gelingen, Menschen zu finden, die alle angeführten Kompetenzen in hoher Ausprägung in einer Person vereinen. Da die einzelnen Phasen des Storytelling meist von unterschiedlichen Personengruppen ausgeführt werden, ist dies auch nicht erforderlich.

Referenzen

Callahan, S.; Rixon, A.; Schenk, M. (2006). *The Ultimate Guide to Anectode Circles*. http://www.anecdote.com/pdfs/papers/ultimate-guide-to-anecdote-circles.pdf, Abruf: 01.06.2019.

Denning, S. (2005). *A Leader's Guide to Storytelling: Mastering the Art & Discipline of Business Narrative*. San Francisco: Jossey-Bass.

Erlach, C. (2017). *Wissenstransfer mit Geschichten*. In: J. Chlopczyk (Hrsg.), Beyond Storytelling. Narrative Ansätze und die Arbeit mit Geschichten in Organisationen. Berlin: Springer Gabler, S. 275-301.

Girard, J. P.; Lambert, S. (2007): *The Story of Knowledge: Writing Stories that Guide Organisations into the Future*. In: The Electronic Journal of Knowledge Management, 5 (2), S. 161-172, http://www.ejkm.com.

Kurtz, C. F. (2014). *Working with Stories in Your Community or Organization*. Participatory Narrative Inquiry. 3. Auflage, New York: Kurtz-Fernhout Publishing.

Sole, D.; Wilson, D. G. (2002). *Storytelling in Organizations: The power and traps of using stories to share knowledge in organizations*. LILA Havard University, https://www.researchgate.net/publication/242189756_Storytelling_in_Organizations_The_power_and_traps_of_using_stories_to_share_knowledge_in_organizations, Abruf: 28.10.2018.

Thier, K. (2017). *Die Macht guter Geschichten*. In: HR Today Know how for tomorrow, 6/2017, S. 46-47.

Storytelling-Prozess

Ein Storytelling-Prozess wird genutzt, um informelles Erfahrungswissen zu erfassen und weiterzugeben. Sichtbares Ergebnis der Methoden-anwendung ist das Erfahrungsdokument.

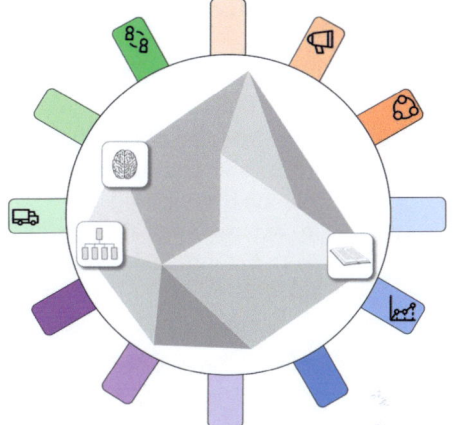

Diese Methode ist daher im Semantischen Raum zwischen *Organisationen, Kompetenzen* und *Wissensobjekte* zu finden.

Für die Digitalisierung der Methode Storytelling-Prozess werden Werkzeuge aus den Kategorien *kommunizieren, visualisieren, teilen, verteilen* oder *zusammen-arbeiten* benötigt.

Die Methode

Storytelling-Prozess ist eine Methode, die in drei Phasen (siehe Abbildung 29) abläuft und deren sichtbares Ergebnis ein Erfahrungsdokument ist, das in der Organisation verbreitet wird. Ein Erfahrungsdokument enthält die schriftliche Nacherzählung eines bedeutsamen Zeitabschnitts in einem Unternehmen aus möglichst vielen Perspektiven von Beteiligten. Es enthält die geballten erfolgsrelevanten Erfahrungen der beteiligten Personen, Kontextinformationen sowie Kommentare und Reflexionen der „Erfahrungshistoriker", die das Dokument erstellen.

Ein Storytelling-Prozess basiert in seinen Grundzügen auf den am MIT von Kleiner und Roth entwickelten „Learning Histories". Durch das Einflechten von Metaphern (siehe Seite 325), Analogien und Bildern in die authentischen Erzählungen der Beteiligten werden implizite Wissensanteile sichtbar und so für den Wissenstransfer zugänglich gemacht.

Ziel und Nutzen

Ein Storytelling-Prozess ermöglicht eine methodisch unterstützte Erfassung und Weitergabe von implizitem Erfahrungswissen. Durch die besondere

Präsentationsform dieses Wissens im Erfahrungsdokument wird die Reflexion angeregt und damit die Entwicklung des Unternehmens in Richtung einer lernenden Organisation unterstützt.

Anwendung

Eine kleine Gruppe von Personen aus dem Unternehmen begleitet den gesamten Prozess über alle Phasen (siehe Abbildung 29) hinweg. Wenn es keine Experten für einen Storytelling-Prozess in der Organisation gibt, wird diese Gruppe um externe Spezialisten erweitert. Diese Gruppe übernimmt auch die Rolle der „Erfahrungshistoriker" und fungiert als Autoren der Erfahrungsgeschichte.

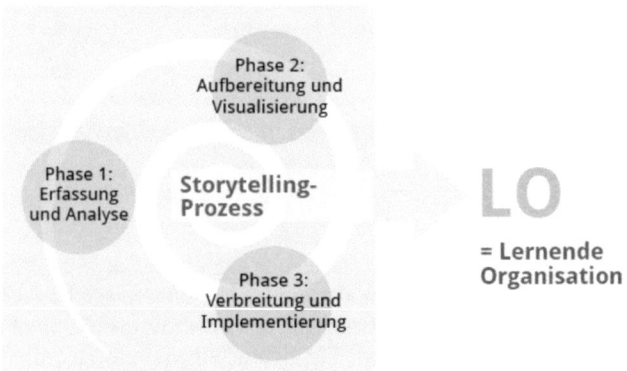

Abbildung 29: Die drei Phasen des Storytelling-Prozesses

Der Storytelling-Prozess setzt narrative Interviews, Metaphern und Visualisierungen ein, um implizite Wissensanteile sichtbar zu machen. Für die weitere Verwendung wird es bildlich greifbar festgehalten und über Transferworkshops weitergegeben.

Vor der unmittelbaren Methodenanwendung wird geklärt, welche Zielsetzung damit verfolgt wird. Die Verantwortlichen im Unternehmen wählen Problembereiche oder Themen aus, zu denen sie implizites Erfahrungswissen erfassen möchten.

Themen können z.B. mögliche Schwierigkeiten in der Kommunikation zwischen Teammitgliedern in der Projektarbeit oder die Evaluierung eines Veränderungsprozesses oder Wissen über die Zusammenarbeit mit externen Partnern oder die Unternehmenskultur sein. Ausgehend von dieser Zielsetzung werden ein oder mehrere kritische Zeitabschnitte in der Unternehmensgeschichte ausgewählt, die sich für die Untersuchung der Problembereiche bzw. Themen gut eignen. Wichtig ist dabei zu prüfen, ob genügend „Stoff" für eine packende Erfahrungsgeschichte daraus gesammelt werden kann.

1. Erfassung und Analyse

Auf Basis der vereinbarten Zielsetzung werden in dieser Phase Personen aus möglichst vielen Hierarchieebenen befragt, die am ausgewählten Ereignis oder Projekt beteiligt waren, um so viele verschiedene Perspektiven wie möglich zu erhalten. Die Befragung setzt sich aus einem narrativen und einem halbstrukturierten Teil zusammen, um die Erfahrungen und Erlebnisse aller Beteiligten zu erfassen und möglichst viele verschiedene Sichtweisen auf das Ereignis bzw. Projekt kennen zu lernen.

Narrativ bedeutet, dass die Interviewpartner durch offene Fragen wie „Wie haben Sie das erlebt?" oder „Was haben Sie dabei empfunden?" zum Erzählen angeregt werden. Die besten Ergebnisse erzielt man dabei, wenn man den Interviewpartner bittet, auf einem Zeitstrahl (siehe Abbildung 30) die erlebten Höhen und Tiefen während des Projekts oder der betrachteten Zeitspanne des Ereignisses einzuzeichnen und darüber zu reden. Das wertvollste Erfahrungswissen steckt in diesen Tops und Flops und bleibt am deutlichsten im Gedächtnis eines Beteiligten.

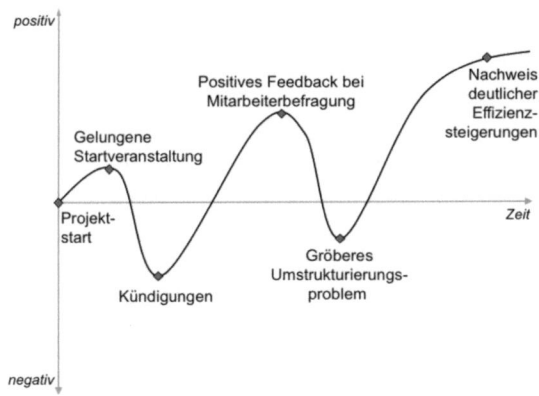

Abbildung 30: Zeitstrahl eines Interviewpartners (beispielhaft)

Im halbstrukturierten Teil des Interviews wird explizit nach den in der Planung festgelegten Themen gefragt, z.B. wie die Interviewpartner die Kommunikation im Team erlebt haben, wie sie die Teambildung empfunden haben und was sie daraus für die Zukunft gelernt haben.

Die Interviews werden, die Zustimmung der Befragten vorausgesetzt, auf einem Tonträger aufgezeichnet und anschließend transkribiert. Sollte eine Anonymisierung der Transkripte erwünscht sein, werden die Interviewpartner vor oder nach dem Interview gebeten, ein Tier oder Symbol für sich auszuwählen. Meist genügt ihnen zur Anonymisierung die Verwendung von Rollenkürzel (z.B. CEO, PM). In den transkribierten Dokumenten finden sich in diesem Fall nur noch die Tiere, Symbole oder Rollenkürzel statt der Namen der Befragten.

Die Transkripte werden den „Erfahrungshistorikern" bzw. Autoren der Erfahrungsgeschichte zur Verfügung gestellt. Die Autoren suchen unter Zuhilfenahme der qualitativen Inhaltsanalyse nach Mayring in den Transkripten nach Aussagen, die die Problembereiche betreffen, nach widersprüchlichen Zitaten und verborgenen Themen. Durch diesen Extraktionsprozess bilden sich übergreifende Kategorien („rote Fäden") heraus. Diese werden verwendet, um die Grundstruktur für die Erfahrungsgeschichte zu schaffen und die Zitate passend einzuordnen. Die ausgewählten Zitate müssen relevant für die ausgewählten Problembereiche sein und Aussagekraft (z.B. Emotionen, persönliche Gewichtung für den Interviewten) besitzen. Sie müssen sich auch für den Zusammenbau einer spannenden Geschichte eignen.

Darüber hinaus wird untersucht, welche Beziehungen zwischen den einzelnen Aussagen entstehen, welche Widersprüche sich abzeichnen und welche unterschiedlichen Blickwinkel auf das Thema eingenommen werden. So werden beispielsweise Aussagen aller Befragten zusammengestellt, die die Kommunikation im Team in unterschiedlichen, ggfs. auch gegensätzlichen, Facetten beschreiben. Diese Zitate können dann Teil des roten Fadens „Kommunikationsgepflogenheiten im Unternehmen" sein. Schließlich müssen sie die Zielgruppe ansprechen, für die die Erfahrungsgeschichte geschrieben werden soll.

Alle Interviews können unter Zuhilfenahme von Werkzeugen der Kategorie *kommunizieren* durchgeführt werden. Die Auswertung der Transkripte kann mit Unterstützung eines Werkzeugs der Kategorie *zusammenarbeiten* erfolgen.

2. Aufbereitung und Visualisierung

Die einzelnen thematischen Blöcke werden nun zu einer Erfahrungsgeschichte zusammengefügt. Strukturell ist hier zu entscheiden, ob die Geschichte chronologisch entsprechend dem Ablauf des untersuchten Ereignisses oder thematisch nach den identifizierten roten Fäden aufgebaut sein soll. Die Entscheidung orientiert sich daran, was für die Zielgruppe leichter nachvollziehbar und interessanter zu lesen ist. Jeder Block (roter Faden oder Zeitabschnitt) im Erfahrungsdokument beginnt mit einem provokanten Titel, der bereits die Kernaussage der nachfolgenden Kurzgeschichte aufgreift, um das Interesse beim Leser zu wecken. Der weitere Text ist zweispaltig aufgebaut, damit die Originalzitate der rechten Spalte von den Ergänzungen der Autoren unterschieden werden können. Diese Ergänzungstexte können Kommentare, provokante Fragen, erklärende Erläuterungen und andere Impulse sein, die zum Nachdenken anregen.

Auf diese Art und Weise entsteht eine kurze Geschichte, die z.B. die unterschiedlichsten Sichtweisen, Gründe, Verbesserungsvorschläge und Lernerfahrungen der Befragten für wenig effiziente Kommunikationsprozesse im Unternehmen wiedergibt. Als zusätzliche Gestaltungselemente können Bilder, Metaphern und Analogien verwendet werden, die die Aktivierung mehrerer Wahrnehmungskanäle beim Lesen unterstützen. Insgesamt betrachtet, wird durch diese Präsentationsform verborgenes Wissen offengelegt und die Leser werden zum Nachdenken und Reflektieren angeregt (siehe Abbildung 31).

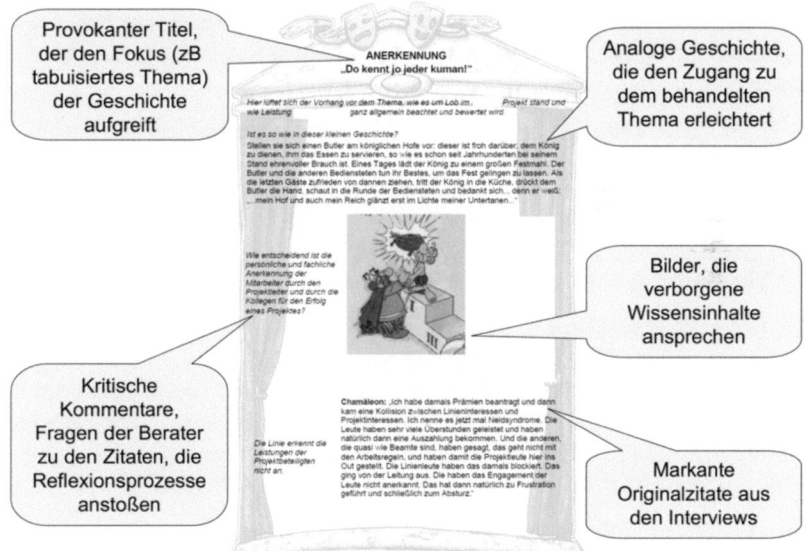

Abbildung 31: Struktur der Erfahrungsgeschichte

Aus Fairness- sowie Akzeptanzgründen und um die Richtigkeit der Inhalte abzusichern, erhalten alle Interviewpartner ihre eigenen Zitate mit der Bitte um Freigabe. Die Befragten haben jetzt die Gelegenheit, heikle Aussagen zu streichen, wenn unbedingt gewünscht. Die Autoren müssen darauf achten, dass möglichst wenige kritische und/oder konträre Aussagen gestrichen werden, damit keine zu „geglättete" Geschichte entsteht. Hier kann es wichtig sein, den Befragten ihre Anonymität noch einmal zuzusichern. Erst nach diesem Validierungsschritt wird das Erfahrungsdokument fertig gestellt.

Für diese Phase können Werkzeuge der Kategorien *kommunizieren, teilen* oder *zusammenarbeiten* zum Einsatz kommen. Für die Dokumentation der Erfahrungen können Werkzeuge der Kategorie *teilen* und *visualisieren* verwendet werden.

3. Verbreitung und Implementierung

Nach der Freigabe der Erfahrungsgeschichte wird sie zum Nutzen der Organisation verbreitet. Am besten eignen sich dazu Transferworkshops, in denen Personen aus den Zielgruppen für die Erfahrungsgeschichte zusammenkommen, ihre Erkenntnisse aus der Erfahrungsgeschichte austauschen und gemeinsam beraten, was aus den Erfahrungen der Vergangenheit für die Zukunft gelernt werden kann. Den Abschluss dieser Phase bildet die Vereinbarung von Veränderungsmaßnahmen, die die wesentlichsten Erkenntnisse aus der Erfahrungsgeschichte in der Organisation wirksam werden lassen.

In dieser Phase kann für den Austausch und die Beratung über das Erfahrungsdokument ein Werkzeug der Kategorie *kommunizieren* zum Einsatz kommen. Für die Verbreitung des Erfahrungsdokuments ohne explizite Diskussion kann neben einem Werkzeug der Kategorie *teilen* auch ein Werkzeug der Kategorie *verteilen* verwendet werden, wenn es organisationsweit zur Verfügung gestellt werden soll.

Der Storytelling-Prozess kann in der beschriebenen Form bis zu einem halben Jahr dauern, je nach Tiefe der Erhebung und der Anzahl der beteiligten Personen. Er ist die Methode der Wahl, wenn die in der Unternehmenskultur verhafteten Normen und Werte transparent und damit veränderbar gemacht werden sollen oder wenn erfolgskritisches Erfahrungswissen von Projektteams gehoben und unternehmensweit weitergegeben werden soll.

Dem Erfahrungsdokument kommt in diesem Zusammenhang eine besondere Bedeutung zu. Es ist einerseits Endergebnis der Erhebung von unternehmensrelevantem Wissen und Erfahrungen, andererseits ist es auch Kristallisationspunkt für tiefergehende Reflexionsprozesse, in denen einzelne Aspekte aus der Erfahrungsgeschichte beleuchtet werden. Damit werden organisationale Lernprozesse angestoßen.

Beispiel

Da ein Storytelling-Prozess recht aufwändig und komplex ist, kann ein Beispiel nur skizziert werden.

In einem Unternehmen wird schon seit längerem Wissensmanagement betrieben. Der Schwerpunkt liegt dabei auf Wissensaustauschprozessen. Ein Teil dieses Prozesses sind Projekt-Debriefings, die in Form von Lessons-Learned-Workshops abgewickelt werden. Der für Projekt Management verantwortliche Manager wollte herausfinden, ob und inwieweit tatsächlich ein Wissensaustausch zwischen Projektteams stattfindet. Besonders interessierte ihn dabei, welche Barrieren diesen Prozess behindern.

Er beauftragte eine kleine Arbeitsgruppe, diese Barrieren aufzuspüren. Mitglieder dieser Gruppe waren zwei Projektleiter von größeren Projekten, zwei Projektmitarbeiter, die bereits Erfahrung mit Lessons Learned Workshops hatten, der Verantwortliche für Wissensmanagement (WM) und zwei Experten aus der Organisationsentwicklung (OE). Die Arbeitsgruppe definierte als Zielsetzung „die Identifikation der Barrieren, die den Wissensaustausch zwischen Projektteams behindern". Es wurde auch beschlossen, die Methode Storytelling-Prozess anzuwenden.

Als Untersuchungsgegenstand wurden drei größere Projekte ausgewählt, die thematisch zusammenhängen und innerhalb der letzten drei Jahre abgeschlossen wurden. Bei allen drei Projekten wurden Lessons Learned Workshops durchgeführt und die Erkenntnisse im Intranet veröffentlicht. Die Barrieren wurden vorstrukturiert in die Themen Persönlichkeit, Kommunikation, Organisationsstruktur und Unternehmenskultur. Für die narrativen Interviews wurden neben den Projektleitern der ausgewählten Projekte jeweils drei bis fünf Projektmitarbeiter und je zwei Nutznießer der Projektergebnisse gewonnen. Die Arbeitsgruppe benötigte für diesen Schritt drei jeweils zweistündige Arbeitssitzungen.

1. Erfassung und Analyse

Die 22 narrativen Interviews wurden von den OE- und WM-Experten unter Mithilfe einer Studentengruppe einer sozialwissenschaftlichen Studienrichtung, die Erfahrungen in der qualitativen Sozialforschung sammeln wollten, durchgeführt. Diese Studentengruppe erledigte auch die Transkription der Interviews. Der Aufwand waren ca. 25 Stunden für die Interviews und ca. 140 Stunden für die Transkription. Es entstanden ca. 200 Seiten Interviewtext.

Der Interviewtext wurde von allen Arbeitsgruppenmitgliedern und drei interessierten Studenten aus der Studentengruppe in einer Lesung gesichtet, besonders interessante Interviewstellen gekennzeichnet und den bereits definierten Kategorien zugeordnet. Sollte eine Stelle in keine dieser Kategorien passen, wurde eine neue Kategorie vorgeschlagen. Für diesen Schritt benötigten die Arbeitsgruppenmitglieder im Schnitt acht Stunden.

In fünf jeweils dreistündigen Arbeitssitzungen wurde der Extraktionsprozess immer weiter vorangetrieben, bis sich die Hauptkategorien herauskristallisiert hatten und die interessantesten Interviewstellen feststanden. Damit war die Analysephase abgeschlossen.

2. Aufbereitung und Visualisierung

Aus der Zielsetzung und der Untersuchung mehrerer Ereignisse ergab sich zwingend die Grundstruktur nach den Hauptkategorien. Ein chronologischer Aufbau war in diesem Fall keine Option. Die Hauptkategorien wurden z.B. zu den Kapiteln (= Hauptbarrieren bzw. rote Fäden) „Der Zeitfaktor oder die verpassten Lernchancen" und „Das stumme Intranet" in der Erfahrungsgeschichte. Jedes dieser Kapitel wurde mit einer passenden Anekdote aus den Interviews und einer Comic-Zeichnung eingeleitet, dann folgten die zugehörigen Zitate zu dieser Hauptkategorie. Ergänzt wurde diese Auswahl durch Fragen und Kommentare der Autoren wie z.B. „Wie bringt man das Intranet zum Sprechen?" oder „Was kümmert mich das Gebrabbel der anderen, ich weiß sowieso, wie es geht." oder „Zeit ist Geld, miteinander reden ist Verschwendung von Ressourcen, oder?". Das fertige Erfahrungsdokument umfasste 35 Seiten und sechs Kapitel. Der Aufwand betrug ca. 40 Stunden.

Allen Interviewpartnern wurden ihre Zitate in elektronischer Form mit der Bitte um Freigabe zugesandt. Mit jedem Befragten, der Streichungen vornehmen wollte, wurde ein Einzelgespräch geführt, um die Kürzungen auf ein Mindestmaß zu reduzieren. In Summe wurden lediglich vier Passagen gestrichen, wodurch sich das validierte Erfahrungsdokument um knapp eine Textseite verkürzte.

3. Verbreitung und Implementierung

Zur Verbreitung der Erfahrungsgeschichte wurden mehrere Transfer-Workshops mit gemischten Gruppen aus Projektleitern, -mitarbeitern und Managern durchgeführt. Aus den Erkenntnissen, die aus diesen Workshops gewonnen wurden, wurden Maßnahmen eingeleitet, die mittelfristig halfen, den Wissensaustausch zwischen Projektteams nachhaltig zu verbessern. Z.B. wird nun halbjährlich ein Erfahrungsaustausch-Workshop durchgeführt, den Mitarbeiter aus aktuell laufenden und kürzlich abgeschlossenen Projekten selbstorganisiert durchführen. Sie werden dabei von den OE-Experten unterstützt. Diese Workshops haben sich mittlerweile zu einem Fixpunkt in der Organisation entwickelt, was darauf schließen lässt, dass sie sich als nützlich für die Zielgruppe erwiesen haben.

Stufenweise Digitalisierung

Stufe 0: Alle Phasen eines Storytelling-Prozesses kommen weitgehend ohne Technikunterstützung aus. Die Transskripte und die Erfahrungsgeschichte werden mit Hilfe eines Textverarbeitungssystems erstellt.

Stufe 1: Alle Aktivitäten, die eine Diskussion und Abstimmung im Team erfordern, und die Interviews werden mit Hilfe eines Werkzeugs der Kategorie *kommunizieren* (Videokonferenz) durchgeführt. Für eine breite Verteilung der Erfahrungsgeschichte nutzt man ein Werkzeug der Kategorie *verteilen.*

Stufe 2: Die Erfahrungsgeschichte wird mit Hilfe eines Werkzeugs der Kategorie *teilen* den Interviewpartnern zur Validierung bereitgestellt, ebenso für deren zielgruppengerechte Verbreitung.

Stufe 3: In allen Phasen kommt ein Werkzeug der Kategorie *zusammenarbeiten* zum Einsatz. Es ersetzt den Einsatz von Werkzeugen aus den Kategorien *kommunizieren, teilen* und *verteilen* vollständig.

Von einer vollständigen Digitalisierung der Methode ist abzuraten. Die narrativen Interviews und die Transfer-Workshops liefern bessere Ergebnisse, wenn sie ohne Werkzeugunterstützung durchgeführt werden. Der Grund dafür ist, dass bei persönlichem Kontakt zwischen den Beteiligten ein weit größerer Anteil an implizitem Wissen übertragen wird und damit in die Erfahrungsgeschichte bzw. Ergebnisse aus den Transfer-Workshops einfließt.

Grenzen/Risiken und Anwendungskompetenzen

Befragte bei narrativen Interviews sind oft unsicher, was von ihnen konkret erwartet wird. Sie sind in dem Irrglauben, dass nur „große" Geschichten von Interesse sind. Die Interviewer versichern allen Interviewpartnern, dass jede noch so unspektakuläre Episode im Rahmen des untersuchten Ereignisses wichtiges Erfahrungswissen enthalten kann. Ev. spielen sie ihnen eine kurze Audiosequenz als Beispiel vor. Sobald diese Hürde genommen ist, kommt der Erzählfluss in Gang.

Während des gesamten Interviews muss der Interviewer die Haltung des aufmerksamen Zuhörers einnehmen. Befragte haben meist sehr feine Antennen für den Grad des Interesses an ihren Erzählungen. Sie bemerken rasch, wenn der Interviewer nicht mehr ganz bei der Sache ist, und stoppen ihren Redefluss. Dem Interviewer wird es in diesem Fall nur schwer gelingen, das Interview mit guter Qualität fortzusetzen.

Ein narratives Interview so zu steuern, dass ein Optimum an Ergebnissen erreicht wird, ist eine besondere Herausforderung. Der Interviewer muss den Erzählfluss in Gang setzen und so lange aufrechterhalten, bis der Interviewte seine Sicht auf das Ereignis möglichst vollständig berichtet hat. Ein Zuviel an Fragen kann das Interview genauso stören wie ein zu lange anhaltendes Schweigen der Interviewpartner. Eine gute Balance zu finden, ist hier die Kunst.

Neben der anspruchsvollen qualitativen Inhaltsanalyse der Transkripte ist die finale Auswahl jener Interviewteile, die zur Erfahrungsgeschichte zusammengesetzt werden soll, keine triviale Aufgabe. Die gewählten Textstücke sollen für die Zielgruppe eine spannende Lektüre darstellen. Die unterschiedlichen oder auch widersprüchlichen Aussagen beleuchten das Geschehen aus vielen Blickwinkeln und lassen damit das Erfahrungswissen der Befragten an die Oberfläche treten. Aus diesem Grund ist es besonders wichtig, dass die Interviewten so gut wie keine Streichungen vornehmen, auch wenn sie vielleicht in der einen oder anderen Schilderung nicht im besten Licht erscheinen. Eine zu geglättete Erfahrungsgeschichte verfehlt ihr Ziel, aus den Erfahrungen anderer lernen zu können.

Die Erfahrungsgeschichte wird ihre Wirkung nur entfalten können, wenn die Entscheidungsträger in den organisationalen Lernprozess entsprechend eingebunden und willens sind, identifizierte Optimierungsmaßnahmen auch tatsächlich umzusetzen und auf deren nachhaltige Verankerung in der Organisation zu achten.

Von allen Befragten wird vor allem die Bereitschaft erwartet, offen über ihre positiven und negativen Erfahrungen zu berichten. Die Interviewer benötigen Erfahrung im Führen von narrativen Interviews und im Bedienen des technischen Equipments für die Aufzeichnung der Interviews. Die Erfahrungshistoriker benötigen ausgezeichnete Kenntnisse der qualitativen Inhaltsanalyse sowie der didaktischen und visuellen Aufbereitung der Erfahrungsgeschichte. Gute Kommunikations- und Moderationsfertigkeiten sind bei den Moderatoren der Transferworkshops von Nöten.

Referenzen

Erlach, C. (2017a). *Wissenstransfer von Erfahrungswissen bei ausscheidenden Experten.* In: A. Borgmeier, A. Grohmann & S. F. Gross (Hrsg.), Smart Services und Internet der Dinge: Geschäftsmodelle, Umsetzung und Best Practices. München: Hanser, S. 165-178.

Erlach, C. (2017b). *Wissenstransfer mit Geschichten.* In: J. Chlopczyk (Hrsg.), Beyond Storytelling. Narrative Ansätze und die Arbeit mit Geschichten in Organisationen. Berlin: Springer Gabler, S. 275-301.

Erlach, C.; Lange, S. (2013). *Die unsichtbare Triebfeder in Großprojekten: Implizites Wissen von Experten. Explizieren mit narrativen Methoden am Beispiel des Baus einer Hochtechnologie-Halle.* In: T. Arns, M. Bentele, J. Niemeier, P. Schütt & M. Weber (Hrsg.), Wissensmanagement und Social Media – Markterfolg im Innovationswettbewerb. Kongressband zur KnowTech 2013, 15. Kongress für Wissensmanagement und Social Media. Berlin: GITO, S. 207-214.

Erlach, C.; Klein, J. (2015). *Storytelling von Erfahrungswissen – Wissenstransfer im After Sales Service eines mittelständischen Maschinenbauunternehmens.* In: P. Geißler & P. Kruse (Hrsg.): Das vernetzte Unternehmen. Wie der Digital Workplace unsere Zusammenarbeit neu gestaltet. Norderstedt: Books on Demand, S. 185-196.

Erlach, C.; Thier, K.; Neubauer, A. (2004). *Story-Telling - mit Geschichten Organisationen bewegen.* Online-Zeitschrift C-O-K, Community-of-Knowledge. http://www.community-of-knowledge.de/fileadmin/user_upload/attachments/Story_Telling_NARRATA.pdf, Abruf: 01.06.2019.

Kleiner, A.; Roth, G. (1998). *Story Telling zur Konstruktion von Erfahrungsgeschichten: Wie sich Erfahrungen in der Firma besser nutzen lassen.* Harvard Business Manager, 5 (1998), S. 9-15.

Mayring, P. (2007). *Qualitative Inhaltsanalyse. Grundlagen und Techniken* (9. Auflage, erste Auflage 1983). Weinheim: Deutscher Studien Verlag.

Mittelmann, A.; Schatzl, G. (2014). *Durch Story Telling implizites Projektwissen heben und weitergeben.* In: Pircher, Richard (Hrsg.): Wissensmanagement Wissenstransfer Wissensnetzwerke. 2. Auflage, Erlangen: Publicis, S. 139-149.

Roth, G.; Kleiner, A. (1998). *Developing Organizational Memory Trough Learning Histories.* Organizational Dynamics, 26, S. 43-59.

Story-Telling-One-Day

Story-Telling-One-Day ist ein Storytelling-Prozess verkürzt auf einen Tag, um Erfahrungswissen aus Projekten oder projektähnlichen Aufgaben zu erheben und zu dokumentieren.

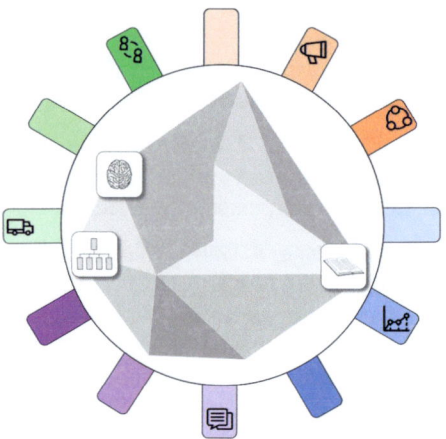

Diese Methode ist daher im Semantischen Raum zwischen *Organisationen, Kompetenzen* und *Wissensobjekte* zu finden.

Für die Digitalisierung der Methode Story-Telling-One-Day können Werkzeuge aus den Kategorien *kommunizieren, befragen, teilen, verteilen, zusammenarbeiten* oder *visualisieren* zum Einsatz kommen.

Die Methode

Story-Telling-One-Day ist eine verkürzte Variante eines Storytelling-Prozesses (siehe Seite 159), die am Ende eines Projekts oder einer projektähnlichen Aufgabe zum Einsatz kommt. Sie dient dem Identifizieren und Dokumentieren von Erfahrungswissen aus dem Projektgeschehen. Diese Methode ist für Organisationen gedacht, die sich nur wenig Zeit für Wissenssicherung nehmen können bzw. wollen, aber nicht auf das Lernen aus Erfahrungen verzichten möchten.

Ziel und Nutzen

Ziel der Methode Story-Telling-One-Day ist es, innerhalb eines Tages erfolgskritisches Erfahrungswissen nach Abschluss von Projekten oder projektähnlichen Aktivitäten zu erheben, zu strukturieren und für die Wiederverwendung zu dokumentieren.

Anwendung

Der Methodeneinsatz erfolgt in folgenden Schritten:

1. Erfolgsfaktoren identifizieren

Nach einer kurzen Einführung in die Methode werden die Teilnehmer gebeten, ihre positiven und negativen Erinnerungen an das Projektgeschehen auf Moderationskarten zu schreiben. Im Anschluss daran werden diese Kärtchen gruppiert und die Cluster mit passenden Erfolgsfaktoren (Beispiele siehe Abbildung 32) versehen.

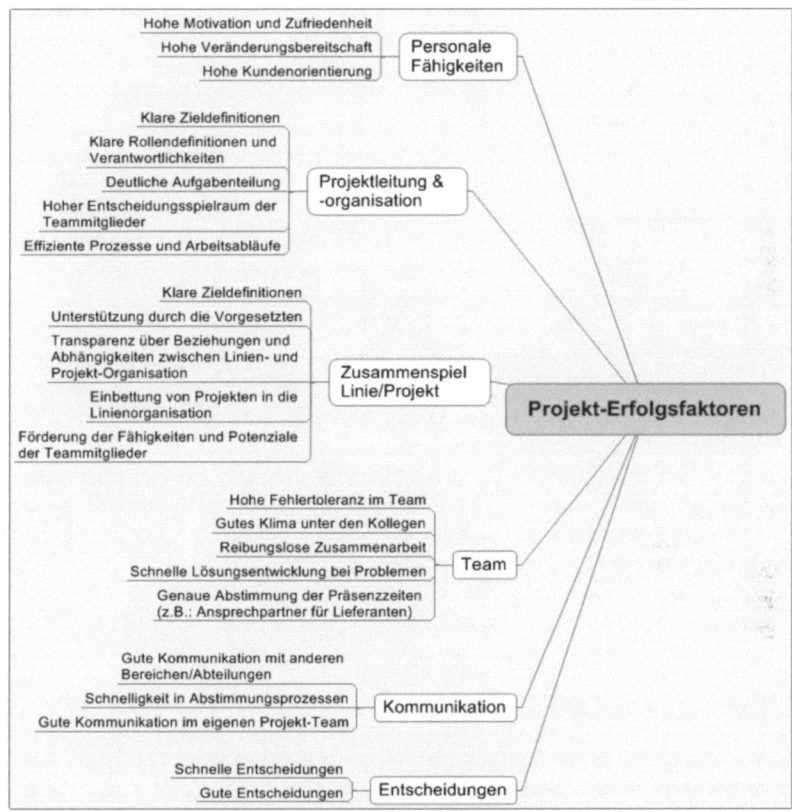

Abbildung 32: Beispiele Projekterfolgsfaktoren

Um diesen Schritt werkzeugunterstützt durchzuführen, verwendet der Moderator ein Werkzeug aus der Kategorie *kommunizieren*, das neben virtueller Kommunikation zwischen den Teilnehmern auch das gemeinsame Bearbeiten von Dokumenten ermöglicht. Alternativ kann er ein Werkzeug der Kategorie *befragen* oder *zusammenarbeiten* einsetzen, um alle Beiträge zu sammeln, zu gruppieren und für die Teilnehmergruppe zu visualisieren.

2. Projektlebenslinie skizzieren

In Kleingruppen zeichnen die Projektteammitglieder eine Projektlebenslinie (siehe Abbildung 33) über den Verlauf des Projektes mit allen Höhen und Tiefen, wie sie das Projektgeschehen erlebt haben.

Die Teilnehmer verwenden ein Werkzeug aus der Kategorie *kommunizieren* wie oben oder eines aus der Kategorie *zusammenarbeiten*, ergänzt um ein Werkzeug der Kategorie *visualisieren* für die Darstellung der Ergebniskurven.

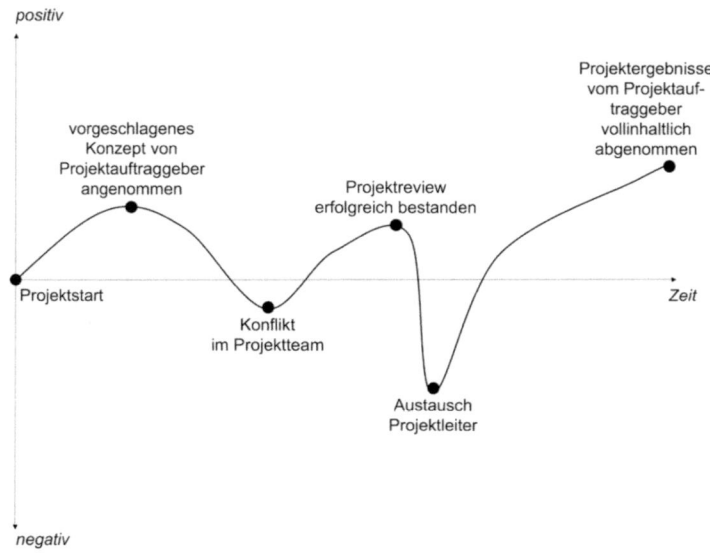

Abbildung 33: Beispiel einer Projektlebenslinie

3. Projektgeschichten erarbeiten

Die Kleingruppen erarbeiten zum tiefsten Tal und zur höchsten Höhe aus der Projektlebenslinie je eine Geschichte. Sie wählen Inhalte aus, aus der die Gründe für die positive bzw. negative Entwicklung ersichtlich sind. Die Wahl der Darstellungsform ist ihnen völlig freigestellt. Sie können Bilder oder Collagen anfertigen, Gereimtes mit oder ohne Musik dichten, einen Sketch mit oder ohne Worte vorbereiten. Je kreativer die Gruppen vorgehen, desto mehr implizites Wissen wird transportierbar.

Der Einsatz eines Werkzeugs aus der Kategorie *kommunizieren* ist in diesem Schritt möglich, aber nicht unbedingt effektiv. Ein physisches Treffen ist an dieser Stelle angeraten.

Organisationales Lernen entfalten

4. Geschichten präsentieren und Beobachtungen notieren

Die Kleingruppen präsentieren entweder im Plenum oder vor definierten Beobachtern (abhängig von der Größe des Projektteams) ihre Geschichten. Die Beobachter notieren sich für sie interessante Zitate oder Eindrücke über beobachtete Einstellungen, Werte, Entscheidungswege, Problemlösungen und Meilensteine. Sie sollen dabei sowohl auf zwischenmenschliche als auch auf fachliche Aspekte achten.

Der Einsatz eines Werkzeugs aus der Kategorie *kommunizieren* ist in diesem Schritt ebenfalls möglich, aber nicht unbedingt nutzbringend. Ein physisches Treffen liefert bessere Ergebnisse.

5. Wahrnehmungen sammeln und den Erfolgsfaktoren zuordnen

Die Beobachter berichten und diskutieren über ihre Wahrnehmungen, die den Erfolgsfaktoren zugeordnet werden. Als Ergebnis entsteht daraus je Erfolgsfaktor ein Flip-Chart mit allen Wahrnehmungen der Teilnehmer, die im Folgeschritt zu guten Praktiken (Good Practices) verdichtet werden.

Die Teilnehmer können in diesem Schritt ein Werkzeug aus der Kategorie *kommunizieren* oder eines aus der Kategorie *zusammenarbeiten* verwenden. Die Ergebnisdokumente werden mit Hilfe eines Werkzeugs der Kategorie *teilen* oder *zusammenarbeiten* allen Beteiligten zur Verfügung gestellt.

6. Erfahrungsdokument erstellen

Die dokumentierten Wahrnehmungen aus dem vorangegangenen Schritt werden zu einem strukturierten Erfahrungsdokument weiterverarbeitet. Je Erfolgsfaktor ist darin beschrieben, warum dieser Erfolgsfaktor wichtig für dieses Projekt war, wie die reale Situation in Bezug auf diesen Erfolgsfaktor im Projekt ausgesehen hat und wie sich die Beteiligten den Idealzustand vorstellen würden. Aus dieser Beschreibung können zukünftige Projektleiter und -mitarbeiter von ähnlichen Projektvorhaben leicht erschließen, worauf sie achten müssen bzw. was sie von Beginn an anders oder besser machen können.

Statt eines Erfahrungsdokuments kann auch eine Check- oder Fragenliste erstellt werden. Die Checkpunkte oder Fragen enthalten die umformulierten Erfahrungen, worauf in Projekten geachtet werden soll. Projektleiter und -mitarbeiter nutzen diese Check- oder Fragenliste zu Beginn eines neuen Projekts für ihre Projektplanung. Auf diese Art und Weise wird das Erfahrungswissen aus vorangegangenen Projekten im neuen Kontext genutzt.

Die Erstellung der Ergebnisdokumente kann mit Hilfe eines Werkzeugs der Kategorie *kommunizieren* oder *zusammenarbeiten* erfolgen. Die Veröffentlichung der Ergebnisdokumente geschieht mit Unterstützung eines Werkzeugs der Kategorie *verteilen* oder *zusammenarbeiten*.

Stufenweise Digitalisierung

Stufe 0: Alle Schritte von Story-Telling-One-Day kommen weitgehend ohne Technikunterstützung aus. Das Erfahrungsdokument wird mit Hilfe eines Textverarbeitungssystems, die Check- oder Fragenliste mit einem Tabellenkalkulationsprogramm erstellt.

Stufe 1: Alle Aktivitäten, die eine Diskussion und Abstimmung im Team erfordern, werden mit Hilfe eines Werkzeugs der Kategorie *kommunizieren* (Webkonferenz) durchgeführt. Für die Verteilung der Erfahrungsgeschichte bzw. der Check- und Fragenliste nutzt man ein Werkzeug der Kategorie *verteilen*.

Stufe 2: Die Erfahrungsgeschichte wird mit Hilfe eines Werkzeugs der Kategorie *teilen* zielgruppengerecht verbreitet.

Stufe 3: In allen Schritten kommt ein Werkzeug der Kategorie *zusammenarbeiten* zum Einsatz. Es ersetzt den Einsatz von Werkzeugen aus den Kategorien *kommunizieren, teilen* und *verteilen*.

Stufe 4: Eine vollständige Digitalisierung der Methode ist möglich, aber nicht unbedingt wirkungsvoll. Zumindest die Schritte 3 und 4 (Projektgeschichten erarbeiten und präsentieren) liefern bessere Ergebnisse, wenn sie ohne Werkzeugunterstützung im Rahmen eines Workshops durchgeführt werden. Durch den persönlichen Kontakt zwischen den Beteiligten wird ein weit größerer Anteil an implizitem Wissen übertragen und damit in die Erfahrungsgeschichte bzw. Check- und Fragenliste eingearbeitet.

Grenzen/Risiken und Anwendungskompetenzen

Das größte Risiko bei der Anwendung der Methode ist der versteckte oder offene Widerstand der Teilnehmer, ihre Erlebnisse mit anderen zu teilen. Die Gründe können vielfältig und für jeden einzelnen unterschiedlich sein. Eine kollektive Verweigerungshaltung deutet auf eine Unternehmenskultur hin, in der ein offener Austausch zwischen Mitarbeitern unerwünscht ist. In so einem Klima sollte von einer Anwendung abgesehen werden.

Wenn eine kleinere Gruppe von Teilnehmern die Mitwirkung verweigert, kann mit der Restgruppe die Anwendung erfolgen. Die Qualität der Ergebnisse wird allerdings darunter leiden. Falls sich herausstellen sollte, dass die beiden Teilgruppen ein konfliktbehaftetes Verhältnis zueinander haben, arbeitet der Moderator in den zwei strikt getrennten Gruppen und führt die beiden Teilergebnisse hinterher zusammen.

Es kann passieren, dass sich niemand findet, der aus den Wahrnehmungen je Erfolgsfaktor ein Erfahrungsdokument o.ä. erstellen will. Die dokumentierten Beobachtungen sind nur eingeschränkt brauchbar, um daraus für zukünftige Projekte zu lernen. Es besteht die Gefahr, dass niemand sie nutzt. Der Organisation entgehen damit Lernchancen, ganz zu schweigen von den verschwendeten Ressourcen für Abarbeitung der ersten fünf Schritte.

Die Schlüsselrolle in dieser Methode hat der Moderator. Neben der Methodenkenntnis benötigt er ausgeprägte Kommunikations- und Moderationsfertigkeiten. Von den Teilnehmern wird vor allem die Bereitschaft zur Mitteilung eigener Erlebnisse und Erfahrungen erwartet sowie Lernbereitschaft.

Referenzen

Mittelmann, A.; Schatzl, G. (2006). *Durch Story Telling implizites Projektwissen (er)heben und weitergeben.* In: Pircher, Richard (Hrsg.): Wissen wirkt: Die praktische Umsetzung von Wissensmanagement in kleinen, mittleren und großen Organisationen aus Österreich, Deutschland, Schweiz. Krems, S. 104-112.

Mittelmann, A.; Schatzl, G. (2014). *Durch Story Telling implizites Projektwissen heben und weitergeben.* In: Pircher, Richard (Hrsg.): Wissensmanagement Wissenstransfer Wissensnetzwerke. 2. Auflage, Erlangen: Publicis Publishing, S. 139-149.

Mittelmann, A. (2011). *Variante Story-Telling-One-Day.* In: Mittelmann, A., Werkzeugkasten Wissensmanagement. Norderstedt: Books on Demand, S. 104-107.

Transfer Stories

Transfer Stories werden genutzt, um schwer erfassbares
Erfahrungswissen von lang-
jährigen Mitarbeitern zu
heben, zu dokumentieren und
in der Organisation zu verbreiten. Das Ergebnis der Methodenanwendung ist eine
Wissenslandkarte angereichert
mit narrativen Elementen,
Kontext- und Hintergrund-
informationen in visueller und
Textform.

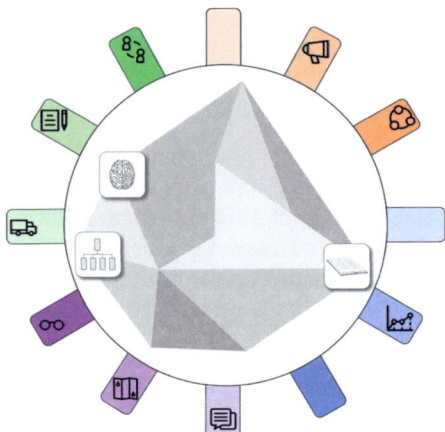

Diese Methode ist daher im
Semantischen Raum zwischen *Organisationen*, *Kompetenzen* und *Wissens-*
objekte zu finden.

Für die Digitalisierung der Methode Transfer Stories können Werkzeuge aus
den Kategorien *kommunizieren*, *visualisieren*, *befragen*, *teilen*, *verteilen*,
veröffentlichen, *zusammenarbeiten*, *lernen* oder *spielen* zum Einsatz
kommen.

Die Methode

Transfer Stories ist eine Methode, die in fünf Phasen (siehe Abbildung 34)
abläuft. Im Unterschied zum Storytelling-Prozess (siehe Seite 159) liegt hier
der Fokus auf dem Erfahrungswissen eines Experten und nicht auf den Erfahrungen aller Beteiligten während eines bedeutsamen Zeitabschnitts der
Organisation. Die Methode wurde vom Beraternetzwerk NARRATA Consult entwickelt und in der Praxis eingesetzt.

Das Besondere an dieser Wissenstransfermethode ist, dass der Experte die
Themenhoheit über sein Erfahrungswissen behält, anstatt von Begleitern mit
Hilfe von Fragen durch den Transferprozess geführt zu werden. Kern der
Methode sind narrative Interviews (siehe Befragung auf Seite 136), in denen
der Experte gebeten wird, für ihn bedeutsame Ereignisse sowohl positiver
als auch negativer Natur auf einer Ereigniskurve (auch: Lebenslinie einer
Funktion, Beispiel siehe Abbildung 35) einzuzeichnen und dann darüber zu
reden. Aus den transkribierten Gesprächsprotokollen werden jene Wissens-

themen abgeleitet, die für die Funktion des Experten eine essentielle Rolle spielen, und wichtige Inhalte zusammengefasst.

1 Planung	✓ Wissensbedarfe, -themen ✓ Fokussierung ✓ Priorisierung
2 Wissenstransfer-Gespräche	✓ Wissenslandkarte (Jobmap) ✓ Mindmap, Folien, Audiofiles ✓ Transferplan (Experte)
3 Planung Transfermaßnahmen	✓ Finalisierung Transferplan (alle Stakeholder) ✓ Vereinbarung weiterer konkreter Aktivitäten
4 Umsetzung Transfermaßnahmen	✓ Podcasts, Lernvideos ✓ Trainings ✓ Moderierte Gespräche
5 Retrospektive	✓ Lessons Learned ✓ Prozess-Verbesserung ✓ Planung Standardisierung

Abbildung 34: Die fünf Phasen der Methode „Transfer Stories" (nach Erlach/Klein 2015)

Die Wissensbedarfe aller Personen im beruflichen Umfeld des Experten werden durch weitere strukturierte und narrative Dialoge gedeckt, die kontextgebundenes Erfahrungswissen rund um diese Themengebiete an die Oberfläche bringen. Die Entwicklung und Umsetzung eines Transferplans gemeinsam mit allen Interessengruppen (Vorgesetzte, Mitarbeiter, Kollegen Personalentwicklung, etc.) komplettieren die Methode.

Ziel und Nutzen

Durch die geschickte Kombination von strukturierten und narrativen Elementen verbinden Transfer Stories das stark kontextbehaftete Erfahrungswissen mit dem Fachwissen und den Sachinformationen des Experten. Das „nackte" Sach-/Fachwissen wird dadurch emotional angereichert. Transfer Stories liefern als einzige Wissenstransfermethode eine umfassende Dokumentation von Erfahrungswissen, die narrativ und visuell aufbereitet ist. Der Transfer in die Organisation wird damit wesentlich erleichtert.

Anwendung

Eine kleine Projektgruppe aus dem Unternehmen begleitet den gesamten Prozess, die z.B. aus einer Führungskraft der betroffenen Organisationseinheit, einem Personalentwickler, einem Wissensmanagement- und/oder einem Qualitätsmanagement-Beauftragten zusammengesetzt sein kann. Wenn es keine Experten für die Methode in der Organisation gibt, wird diese Gruppe um externe Spezialisten erweitert. Die in Interviewtechnik geübteste Person übernimmt die Moderatorenrolle für alle Gespräche und Workshops im Prozessablauf.

1. Planung

Um das Wissen eines Experten für die Organisation bestmöglich nutzbar zu machen, formulieren in dieser Phase alle potenziellen Wissensnehmer (z.B. Nachfolger, Vorgesetzte, Kollegen aus der Organisationeinheit des Experten) schriftlich ihre konkreten Wissensbedarfe. Dadurch werden bestimmte Themen aus der Fülle des Expertenwissens selektiert und Schwerpunkte gesetzt.

In den Vorgesprächen mit allen Beteiligten wird deren Bereitschaft geklärt, Wissen weiterzugeben und anzunehmen. Unter welchen Bedingungen dies geschieht und welche Regeln dabei gelten, sind ebenfalls Teil der Vereinbarungen. Es kann z.B. für einen gelingenden Transferprozess wichtig sein, dass der Experte alle Textpassagen, die er Dritten nicht zugänglich machen will, aus den Gesprächsprotokollen vor der Freigabe löschen lassen kann. Zusammengefasst enthält das Ergebnisprotokoll dieser Phase die Schwerpunktthemen, die fixierten Rahmenbedingungen und vereinbarten Regeln für den nachfolgenden Wissenstransferprozess.

In dieser Phase können Werkzeuge der Kategorie *kommunizieren* für alle Gespräche zum Einsatz kommen. Für die Erhebung der Wissensbedarfe kann ebenfalls ein Werkzeug der Kategorie *kommunizieren* oder *befragen* und für die Verteilung des Ergebnisprotokolls eines aus der Kategorie *teilen* oder *zusammenarbeiten* genutzt werden.

2. Wissenstransfer-Gespräche

Die Wissenstransfer-Gespräche beginnen mit offenen Interviews mit dem Wissensträger. Er wird durch eine einfache offene Frage wie „Was haben Sie alles im Rahmen Ihrer Tätigkeit erlebt?" zum Erzählen über seine Erfahrungen in emotional relevanten Situationen in seinem Berufsleben angeregt. Zur Unterstützung des Erzählprozesses werden Ereigniskurven (siehe Abbildung 35) verwendet, in der die vom Experten ausgewählten Situationen eingezeichnet werden. Die Aufgabe des Moderators ist dabei die des aufmerksamen Zuhörers und naiv Nachfragenden, um dem Wissensgeber die Explikation seines Erfahrungswissens zu erleichtern. Falls Wissensnehmer an diesen Interviews teilnehmen, können sie Details nachfragen, die sie besonders interessieren.

Die Interviews werden, die explizite Zustimmung des befragten Experten vorausgesetzt, aufgezeichnet und anschließend transkribiert. Unter Zuhilfenahme der qualitativen Inhaltsanalyse wird in den Transkripten nach Wissensstrukturen gesucht und verborgene Zusammenhänge offengelegt. Die Visualisierung der Wissensstrukturen erfolgt mit Hilfe einer Mindmap (=Wissenslandkarte, siehe Seite 315). Die Inhalte und Zusammenhänge werden zu Erfahrungsgeschichten verdichtet. Der Wissensgeber erhält anschließend diese Ergebnisse mit der Bitte um Korrektur bzw. Freigabe.

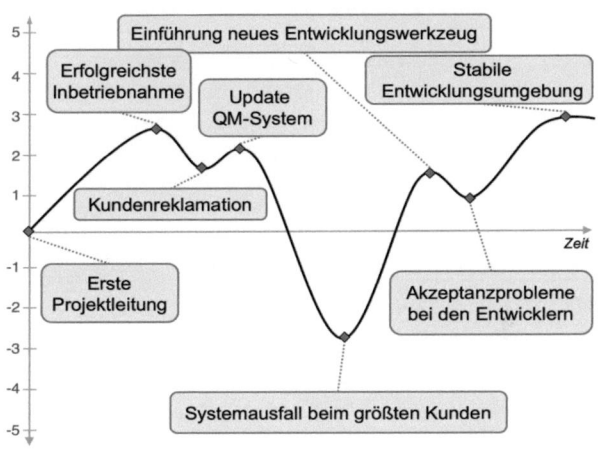

Abbildung 35: Ereigniskurve eines Experten (Ausschnitt, beispielhaft)

Daran anschließend folgen zwei bis vier vertiefende halbstrukturierte Interviews, in denen Details zu den identifizierten Wissensgebieten und den Themen aus der Wissensbedarfsanalyse nachgefragt werden. Die Wissensnehmer stellen ergänzende Fragen, die sich aus dem Prozess ergeben. Es werden Tabellen mit Kontaktdaten von Schlüsselpersonen und Mindmaps mit Links zu relevanten Wissensobjekten angelegt. Auf diese Art und Weise entsteht eine umfassende Dokumentation des Expertenwissens, die sowohl explizites als auch Kontext- und Erfahrungswissen, angereichert mit narrativen und visuellen Elementen, enthält.

Für eine organisationsweite Nutzung dieser Dokumentation ist die explizite Freigabe durch den Experten erforderlich, weil sie seine persönlichen Erfahrungen und Informationen enthält. Darüber hinaus entsteht eine Liste von Aktivitäten (z.B. persönliches Kennenlernen von Schlüsselpersonen, Besuch einer Produktionsstätte oder wichtiger Kunden), die nur außerhalb der Interviews erledigt werden können. Diese Liste, der sog. Transferplan, wird in der Folgephase ergänzt.

Alle Interviews können unter Zuhilfenahme von Werkzeugen der Kategorie *kommunizieren* durchgeführt werden. Die Auswertung der Transkripte kann mit Unterstützung eines Werkzeugs der Kategorie *zusammenarbeiten* oder *visualisieren* erfolgen. Die Ergebnisse dieser Phase können mit Hilfe eines Werkzeugs der Kategorie *teilen*, *verteilen* oder *lernen* einem weiteren Personenkreis zur Verfügung gestellt werden.

3. Planung Transfermaßnahmen

In den vorangegangenen Phasen waren der Wissensgeber und die unmittelbaren Wissensnehmer eingebunden. Der in der Gesprächsphase entstandene Transferplan enthält daher nur Maßnahmen, die diese Personengruppe betreffen. Nun werden alle Interessengruppen (weitere Wissensnehmer, Führungskräfte der Betroffenen, Personalentwicklung, etc.) zu einem Transfer-Workshop eingeladen, in dem ein Überblick über alle bisherigen Ergebnisse gegeben, der vorliegende Transferplan diskutiert und ergänzt wird, um einen erweiterten Wissensweitergabe-Prozess zu initiieren, in den alle potenziellen Wissensnehmer eingebunden werden.

Ein Werkzeug der Kategorie *kommunizieren* kann bei diesem Workshop verwendet werden, wenn für den Transferprozess wichtige Personen nicht persönlich teilnehmen können. Für die Verbreitung des finalisierten Transferplans kann ein Werkzeug der Kategorie *teilen* oder *zusammenarbeiten* zum Einsatz kommen.

4. Umsetzung Transfermaßnahmen

Narrative und strukturierte Transfer-Gespräche sowie eine umfassende Dokumentation sind eine exzellente Basis für einen erfolgreichen Wissensweitergabe-Prozess in einer Organisation. Jedoch erst wenn Wissensgeber und -nehmer sich direkt am Arbeitsplatz austauschen, entsteht bei den Wissensnehmern ein ganzheitliches Verständnis für die Zusammenhänge im laufenden Betrieb.

Das ist eine unumgängliche Ergänzung, damit die Dokumentation nicht nur verstanden, sondern auch zielgerichtet genutzt und weiter verbessert wird,

Organisationales Lernen entfalten

auch wenn der Experte nicht mehr zur Verfügung steht. Genau das bewirken die geplanten Transfermaßnahmen. Die Führungskräfte begleiten die Umsetzung der Transfermaßnahmen und geben, wenn nötig, Unterstützung. Sie können diese Phase nutzen, um einen Wissensweitergabe-Prozess prototypisch für die gesamte Organisation zu entwickeln. Je mehr Möglichkeiten der physischen und virtuellen Interaktion (z.B. Tagging, Kommentieren oder Ergänzen von bereitgestellten Wissensobjekten) im Rahmen eines Wissenstransfer-Prozesses zur Verfügung stehen, desto nachhaltiger wird sich Wissensweitergabe in der Organisation etablieren.

Je nach Art der Maßnahmen können in dieser Phase verschiedene Werkzeuge zum Einsatz kommen. Speziell bei der kollaborativen Weiterentwicklung von Transferinhalten kann ein Werkzeug der Kategorie *veröffentlichen* unterstützen. Werkzeuge der Kategorie *lernen* oder *spielen* können ergänzend genutzt werden, um wichtige Inhalte in e-Learning-Einheiten (z.B. Lernvideos) oder Lernspiele zu verpacken und damit neuen Mitarbeitern im Rahmen ihrer Einschulungsphase zugänglich zu machen.

5. Retrospektive

Nach einer angemessenen Zeitspanne kommen alle am Wissensweitergabe-Prozess Beteiligten zusammen, um den Erfolg des Transferprozesses einer kritischen Prüfung zu unterziehen. Alternativ oder ergänzend kann eine Befragung durchgeführt werden. Alle positiven und negativen Erfahrungen im Rahmen der Methodenanwendung werden gemeinsam gesammelt und Verbesserungsmaßnahmen für den Wissenstransfer-Prozess abgeleitet. Abschließend erfolgt die Planung der Standardisierung des prototypisch durchgeführten Transferprozesses.

Wenn vom Auftraggeber gewünscht, wird auch eine quantitative Bewertung des Transfererfolgs durchgeführt. Falls nicht bereits zu Beginn des Gesamtprozesses Evaluierungskriterien entwickelt und vereinbart wurden, ist jetzt der späteste Zeitpunkt für diese Aktivität. Ggfs. kann an dieser Stelle ein Assessalog (siehe Seite 290) eingesetzt werden, um den Entwicklungs- und Bewertungsprozess zu erleichtern und zu beschleunigen. Die visualisierte Darstellung der Ergebnisse dient dem Erfolgsnachweis gegenüber dem Auftraggeber und als Ergänzung der Kommunikation für die organisationsweite Einführung des Wissenstransfer-Prozesses.

Die Sammlung der Erfahrungen und die Ableitung von Optimierungsmaßnahmen können durch Werkzeuge der Kategorien *kommunizieren, teilen* oder *zusammenarbeiten* unterstützt werden. Falls eine Befragung durchgeführt wird, wird ein Werkzeug der Kategorie *kommunizieren* oder *befragen* eingesetzt. Für die Dokumentation und Veröffentlichung der Erfahrungen, Maßnahmen und ggfs. der Evaluierungsergebnisse können Werkzeuge der Kategorie *verteilen* oder *zusammenarbeiten* und *visualisieren* verwendet werden.

Stufenweise Digitalisierung

Stufe 0: Alle Phasen der Methode Transfer Stories kommen weitgehend ohne Technikunterstützung aus. Die Transskripte und die Erfahrungsgeschichte werden mit Hilfe eines Textverarbeitungssystems erstellt.

Stufe 1: Alle Aktivitäten, die eine Diskussion und Abstimmung im Projektteam erfordern, werden mit Hilfe eines Werkzeugs der Kategorie *kommunizieren* (z.B. Videokonferenz) durchgeführt. Für eine breite Verteilung der Dokumentation nutzt man ein Werkzeug der Kategorie *verteilen*.

Stufe 2: Die Ergebnisse der Wissenstransfer-Gespräche werden mit Hilfe eines Werkzeugs der Kategorie *teilen* den Interviewpartnern zur Validierung bereitgestellt, ebenso für deren zielgruppengerechte Verbreitung im Rahmen der Umsetzung von Transfermaßnahmen. Ein Werkzeug der Kategorie *visualieren* wird für die grafische Repräsentation der Wissensstrukturen und die Anreicherung mit Sach- und Hintergrundinformationen sowie narrativen Elementen genutzt. Um die kollaborative Weiterentwicklung der Wissensobjekte zu unterstützen, wird ein Werkzeug der Kategorie *veröffentlichen* eingesetzt.

Stufe 3: In allen Phasen kommt ein Werkzeug der Kategorie *zusammenarbeiten* zum Einsatz. Es ersetzt den Einsatz von Werkzeugen aus den Kategorien kommunizieren, teilen verteilen und veröffentlichen vollständig. Für die die Erhebung der Wissensbedarfe und die strukturierten Teile der Interviews wird ein Werkzeug der Kategorie *befragen* genutzt. Ergänzend können Werkzeuge der Kategorie *lernen* und *spielen* genutzt werden, um wichtige Inhalte möglichst vielen Organisationsmitgliedern zugänglich zu machen.

Von einer vollständigen Digitalisierung der Methode ist abzuraten. Die narrativen Interviews und die Transfer-Workshops liefern bessere Ergebnisse, wenn sie ohne Werkzeugunterstützung durchgeführt werden. Bei persönlichen Gesprächen zwischen den Beteiligten wird ein weitaus größerer Anteil an implizitem Wissen übertragen und fließt damit mehr sowohl in den unmittelbaren Wissenstransferprozess als auch in die Dokumentation ein.

Grenzen/Risiken und Anwendungskompetenzen

Wie bei allen Wissenstransfermethoden ist eines der größten Hindernisse die fehlende Bereitschaft von Wissensgebern, ihr Wissen herzugeben, und von Wissensnehmern, es auch anzunehmen. Auch wenn in der Planungsphase verbindliche Regeln vereinbart wurden, verweigern manche Beteiligte in der konkreten Transfersituation die Wissensweitergabe bzw. -annahme. Eine Weiterführung des Transferprozesses ist unter solchen Vorzeichen aussichtslos. In diesen Fällen gehen die Führungskräfte der betreffenden Mitarbeiter den Beweggründen auf den Grund und beseitigen die Hindernisse. Gelingt dies, kann der Prozess, wie geplant, fortgesetzt werden.

Die Anwendung der Methode ist ein aufwändiger Prozess, der viele Ressourcen bindet. Ob dieser Aufwand tatsächlich gerechtfertigt ist, stellt sich oft erst im Nachhinein heraus. Die Auftraggeber geben die Ressourcen im Vertrauen darauf frei, dass der Wissensweitergabe-Prozess mit Hilfe von Transfer Stories die gesteckten Ziele erreichen wird. Daher sind im Vorfeld des Methodeneinsatzes vertrauensbildende Maßnahmen bei Sponsoren und potenziellen Auftraggebern notwendig. Positive Erfahrungen und sichtbare Erfolge von anderen Organisationen leisten dabei wertvolle Unterstützung (siehe Anwendungsfälle in Erlach 2017a und Erlach/Klein 2015).

Die Dokumentation, die sich unmittelbar aus den Transfer Stories ergibt, ist meist nur für die unmittelbar Beteiligten direkt verwendbar. Damit sie möglichst viele Wissensnehmer nutzen, muss sie stark an deren Bedürfnisse angepasst werden. Das ist ein diffiziler Prozess, der einen hohen Aufwand erfordert. Darüber hinaus ist es wichtig, dass alle Maßnahmen umgesetzt werden, die eine kollaborative Weiterentwicklung dieser Inhalte zur Folge hat.

Ein gelungener Wissenstransferprozess ist abhängig von einer positiven Lernhaltung aller Beteiligten. Von allen Projektteammitgliedern wird Anwendungskompetenz neben guten Teamfähigkeiten und Kommunikationsfertigkeiten erwartet. Der Moderator benötigt darüber hinaus exzellente Fertigkeiten in sowohl narrativen als auch strukturierten Interview- und Moderationstechniken sowie Anwendungskompetenz in qualitativer Inhaltsanalyse.

Referenzen

Erlach, C. (2017a). *Wissenstransfer von Erfahrungswissen bei ausscheidenden Experten.* In: Borgmeier, A.; Grohmann, A.; Gross, S. F. (Hrsg.), Smart Services und Internet der Dinge: Geschäftsmodelle, Umsetzung und Best Practices. München: Hanser, S. 165-178.

Erlach, C. (2017b). *Wissenstransfer mit Geschichten.* In: Chlopczyk, J. (Hrsg.), Beyond Storytelling. Narrative Ansätze und die Arbeit mit Geschichten in Organisationen. Berlin: Springer Gabler, S. 275-301.

Erlach, C.; Klein, J. (2015). *Storytelling von Erfahrungswissen – Wissenstransfer im After Sales Service eines mittelständischen Maschinenbauunternehmens.* In: Geißler, P.; Kruse, P. (Hrsg.), Das vernetzte Unternehmen. Wie der Digital Workplace unsere Zusammenarbeit neu gestaltet. Norderstedt: Books on Demand, S. 185-196.

Erlach, C.; Lange, S. (2013). *Die unsichtbare Triebfeder in Großprojekten: Implizites Wissen von Experten. Explizieren mit narrativen Methoden am Beispiel des Baus einer Hochtechnologie-Halle.*
In: Arns, T.; Bentele, M.; Niemeier, J.; Schütt, P.; Weber, M. (Hrsg.), Wissensmanagement und Social Media – Markterfolg im Innovationswettbewerb, Kongressband zur KnowTech 2013, 15. Kongress für Wissensmanagement und Social Media. Berlin: GITO, S. 207-214.

Dresing, T.; Pehl, T. (2018). *Praxisbuch Interview, Transkription & Analyse. Anleitungen und Regelsysteme für qualitativ Forschende.*
8. Auflage. Marburg, Online-Ausgabe: https://www.audiotranskription.de/-downloads#Praxisbuch, Abruf: 10.5.2019.

Kleiner, A.; Roth, G. (1998). *Story Telling zur Konstruktion von Erfahrungsgeschichten: Wie sich Erfahrungen in der Firma besser nutzen lassen.* Harvard Business Manager, 5 (1998), S. 9-15.

Mayring, P. (2007). *Qualitative Inhaltsanalyse. Grundlagen und Techniken* (9. Auflage, erste Auflage 1983). Weinheim: Deutscher Studien Verlag.

Mittelmann, A.; Schatzl, G. (2014): *Durch Story Telling implizites Projektwissen heben und weitergeben.* In: Pircher, Richard (Hrsg.): Wissensmanagement Wissenstransfer Wissensnetzwerke. 2. Auflage, Erlangen: Publicis, S. 139-149.

Roth, G.; Kleiner, A. (1998): *Developing Organizational Memory Trough Learning Histories.* Organizational Dynamics, 26, S. 43-59.

Wissensstafette

Die Wissensstafette dient der Bewahrung von erfolgsrelevantem Wissen ausscheidender oder stellenwechselnder Experten oder Führungskräfte. Im Rahmen des Übergabeprozesses werden gezielt die Kompetenzen des Nachfolgers bzw. der Nachfolger weiterentwickelt.

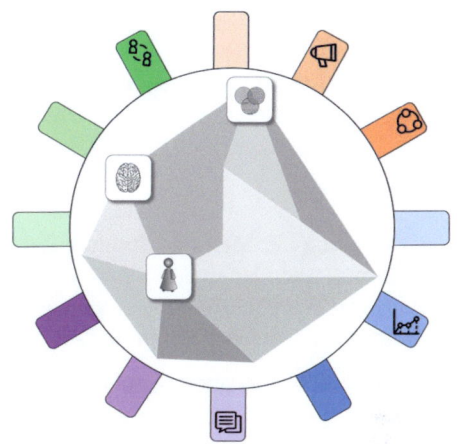

Daher befindet sich diese Methode im Semantischen Raum zwischen *Wissensträger*, *Wissensgebiete* und *Kompetenzen*.

Für die Digitalisierung der Methode können Werkzeuge aus den Kategorien *kommunizieren, teilen, visualisieren, zusammenarbeiten* oder *befragen* zum Einsatz kommen.

Die Methode

Die Wissensstafette ist wie das bekannte Expert Debriefing eine Methode zur Unterstützung des Wissenstransfers bei Fach- und Führungswechseln. In ihrer Ursprungsfassung wurde sie von Frau Haarmann bei VW Coaching entwickelt. Ihr Schwerpunkt liegt auf der systematisierten Weitergabe von Erfahrungs- und Prozesswissen vom Stelleninhaber an den oder die Nachfolger. In der Methode geschulte Begleiter führen den Übergabeprozess durch. Sie planen den Prozess, führen professionell alle damit zusammenhängenden Gespräche und dokumentieren deren Ergebnisse.

Ziel und Nutzen

Die strukturierte Vorgangsweise ermöglicht einen effizienten Übergabeprozess, der sich gut in den Arbeitsalltag aller Beteiligten integrieren und optimal gestalten lässt. Durch das systematische Vorgehen wird einerseits sichergestellt, dass bei der Übergabe nichts Wichtiges vergessen wird, und andererseits, dass erfolgsrelevantes Erfahrungs- und Prozesswissen in der Organisation verbleibt. Die kontinuierliche Weiterführung der zu überge-

benden Aufgabengebiete wird in hohem Maß gewährleistet und Reibungs-
verluste in der Übergangsphase weitgehend vermieden. Die Wissensgeber
fühlen sich und ihr Wissen durch die Begleitung wertgeschätzt. Die Wissensnehmer erkennen den Wert von Erfahrungswissen. Sie erfahren an sich
selbst den Nutzen von gezielter Wissensweitergabe. Beides kommt der Entwicklung einer wissensfreundlichen Unternehmenskultur zugute.

Anwendung

Die Anwendung der Methode durchläuft die drei Phasen Vorbereitung,
Durchführung und Nachbearbeitung (siehe Abbildung 36). Die Phasen Vorbereitung und Nachbearbeitung finden auf der organisationalen Ebene statt,
die Durchführung auf der individuellen Ebene.

Die Führungskräfte, Stelleninhaber (Wissensgeber) und Nachfolger (Wissensnehmer) übernehmen jeweils spezifische Rollen in den einzelnen Phasen. Jede Methodenanwendung wird im Regelfall von zwei qualifizierten
Begleitern durchgeführt. Einer der beiden Begleiter übernimmt die Aufgabe
der Gesprächsmoderation, der andere die Dokumentation. Sehr geübte Begleiter sind in der Lage, beide Rollenanforderungen allein zu erfüllen.

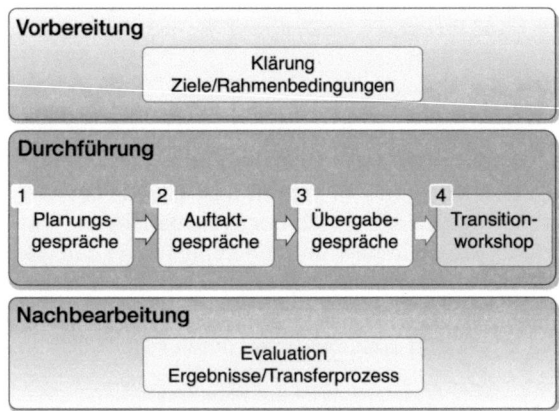

Abbildung 36: Phasen der Wissensstafette

1. Vorbereitung

Zu Beginn dieser Phase gibt die Führungskraft den Begleitern bekannt, wer
wann seine Stelle wechseln bzw. aus der Organisation ausscheiden wird.
Gemeinsam beraten sie, bei welchen Stellenwechseln eine Wissensstafette
zur Anwendung kommen soll. Grundlage für diese Entscheidungen ist, ob

der Wissensgeber als einziger über strategisch wichtiges Wissen und/oder langjährige Erfahrung in seinen Wissensgebieten verfügt. In beiden Fällen ist es ratsam, den gesamten Transferprozess zu durchlaufen.

Im Vorfeld der nachfolgenden Informationsgespräche muss die Führungskraft außerdem sicherstellen, dass die identifizierten Wissensgeber zu einem Wissenstransfer bereit sind. Sollte dies nicht der Fall sein, ist von der Anwendung einer Wissensstafette dringend abzuraten. Es müssen andere Mittel und Wege gefunden werden, um das erfolgsrelevante Wissen in der Organisation zu erhalten. Von welchen alternativen Möglichkeiten sinnvollerweise Gebrauch gemacht wird, hängt vom konkreten Grund für die Ablehnung ab.

In den Informationsgesprächen werden die Zielsetzung und alle Rahmenbedingungen geklärt. Die Begleiter besprechen mit der Führungskraft und mit dem Wissensgeber, welche Person oder Personengruppe in den Wissenstransferprozess einbezogen werden soll. Davon abhängig ist, ob und ab wann Wissensnehmer zur Verfügung stehen werden. Darüber hinaus klären sie ab, wieviel Zeit der gesamte Prozess beanspruchen wird.

Unmittelbar vor der Durchführungsphase informieren die Begleiter alle Beteiligten, wie der Wissenstransferprozess im Detail ablaufen wird, und holen die Zustimmung aller zu dem vorgestellten Vorgehen explizit ein. Im Anschluss an das letzte Informationsgespräch vereinbaren die Begleiter die Termine für alle Gespräche der Durchführungsphase. Diese Termine erhalten die höchste Prioritätsstufe, damit der geplante Wissenstransferprozess nicht im Arbeitsalltag „untergeht".

Für diese Phase sind Werkzeuge aus den Kategorien *kommunizieren* und *teilen* oder *zusammenarbeiten* geeignet.

2. Durchführung

Nachdem die Zielsetzung und alle Rahmenbedingungen zur Zufriedenheit aller Beteiligten geklärt sind, beginnt nun der Wissenstransferprozess, der primär in Form von Gesprächen abläuft (siehe Durchführung in Abbildung 36). Alle Gespräche dauern maximal eineinhalb Stunden, weil Menschen über diese Zeitspanne hinweg gut konzentriert sprechen bzw. zuhören können. Bei Gruppenübergaben (mehr als vier Beteiligte am Übergabeprozess ohne Führungskräfte) verlängert sich diese Zeitspanne auf drei Stunden, weil die Gespräche in diesem Fall in Form von Workshops ablaufen. Der Transition-Workshop ist ein optionaler Schritt nur bei Führungswechseln und dauert üblicherweise einen Tag.

Es werden durchschnittlich ein Planungsgespräch, ein Auftaktgespräch und drei Übergabegespräche für einen Transferprozess benötigt. Zwischen den Übergabegesprächen sollte mindestens eine Woche Zeit vergehen, damit Wissensnehmer und -geber genügend Zeit haben für die Abarbeitung der Punkte in der ToDo-Liste, die außerhalb der Übergabegespräche erledigt werden.

Im Detail verlaufen die einzelnen Schritte der Wissensstafette wie folgt:

Planungsgespräche (1)

Außer den Begleitern nehmen an diesen Gesprächen Wissensnehmer und -geber teil. Der Wissensgeber wird rechtzeitig vor dem Planungsgespräch gebeten, eine unsortierte Liste seiner Aufgaben- und Wissensgebiete anzulegen und zum Gespräch mitzubringen. Die Aufgaben- und Wissensgebiete werden strukturiert und in einer Mindmap visualisiert (siehe Mind Mapping auf Seite 315). Der Wissensnehmer kann dabei seine Wissensbedürfnisse einbringen, die ihren Niederschlag unmittelbar in der Mindmap finden.

Diese Mindmap kann als eine Art Wissenslandkarte angesehen werden, für die sich die Bezeichnung Jobmap (siehe Grundstruktur Abbildung 37) eingebürgert hat. Im Rahmen dieser Gespräche müssen die Begleiter besonders darauf hinweisen, dass es um die Strukturierung der Aufgaben- und Wissensgebiete geht und nicht um den Transfer des damit verbundenen Prozess- und Erfahrungswissens.

Die Begleiter beginnen bei der Erarbeitung der Jobmap mit dem Ast *Aufgaben*. Der ausgefüllte Ast vermittelt dem Wissensnehmer bereits ein erstes grobes Bild über die Aufgaben seiner neuen Stelle. Der Ast *Arbeitshistorie* umfasst den Werdegang des Wissensgebers in dieser Funktion und nicht sein gesamtes Berufsleben. Der Wissensnehmer erhält einen Einblick, welche konkreten Qualifikationen für die Stelle erforderlich sind.

Im Ast *Fachwissen* werden die Wissensgebiete aus der Liste des Wissensgebers strukturiert. Der Ast *Produktwissen* enthält als Zweige jene Produkte, die mit der Stelle verbunden sind. Falls Produktwissen keine Bedeutung für diese Stelle hat, wird der Ast entfernt. Der Ast *Erfahrungswissen* ist als Platzhalter gedacht. Seine beiden Zweige werden im Rahmen der Übergabegespräche bei jedem passenden Punkt herangezogen.

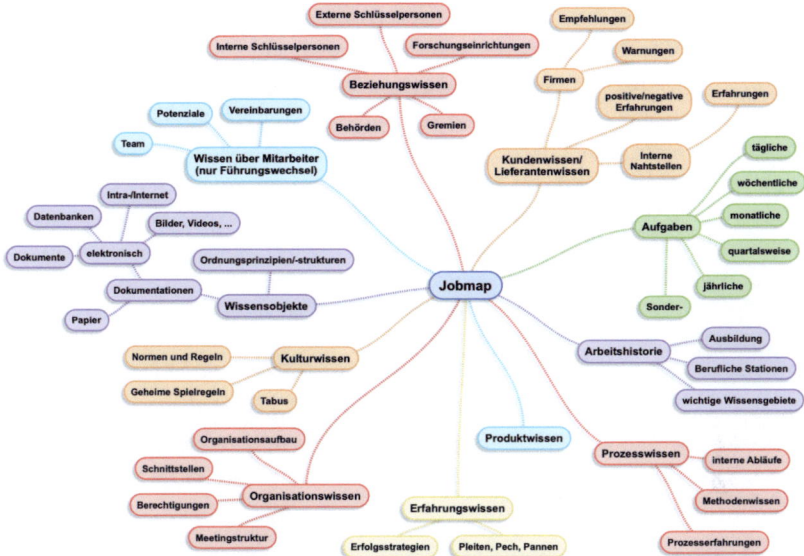

Abbildung 37: Grundstruktur einer Jobmap

Beim Ast *Prozesswissen* werden alle Geschäftsprozesse angeführt, die vom Stelleninhaber bearbeitet werden. Der Zweig *Methodenwissen* umfasst jene Methoden, die bei der Bearbeitung zum Einsatz kommen. *Interne Abläufe* sind jene organisatorischen bzw. administrativen Prozesse, die die Stelle bedienen muss. Falls der Wissensgeber Projekte leitet oder daran mitarbeitet, wird ein Ast *Projekte* mit den Zweigen *laufende, geplante, abgeschlossene* und *Vorgehensweise in Projekten* ergänzt. Der Ast *Organisationswissen* gibt dem Wissensnehmer einen ersten Einblick in die organisatorischen Belange. Auf keinen Fall vergessen werden darf der Zweig *Berechtigungen*. Dieser Zweig stellt sicher, dass der Wissensnehmer bei der Übernahme der Stelle alle Systeme bedienen und alle Gebäude bzw. Räume betreten darf, die er für die Ausführung seiner Funktion benötigt.

Der Ast *Kulturwissen* ist besonders für jene Wissensnehmer wichtig, die von außerhalb der Organisation bzw. Organisationseinheit kommen und wenig bis gar nicht mit der spezifischen Organisationskultur vertraut sind. Die Zweige dieses Astes werden im Planungsgespräch lediglich erklärt und nicht näher ausgeführt. Ebenso verhält es sich mit dem Ast *Wissensobjekte*. Besonders hervorzuheben ist die Wichtigkeit des Zweigs *Ordnungsprinzipien und -strukturen*. Der Wissensgeber ist hier gefordert seinem Nachfolger die Regeln zu erklären, wie er seine physischen und elektronischen Wissensobjekte geordnet hat. Ziel ist, dass der Wissensnehmer auch nach Ausscheiden des Wissensgebers alle Wissensobjekte findet, die er für seine unmittelbare Arbeit benötigt.

Der Ast *Wissen über Mitarbeiter* wird nur im Fall eines Führungswechsels besprochen, ansonsten wird dieser Ast gelöscht. Im Ast *Beziehungswissen* finden alle relevanten Ansprechpartner Platz. Details zu den einzelnen Personen oder Organisationen werden ebenfalls erst in den Übergabegesprächen behandelt. Es kann auch nutzbringend sein, besonders wichtige Ansprechpartner für Prozesse, Produkte oder Projekte direkt an den jeweiligen Zweig anzuhängen. Der Ast *Kunden- und Lieferantenwissen* kann auch in zwei Äste aufgeteilt werden, wenn es für die betreffende Stelle besser passt. Im Planungsgespräch werden nur die jeweiligen Kunden und Lieferanten angeführt, alle übrigen Zweige werden im Übergabegespräch behandelt.

Die fertige Jobmap wird nach dem Planungsgespräch den Gesprächsteilnehmern zur Verfügung gestellt. Alle werden gebeten, gewünschte Änderungen oder Ergänzungen zeitnah vor dem nachfolgenden Auftaktgesprächstermin rückzumelden.

Werkzeuge aus den Kategorien *kommunizieren*, *teilen* und *visualisieren* können hier zum Einsatz kommen.

Auftaktgespräche (2)

Das Auftaktgespräch ist das einzige Gespräch, an dem die Führungskraft teilnimmt. Sie überprüft die Jobmap auf Konsistenz mit dem Jobprofil und auf Vollständigkeit der Themen. Ggfs. werden Änderungen an der Jobmap vorgenommen. Im Anschluss daran stimmt sie die Prioritäten der Themen mit dem Wissensgeber ab. Aus diesem Ergebnis wird ein grober Ablaufplan (Beispiel siehe Abbildung 38) für den gesamten Übergabeprozess abgeleitet. Die Führungskraft wird im weiteren Verlauf der Wissensstafette darauf achten, dass die Gespräche wie geplant stattfinden (können) und bei Problemen welcher Art auch immer Unterstützung geben.

Inhalt	Prio	Methode	mit wem	bis wann
Arbeitshistorie	1	Story Telling	WG, WST-Begleiter	31.01.20xx
Bereichsgepflogenheiten	1	Übergabegespräch	WG, WST-Begleiter	07.02.20xx
Schlüsselkunde A	1	Besuch	WG	21.02.20xx
Geschäftsprozess A	2	Mitarbeit	WG	28.03.20xx
Projektplanungssystem	2	E-Learning	WG (bei Bedarf)	28.02.20xx
...	...	...	...	

WG.....Wissensgeber
WST...Wissensstafette

Abbildung 38: Beispiel Ablaufplan

Werkzeuge aus den Kategorien *kommunizieren* und *teilen* kommen hier zum Einsatz sowie eines aus der Kategorie *visualisieren*, wenn die Jobmap noch angepasst wird.

Übergabegespräche (3)

Nach der Wissensidentifikation, Strukturierung und Visualisierung in Form einer Jobmap beginnt jetzt der Transfer des Erfahrungs- und Prozesswissens mit Unterstützung der Begleiter. Der mit der Moderation betraute Begleiter ist dafür verantwortlich, eine vertrauensvolle Gesprächsatmosphäre zu schaffen, unterstützende Fragen zu stellen und stets den Überblick über den Gesamtprozess zu bewahren. Dazu nutzt er Leitfäden oder Checklisten, die für die Durchführung einer Wissensstafette organisationsspezifisch angepasst werden. Der Begleiter übernimmt das Fragenstellen, weil der Wissensnehmer aus Unkenntnis der Sachlage die Fragen nicht stellen kann oder aus Furcht vor Gesichtsverlust nicht stellt.

Der für die Dokumentation verantwortliche Begleiter notiert während der Gespräche alles Wichtige und versichert sich beim Wissensgeber, dass seine Notizen inhaltlich richtig sind, und beim Wissensnehmer, dass alles für diesen Relevante dokumentiert wird. Er ergänzt ggfs. auch den Ablaufplan mit wichtigen Aktivitäten, die außerhalb der Übergabegespräche erledigt werden. Die Verantwortung für die Abarbeitung dieser Aktivitäten übernimmt der Wissensnehmer.

Von diesen Notizen wird nach den Gesprächen ein Protokoll in der vereinbarten Form erstellt und den Gesprächsteilnehmern übermittelt. Die Begleiter sorgen dafür, dass die Papieroriginale vernichtet werden und löschen auch die elektronischen Versionen der Protokolle aus ihren Mailboxen. Diese Maßnahmen sind unumgänglich, um die Vertraulichkeit der Gespräche zu gewährleisten. Auf diese Weise wird sichergestellt, dass der Wissensgeber sehr offen über alles spricht, was dem Wissensnehmer nützlich sein kann.

Ein Element der Methode *Story-Telling-One-Day* (siehe Seite 170) wird standardmäßig zu Beginn des ersten Übergabegesprächs eingesetzt. Dabei wird der Wissensgeber gebeten, die Lebenslinie seiner Funktion mit den wichtigsten Höhen und Tiefen auf einer Zeitachse einzutragen. Danach wird er zu den Höhe- und Tiefpunkten genauer befragt, was er seinem Nachfolger zur Nachahmung empfehlen würde und was nicht, wenn er in eine ähnliche Situation kommen sollte. Auf diese Art und Weise erfährt der Wissensnehmer sehr viel über die Hintergründe seiner zukünftigen Funktion.

Die Methode *egozentrierte Beziehungslandkarte* (siehe Seite 236) wird dann eingesetzt, wenn für die Funktion die aktive Pflege eines komplexen Beziehungsnetzwerks erfolgsrelevant ist (z.B. Geschäftsführer, Verkäufer, Einkäufer, Meister in Produktionsbetrieben). Wenn für einen wichtigen, komplexen Arbeitsablauf keine detaillierte *Prozessbeschreibung* vorhanden ist, modelliert der Wissensgeber mit Unterstützung der Begleiter diesen Prozess in Form eines Prozessablaufes. Er ergänzt ihn, wenn erforderlich, um wichtige Ressourcen wie Dokumente, Produktionsanlagen(teile) oder IT-Systeme. Der Wissensnehmer erhält dadurch einen guten Überblick über diesen Prozess und hat überdies ausreichend Gelegenheit, für ihn wichtige Prozessdetails zu hinterfragen. Die Übergabegespräche werden beendet, sobald alle Themen in ausreichender Tiefe behandelt wurden.

Werkzeuge aus den Kategorien *kommunizieren, teilen* oder *zusammenarbeiten* und ggfs. *visualisieren* kommen hier zum Einsatz.

Transition-Workshop (4)

Der Transition-Workshop kommt nur beim Führungswechsel zur Anwendung und wird vier bis sechs Wochen nach dem vollzogenen Stellenwechsel durchgeführt. An diesem nimmt die neue Führungskraft mit ihrer jeweiligen nächsten Ebene teil. Der Workshop dient ausschließlich dem besseren Kennenlernen untereinander, dem Austausch von Erfahrungen, der Vertrauensbildung und der Schaffung einer positiven Beziehungsebene zur erfolgreichen Zusammenarbeit. Er ist damit gleichzeitig eine erste teambildende Maßnahme für die betroffene Organisationseinheit.

Der Transition-Workshop beginnt nach der Zielklärung mit der Vorstellung der neuen Führungskraft („Was müssen meine Mitarbeiter von mir wissen, damit sie gut mit mir zusammenarbeiten können?") und der Mitarbeiter („Was muss unsere Führungskraft von uns für eine gute Zusammenarbeit wissen?"). Anschließend sammeln die Mitarbeiter in Einzelarbeit Fragen, die sie gerne von ihrer neuen Führungskraft beantwortet haben wollen. Der Moderator sammelt die Fragen und fasst sie ggfs. zusammen. In der nachfolgenden „Heißer-Stuhl"-Sequenz stellt der Moderator die Fragen an die Führungskraft. Diese wird die Fragen, so gut es ihr möglich ist, beantworten. Sie kann zu einzelnen Fragen die Antwort mit einer Begründung verweigern. Den Abschluss bildet ein Blick in die gemeinsame Zukunft („Was wird uns voraussichtlich beschäftigen?" und „Womit müssen wir uns auseinandersetzen?"). Die Mitarbeiter bearbeiten die Fragen in Kleingruppen, die Führungskraft in Einzelarbeit. Sie tauschen ihre Ergebnisse aus und verständigen sich auf ein gemeinsames Zukunftsbild. Mitarbeiter und Führungskraft erhalten auf diese Art und Weise einen tieferen Einblick, wie sie gut miteinander arbeiten können und welche Schwerpunkte ihnen wichtig sind.

Dieser Schritt kann nicht digitalisiert werden. Damit der oben genannte Effekt der Stärkung der Beziehungsebene erreicht wird, ist es unumgänglich, dass alle Beteiligten zusammenkommen und gemeinsam die Themen bearbeiten.

3. Nachbearbeitung

In der Nachbearbeitung geht es um die Evaluierung des Transfererfolgs der Wissensstafette und um die Verbesserung des Gesamtprozesses. Die Begleiter holen Feedback von möglichst allen Beteiligten zum Erfolg des Wissenstransfers und zum Prozess selbst ein. Der Wissensgeber wird unmittelbar nach dem letzten Übergabegespräch um Rückmeldung gebeten. Ca. sechs Monate nach Abschluss des Transferprozesses werden die Führungskraft und der Wissensnehmer getrennt voneinander in einem Feedbackgespräch um ihre Einschätzung des Transfererfolgs auf Basis ihrer Zielsetzungen und Erwartungen befragt. Darüber hinaus werden sie auch um Verbesserungsvorschläge für den Transferprozess gebeten. Diese Rückmeldungen zum Prozess werden für die ständige Anpassung der Methodenanwendung an die Gegebenheiten in der Organisation verwendet.

Werkzeuge aus den Kategorien *kommunizieren* und *teilen* kommen hier zum Einsatz. Ev. kann ein Teil der Feedbackgespräche durch eine standardisierte Befragung mit Hilfe eines Werkzeugs der Kategorie *befragen* durchgeführt werden.

Stufenweise Digitalisierung

Stufe 0: Die Methode kommt ohne Technikunterstützung aus. Allerdings ist es mühsam, eine Jobmap auf einer Pinnwand handschriftlich zu entwickeln. Dasselbe gilt für die Erarbeitung des Ablaufplans. Die Dokumentation der Übergabegespräche ausschließlich mit Hilfe eines Flipcharts ist machbar.

Stufe 1: Alle mit der Wissensstafette zusammenhängenden Gespräche werden mit Hilfe eines Werkzeugs der Kategorie *kommunizieren* (z.B. Videokonferenzsysteme) durchgeführt. Dabei sollte man besonders bei den Übergabegesprächen bedenken, dass implizites Wissen des Wissensgebers oder Unsicherheiten bei den Inhalten beim Wissensnehmer oft auch nur körpersprachlich ausgedrückt werden. Dies kann bei Verwendung von Videokonferenzen nur eingeschränkt beobachtet werden.

Stufe 2: Ein Werkzeug aus der Kategorie *teilen* unterstützt bei der Weitergabe der Ergebnisse aller Teilschritte an die jeweiligen Beteiligten. Die Dokumente müssen dazu in digitalisierter Form (z.B. als Fotoprotokoll) vorliegen. Die Jobmap wird unter Verwendung eines Werkzeugs der Kategorie *visualisieren* (Spezialwerkzeug für Mind Mapping) erstellt.

Stufe 3: Der gesamte Ablauf einer Wissensstafette wird mit Hilfe eines Werkzeugs aus der Kategorie *zusammenarbeiten* begleitet, was die gesamte Terminkoordination und den Austausch der Ergebnisdokumente umfasst. Zusätzlich wird ein Werkzeug der Kategorie *befragen* für standardisierte Rückmeldungen eingesetzt.

Es wird davon abgeraten, die Methode vollständig zu digitalisieren. Bei Übergabegesprächen ist durch die persönliche Präsenz aller Beteiligten eine deutlich bessere Wissenstransferleistung zu erwarten als mit ausschließlich virtuellen Treffen. Transition-Workshops entziehen sich einer Digitalisierung.

Grenzen/Risiken und Anwendungskompetenzen

Das größte Hindernis bei einer Wissensstafette ist die Weigerung des Wissensgebers, sein Wissen an die potenziellen Wissensnehmer weiterzugeben. In diesem Fall wird die Führungskraft in Vier-Augen-Gesprächen versuchen herauszufinden, was die Hinderungsgründe sind. Häufig ist es die Angst des Wissengebers vor Jobverlust oder vor dem Nicht-mehr-gefragt-Werden, wenn er sein gesamtes Wissen hergibt. Je nach Motivationslage wird die Führungskraft dem Wissensgeber vermitteln, dass es unmöglich ist, sein gesamtes Wissen zu transferieren, und dass sein Erfahrungsvorsprung bestehen bleibt. Sie wird ihm den eigenen Nutzen vor Augen führen, nämlich die Entlastung von „lästigen" Fragen und die öffentliche Wertschätzung seiner Expertise in der Organisation. Sollten diese Klärungsgespräche nicht zu dem gewünschten Ergebnis führen, sollte man von der Anwendung einer vollständigen Wissensstafette Abstand nehmen. Die Erarbeitung der Jobmap ist oft trotz der Weigerung möglich, weil es hier nur um die Strukturierung des Wissens und nicht um den Transfer geht. Damit ist zumindest der Überblick über das vorhandene Wissen gegeben. Der Wissensnehmer hat damit Anhaltspunkte, was er andere Organisationsmitglieder fragen kann.

Ein Risiko, das im Prozess oft schwer zu erkennen ist, betrifft die fehlende soziale Passung von Wissensgeber und -nehmer. Wenn dem Wissensgeber der Wissensnehmer unsympathisch ist oder er ihn als seinen Nachfolger sogar ablehnt, wird er unbewusst oder schlimmstenfalls auch bewusst Wissen zurückhalten. Hier sind die Begleiter besonders gefordert, diese kritische Situation rechtzeitig zu erkennen und geeignete Gegenmaßnahmen (z.B. Vier-Augen-Gespräche mit dem Wissensgeber, Delegation an Führungs-kraft) zu ergreifen.

Eine Variante dieser Schwierigkeit liegt vor, wenn Mitarbeiter mit unter-schiedlichen kulturellen Hintergründen ihr Wissen transferieren sollen. Nach Erlach/Orians/Reisach müssen sich die am Wissenstransfer Beteiligten zu-nächst darüber verständigen, was für sie Arbeit, Erfolg, Lernen und Wissen bedeutet. Erst wenn diese grundlegenden Prämissen geklärt sind, kann mit dem eigentlichen Wissenstransfer begonnen werden. Im Rahmen der Vorbe-reitung prüfen die Begleiter im Vorfeld, welche kulturellen Hintergründe bei den Beteiligten vorliegen. Sie klären, inwieweit Wissensgeber und Wissens-nehmer bereits Kontakt mit Personen aus dem betreffenden Kulturkreis hat-ten, und schlagen ggfs. ein vorgeschaltetes interkulturelles Training vor. Sie führen danach zumindest ein gemeinsames Informationsgespräch mit Wis-sensgeber und Wissensnehmer, in dem die Bedeutung der oben genannten Begriffe geklärt wird. In den Übergabegesprächen achten sie besonders darauf, dass keine Missverständnisse durch die unterschiedliche kulturelle Prägung der Beteiligten entstehen. Das können die Begleiter allerdings nur erfolgreich meistern, wenn sie mit den unterschiedlichen Kulturen ebenfalls vertraut sind.

Eine weitere Barriere, die den Wissenstransfer behindert, ist verstecktes Desinteresse des Wissensnehmers an den besprochenen Inhalten. Es sind oft sehr subtile nonverbale Signale, die den Begleitern und dem Wissensgeber dies offenbaren. Eine angemessene Reaktion der Begleiter in dieser Situ-ation ist, das Transfergespräch zu unterbrechen und ihre Beobachtung mit-zuteilen. Wenn der Wissensnehmer die Annahme bestätigt, besprechen sie gemeinsam die weitere Vorgangsweise.

Eine weitere Schwierigkeit kann sich daraus ergeben, dass die Führungs-kräfte den Transferprozess nicht ausreichend gut begleiten. Das führt im schlimmsten Fall zum Abbruch des Transferprozesses, wenn Wissensgeber und/oder Wissensnehmer zu wenig Zeit für die Übergabe eingeräumt be-kommen. Fehlen andere Ressourcen z.B. für das persönliche Kennenlernen von Schlüsselpersonen, schränkt dies die Qualität der Transferergebnisse ein. Es ist daher wichtig, dass die Führungskräfte in der Vorbereitungsphase ihre besondere Rolle im Transferprozess erkennen und danach handeln.

Neben den Führungskräften, von denen vor allem Offenheit und die Bereit-schaft zur Unterstützung erwartet wird, ist die wichtigste Rolle die der Begleiter. Ihre Empathiefähigkeit sowie Kommunikations- und Moderations-fertigkeiten beeinflussen essentiell den Erfolg des Transferprozesses. Einen wichtigen Beitrag liefert ihre Methodenkompetenz zur Wissensstafette und aller weiteren Methoden, die im Rahmen des Transferprozesses zum Einsatz kommen können (z.B. Mind Mapping, Story Telling, Prozessmodellierung, soziale Netzwerkanalyse). Von Wissensgebern wird vor allem erwartet, dass sie sowohl ihre positiven als auch negativen Erfahrungen den Wissensneh-mern bereitwillig mitteilen. Von den Wissensnehmern wird erwartet, gut zu-zuhören und bei Unklarheiten nachzufragen. Sie sollen eine wertschätzende Haltung gegenüber Wissensgebern einnehmen und das geteilte Wissen vor-urteilsfrei annehmen.

Referenzen

Dragusanu, G. (2006). *Wissensmanagement: Sicherung und Weitergabe des Wissens beim Stellenwechsel*. Inaugural-Dissertation, Ludwig-Maximilians-Universität, München.

Dückert, S.; Hartmann, K. (2009). *Wissenstransfer und organisationales Lernen mit Expert Debriefing und Wikis*. In: Personalführung 12/2009, S. 20-29.

Dückert, S. (2017). *Wissensbewahrung mit Expert Debriefing, After Action Review und Lessons Learned*. In: wissensmanagement 4/2017, S. 30-31.

Erlach, C.; Orians, W.; Reisach, U. (2013). *Wissenstransfer bei Fach- und Führungskräftewechsel. Erfahrungswissen erfassen und weitergeben*. München: Hanser.

Giesler, R. (2006). *Gut vorbereitet Übergaben meistern!* In: DAK praxis + recht 3/2006, S. 86-91.

Haarmann, A.; Burski, L. (2003). *Wenn das Wissen geht — die Wissens-stafette bei Volkswagen*. In: wissensmanagement 08/2003, S. 40.

Mittelmann, A. (2011). *Variante Wissensstafette*. In: Werkzeugkasten Wissensmanagement. Norderstedt: Books on Demand, S. 99-102.

Mittelmann, A. (2019). *Die Wissensstafette als bewährte Transfermethode bei Fach- und Führungswechseln*. In: Heisig, P. (Hsg.): Wissensmanagement in digitalen Arbeitswelten - Aktuelle Ansätze und Perspektiven, Proceedings 10. Konferenz Professionelles Wissensmanagement, Potsdam, S. 237-251.

Raab, M. (2006). *Wissensmanagement: Der Übergabeprozess beim Mitarbeiterwechsel. Gelingensbedingungen für den Wissenstransfer beim Mitarbeiterwechsel anhand des Fallbeispiels der Wissensstafette der voestalpine Stahl.* Diplomarbeit, Universität Linz.

Wissensmeeting

Das Wissensmeeting dient der gezielten Wissensentwicklung und dem Transfer von Wissen. Es macht implizites Wissen sichtbar und regt die Wissensbewertung an. Sichtbares Ergebnis eines Wissensmeetings ist das Wissensprotokoll.

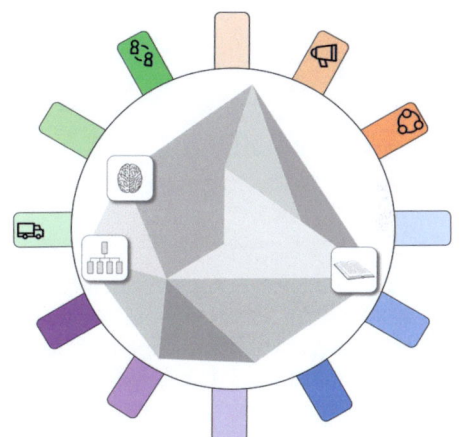

Diese Methode ist daher im Semantischen Raum zwischen *Organisationen, Kompetenzen* und *Wissensobjekte* zu finden.

Für die Digitalisierung der Methode können Werkzeuge aus den Kategorien *kommunizieren*, *verteilen*, *teilen* und *zusammenarbeiten* zum Einsatz kommen.

Die Methode

Ein Wissensmeeting ist eine Besprechung, in der gezielt neues Wissen entwickelt oder bestehendes Wissen transferiert wird. Die Ergebnisse werden durch den Wissensreporter im Wissensreport (= Ergebnisprotokoll) festgehalten. Der Wissensreport wird in der unternehmensweiten Wissensbasis gespeichert. Die Methode wird eingesetzt, wenn Wissensträger die Stelle wechseln oder in den Ruhestand treten oder, wenn neue Mitarbeiter möglichst gut und schnell integriert werden sollen.

Im Unterschied zu einer herkömmlichen Sitzung wird ein Wissensmeeting immer von einem Moderator begleitet, der die Kommunikationsprozesse zwischen den Teilnehmern steuert. Für das Erkennen und Dokumentieren des Wissens, das in diesem Meeting gewonnen bzw. transferiert wird, ist eine eigene Person, der Wissensreporter, zuständig. Alle anderen Teilnehmer sind von diesen Wissensmanagementaktivitäten entlastet und können sich voll und ganz auf den Wissenstransferprozess konzentrieren.

Abbildung 39: Phasen eines Wissensmeetings

Die klare Rollenverteilung zwischen der Personengruppe im Wissenstransferprozess und den Personen, die den Kommunikationsprozess und die Wissensmanagementaktivitäten begleiten, führt zu deutlich besseren Ergebnissen, weil jede Person sich auf ihre jeweilige Expertenrolle konzentrieren kann.

Ziel und Nutzen

Ein Wissensmeeting wird eingesetzt, um

- den Transfer von Expertenwissen oder Prozess-relevantem Wissen,
- die gemeinsame Entwicklung von Organisationswissen,
- das Sichtbarmachen von implizitem Wissen in der Organisation oder
- die Reflexion von Wissen im Sinne von Wissensbewertung und Entlernen

zu unterstützen.

Anwendung

Ein Wissensmeeting durchläuft wie jede Sitzung eine Vorbereitungs-, Durchführungs- und Nachbereitungsphase (siehe Abbildung 39). Die Aktivitäten in diesen Phasen unterscheiden sich z.T. deutlich von denen in herkömmlichen Besprechungen, wie folgt:

1. Vorbereitung

Gemeinsam mit dem Auftraggeber oder Sponsor des Wissensmeetings werden die Ziele, die Wissensthemen inkl. kritischer Punkte und die Ressourcen für die Entwicklung der Wissensbasis festgelegt. Auf Basis dieser Vereinbarungen können nun die Teilnehmer für das Wissensmeeting ausgewählt werden. Es erfolgt eine Einladung an jene Fachleute, die über Expertenwissen zu den ausgewählten Themen verfügen und an Personen, die dieses Wissen für ihre Problemstellungen nutzen wollen.

Die Gruppengröße liegt idealerweise bei sieben bis neun Personen. Ist das Thema von breiterem Interesse, können auch Zuhörer als stille Zaungäste des Meetings eingeladen werden. Die aktiven Teilnehmer werden gebeten, Fragen für die Experten aus ihrer jeweiligen Perspektive mitzubringen. Der Wissensmoderator bereitet den Ablauf des Wissensmeetings vor. Der Wissensreporter sorgt für alle Ressourcen (Notebook, Beamer, Videokamera etc.), die er für das Online- und Multi-Media-Reporting im Meeting benötigt.

Für diese Phase eines Wissensmeetings können Werkzeuge aus den Kategorien *kommunizieren*, *teilen*, *verteilen* oder *zusammenarbeiten* verwendet werden.

2. Durchführung

Das Meeting wird durch den Wissensmoderator eröffnet. Er erklärt die Zielsetzung, gibt einen Überblick über den geplanten Ablauf und vereinbart die Art und Weise des Feedbacks nach dem Meeting. Es folgt eine Kurzeinführung in die Themengebiete durch die Experten, wenn erforderlich. Daran schließt sich der Hauptteil des Meetings mit den Schlüsselfragen an die Experten und der Behandlung weiterer Diskussionspunkte an. In diesem Teil steuert der Wissensmoderator die Wortmeldungen, achtet auf die Zielorientierung und die Einhaltung des vereinbarten Zeitrahmens. Der Wissensreporter filmt besonders interessante Sequenzen und notiert sich Kernaussagen und neue Ideen zu jedem Wissensthema.

Im letzten Teil des Meetings fasst der Wissensreporter die Ergebnisse zusammen. Die Teilnehmer können zu diesem mündlichen Bericht Verständnisfragen stellen. Das Endergebnis wird durch den Reporter online in schriftlicher Form festgehalten. Das Meeting sollte nicht länger als zwei Stunden dauern, weil erfahrungsgemäß über diese Zeitspanne hinweg gut konzentriert gearbeitet werden kann.

Die Durchführung eines Wissensmeetings kann durch Werkzeuge der Kategorien *kommunizieren, teilen* oder *zusammenarbeiten* unterstützt werden.

3. Nachbereitung

Diese Phase dient der Rückführung des Wissens in die Organisation. Die vom Wissensreporter erstellten Videoclips und das Online-Protokoll werden an der vereinbarten Stelle im Intranet oder auf dem File-Server abgelegt. Die Teilnehmer und Experten erhalten innerhalb des vereinbarten Zeitraumes das Feedback zugesandt. Dieses Feedback dient den Experten dazu, ihre Wissensbasis zu erweitern und diese mit aktuellen Erfahrungen aus ihrer Praxis zu ergänzen. Aus den Ergebnissen werden gemeinsam mit dem Auftraggeber oder Sponsor Maßnahmen generiert und Ideen in Projekte überführt.

Für die Nachbereitung eines Wissensmeetings können Werkzeuge der Kategorien *verteilen, teilen* oder *zusammenarbeiten* eingesetzt werden.

Stufenweise Digitalisierung

Die Methode benötigt Technikunterstützung zumindest für Online- und Multi-Media-Reporting.

Stufe 1: Die Gespräche können mit Hilfe eines Werkzeugs der Kategorie *kommunizieren* (z.B. Videokonferenz) durchgeführt werden. Die Ergebnisse eines Wissensmeetings werden unter Verwendung eines Werkzeugs aus der Kategorie *verteilen* bereitgestellt.

Stufe 2: Falls in der Nachbearbeitung eine spezifische Gruppe von Personen die Aufarbeitung der Ergebnisse übernimmt, wird ein Werkzeug aus der Kategorie *teilen* benötigt.

Stufe 3: Statt Werkzeuge aus den Kategorien *kommunizieren, verteilen* oder *teilen* wird ein Werkzeug aus der Kategorie *zusammenarbeiten* eingesetzt.

Stufe 4: Die Methode kann vollständig digitalisiert werden, wenn durchgängig ein Werkzeug aus der Kategorie *zusammenarbeiten* eingesetzt wird.
Dabei gilt es aber zu bedenken, ob ein physisches Zusammentreffen aller Beteiligten bei der Durchführung bessere Ergebnisse liefern würde. Videokonferenzen erreichen nie die Qualität persönlicher Meetings.

Grenzen/Risiken und Anwendungskompetenzen

Das Wissensmeeting ist ein Format für klare Anlassfälle (z.B. Wissensgeber verlässt die Abteilung oder für Themenstellungen sollte neues Wissen generiert werden). Trotz der Vorbereitung und der nachfolgenden Reflexion ist das Meeting in der Durchführungsphase der Hauptbestandteil dieses Formats und ein „überschaubarer" Prozess. Die Risiken würden darin bestehen, dass es Konflikte oder psychodynamische Beweggründe bei Wissensgebern gibt, die den Austausch oder die Weitergabe von Wissen abzulehnen. Das kommt aber äußerst selten vor. Weit größer ist das Risiko in einer Organisation, dass die erforderlichen Ressourcen der Wissensgeber und Wissensnehmer nicht zur Verfügung stehen. Dies ist im Vorfeld abzuklären.

In Bezug auf die Anwendungskompetenzen gehört die Moderation eines Wissensmeetings zu den Königsdisziplinen. Die Moderation spielt sich auf unterschiedlichen Ebenen ab: die Gesprächslenkung, die Intervention, das Reporting.

Die Gesprächslenkung des Meetings erfordert eine hohe Aufmerksamkeit und Fingerspitzengefühl, um die Disziplin der Fragetechnik aufrechtzuerhalten, gleichzeitig aber für eine Atmosphäre zu sorgen, die Kreativität ermöglicht.

Die Intervention während eines derartigen Meetings erfordert Einflussnahme auf der „beobachtbaren" Prozessebene, der psychodynamischen Ebene (Spüren von Ängsten, Verletzungen, Freude etc.) und der Fachebene (Wissensmanagement, Technologie, Expertenwissen etc.). Wer als Berater den Ansatz vertritt, im Augenblick der Intervention „Prozessbegleitung" und „fachliche Aussage" zu trennen, sollte für den Wissenstransfer andere Formen wählen.

Das Reporting (Dokumentation und Visualisierung) der Wissensergebnisse kann mit Hilfe von Online-Mind Mapping, Videoaufzeichnungen oder Online-Protokollierung/Chat durchgeführt werden. Je nach gewählter Reporting-Methode bzw. ausgewähltem Reporting-Werkzeug sind entsprechende Fertigkeiten und Kompetenzen erforderlich.

Die große Herausforderung bei dieser Methode ist die gleichzeitige Übernahme aller Rollen in einem Wissensmeeting durch einen Berater (Moderation, Intervention und Reporting). Dies sollte nur bei einer Gruppengröße von max. acht Personen erfolgen. Sobald diese Gruppengröße überschritten ist, sollten die Rollen auf mehrere Personen (Mehrfachbesetzung der Rollen durch unterschiedliche externe und interne Berater) aufgeteilt werden.

Wie bereits angemerkt, ist bei einer Digitalisierung der Stufe 4 mit einer Verminderung der Qualität der Ergebnisse zu rechnen. Dies gilt insbesondere bei Wissensmeetings für die Gewinnung von neuem Wissen (die Technologie beeinträchtigt die Sinneswahrnehmung) oder bei Vorliegen von psychodynamischen Phänomenen im Bereich der Organisationskultur (z.B. mangelnde Transparenz, restriktive Kommunikationsmuster, Angst vor Hierarchien/Macht). Bei Vorliegen solcher Phänomene sollte von einer vollständigen Digitalisierung unbedingt Abstand genommen werden.

Referenzen

della Schiava, M.; Rees, W. H. (1999). *Was Wissensmanagement bringt.* Wien, Hamburg: Signum, S. 140-142.

della Schiava, M.; Reitler, H.; Manfred, M. (2006). *1+1 = 3 Wissen teilen schafft Wachstum.* In: Pircher, R. (Hrsg.), Wissen wirkt – Die praktische Umsetzung von Wissensmanagement in kleinen, mittleren und großen Organisationen aus Österreich, Deutschland, Schweiz. Donau-Universität Krems, S. 79-91.

della Schiava, M.; Rentschler J. (2015). *inet future office – Die zweite Lernkurve.* In: Geißler, P.; Kruse P. (Hrsg.), Das vernetzte Unternehmen, Wie der Digital Workplace unsere Zusammenarbeit neu gestaltet. S. 149ff

Mittelmann, A. (2011). *Wissensmeeting.* In: Mittelmann, A., Werkzeugkasten Wissensmanagement. Norderstedt: Books on Demand, S. 117-120.

Gastbeitrag von Manfred della Schiava
(Wissensberater International)

Lernsprint

Lernsprint ist eine agile Lernmethode, mit deren Hilfe in
relativ kurzer Zeit innerhalb
einer Gruppe oder eines
Teams definierte Lernziele erreicht oder in Form von sozia-
lem Lernen pragmatische Lösungen für anstehende Problemstellungen gefunden
werden.

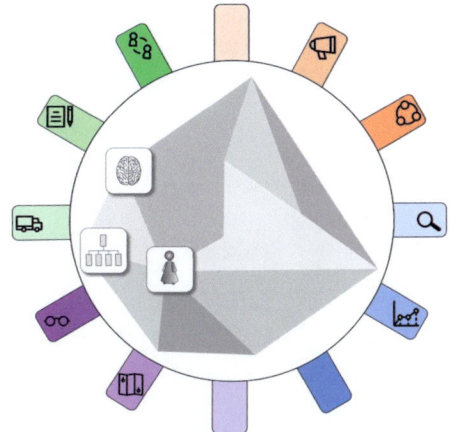

Durch die kontinuierliche Anwendung dieser Methode wird
nicht nur die Entwicklung individueller, sondern auch or-
ganisationaler Kompetenzen nachhaltig gefördert. Daher befindet sich diese
Methode im Semantischen Raum zwischen *Organisationen*, *Wissensträger*
und *Kompetenzen*.

Für die Digitalisierung der Methode Lernsprint können Werkzeuge aus den
Kategorien *kommunizieren, suchen, teilen, veröffentlichen, verteilen, visualisieren, zusammenarbeiten, lernen* oder *spielen* zum Einsatz kommen.

Die Methode

Die Methode Lernsprint (engl. learning sprint) basiert auf Grundprinzipien
von Design Thinking (-> Glossar auf Seite 393) und SCRUM (-> Glossar
auf Seite 396). Während man sich beim Design Thinking stets eng an den
Kundenanforderungen orientiert, ist bei Lernsprints der zentrale Angelpunkt
das klare Lernziel oder die definierte Zielsetzung für die gesuchte Lösung.
Analog zu SCRUM wird der Lern- bzw. Problemlösungsprozess in kleine
überschaubare Schritte zerlegt, an deren Ende immer ein Review erfolgt.
Hier wird gemeinsam überprüft, in welcher Qualität das Lernziel erreicht
wurde oder welche brauchbare Lösung vorliegt. Die Ergebnisse des Reviews
fließen unmittelbar in den nächsten Iterationsschritt ein, wenn erforderlich.
Am Ende eines Lernsprints werden die erreichten Ergebnisse dokumentiert
und die Erfahrungen aller Beteiligten gesammelt und in passender Form veröffentlicht. Der gesamte Ablauf eines Lernsprints ist in Abbildung 40 sche-
matisch dargestellt.

Ein Lernsprint kann je nach Zielsetzung wenige Stunden bis einige Tage dauern. Er läuft integriert am Arbeitsplatz ab und mit Unterstützung von sozialen Medien. Es werden aktuelle Themen behandelt, die Mitarbeiter als Kompetenz möglichst zeitnah benötigen, oder wo dringend sofort umsetzbare Lösungen gesucht werden.

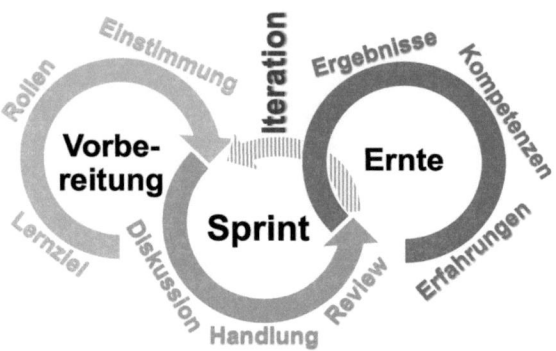

Abbildung 40: Ablauf Lernsprint

Wichtig für das Gelingen von Lernsprints ist, dass - ähnlich wie bei SCRUM - bestimmte Rollen besetzt sind und den gesamten Prozess durchgängig begleiten. Alle Beteiligten müssen zu jedem Zeitpunkt im Prozess wissen, wen sie konkret zu welcher Fragestellung ansprechen können. Es ist dabei sehr wichtig, dass die Antwort umgehend erfolgt. Nur so kann die Agilität des Prozesses gewährleistet werden.

Der *Auftraggeber* (SCRUM: Product Owner) definiert das Lernziel oder die Problemstellung, für die eine Lösung gefunden werden soll. Er sorgt für den organisatorischen Rahmen und wirkt als Bindeglied zur Gesamtorganisation. Im Zuge der Reviews nimmt er den fachlichen Lernfortschritt oder die gefundene Lösung ab. Diese Rolle kann auf mehrere Personen aufgeteilt werden. Eine Person übernimmt die Definition des Lernziels oder der Problemstellung und die Review-Funktion. Eine andere Person ist besser geeignet, den organisatorischen Rahmen zu schaffen und die Bindeglied-Funktion in die Organisation zu übernehmen.

Der *Sprintbegleiter* (SCRUM: SCRUM Master) unterstützt fachlich, didaktisch, methodisch und moderiert den gesamten Prozess. Er hilft bei der Zerlegung des Lern- oder Problemlösungsprozesses in verdaubare Happen, leitet die Reviews an und begleitet den Lernfortschritt oder die Lösungsentwicklung. Am Ende eines Lernsprints sorgt er für die Zusammenfassung und Dokumentation der Ergebnisse und aller erfolgsrelevanten Erfahrungen aus

Organisationales Lernen entfalten

dem gesamten Prozess. Auch diese Rolle kann auf mehrere Personen aufgeteilt werden. Während Fachleute fachlich unterstützen können, liegt die didaktische Begleitung in den Händen von erfahrenen Personalentwicklern und die methodische bei Experten aus dem Wissensmanagement.

Von diesen beiden spezifischen Rollen abgesehen, haben auch die **Teilnehmenden** bei Lernsprints spezielle Aufgaben zu erledigen. Sie definieren persönliche Lernziele, die neben fachlichen Aspekten auch ihre persönliche und soziale Entwicklung ins Auge fassen. Für die gemeinsame Bearbeitung des Lernsprint-Themas reservieren sie sich vorab die vereinbarten Zeiten in ihren Terminkalendern und halten sie strikt ein. Bei mehr als einen Tag dauernden Lernsprints reflektieren sie in regelmäßigen Abständen (z.B. täglich) gemeinsam den Lernprozess und tauschen sich über ihre Erkenntnisse und gemachten Erfahrungen aus. Sie teilen am Ende des Lernsprints ihre Ergebnisse mit allen, die sie benötigen.

Der Methode Lernsprint in der beschriebenen Form integriert verschiedene Lernformate, um den Teilnehmenden einen möglichst raschen Kompetenzaufbau oder eine Problemlösung direkt am Arbeitsplatz zu ermöglichen. Der Bogen spannt sich von Selbstlernen über gemeinsam zu bearbeitende Aufgaben im Arbeitskontext bis zur Reflexion der Lernergebnisse und des Lernprozesses selbst. Besonderes Augenmerk wird auf das Heben und Sichern des Erfahrungswissens gelegt, damit die Lernergebnisse durch die impliziten Wissensanteile angereichert werden können.

Ziel und Nutzen

Zielsetzung ist, in möglichst kurzer Zeit benötigte Kompetenzen aufzubauen oder rasch brauchbare Lösungen für anstehende Problemstellungen im Arbeitskontext zu finden. Der offensichtliche Vorteil gegenüber klassischen Lernmethoden liegt in der hohen Skalierbarkeit des Umfangs (wenige Stunden bis mehrere Tage). Darüber hinaus kann jederzeit ein Lernsprint für ein neues brennendes Thema rasch gestartet werden. Die Anschlussfähigkeit an bestehende Lernsysteme und Infrastruktur kann aufgrund der Flexibilität der Methode ebenfalls leicht hergestellt werden. Die Teilnehmer erweitern ihre Kompetenzen direkt an ihrem Arbeitsplatz und können sie so sofort einsetzen und weiterentwickeln.

Anwendung

Wie in Abbildung 40 dargestellt, umfasst die Methode folgende Phasen:

1. Vorbereitung

In dieser Phase definieren der oder die Aufraggeber das Ziel für den Lernsprint. Sie formulieren die Problemstellung so klar wie möglich und beauftragen einen Sprintbegleiter mit der Durchführung des Lernsprints. Die Initiative zum Starten eines Lernsprints kann alternativ direkt durch ein Arbeitsteam erfolgen, das ein Kompetenzdefizit als Arbeitsbehinderung festgestellt hat. In diesem Fall definiert das Team selbst das Lernziel und holt sich Unterstützung von einem kompetenten Sprintbegleiter.

Mit Unterstützung der Auftraggeber sucht der Sprintbegleiter die passenden Teilnehmenden für das Thema. Er zerlegt den Lern- bzw. Problemlösungsprozess in kleinere Schritte, wenn nötig. Im Rahmen der Einstimmung durch die Auftraggeber achtet er darauf, dass jeder Teilnehmende die Zielsetzung bzw. die Problemstellung verstanden hat und den Zeitplan sowie die Iterationsschritte des Sprints kennt. Er unterstützt die Teilnehmenden beim Finden ihrer persönlichen Ziele, wenn gewünscht.

Für diese Phase geeignete Werkzeuge findet man in den Kategorien *kommunizieren* oder *zusammenarbeiten*.

2. Sprint

In dieser Phase wechseln sich synchrone und asynchrone Sequenzen ab. In der ersten synchronen Sequenz findet ein reger Austausch zwischen den Teilnehmenden statt mit dem Ziel, das Thema genauer zu fassen und Arbeitsaufgaben untereinander aufzuteilen. Der Sprintbegleiter moderiert diesen Prozess und sorgt dafür, dass jeder Teilnehmende mit zumindest einer Arbeitsaufgabe an seinen Arbeitsplatz zurückkehrt.

In der anschließenden asynchronen Sequenz tauschen sich die Teilnehmenden in einem Diskussionsforum darüber aus, welche ersten Ansätze sie gefunden haben bzw. welche neuen Fragen bei ihnen aufgetaucht sind. Der Sprintbegleiter beobachtet die Diskussionen, antwortet auf Fragen und regt zu tieferem Nachdenken an.

Entsprechend dem Zeitplan treffen sich die Teilnehmenden, der Sprintbegleiter und die Auftraggeber zum Review, in dem sie die vorliegenden Ergebnisse sichten, bewerten und gemeinsam entscheiden, ob ein weiterer Vertiefungsschritt von Nöten ist. In den Iterationen werden die beschriebenen Sequenzen wiederholt, bis Auftraggeber und Teilnehmende mit den Ergebnissen zufrieden sind.

Sowohl die synchronen als auch die asynchronen Sequenzen können unter Zuhilfenahme eines Werkzeugs der Kategorie *kommunizieren* (z.B. in einem

Diskussionsforum) oder *zusammenarbeiten* stattfinden. Um geeignetes Material für die Problemlösung zu finden, können die Teilnehmenden ein Werkzeug der Kategorie *suchen* verwenden.

3. Ernte

Nach Abschluss aller Diskussionen und Reviews reflektiert jeder für sich, was er gelernt hat und dokumentiert es z.B. in seinem Lerntagebuch (siehe Seite 85). Darüber hinaus übernimmt eine kleine Gruppe aus dem Teilnehmerkreis gemeinsam mit dem Sprintbegleiter die Aufgabe, alle Diskussionsergebnisse zu sichten und einen abschließenden kurzen, prägnanten Abschlussbericht mit allen Kernerkenntnissen bzw. Lösungsvarianten zu erstellen. Dieser Abschlussbericht wird allen Teilnehmenden zur Verfügung gestellt. Falls die Lösungsvarianten von allgemeinem Interesse sein sollten, wird das Dokument öffentlich zur Verfügung gestellt.

Für die Dokumentation ihrer persönlichen Erkenntnisse können die Teilnehmenden ein Werkzeug der Kategorie *veröffentlichen* verwenden. Das Sichten der Ergebnisse aus allen Diskussionsbeiträgen kann durch ein Werkzeug der Kategorie *kommunizieren* oder *zusammenarbeiten* unterstützt werden. Für die Dokumentation und Veröffentlichung aller Erkenntnisse eignen sich Werkzeuge aus den Kategorien *verteilen* oder *teilen*, wenn der Zugriff auf bestimmte Zielgruppen eingeschränkt werden soll. Um die Erkenntnisse für andere besser verständlich zu machen, können sie mit Hilfe eines Werkzeugs der Kategorie *visualisieren* bildlich dargestellt oder auch mit einem Werkzeug der Kategorie *lernen* in z.B. Mikrolerneinheiten (siehe Seite 42) oder mit einem Werkzeug der Kategorie *spielen* in ein Lernspiel verpackt werden.

Beispiel

Das nachfolgende Beispiel soll anhand einer einfachen Problemstellung die Anwendung der Methode Lernsprint skizzieren. Es handelt sich dabei um einen kurzen Lernsprint.

In der Arbeitsgruppe eines mittelständischen Unternehmens ist die Unzufriedenheit mit dem Verlauf ihrer Besprechungen immer mehr gestiegen. Schließlich fragt Klaus in einem Jour fix seine Kolleginnen und Kollegen, ob sie bereit wären, das Problem gemeinsam zu lösen. Da es mittlerweile alle nervt, wie ineffizient ihre Besprechungen ablaufen, stimmen alle gerne zu. Allerdings sind sie sich einig, dass sie wenig Zeit dafür erübrigen können, aber gerne eine schnelle und praktikable Lösung hätten. Maria weiß von einer Kollegin aus einer anderen Arbeitsgruppe, dass sie gute Erfahrungen mit einem Lernsprint gemacht haben, um ein ähnliches Problem zu lösen. Sie schlägt daher vor, die Kollegin zu fragen, wer ihnen beim Durchführen eines Lernsprints helfen könnte. Nach dem Jour fix kontaktiert Maria sofort die Kollegin und kann innerhalb kürzester Zeit einen Lernsprintbegleiter ausfindig machen.

1. Vorbereitung

Der Lernsprintbegleiter bittet alle Arbeitsgruppenmitglieder, ihm in ein paar Sätzen zu beschreiben, was jeden einzelnen bei den Besprechungen besonders nervt. Diese „Schmerzpunkte" fasst er für die Arbeitsgruppe zusammen und lädt alle für eine halbstündige Startsequenz ein. Er präsentiert seine Liste und erarbeitet mit der Gruppe die gemeinsame Zielsetzung. Sie einigen sich auf „effiziente Besprechungen mit klaren Informationen, ToDo's und Entscheidungen, die nachvollziehbar sind". Sie entscheiden auch, dass die Rolle des Auftraggebers nicht explizit besetzt wird, sondern kollektiv von der Arbeitsgruppe wahrgenommen wird.

Damit der Lernsprint gut in den Arbeitsablauf der Gruppe integriert werden kann, schlägt der Lernsprintbegleiter vor, den Lernsprint in die drei Schritte „Finden von guten Praktiken", „Entwicklung einer eigenen Lösung" und „Testen der neuen Praktik" zu unterteilen. Als Zeitrahmen vereinbaren sie jeweils eineinhalb Stunden für synchrone Sequenzen in den nächsten drei Tagen.

2. Sprint

Bis zur nächsten Zusammenkunft sucht jeder nach guten Praktiken für Besprechungen. Sie tauschen sich bei allen sich bietenden Gelegenheiten über ihre Funde aus. Am nächsten Tag treffen sie sich zur vereinbarten Zeit mit ihrem Lernsprintbegleiter. Sie sichten gemeinsam ihre Suchergebnisse und vergleichen sie mit ihrer Zielsetzung. Danach wählen sie jene Elemente aus, die am besten für ihren Fall passen. Sie entscheiden sich für die folgende Lösung, die sie in Form von ein paar einfachen Regeln formulieren:

- Im Vorfeld jeder Besprechung werden die anstehenden Punkte gesammelt. Was dort nicht notiert ist, wird auch nicht behandelt.

- Jede Besprechung beginnt und endet pünktlich.

- Bei jeder Besprechung gibt es einen Moderator, es ist jeweils der nächste im Alphabet. Er muss dafür sorgen, dass alle notierten Punkte im vereinbarten Zeitrahmen behandelt werden.

- Jedes Besprechungsergebnis wird sofort protokolliert und kategorisiert in „Information", „ToDo's" und „Entscheidung".

- Jede Besprechung beginnt mit der Durchsicht der ToDo-Punkte aus der letzten Besprechung.

Mit diesem ersten Entwurf der neuen Praxis gehen die Arbeitsgruppenmitglieder auseinander. Sie bereiten ihre nächste Besprechung in der vereinbarten Form vor. Der Lernsprintbegleiter ist zur „Testbesprechung" eingeladen. Im an die Besprechung anschließenden Review besprechen sie, ob die gewählte Form ihrer Zielsetzung entspricht. Sie entscheiden sich dafür, die festgelegten Regeln für ein weiteres halbes Jahr zu testen und danach wieder ein Review mit dem Lernsprintbegleiter durchzuführen.

3. Ernte

Im abschließenden Review nach der Testphase kommen sie gemeinsam zu dem Schluss, dass die neue Praxis für sie ausgezeichnet passt. Die Effizienz ihrer Besprechungen ist deutlich gestiegen. Als Nebeneffekt hat sich herausgestellt, dass sie ihre ToDo-Liste zuverlässiger abarbeiten. Das Arbeitsklima hat sich dadurch augenfällig verbessert.

Auch wenn sich im Rahmen dieses Lernsprints niemand explizit ein persönliches Lernziel gesetzt hat, so haben doch einige ihre persönlichen Kompetenzen ausgebaut. So berichten einige Arbeitsgruppenmitglieder, dass sich ihre Moderationsfertigkeiten verbessert haben. Alle sind sich einig, dass sie nun weniger Zeit für ihre Besprechungen brauchen, aber die Qualität der Ergebnisse gestiegen ist. Sie beschließen, ihre Besprechungsregeln und Erfahrungen allen im Unternehmen zur Verfügung zu stellen.

Die Methode Lernsprint haben sie mittlerweile mehrmals für andere Problemstellungen angewandt. Klaus ist mit der Methode nun so gut vertraut, dass er bereits für eine andere Arbeitsgruppe als Lernsprintbegleiter eingesetzt war. Auf Anfrage des Personalmanagers haben sie sich bereit erklärt, ein kurzes Erklärvideo mit seiner Hilfe zu produzieren. Das Video stellt die Methode Lernsprint anhand eines ihrer konkreten Fälle dar. Der Personalmanager schlägt auch vor, ihre Besprechungsregeln in ein paar ansprechende Mikrolerneinheiten zu verpacken und im Lernmanagementsystem des Unternehmens für alle Interessierten bereit zu stellen.

Stufenweise Digitalisierung

Stufe 0: Ein Lernsprint kann im Großen und Ganzen ohne Technikunterstützung ablaufen. Alle Diskussionsrunden werden in diesem Fall in Workshop-Form abgehalten. Die Ergebnisse liegen in Form von

Flipchart-Protokollen vor. Die Zusammenfassung kann mit Hilfe eines Textverarbeitungssystems erledigt werden.

Stufe 1: Alle Diskussionsrunden von der Startsequenz mit der Zieldefinition bis zur Sichtung der Ergebnisse werden mit Hilfe eines Werkzeugs der Kategorie *kommunizieren* durchgeführt. Die Teilnehmenden brauchen dafür ihren Arbeitsplatz nicht zu verlassen. Für das Auffinden von für die Problemstellung passenden Informationen kann ein Werkzeug der Kategorie *suchen* zum Einsatz kommen.

Stufe 2: Die Teilnehmenden verwenden für das Sichern ihrer persönlichen Erkenntnisse aus dem Lernsprint ein Werkzeug der Kategorie *veröffentlichen*. Für eine anwendungsfreundliche Darstellung der Ergebnisse kommt ein Werkzeug der Kategorie *visualisieren* zum Einsatz.

Stufe 3: Alle synchronen und asynchronen Sequenzen des Lernsprints finden unter Zuhilfenahme eines Werkzeugs der Kategorie *zusammenarbeiten* statt. Es wird auch benutzt für die Zusammenfassung und Veröffentlichung der Ergebnisse.

Stufe 4: Der gesamte Lernsprint inkl. der Erstellung von Mikrolerneinheiten läuft Werkzeug-unterstützt ab. Die Mikrolerneinheiten werden mit Hilfe eines Werkzeugs der Kategorie *lernen*, Lernspiele mit einem Werkzeug der Kategorie *spielen* entwickelt.

Grenzen/Risiken und Anwendungskompetenzen

Der erfolgreiche Einsatz von Lernsprints setzt eine offene und lernaffine Unternehmenskultur voraus, in der die Mitarbeiter vertrauensvoll und wertschätzend miteinander umgehen. Sie sind an individuelle und organisationale Lernprozesse direkt am Arbeitsplatz gewöhnt. Wenn dies nicht gegeben ist, werden jene Mitarbeiter, die Wissensteilung als notwendig erachten und diese Haltung versuchen umzusetzen, schnell demotiviert und frustriert sein. Sie werden jeden Versuch für gemeinsame Lernprozesse wie Lernsprints ablehnen.

Weitere Schwierigkeiten liegen in der Ausgestaltung der Kernrollen des Lernsprints. Insbesonders der oder die Sprintbegleiter benötigen neben den fachlichen Kompetenzen den passenden Freiraum und die zeitlichen Ressourcen, um Lernsprints professionell begleiten zu können. Ihre Führungskräfte müssen dafür Sorge tragen, wenn die Methode erfolgreich eingesetzt werden soll. Auch der Auftraggeber muss seine Rolle entsprechend der obigen Beschreibung ausfüllen. Eine vage Zielbeschreibung, lasche Reviews oder eine unzureichende organisatorische Rahmensetzung verhindern ebenfalls den Erfolg von Lernsprints.

Auch wenn alle oben genannten Bedingungen optimal erfüllt sind, ist ein Scheitern immer noch möglich, wenn einzelne oder gar mehrere Lernsprint-Teilnehmer das Interesse an der Problemstellung verlieren und sich nicht mehr beteiligen. Die dahinterliegenden Motive können sehr unterschiedlich gelagert sein. Ein Abbruch des betroffenen Lernsprints mit einer abschließenden Manöverkritiksitzung (siehe Seite 125) oder einem nachgeschalteten Lessons Learned Prozess (siehe Seite 142) hilft der Organisation, vor dem nächsten Lernsprint die passenden präventiven Maßnahmen zu ergreifen.

Lernsprintbegleiter sind mit der Methode bestens vertraut und besitzen Moderations- sowie didaktische Fertigkeiten. Sie sind in der Lage, ein Team auf seinem Entwicklungsweg professionell zu begleiten. Im Falle der fachlichen Begleitung benötigt der Lernsprintbegleiter die entsprechende fachliche Expertise und Zugriff auf sein Expertennetzwerk, wenn nötig. Die Auftraggeber haben ebenfalls Methodenkenntnisse und können einschätzen, welche Lernziele oder Problemstellungen mit deren Hilfe gelöst werden können. Sie sind sich ihrer Führungsaufgabe im Lernsprint bewusst und setzen entsprechende Handlungen in der Organisation. Von Teilnehmern wird vor allem Lernbereitschaft und Durchhaltevermögen erwartet.

Referenzen

Longmuß, J.; Grantz, T.; Höhne, B. (2017). *Mediengestützte Arbeits- und Lernprojekte als Instrument der betrieblichen Kompetenzentwicklung*. In: Ahrens, D.; Molzberger, G. (Hrsg.), Kompetenzentwicklung in analogen und digitalisierten Arbeitswelten – Gestaltung sozialer, organisationaler und technologischer Innovationen. Berlin: Springer, S. 53-75.

McPhillips, A. (2017). *5 days to learn fast*. Blogpost von Agile in Learning vom 20. Juli 2017, https://medium.com/agile-in-learning/5-days-to-learn-fast-320bf69b9c78, Abruf: 03.05.2019.

wikipedia (2018). *Agiles Lernen*. https://de.wikipedia.org/wiki/Agiles_Lernen, letztes Änderungsdatum: 25.7.2018, Abruf: 03.05.2019.

Aktionslernen

Aktionslernen dient der Entwicklung von Managementfähigkeiten durch direktes Anwenden des Gelernten in den Geschäftsprozessen der beteiligten Führungskräfte und Experten.

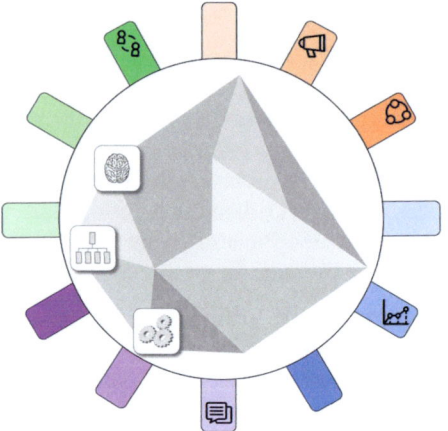

Diese Methode ist daher im Semantischen Raum zwischen *Organisationen*, *Prozesse* und *Kompetenzen* zu finden.

Für die Digitalisierung der Methode können Werkzeuge aus den Kategorien *kommunizieren*, *teilen*, *zusammenarbeiten*, *visualisieren* oder *befragen* zum Einsatz kommen.

Die Methode

Aktionslernen (engl. action learning) ist eine erfahrungsorientierte Gruppenmethode zur Entwicklung von Managementfähigkeiten. Wenn das Gruppenlernen in einer virtuellen Umgebung stattfindet, handelt es sich um „Virtuelles Aktionslernen". Mischformen aus Präsenz- und virtuellen Interaktionsphasen werden als „Semi-virtuelles Aktionslernen" bezeichnet. Ungeachtet der Form beruht die Methode immer auf der kollegialen Reflexion von konkret anstehenden Problemen im Arbeitsalltag der Teilnehmer. Die Reflexionen sollen zu individuellen Handlungsschritten (Aktionen), zum Lernen aus diesen Aktionen und schlussendlich zu wiederverwendbarem Erfahrungswissen führen.

Traditionelles Lernen beruht auf der Vermittlung von Wissen, das Lösungen zu bekannten Problemen liefert. Aktionslernen dagegen greift auf das Erfahrungswissen der gesamten Gruppe zurück, um Probleme zu lösen, für die es keine bekannten Lösungen gibt. Die am Aktionslernen Teilnehmenden arbeiten an konkreten Fällen aus ihrer unmittelbaren Arbeitsumgebung und nutzen gleichzeitig die Erfahrungen der anderen, die aus möglichst unterschiedlichen Organisationseinheiten stammen. Lernen und Handeln werden dabei zu einer Einheit verschmolzen.

Die Methode wurde vom Kernphysiker Reginald Revans erfunden. Er prägte die Bezeichnung „Aktionsbasiertes Lernen" und führte sie in den Kohleminen von Wales und England in den vierziger Jahren des letzten Jahrhunderts ein. Seine Intention war nicht nur lokal beschränkte Aktionen und lokal beschränktes Lernen herbeizuführen, sondern gesamtheitliche organisatorische Veränderungen zu initiieren.

Ziel und Nutzen

Ziel dieser Methode ist, die praktischen Problemlösungsfähigkeiten von Führungskräften und Experten einer Organisation zu verbessern. Sie arbeiten an ihren Selbst-, Lern- und Sozialkompetenzen, die sie in ihrer Führungsrolle und zur Projektrealisierung brauchen.

Mit Hilfe von Aktionslernen wird auf intelligente und kreative Weise Handeln mit Lernen verknüpft, was in einer sich schnell ändernden Arbeitsumgebung mit unvorhersehbaren Herausforderungen immer wichtiger wird. Es unterstützt bei der Lösung drängender komplexer Probleme und führt zu konkreten Resultaten. Diese Ergebnisse rechtfertigen die Investitionen in diese Bildungsinitiative. Die Lernmotivation Erwachsener ist dann am größten, wenn sie Gelerntes unmittelbar anwenden und auf seine Praxistauglichkeit prüfen können. Genau das fördert die Methode. Aktionslernen unterstützt auch die Weiterentwicklung der Unternehmenskultur in Richtung einer lernenden Organisation.

Anwendung

Die Grundidee des Aktionslernens ist, dass die Führungskräfte und Experten ihre eigene Organisationseinheit auf ungelöste Probleme oder Verbesserungspotenziale (*Thema* in Abbildung 41) untersuchen. Auf Basis der Ergebnisse dieser Untersuchungen werden Lösungsansätze (*Theorie* in Abbildung 41) gesucht und Veränderungen eingeleitet (*Aktion* in Abbildung 41). Der Lerntransfer erfolgt durch explizite Reflexion und unmittelbares Umsetzen des Gelernten in die Praxis (*Reflexion* in Abbildung 41). Dieser Prozesszyklus kann als organisationales Lernprogramm im Unternehmen etabliert werden, der auf dem ständigen Zuwachs von explizit gemachten Erfahrungen fußt (*Erfahrung* und *Lernen* in Abbildung 41).

Aktionslernprogramme werden immer von Lernexperten entwickelt und durchgängig begleitet. Sie sorgen für ein konstruktives Arbeitsklima innerhalb der Teilnehmergruppe, für regelmäßige vertiefte Reflexionsphasen und stoßen kollektive Lernprozesse an, die über das Gruppensetting hinausgehen. Bei Bedarf vermitteln sie den Teilnehmern theoretisches Hintergrund-wissen, wenn es für eine konkrete Problemstellung nötig ist, und unterstüt-zen sie bei der Hypothesenbildung auf dem Weg zu ihren Lösungsansätzen.

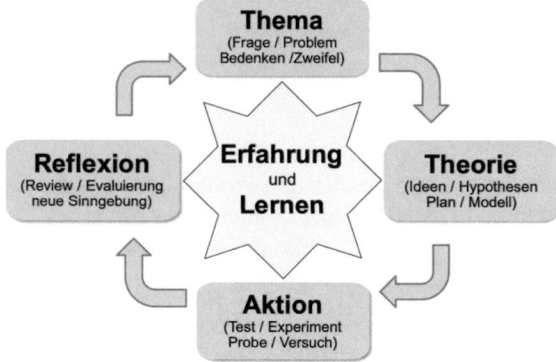

Abbildung 41: Grundschritte Aktionslernen (nach Phelan/Enderby)

Die Umsetzung in die Praxis umfasst üblicherweise folgende Schritte:

1. Organisationsdiagnose

Die Führungskräfte und Experten, die am Aktionslernprogramm teilnehmen, suchen in ihrer eigenen Organisationseinheit nach ungelösten komplexen Problemen oder nach Prozessen, die suboptimal ablaufen. Sie beschreiben möglichst umfassend die aktuelle Situation, und welches Ziel durch die Problemlösung oder die Umgestaltung der Prozesse erreicht werden soll.

Für ihre Suche können sie Werkzeuge aus den Kategorien *kommunizieren* und *befragen* verwenden. Falls für die Beschreibung der Problemstellung nötig, setzen sie Werkzeuge aus der Kategorie *visualisieren* ein.

2. Einrichten von Lernpartnerschaften

Im Rahmen des ersten Gruppentreffens schließen sich die Führungskräfte bzw. Experten zu Lernpartnerschaften (siehe Seite 64) von drei bis vier Per-sonen zusammen. Die Lernpartner sollen aus möglichst unterschiedlichen Organisationseinheiten stammen und sich sympathisch sein.

Für das Gruppentreffen kann ein Werkzeug aus der Kategorie *kommunizie-ren* oder *zusammenarbeiten* zum Einsatz kommen.

3. Entwicklung und Umsetzung von Lösungswegen

Die Lernpartner treffen sich in regelmäßigen Abständen (mindestens sechs Treffen). Sie unterstützen sich dabei gegenseitig bei der Entwicklung von möglichen Lösungswegen für ihre konkreten Praxisfälle aus der Organisationsdiagnose. Jeder Lernpartner wählt den ihm am geeignetsten erscheinenden Lösungsansatz aus und setzt diesen im vereinbarten Zeitraum in seiner Organisationseinheit um.

Die Entwicklung von Lösungswegen kann ebenfalls mit Hilfe eines Werkzeugs aus der Kategorie *kommunizieren* oder *zusammenarbeiten* erfolgen.

4. Reviews der Ergebnisse

Nach jeweils ca. zwei Lernpartnertreffen kommen die Lernpartner zusammen und reflektieren ihre Fortschritte. Diese werden den erwarteten Ergebnissen gegenübergestellt und bewertet. Der gewählte Lösungsansatz wird überarbeitet, falls erforderlich. Sie dokumentieren ihre Lösungswege samt zugehörigen Erfahrungen und stellen sie allen Gruppenmitgliedern zur Verfügung.

Das Review kann mit Hilfe eines Werkzeugs aus der Kategorie *kommunizieren* oder *zusammenarbeiten*, der Austausch der Ergebnisse mit Hilfe eines Werkzeugs der Kategorie *teilen* oder ebenfalls *zusammenarbeiten* durchgeführt werden.

Durch die wiederholte Anwendung dieser Schritte ergibt sich eine ständige Weiterentwicklung des Kernwissens über Führung. Erfolgreiches Handeln wird immer mehr zur Routine in der Führungspraxis der Organisation.

Stufenweise Digitalisierung

Stufe 1: Für alle Gruppentreffen und Abstimmungen zwischen den Lernpartnern werden Werkzeuge aus der Kategorie *kommunizieren* eingesetzt.

Stufe 2: Die Darstellung von Ergebnissen erfolgt durch ein Werkzeug der Kategorie *visualisieren* und das Bereitstellen der Lösungswege samt Erfahrungen durch ein Werkzeug der Kategorie *teilen*. Wenn nötig, kommt ein Werkzeug der Kategorie *visualisieren* für die Ergebnisdarstellung zum Einsatz.

Stufe 3: Statt Werkzeuge aus den Kategorien kommunizieren und teilen wird eines aus der Kategorie *zusammenarbeiten* eingesetzt. Für das Finden von geeigneten Problemstellungen in der Organisation kann ein Werkzeug der Kategorie *befragen* zum Einsatz kommen.

Es wird davon abgeraten, die Methode vollständig zu digitalisieren. Umfassende Studien von Hauser/Kanther haben ergeben, dass der überwiegende

Teil der Anwender die Kombination aus Präsenz- und virtuellen Phasen bevorzugt. Das Gemeinschaftserlebnis bei physischen Treffen hebt die Stimmung, reduziert aber die Effizienz. Die virtuelle Zusammenarbeit nach Präsenzphasen ist nachweislich von höherer Effizienz geprägt als davor. Nur wenige Teilnehmer präferieren reines virtuelles Aktionslernen aus Gründen der Zeitersparnis und der größeren Freiheit durch Anonymität.

Beispiel

In einem größeren Industrieunternehmen ortete das obere Management bei erfahrenen Fach- und Führungskräften einen Weiterentwicklungsbedarf in Bezug auf Führungs- und Managementkompetenzen. Die hauseigene Bildungsabteilung wurde beauftragt, ein passendes Bildungsprogramm für diese Zielgruppe zu entwickeln. Der Auftrag war, ein effizientes und gut in den Arbeitsablauf integrierbares Design zu entwickeln.

Grundlage für die Designentwicklung waren aktuelle Erkenntnisse der Lernforschung. Diese legen nahe, von konkreten Anliegen der Teilnehmer auszugehen sowie Selbstreflexion, Anwendung von adäquaten Problemlösungsmethoden und den strukturierten Austausch mit Gleichgesinnten zu stärken, um nachhaltiges Lernen zu gewährleisten. Es lag daher nahe, Aktionslernen als ein wesentliches Grundelement in das Design zu integrieren.

Die konkrete Zielsetzung des Entwicklungsprogramms war, die Führungs- und Managementkompetenzen, ausgehend von den Problemstellungen und Erfahrungen der Teilnehmer, weiterzuentwickeln. Neben der Vermittlung von neuen Führungstheorien und -modellen sollte das Bewusstsein für die eigenen Fähigkeiten gestärkt und die Lösungsentwicklung durch die Sichtweise der anderen Teilnehmer bereichert werden. Selbstgesteuertes und eigenverantwortliches Lernen war ebenso ein erklärtes Ziel wie die Vernetzung der Teilnehmer über das Programm hinaus.

Das mit den Auftraggebern abgestimmte Design (siehe Abbildung 42) umfasste vier zweitägige Workshops im Abstand von drei Monaten und zumindest zwei Lernpartnerschaftstreffen (LP-Treffen) zwischen den Workshops, die sich die Lernpartner selbst organisierten. Die Teilnehmeranzahl war auf zwölf Personen beschränkt, das gesamte Programm wurde durchgängig von zwei Beratern begleitet.

Zur Stärkung des Bewusstseins der eigenen Fähigkeiten wurde allen Teilnehmern vor dem Start-Workshop die Möglichkeit angeboten, ein Persönlichkeitsprofil mit einem ausführlichen Feedbackgespräch erstellen zu lassen. Alle Teilnehmer nahmen das Angebot in Anspruch. Die Führungskräfte vereinbarten mit ihren Teilnehmern ein konkretes persönliches Lernziel und unterstützten sie bei der Suche nach einem passenden Praxisfall. Beides brachten die Teilnehmer zum Start-Workshop mit.

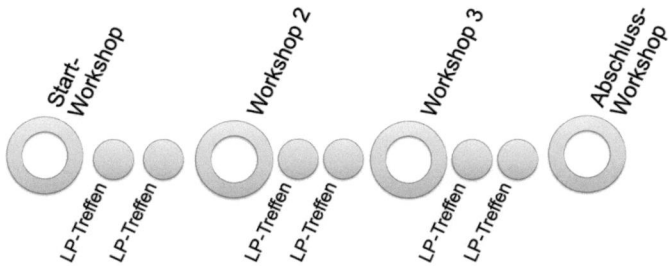

Abbildung 42: Entwicklungsprogramm mit Aktionslernen

Im Start-Workshop stand das Kennenlernen untereinander, das Knüpfen von Lernpartnerschaften und die gemeinsame Entwicklung von Lösungsideen für die eingebrachten Praxisfälle im Vordergrund. Falls für die Lösungsfindung erforderlich, ergänzten die Berater den einen oder anderen theoretischen Input. In den Folgeworkshops wurden die Fälle reflektiert, die Erfahrungen aus bereits vorhandenen Lösungen gesammelt und für die Wiederverwendung dokumentiert sowie neue Fälle in der bewährten Form behandelt.

Der Abschluss-Workshop umfasste einen mehrstufigen Reflexionsprozess. Im ersten Schritt schätzte jeder Teilnehmer für sich den Zielerreichungsgrad seines persönlichen Lernziels und die Qualität seiner Ergebnisse ein. Danach gaben sich die Lernpartner gegenseitig Feedback, wie sie die Arbeit in der Lernpartnerschaft erlebt hatten, was für sie im Gesamtprozess hilfreich bzw. hinderlich war. Im nächsten Schritt reflektierten die Teilnehmer in der Gesamtgruppe ihre Kompetenzentwicklung, und welchen Beitrag das spezielle Lernsetting des Gesamtprogramms dazu geleistet hat. Die Teilnehmer bereiteten nun Kurzpräsentationen ihrer individuellen Ergebnisse vor, die sie den im letzten Teil des Workshops dazu stoßenden Führungskräften präsentierten. Den Abschluss bildete das Feedback der Führungskräfte. Falls ein Fall innerhalb des Programms nicht abgeschlossen werden konnte, wurden entsprechende Vereinbarungen zwischen dem betroffenen Teilnehmer und seiner Führungskraft getroffen.

Da sich diese Lernform gemäß den Rückmeldungen der Führungskräfte und der Teilnehmer als sehr hilfreich für die Weiterentwicklung von erfahrenen Mitarbeitern erwies, wird sie in dieser Organisation nach wie vor mit Erfolg eingesetzt.

Grenzen/Risiken und Anwendungskompetenzen

Ein Design, das die Rahmenbedingungen (z.B. zeitliche Einschränkungen, sprachliche Barrieren, multikulturelle Umgebung) in der Organisation zu wenig berücksichtigt, kann sehr schnell zum Abbruch eines Aktionslernprogramms führen. Die Lernexperten schenken daher der Auftragsklärung mit den Bildungsverantwortlichen großes Augenmerk und drängen auf eine klare Zielsetzung für das Gesamtprogramm. In weiterer Folge binden sie die Auftraggeber aktiv in die Designentwicklungsphase ein und lassen sich das Ergebnis formal abnehmen.

Problematisch sind Aktionslernprogramme, in denen die Aufgabenstellungen nicht völlig frei gewählt werden können, sondern sich aufgrund der Entscheidung der Auftraggeber innerhalb bestimmter Spielräume befinden müssen. Manche Teilnehmer finden aufgrund dieser Einschränkung keine Problemstellung, die für sie und ihre Organisationseinheit von Interesse ist, und scheiden aus dem Programm aus. Die Methode erhält dadurch eine negative Konnotation, die zu einem generellen Verzicht auf einen weiteren Einsatz von Aktionslernen in der Organisation führen kann.

Für eine wirkungsvolle Gestaltung von Aktionslernprogrammen sind eine Mindestanzahl von sechs Gruppentreffen in regelmäßigen Abständen nötig. Bei Unterschreitung dieser Anzahl ist das Erreichen von Resultaten gefährdet, weil das dadurch wenig ausgeprägte Gruppengefühl einem gemeinsamen Entwickeln von kreativen Lösungsansätzen und einer tiefergehenden Reflexion des Lernprozesses entgegensteht.

Wenn die Abstände zwischen den Gruppentreffen zu lang sind, werden die Problemlösungen bereits erfolgreich implementiert, ohne dass die unmittelbare Reflexion und damit das explizite Lernen aus den Erfahrungen im Arbeitsalltag stattfindet. Das erklärte Ziel von Aktionslernen, die Reflexions- und Lernfähigkeit der Teilnehmer auszubauen, ist damit weitgehend verfehlt.

Ein weiteres Risiko stellt das Auftreten von Gruppendenken (-> Glossar auf Seite 393) dar. Wenn in einer Gruppe eine einzelne funktionale Perspektive vorherrscht, werden die gefundenen Lösungsideen wenig kreativ sein. Die Chance, durch Aktionslernen völlig neue Lösungsansätze für anstehende Probleme zu finden, ist damit verpasst. Ein Neustart des betroffenen Aktionslernprogramms mit einer geänderten Zusammensetzung der Teilnehmer kann hier Abhilfe schaffen.

Ein erfolgreiches Aktionslernprogramm stellt hohe Anforderungen an die Kompetenzen des Programmbegleiters. Neben ausgezeichneten Kommunikations- und Moderationsfertigkeiten benötigt er ein hohes Maß an Achtsamkeit für Gruppen- und Systemprozesse, Selbstreflexionsfähigkeit und umfassende Kompetenzen in der Prozessbegleitung. Falls virtuelle Aktionslernphasen vorgesehen sind, muss er die eingesetzten Technologien beherrschen und virtuelle Gesprächssituationen professionell gestalten können. Von Teilnehmern wird vor allem die Bereitschaft erwartet, regelmäßig über das eigene Handeln zu reflektieren und daraus resultierende Erkenntnisse für die eigene Weiterentwicklung zu nutzen.

Referenzen

Donnenberg, O. (Hrsg., 1999). *Action Learning: ein Handbuch*. Stuttgart: Klett-Cotta.

Enderby J. E.; Phelan D. R. (1994). *Action learning groups as the foundation for cultural change*. Asia Pacific Journal of Human Resources 1994:32(1), S. 74-82.

Grote, S. (Hrsg., 2012). *Die Zukunft der Führung*. Heidelberg/Berlin: Springer Gabler, S. 377.

Gruber, S.; Essl, G. (2004). *Action Learning: Erfahrungslernen als Problemlösungsprozess*. In: wissensmanagement 6/04, S. 26-28.

Hauser, B.; Kanther, S. (2018). *„Semi-virtual Action Learning" – ein Format für digitales Gruppen- und Organisations-Coaching*. In: Heller, J.; Triebel, C.; Hauser, B.; Koch, A. (Hrsg.), Digitale Medien im Coaching. Grundlagen und Praxiswissen zu Coaching-Plattformen und digitalen Coaching-Formaten. Berlin: Springer, S. 151-164.

Marquardt, M. (2004). *Optimizing the Power of Action Learning. Solving Problems and Building Leadership*. Mountain View: Davies-Black.

Mittelmann, A. (2011). *Aktionslernen*. In: Mittelmann, A., Werkzeugkasten Wissensmanagement, Norderstedt: Books on Demand. S. 113-115.

Revans, R. W. (1982). *The Origin and Growth of Action Learning*. London: Chartwell Bratt.

Revans, R. W. (1998): *ABC of Action Learning*. London: Lemos and Crane.

Methoden im dritten Cluster

Beziehungsmanagement
Methode zum Aufbau bzw. Pflege eines persönlichen Beziehungsnetzwerks

Beziehungslandkarte
Visualisierung des Beziehungsnetzwerks einer Organisationseinheit

Egozentrierte Beziehungslandkarte
Visualisierung eines Beziehungsnetzwerks einer Person

Wissensträgerkarten
Visualisierung zur Identifikation von Wissensträgern und Kompetenzen

Soziale Netzwerkanalyse
Methode zur Untersuchung der Strukturen sozialer Systeme

Wissensnetzwerk
Freiwilliger Zusammenschluss von Menschen mit starkem Interesse an der Bearbeitung eines bestimmten Themas

Kommunikationsforum
Zeitlich und räumlich fixierte Gesprächsrunden zum Erfahrungsaustausch

Knowledge Café
Diskussionsrunden zum Gedankenaustausch rund um eine Kernfrage

Knowledge Camp
Kommunikationsmethode für Gedanken- und Ideenaustausch zu von den Teilnehmern eingebrachten Themen

Wissensdialoge
Strukturierte Besprechungen zum Wissensaustausch, zur Wissensentwicklung, Wissensbewertung oder Umsetzung

Anekdoten-Zirkel
Narrative Methode zum Heben und Weitergeben von Erfahrungswissen

Begegnungsräume
Infrastruktureller Rahmen zur Förderung informeller Gespräche zwischen Mitarbeitern

Beziehungen und Kommunikation

In diesem Cluster finden sich Methoden, die den Wissensauf- und -ausbau durch Knüpfen von Beziehungen und Kommunikation zwischen Wissensträgern fördern. Im Semantischen Raum bewegen wir uns rund um die Entitäten *Beziehungen* und *Organisationen* in enger Verbindung mit der Entität *Wissensträger*, die die Kristallisationspunkte sozialer Netzwerke sind.

Wissensträger pflegen soziale Beziehungen innerhalb und außerhalb von Organisationen, indem sie sich untereinander austauschen. Durch diese gemeinsamen Denk- und Kommunikations-*Prozesse*, die real oder an virtuellen *Orten* stattfinden, bauen sie ihre *Kompetenzen* in für sie und die Organisation relevanten *Wissensgebieten* aus.

Dieses Gebiet des SRWM inkludiert Methoden zum Aufbau, zur Pflege, Visualisierung und Analyse sozialer Netzwerke (Beziehungsmanagement, Beziehungslandkarte, Egozentrierte Beziehungslandkarte, Wissensträgerkarten, Soziale Netzwerkanalyse). Es schließt eine Auswahl von Methoden, die dem gemeinschaftlichen Gedanken- und Erfahrungsaustausch dienen (Kommunikationsforum, Wissensnetzwerk, Knowledge Café, Knowledge Camp, Wissensdialoge, Anekdoten-Zirkel) mit ein (siehe Abbildung 43).

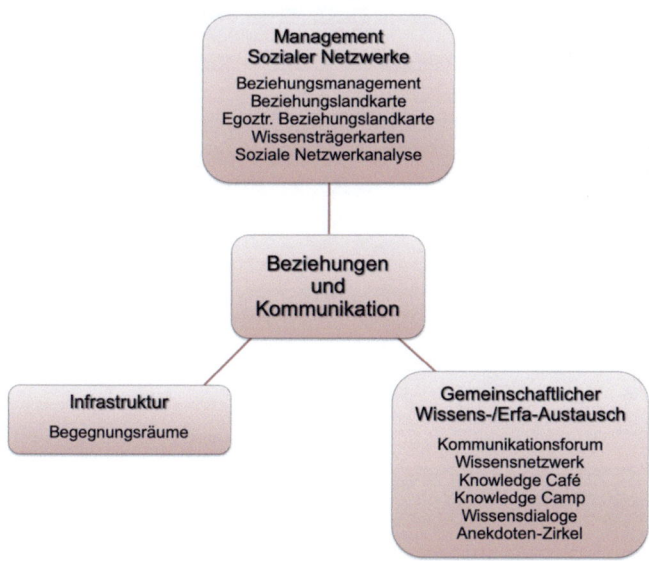

Abbildung 43: Methodenübersicht dritter Cluster

Vervollständigt wird es mit einer „infrastrukturellen" Methode, die einen informellen Rahmen für diese Gespräche schafft (Begegnungsräume). Diese Methodenauswahl kann genutzt werden, um Wissens- und Kompetenzerweiterung durch gezielte Kommunikation zwischen Wissensträgern zu fördern.

Da es bei diesem Methoden-Cluster hauptsächlich um Beziehungen geht, werden am häufigsten Werkzeuge aus den Kategorien *kommunizieren, zusammenarbeiten* und *suchen* (siehe Abbildung 44) benötigt.

Methoden-Name	Werkzeug-Kategorien											
---	nw	ko	zu	su	vi	ku	bf	sp	le	vt	vö	te
Beziehungslandkarte		√	√		√		√					
Beziehungslandkarte, egozentrierte	√				√	√						
Wissensträgerkarten	√	√	√				√			√	√	
Soziale Netzwerkanalyse	√	√	√	√								√
Beziehungsmanagement	√	√		√								
Knowledge Camp	√	√		√						√		
Wissensnetzwerk	√	√	√							√		√
Kommunikationsforum	√	√	√	√			√			√	√	√
Knowledge Café	√	√	√	√			√					√
Wissensdialoge		√	√		√		√			√		
Begegnungsräume		√	√				√					
Anekdoten Zirkel	√	√	√	√						√		

Abbildung 44: Werkzeug-Kategorien für den dritten Methoden-Cluster

Belastbare Beziehungen basieren auf guten Gesprächen, die konstruktiver Zusammenarbeit zwischen Menschen förderlich sind. Wissensträger benötigen daher Werkzeuge, um in sozialen Netzwerken miteinander kommunizieren sowie Wissens- und Erfahrungsaustausch pflegen zu können. Suchwerkzeuge erleichtern ihnen das Auffinden passender Gesprächspartner.

Beziehungsmanagement

Beziehungsmanagement dient dem Aufbau und der Pflege des persönlichen sozialen Netzwerks. Der Wissens- und Erfahrungsaustausch innerhalb dieses Netzwerks hilft dem Wissensträger, schneller neue Ideen zu entwickeln und bessere Problemlösungen zu finden.

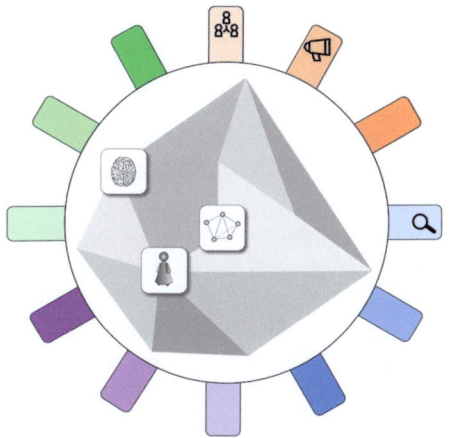

Man findet daher diese Methode im Semantischen Raum zwischen *Wissensträger*, *Beziehungen* und *Kompetenzen*.

Für die Digitalisierung der Methode können Werkzeuge aus den Kategorien *kommunizieren*, *suchen* oder *netzwerken* zum Einsatz kommen.

Die Methode

Beziehungsmanagement (auch: Kontaktmanagement, Netzwerken) umfasst alle Aktivitäten zum Aufbau und zur Pflege eines persönlichen Beziehungsnetzwerks (siehe Abbildung 45). Die Methode kann sowohl im beruflichen Kontext als auch für private Zwecke verwendet werden. Die beiden Bereiche überschneiden sich oft.

Für ein erfolgreiches Beziehungsmanagement ist Folgendes zu beachten:

o *Persönliche Einstellung*
Erfolgreiches Beziehungsmanagement beginnt mit der persönlichen Einstellung, dass es primär um die Erzeugung von Nutzen für seinen neuen Kontakt geht. Man bietet ihm seine Unterstützung in Form von Informationen, Tipps, Hinweisen, Kontakten oder andere Dienstleistungen an. Die persönlichen „Geberqualitäten" werden im Auge behalten und die „Nehmerqualitäten" entsprechend gezügelt. Personen kommen lieber auf jene Kontakte wieder zurück, die sie unterstützen und nicht „ausnutzen".

o *Klare Zielsetzung*
Welche Interessensgebiete und welche Art von Beziehungen für einen selbst aus welchen Gründen wichtig sind, ist der Startpunkt für eine klare Zielsetzung. Das Ergebnis dieser Überlegungen hält man am besten schriftlich fest. Weiterhin notiert man, welche eigenen Beiträge man liefern kann. Dies hilft bei der Auswahl geeigneter Zielgruppen und der Gelegenheiten zum Beziehungsaufbau sowie beim Erstkontakt. Dieses Zielbild wird man gelegentlich einer kritischen Prüfung unterziehen und ggfs. anpassen, insbesonders, wenn sich das eigene berufliche Umfeld verändert hat oder Interessensgebiete sich verschoben haben.

o *Vorbereitung*
Je gezielter man beim Beziehungsmanagement im konkreten Anlassfall vorgeht, desto besser wird es einem gelingen. Vor einer geplanten Networking-Gelegenheit nutzt man die vorhandenen Informationen über die Veranstaltung, um zunächst herauszufinden, wer voraussichtlich anwesend sein wird. Findet man darunter Personen, die für einen auf Basis des eigenen Zielbildes interessant sein könnten, sammelt man Informationen über diese Personen für einen guten Erstkontakt. Nichtsdestotrotz sollte man spontanen Kontaktaufnahmen aus Sympathiegründen unbedingt Raum geben. Aus ihnen entstehen nicht selten sehr tragfähige Beziehungen.

o *Ehrliches Interesse*
Je unvoreingenommener und offener man auf die Person, mit der man in Kontakt treten will, zugeht, desto leichter wird es gelingen. Ehrliches Interesse an seinem Gegenüber zeigt man, indem man wertschätzend Fragen stellt und bei den Antworten gut zuhört. Eigenen ausschweifenden Selbstdarstellungsimpulsen sollte man nicht nachgeben, sondern man wird Fragen oder Aussagen des Gesprächspartners angemessen beantworten. Wenn am Ende des Gesprächs beide Seiten Interesse an weiteren Begegnungen zeigen, steht einer Fortsetzung der Beziehung nichts mehr im Wege.

o *Ständige Pflege*
Für wichtige Kontakte plant man die Termine für die regelmäßige Kontaktpflege inkl. Vor- und Nachbereitung in seinem Kalender fix ein. Damit die Netzwerkpartner dauerhaft von einem profitieren können, schafft man sich auch einen Fundus von Informationen rund um die Personen in seinem persönlichen Beziehungsnetzwerk. Das fällt einem umso leichter, wenn es auch die eigenen primären Interessensgebiete sind. Die Betrachtung von Gesamtzusammenhängen und die

Offenheit für Neues bieten weitere Möglichkeiten, seinem Netzwerk-partner von Nutzen zu sein.

Wenn man bereit ist, diesen Prinzipien zu folgen, wird ein gutes Beziehungsmanagement mit hoher Wahrscheinlichkeit gelingen. Genügend Zeit-ressourcen dafür vorzusehen, bringt mittel- bis langfristig einen nicht zu unterschätzenden persönlichen Nutzen, beruflich wie persönlich.

Abbildung 45: Aktivitäten im Beziehungsmanagement

Ziel und Nutzen

Ziel dieser Methode ist der Aufbau eines Netzwerkes mit einer überschauba-ren Anzahl von Personen mit ähnlichen beruflichen und/oder privaten Inter-essen. Mit Hilfe dieses Netzwerkes können Problemstellungen schneller und besser gelöst werden. Durch den breiten Erfahrungsaustausch mit den Netz-werkpartnern entsteht immer wieder neues Wissen.

Anwendung

Beziehungsmanagement umfasst die folgenden Phasen:

1. Aufbau

Um sein persönliches Netzwerk aufzubauen, plant und nutzt man passende Gelegenheiten, um mit anderen Personen in Kontakt zu kommen. Solche Situationen findet man häufig auf Fachmessen, Kongressen, in Seminaren und bei Vorträgen. Man stellt sich vor, erklärt, was man beruflich macht, was einen besonders interessiert, und fragt den Gesprächspartner danach.

Bei gegenseitigem Interesse werden Visitenkarten ausgetauscht. Man notiert sich nach dem Gespräch auf der Rückseite der Karte die Anknüpfungspunkte zur Gedächtnisstütze.

Eine weitere Möglichkeit ist, im Web oder in sozialen Netzwerken gezielt nach Personen mit ähnlichen beruflichen und/oder privaten Interessen zu suchen und Kontakt aufzunehmen. Dies gelingt am besten, wenn man eine für beide Seiten interessante Frage oder fachlichen Sachverhalt als Ausgangspunkt nutzt.

Für diese Phase sind Werkzeuge aus den Kategorien *kommunizieren, suchen* und *netzwerken* geeignet.

2. Dokumentation

Wenn beide Seiten Interesse an einer Fortsetzung der Beziehung bekunden, werden die Kontaktdaten von der Visitenkarte oder aus der Signatur der E-Mail in die persönliche Adressendatei übertragen und dabei die Anknüpfungspunkte bzw. persönlichen Präferenzen ergänzt. Das erleichtert die nächste Kontaktaufnahme. Wenn der Kontakt direkt über ein soziales Netz erfolgt ist, genügt die Kontaktbestätigung für die automatische Dokumentation der Kontaktdaten.

Ein Werkzeug aus der Kategorie *netzwerken* kann hier zum Einsatz kommen.

3. Beziehungspflege

Um sein Netzwerk für Informations-, Wissens- und Erfahrungsaustausch auch tatsächlich nutzen zu können, ist es notwendig, regelmäßigen Kontakt mit den Netzwerkmitgliedern über ein für beide Seiten passendes Medium (Telefon, E-Mail, soziales Netzwerk etc.) zu halten und dabei die persönlichen Präferenzen der Netzwerkpartner zu berücksichtigen. Gute Beziehungen leben von ausgewogenem Geben und Nehmen. Wenn man den Eindruck gewinnt, dass eine bestimmte Information, eine persönliche Erkenntnis oder Erfahrung für einen seiner Kontakte von Interesse sein könnte, bietet man sie ihm an. Auch andere kleine Gefälligkeiten (z.B. eine vergünstigte oder kostenfreie Kongresskarte) kann man für die Beziehungspflege einsetzen. Ein persönliches Treffen zumindest einmal pro Jahr ist ebenfalls sehr zu empfehlen, um die gegenseitige Vertrauensbasis abzusichern bzw. zu verstärken.

Ein Werkzeug aus der Kategorie *kommunizieren* und *netzwerken* kann hier zum Einsatz kommen.

4. Wartung

In regelmäßigen Abständen (ca. einmal pro Jahr) durchforstet man sein Netzwerk. Bei jedem Eintrag fragt man sich, warum diese Person für einen wichtig und ob die Beziehungspflege ausreichend ist. Man löscht Personen aus dem Netzwerk, wenn über einen längeren Zeitraum kein Kontakt mehr zustande gekommen ist oder man kein Interesse mehr an der Aufrechter-haltung des Kontakts hat. Der Aufwand für eine gute Beziehungspflege ist nicht zu unterschätzen. Daher ist es ratsam, sein Netzwerk in vernünftigem Rahmen zu halten. Was eine vernünftige Netzwerkgröße ist, hängt stark von der eigenen Fähigkeit ab, mit anderen in Kontakt zu kommen bzw. zu blei-ben und die eigenen zeitlichen Ressourcen. Es lohnt sich auf alle Fälle, ein tragfähiges Beziehungsnetzwerk zu entwickeln, auf das man im Bedarfsfall zurückgreifen kann.

Ein Werkzeug aus der Kategorie *netzwerken* kann hier zum Einsatz kommen.

Stufenweise Digitalisierung

Stufe 0: Die Methode kommt ohne Technikunterstützung aus. Es genügt, eine Kontaktliste mit entsprechenden Notizen anzulegen und zu pflegen.

Stufe 1: Für den Beziehungsaufbau und die -pflege werden Werkzeuge aus der Kategorie *kommunizieren* eingesetzt.

Stufe 2: Für den Aufbau des Beziehungsnetzwerkes wird ergänzend ein Werkzeug aus der Kategorie *suchen* angewendet.

Stufe 3: Alle Aktivitäten werden durch Werkzeuge der Kategorie *netz-werken* unterstützt.

Es wird davon abgeraten, die Methode vollständig zu digitalisieren. Um tragfähige Beziehungen aufzubauen, sind persönliche Begegnungen unbe-dingt erforderlich.

Grenzen/Risiken und Anwendungskompetenzen

Manche Menschen sind geborene Netzwerker. Sie werden ohne erkennbare Mühe ihr Netzwerk aufbauen und pflegen. Allen anderen ist angeraten, sich mit den Prinzipien des Beziehungsmanagements vertraut zu machen und jede Gelegenheit zum Üben zu nutzen. Eine systematische Planung, basierend auf Zielbild und Prioritäten, wird sie dabei gut unterstützen.

Gute Beziehungen leben von einem ausgewogenen Geben und Nehmen. Es wird aber immer wieder vorkommen, dass man von Personen im eigenen Netzwerk ausgenutzt wird. Man wird dies oft erst nach einiger Zeit bemerken. Je nachdem wie gut man die betreffende Person kennt und wie vernetzt sie in dem eigenen Netzwerk ist, wird man sich eine passende Strategie zurechtlegen, um den Kontakt ohne Irritationen für sein übriges Beziehungsnetzwerk zu beenden. Eine Vorgangsweise könnte sein, die betreffende Person immer weniger mit Informationen zu versorgen und die direkten Kontakte auf ein Minimum zu beschränken. Früher oder später wird die Person von sich aus den Kontakt versanden lassen.

Wenn es einem aus zeitlichen oder persönlichen Gründen immer schwerer fällt, sein persönliches Beziehungsnetzwerk zu pflegen, tut man gut daran, sein Zielbild zu hinterfragen und die Prioritäten neu zu setzen. Auf Basis dieser Entscheidungen durchforstet man sein Netzwerk und überarbeitet die Planung seiner Beziehungspflege.

Ein guter Netzwerker benötigt als Basis eine gut ausgeprägte Kontaktfähigkeit. Es sollte ihm leichtfallen, mit anderen ins Gespräch zu kommen und Beziehungen über einen längeren Zeitraum hinweg aufrecht zu erhalten. Offenheit und ein generelles Interesse an Menschen unterstützen ihn dabei. Er sollte sich klar und verständlich ausdrücken können, sowohl im direkten persönlichen Gespräch als in diversen online Medien. Kommunikations- und Kontaktfertigkeiten lassen sich trainieren, wenn Grundfähigkeiten vorhanden sind. Sehr scheue, zurückgezogene Menschen werden mit einigen Schwierigkeiten zu rechnen haben.

Referenzen

Bleckmann, M. (2010). *Die geheimen Regeln der Seilschaften*. Erfolgreich netzwerken - ein Karriereleitfaden. Graz: Leykam.

Liebermeister, B. (2018). *Effizientes Networking: Wie Sie aus einem Kontakt eine werthaltige Geschäftsbeziehung entwickeln*. 2. Auflage, Frankfurt: Frankfurter Allgemeine Buch.

Mittelmann, A. (2011). *Beziehungsmanagement*. In: Mittelmann, A., Werkzeugkasten Wissensmanagement, Norderstedt: Books on Demand, S. 137-138.

Beziehungslandkarte

Eine Beziehungslandkarte unterstützt die Erstellung und Visualisierung von Beziehungen innerhalb einer Organisation oder Organisationseinheit, einer Gruppe oder eines Teams.

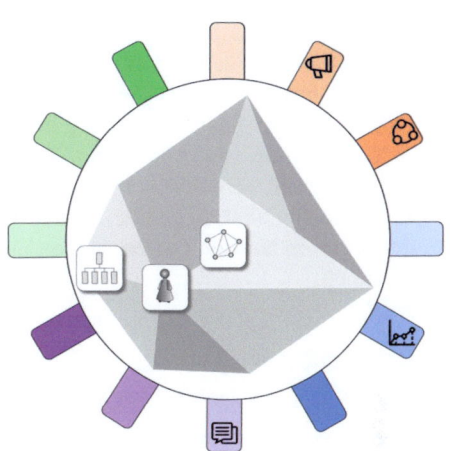

Im Semantischen Raum befindet sich diese Methode daher zwischen *Organisation*, *Wissensträger* und *Beziehungen*.

Für die Digitalisierung der Methode können Werkzeuge aus den Kategorien *kommunizieren, visualisieren, befragen* und *zusammenarbeiten* zum Einsatz kommen.

Die Methode

Eine Beziehungslandkarte visualisiert das Beziehungsnetzwerk von Personen in Form eines gerichteten Graphen (siehe Abbildung 46). Die Personen, die zu diesem Netzwerk gehören, werden durch Knoten symbolisiert. Die Pfeilrichtung der Kante gibt an, ob die Beziehung zwischen zwei Personen wechselseitig ist oder nicht. Die *Beziehungsnähe* wird durch den Abstand der Knoten, die *Beziehungsgüte* durch die Linienart (gestrichelte, dünne oder dicke durchgezogene Linie) der Kante angezeigt. Alternativ können diese Kriterien durch Beschriftung der Kanten (z.B. Smileys) dargestellt werden, wenn es für die Anwender besser passt.

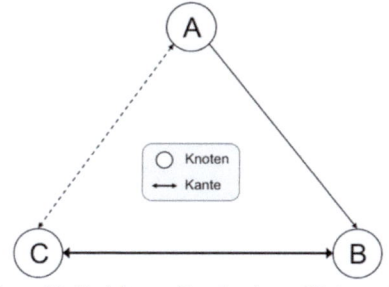

Abbildung 46: Gerichteter Graph mit qualifizierten Kanten

Die Methode geht auf die Theorie der Soziogramme zurück, die von Jacob Levy Moreno vor über 100 Jahren entwickelt wurde. Er nutzte sie als Arzt in einem Flüchtlingslager in der Nähe von Wien während des ersten Weltkrieges, um Konflikte zwischen den Flüchtlingen zu lindern. Die durch das Soziogramm erkennbaren Sympathien bzw. Antipathien zwischen den Befragten nutzte er für die Umstrukturierung der Raumbelegung. In weiterer Folge wurden Soziogramme im schulischen Kontext zur Lösung von Konfliktfällen in Schulklassen verwendet. Im Kontext von Wissensmanagement werden Beziehungslandkarten genutzt, um Informations- und Wissensflüsse bzw. deren Behinderungen offenzulegen und den Wissensaustausch optimieren zu können.

Ziel und Nutzen

Die Beziehungslandkarte einer Organisationseinheit, einer Gruppe oder eines Teams unterstützt beim Erkennen und Beheben latenter Beziehungsprobleme, die die Zusammenarbeit, insbesonders die Informations- und Wissensflüsse, früher oder später negativ beeinflussen können (siehe dazu auch Soziale Netzwerkanalyse auf Seite 247). Eine individuelle und gemeinsame Auseinandersetzung der Teilnehmer mit dem subjektiv erlebten Beziehungsgefüge soll in Gang gebracht und, wenn nötig, verbessert werden.

Anwendung

Die Anwendung der Methode erfolgt in vier Schritten:

1. Identifizieren der Personengruppe

Je nach Zielsetzung der Methodenanwendung werden jene Personen ausgewählt, die für die Erstellung der Beziehungslandkarte erforderlich sind. Wenn es sich z.B. um ein großes, länderübergreifendes Projektteam handelt und die Zusammenarbeit optimiert werden soll, dann wird man alle Projektteammitglieder, Projektauftraggeber und Projektsponsoren einbeziehen. Wenn es um die Verbesserung des Wissensflusses zwischen Mitarbeitern entlang einer Prozesskette (z.B. Verkauf-Produktion-Logistik) geht, werden alle direkt an den jeweiligen Prozessen Beteiligten ausgewählt. Soll eine große Gruppe von Personen (mehr als 20) beteiligt werden, ist es ratsam, auf die Methode „Soziale Netzwerkanalyse" (siehe Seite 247) zurückzugreifen, um den Aufwand für die Analyse und Auswertung in vertretbaren Grenzen zu halten.

Wichtig bei der Auswahl ist, dass die betroffenen Personen die Zielsetzung kennen und ihre Bereitschaft zur Teilnahme signalisiert haben. Die Führungskräfte sind hier gefordert, Überzeugungsarbeit zu leisten, falls es Widerstände gegenüber der Methodenanwendung gibt.

Im einfachsten Fall wird diese Liste mit Hilfe eines Textverarbeitungs- oder Tabellenkalkulationssystems erstellt. Für alle notwendigen Gespräche zur Identifizierung der Personen können Werkzeuge aus den Kategorien *kommunizieren* oder *zusammenarbeiten* zum Einsatz kommen.

2. Feststellen der Qualität der Beziehungen

Es gibt mehrere Möglichkeiten für die Gestaltung dieses Schrittes. Der Initiator kann als erste Variante alle ausgewählten Personen zusammenbringen und ein gemeinsames Ergebnis mit ihnen erarbeiten. Dabei erstellen die Teilnehmer zunächst in Einzelarbeit ihre individuelle Sicht, anschließend werden alle Ergebnisse offengelegt, diskutiert und zu einem gemeinsamen Bild der Beziehungssituation zusammengeführt. Eine weitere Variante ist, dass der Initiator mit Einzelinterviews beginnt und für die Erarbeitung des Gesamtbilds alle Teilnehmer zu einer Besprechung einlädt. Als dritte Variante kann er die Auswertung der Einzelinterviews vorab vornehmen und sein Ergebnis danach zur Diskussion stellen. Je nach vorliegenden Rahmenbedingungen in der Organisation wird der Initiator die passende Variante auswählen.

Für das Sichtbarmachen der Qualität der Zusammenarbeit kann man die Beziehungsnähe und -güte durch folgende Fragen ermitteln:

o   Wie gut kennen Sie die Personen aus der vorliegenden Liste? (Feststellen der Beziehungsnähe)

o   Mit wem arbeiten Sie häufig zusammen? (Feststellen einer Arbeitsbeziehung)

o   Mit wem arbeiten Sie gerne zusammen? (Feststellen positiv erlebter Arbeitsbeziehungen)

o   Mit wem haben Sie hin und wieder Schwierigkeiten in der Zusammenarbeit? (Feststellen negativ erlebter Arbeitsbeziehungen)

Wenn es um die Optimierung der Informations- und Wissensflüsse geht, wird man eher zu folgenden Fragen greifen:

o   Mit welchen Personen (aus der Liste) tauschen Sie regelmäßig Informationen aus?

o   Welche Personen unterstützen Sie des Öfteren bei der Lösung von fachlichen Problemen?

o   Welche Personen helfen Ihnen bei der Lösung von fachlichen Problemen?

o   Mit welchen Personen pflegen Sie einen Erfahrungsaustausch (regelmäßig oder sporadisch)?

Für diesen Schritt können Werkzeuge aus den Kategorien *kommunizieren* oder *befragen* genutzt werden.

3.   Visualisieren der Beziehungslandkarte

Die erarbeitete Beziehungssituation wird nun grafisch dargestellt. Das Namenskürzel jeder Person wird auf ein rundes oder ovales Kärtchen geschrieben. Danach werden diese Kärtchen auf einer Pinnwand so platziert, wie es der Beziehungsnähe entspricht. Anschließend wird die Beziehungsgüte durch Einzeichnen passender Pfeile dargestellt. Wenn die Visualisierung in einem offenen Prozess erfolgt (Variante 1 und 2 aus Schritt 1), geschieht dies in direkter Abstimmung mit allen Beteiligten. Ansonsten schlägt der Initiator eine Darstellungsform vor. Die fertige Beziehungslandkarte wird im Detail diskutiert und ggfs. Optimierungsmaßnahmen entsprechend der Zielsetzung abgeleitet.

Die Visualisierung kann auch Software-unterstützt mit Hilfe eines Werkzeugs aus der Kategorie *visualisieren* erfolgen. Es gibt auch auf Beziehungslandkarten spezialisierte Visualisierungswerkzeuge.

4.   Pflege

Da eine visualisierte Beziehungslandkarte immer nur eine Momentaufnahme sein kann, ist es ratsam, die Erarbeitungsschritte zu wiederholen, um sie an die geänderte Situation anzupassen. Z.B. wenn ein Mitarbeiter aus einer Organisationseinheit oder einem Projektteam ausgeschieden ist, kann einige Wochen nach seinem Weggang eine Überarbeitung der Beziehungslandkarte initiiert werden.

Für die Pflege von Beziehungslandkarten kommen dieselben Werkzeuge zum Einsatz wie für die Erstellung.

Stufenweise Digitalisierung

Stufe 0: Die Methode ist ohne Technikunterstützung mit Hilfe von Kärtchen und Pinnwand durchführbar.

Stufe 1: Für alle Aktivitäten, die Gespräche erfordern, kommt ein Werkzeug der Kategorie *kommunizieren* (z.B. Videokonferenz) zum Einsatz.

Stufe 2: Die Darstellung der Beziehungslandkarte erfolgt mit Hilfe eines Werkzeugs aus der Kategorie *visualisieren.*

Stufe 3: Bei allen Interviews kommt ein Werkzeug der Kategorie *befragen* zum Einsatz.

Stufe 4: Die Methode kann vollständig digitalisiert werden, indem alle Werkzeuge der Stufen 1 bis 3 miteinander kombiniert für alle Schritte zum Einsatz kommen.

Wie bei allen Methoden, die direkte Kommunikation zwischen den Beteiligten erfordern, ist ein persönliches Zusammentreffen oft von großer Bedeutung, um die informellen Beziehungen zu stärken. Daher sollte darauf nicht völlig verzichtet werden. Es erleichtert das Erreichen gesteckter Ziele im beruflichen Kontext.

Beispiel

In Abbildung 47 ist die Beziehungslandkarte einer selbstorganisierten Arbeitsgruppe abgebildet, die ein gemeinsam gewähltes Fachthema bearbeitet hat. Diese Beziehungslandkarte wurde ca. ein halbes Jahr nach Gründung der Arbeitsgruppe gemeinsam erarbeitet. Die Initiative ging von der Person M aus, die die Koordination der Arbeitsgruppe übernommen hatte.

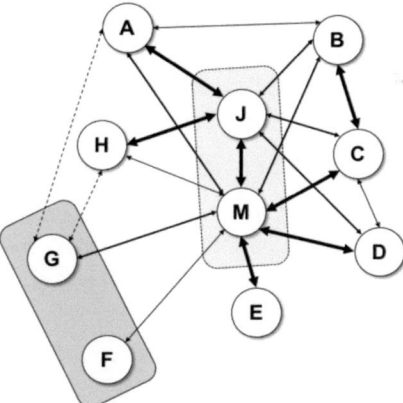

Abbildung 47: Beziehungslandkarte einer selbstorganisierten Arbeitsgruppe

In der Grafik ist die Beziehungsnähe durch die Entfernung der Knoten zueinander dargestellt. Die Beziehungsgüte wird durch den Strichtyp der jeweiligen Kante charakterisiert. Je dicker die Kante visualisiert ist, desto besser ist die Beziehung zwischen den beiden Personen. Eine gestrichelte Kante deutet eine weniger gute Beziehung mit eventuellem Konfliktpotential an.

Die Person M hat zu jedem Mitglied der Arbeitsgruppe eine mehr oder weniger gute Beziehung, was ihrer Funktion als Koordinator sehr zugute kommt. Die Person J hat mit der Hälfte der Arbeitsgruppenmitglieder eine gute Beziehung und zu A und H eine engere Bindung als M. Beide Personen sind daher für die Arbeitsgruppe sehr wichtig. Konfliktpotential ist bei A, H und G zu entdecken. Bei A und H ist J prädestiniert, latente Konflikte zu erkennen und zu entschärfen, falls nötig. M kann im Falle eines Falles bei G helfen. Besonderes Augenmerk muss M auf F und E lenken. Beide Personen sind nur über M mit der Arbeitsgruppe verbunden, bei F lässt die Beziehungsnähe auch noch zu wünschen übrig.

Nach der Visualisierung und Besprechung der obigen Beziehungslandkarte hat sich die Arbeitsgruppe darauf geeinigt, dass A, H und G mit J und M zusammenkommen, um die latenten Konflikte zu besprechen und zu lösen. Bei dieser Zusammenkunft stellte sich heraus, dass ein Kommunikationsproblem und ein Missverständnis vorlagen. Beide Probleme konnten zur Zufriedenheit aller gelöst werden. Um F und E besser in die Arbeitsgruppe einzubinden, wurden zwei informelle Treffen vereinbart mit dem Ziel, dass alle sich untereinander besser kennenlernen. Diese Maßnahmen führten dazu, dass die Arbeitsgruppe nach mehrjähriger gemeinsamer Arbeit ihr selbstgewähltes Ziel erreichte und danach ihre Arbeitsgruppenarbeit nach einer gemeinsamen Entscheidung einstellte. Aus dieser Arbeit sind einige Freundschaften entstanden, die nach wie vor gepflegt werden.

Grenzen/Risiken und Anwendungskompetenzen

Eine Beziehungslandkarte kann nicht verwendet werden, um tiefgehende Konflikte in der Organisationseinheit oder im Team zu lösen. Zunächst müssen die Konflikte ausgeräumt werden, erst dann kann eine Beziehungslandkarte für Optimierungen der Zusammenarbeit eingesetzt werden.

Wie bereits aus den obigen Ausführungen hervorgeht, kann eines der größten Hemmnisse die fehlende Anonymität der Daten sein. Die Sicherheit der personenbezogenen Daten muss gewährleistet sein und der Zugriff entsprechend des rechtlichen Regelwerks strikt eingehalten werden. Jeder Beteiligte muss nachvollziehen können, dass die Erarbeitung der Beziehungslandkarte von einer vertrauenswürdigen Person durchgeführt wird und welche Daten dafür genutzt werden.

Über diese rein datenschutzrechtlichen Implikationen hinaus kann es auch ethische Bedenken geben. Die Beziehungslandkarte darf nicht für die Beurteilung von Mitarbeitern in Hinblick auf Sozialverhalten, Kompetenz, Einfluss, Kontrolle oder Macht genutzt werden. Jeder Missbrauch in diese Richtung muss unbedingt vermieden bzw. sofort unterbunden werden. Jede Art von Sanktionen als direkte Folge aus der Erarbeitung der Beziehungslandkarte muss unterbleiben. Jeder Vorbehalt eines Mitarbeiters muss ernst genommen und in persönlichen Gesprächen behandelt werden, um die Hindernisse sukzessive auszuräumen. Die Kommunikation über die Erarbeitung der Beziehungslandkarte sollte die positiven Aspekte herausstreichen und verstärken.

Die Ergebnisse einer Beziehungslandkarte sind immer auf den gewählten Systemausschnitt begrenzt. Dadurch können Akteure intern wenig vernetzt erscheinen, die aber ev. viele externe Beziehungen haben, und umgekehrt. Man muss also diese Restriktion im Auge behalten, um nicht falsche Schlüsse aus den Ergebnissen zu ziehen. Im Zweifelsfall kann die Beziehungslandkarte partiell erweitert werden, wenn es die Zielsetzung erfordert.

Schlussendlich muss man im Auge behalten, dass soziale Netzwerke sich dynamisch entwickeln. Netzstrukturen und Positionen im Netzwerk können sich rasch ändern. Eine Beziehungslandkarte ist nur eine Momentaufnahme. Nichtsdestotrotz ist sie eine sehr brauchbare Methode, um hilfreiche Einsichten in soziale Strukturen und die Verteilung von Information und Wissen zu erhalten.

Der Ersteller von Beziehungslandkarten benötigt fundiertes Wissen über die Erstellung zielführender Fragebögen bzw. über adäquate Interview- und Moderationstechniken. Er muss passende Visualisierungsmethoden bzw. -werkzeuge handhaben können. Die Ableitung von Empfehlungen erfordert hohe Professionalität in der Interpretation und Hypothesenbildung der Ergebnisse. Wird die Beziehungslandkarte mit der notwendigen Umsicht eingesetzt, leistet sie einen wesentlichen Beitrag in der Entwicklung einer wissensbasierten Organisation. Von den Teilnehmern wird Offenheit und Unvoreingenommenheit gegenüber der Methode erwartet.

Referenzen

Baumgartner, I.; Häfele, W.; Schwarz, M.; Sohm, K. (2004). *Die Beziehungslandkarte*. In: OE-Prozesse: Die Prinzipien Systemischer Organisationsentwicklung, 7. unveränderte Auflage, Bern/Stuttgart/Wien: Paul Haupt, S. 131-132.

Höhn, E.; Schick, C. (1954). *Das Soziogramm (Die Erfassung von Gruppenstrukturen)*. Stuttgart: Testverlag Siegfried Wolf.

Mittelmann, A. et al. (2000). *Beziehungslandkarte*. In: M. Gappmaier & L.J. Heinrich (Hrsg.), Geschäftsprozesse mit menschlichem Antlitz: Methoden des Organisationalen Lernens anwenden. Band 1 "Wissens- und Prozessmanagement", 2. erweiterte und überarbeitete Auflage, Linz: Trauner Universitätsverlag, S. 138-141.

Mittelmann, A. (2011). *Egozentrierte Beziehungslandkarte*. In: Mittelmann, A., Werkzeugkasten Wissensmanagement, Norderstedt: Books on Demand, S. 124-126.

Egozentrierte Beziehungslandkarte

Eine egozentrierte Beziehungslandkarte unterstützt die Erstellung und Visualisierung eines persönlichen Beziehungsnetzwerkes im beruflichen Kontext.

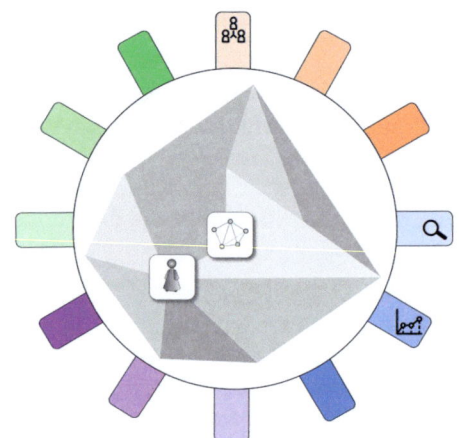

Im Semantischen Raum befindet sich diese Methode daher zwischen *Wissensträger* und *Beziehungen*.

Für die Digitalisierung der Methode können Werkzeuge aus den Kategorien *suchen*, *vernetzen* und *visualisieren* zum Einsatz kommen.

Die Methode

Eine egozentrierte Beziehungslandkarte ist eine Sonderform einer Beziehungslandkarte (siehe Seite 229). Sie visualisiert das Beziehungsnetzwerk einer Person in Form eines gerichteten Graphen (siehe Abbildung 48). Die eigene Person wird als Knoten im Zentrum platziert. Alle Personen, die zum eigenen Beziehungsnetzwerk im beruflichen Kontext gehören, werden ebenfalls als Knoten rund um den Zentralknoten angeordnet und mit Hilfe von Kanten mit dem Zentralknoten verbunden (siehe Abbildung 49).

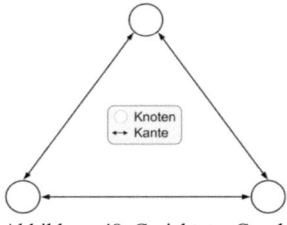
Abbildung 48: Gerichteter Graph

Die *Beziehungsnähe* kann durch Beschriftung der Kanten z.B. mit **F** (Freund/in), **B** (Bekannte/r), **K** (Kollege/in) und die *Beziehungsgüte* durch + (gut), **0** (neutral), - (schlecht) dargestellt werden.

Ziel und Nutzen

Ziel einer egozentrierten Beziehungslandkarte ist es einerseits, sich sein persönliches Netzwerk bewusst zu machen und zu visualisieren, um es besser pflegen zu können (siehe dazu auch Beziehungsmanagement auf Seite 223). Andererseits können in Wechselsituationen die relevanten Ausschnitte des eigenen Netzwerks einfacher und zielgerichteter an den Nachfolger übergeben werden.

Anwendung

Die Anwendung der Methode erfolgt in vier Schritten:

1. Identifizieren der Personen im eigenen Netzwerk

Unter Zuhilfenahme der folgenden Fragen erstellt man eine Liste von Personen:

o Welche Personen sind für die Erfüllung meiner Aufgabenstellungen wichtig (Geschäftsfreunde, Kollegen, Kunden, Lieferanten, etc.)?

o Mit welchen Personen habe ich häufig Kontakt?

o Welche Personen sind für mich wichtig bei der Lösung von Problemen und umgekehrt für wen bin ich wichtig?

o Zu welchen Personen halte ich regelmäßigen Kontakt, um gut informiert zu sein?

Im einfachsten Fall wird diese Liste mit Hilfe eines Textverarbeitungs- oder Tabellenkalkulationssystems erstellt. Für die Suche nach relevanten Beziehungen können Werkzeuge aus den Kategorien *netzwerken* oder *suchen* zum Einsatz kommen.

2. Feststellen der Qualität der Beziehungen

Zu jeder Person auf der Liste ergänzt man nun die Beziehungsnähe und -güte durch Beantwortung der folgenden Fragen:

o   Wie gut kenne ich die Person (Freund/in (F), Bekannte/r (B), Kollege/in (K))? Kann ich ihr Verhalten in Alltagssituationen einschätzen? Kenne ich ihre Vorlieben und Besonderheiten in der Kommunikation mit mir? (*Beziehungsnähe*)

o   Wie gut ist meine Beziehung zu dieser Person (gut (+), neutral (0), schlecht (-))? (*Beziehungsgüte*)

Die Ergänzung der Liste wird mit denselben Werkzeugen erledigt wie deren Erstellung.

3. Visualisieren der Beziehungslandkarte

In die Mitte einer Zeichenfläche (auf Papier oder Software-unterstützt) wird in einem Kreis oder Oval der Name des „Besitzers" der egozentrierten Beziehungslandkarte geschrieben. Die Zeichenfläche kann dann, wenn erforderlich, in Flächen für Wissensgebiete unterteilt werden. Rund um diesen Mittelpunkt werden anschließend die Namen der Personen aus der erstellten Liste ebenfalls in Kreisen oder Ovalen (= *Knoten* des gerichteten Graphen) in den passenden Wissensgebiet-Flächen angeordnet. Anschließend werden die Knoten mit Pfeilen (= *Kanten* des gerichteten Graphen) mit dem Besitzer verknüpft. Die Beziehungsnähe kann durch entsprechende Entfernung zum Besitzer oder durch die Bezeichnung der Kanten mit F, B oder K dargestellt werden. Die Beziehungsgüte kann durch Bezeichnung der Kanten mit „+", „0" oder „-" ausgedrückt werden.

Die Darstellung erfolgt mit Hilfe eines auf die Visualisierung von Beziehungen spezialisiertes Werkzeug aus der Kategorie *visualisieren.*

4. Pflege

Die eigene Beziehungslandkarte behält ihren Wert für den Besitzer nur dann, wenn sie auf dem neuesten Stand gehalten wird. In der Praxis hat sich bewährt, neue Beziehungen im Anlassfall so rasch wie möglich hinzuzufügen und bestehende Beziehungen zumindest einmal jährlich auf ihre Aktualität zu hinterfragen. Ggfs. werden nicht mehr relevante Beziehungen samt den zugehörigen Informationen gelöscht.

Für die Pflege kommen dieselben Werkzeuge zum Einsatz wie für die Visualisierung.

Stufenweise Digitalisierung

Stufe 1: Die Personenliste für eine egozentrierte Beziehungslandkarte wird mit Hilfe einer Vorlage in einem Textverarbeitungs- oder Tabellenkalkulationssystem erstellt.

Stufe 2: Für die Identifikation und Feststellung der Qualität der Beziehungen wird ein Werkzeug der Kategorie *suchen* oder *netzwerken* verwendet.

Stufe 3: Für die Darstellung kommt ein auf Beziehungslandkarten spezialisiertes Werkzeug aus der Kategorie *visualisieren* zum Einsatz.

Stufe 4: Die Methode kann vollständig digitalisiert werden, indem ein Werkzeug der Kategorie *netzwerken* mit einem Spezialwerkzeug aus der Kategorie *visualisieren* kombiniert wird.

Beispiel

Im folgenden Beispiel hat die Person „Ich" für vier ihrer Wissensgebiete die fünf bis sechs Personen identifiziert, die für sie besonders wichtig sind. Die Beziehungsnähe ist durch die Bezeichnung „F", „B" oder „K" dargestellt, die Beziehungsgüte durch „+", „0" oder „-".

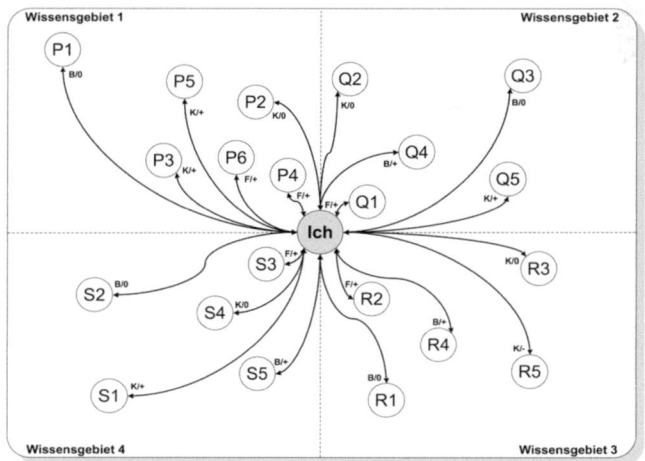

Abbildung 49: Egozentrierte Beziehungslandkarte

Grenzen/Risiken und Anwendungskompetenzen

Eine egozentrierte Beziehungslandkarte ist die rein subjektive Sicht des Erstellers auf sein persönliches Beziehungsnetzwerk. Andere Personen schätzen die Nähe bzw. Qualität einer dargestellten Beziehung ev. anders ein. Daher muss vor der Verwendung einer egozentrierten Beziehungslandkarte (z.B. in Transfersituationen) immer explizit auf diesen Umstand hingewiesen werden, um Missverständnisse zu vermeiden.

Eine egozentrierte Beziehungslandkarte stellt keine Beziehungen zwischen den übrigen angeführten Akteuren dar. Wenn Beziehungen zwischen mehr als einer Person und ihren persönlichen Verbindungen nachgefragt werden, ist eine Beziehungslandkarte vorzuziehen.

Eine egozentrierte Beziehungslandkarte ist immer eine Momentaufnahme der Beziehungen zum Zeitpunkt der Erstellung. Wenn sie im Rahmen eines Wissenstransferprozesses verwendet werden soll, dann sollte sie ggfs. vor dem Transfer auf den neuesten Stand gebracht werden.

Der Ersteller sollte mit den einfachsten Grundlagen der Graphentheorie (siehe oben), der Visualisierung und der Anwendung der Methode vertraut sein. Die Beiziehung einer Vertrauensperson bei der Erstellung kann im Einzelfall hilfreich sein.

Referenzen

Mittelmann, A. (2011). *Egozentrierte Beziehungslandkarte*. In: Mittelmann, A., Werkzeugkasten Wissensmanagement, Norderstedt: Books on Demand, S. 124-126.

Reinmann-Rothmeier, G.; Mandl, H. (2000). *Individuelles Wissensmanagement*. Bern: Huber.

Serdült, U. (2005). *Soziale Netzwerkanalyse in der Politikwissenschaft*. In: Serdült, U. (Hrsg.), Anwendungen sozialer Netzwerkanalyse, Tagungsbericht, Zürcher Politik- & Evaluationsstudien 3 (2005), https://www.ipz.uzh.ch/dam/jcr:00000000-76f5-e1f8-ffff-ffffb713c7a0/SNA_03.pdf, Abruf: 03.06.2019, S. 9-24.

Wissensträgerkarten

Wissensträgerkarten geben
Auskunft darüber, welche
Person welche Kompetenzen
in welchem Wissensgebiet
hat, also ein Wissensträger ist.
Sie verknüpfen die Wissensträger mit den Wissensgebieten bzw. Kompetenzen in innerhalb (und außerhalb, wenn
sinnvoll) einer Organisation.

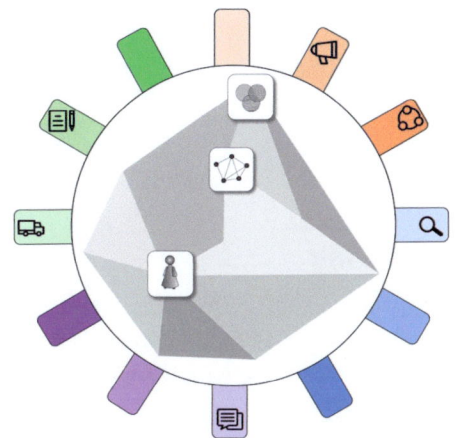

Diese Methode befindet sich
daher im Semantischen Raum
zwischen *Wissensträger*, *Relationen* und *Wissensgebiete*.

Für die Digitalisierung der Methode können Werkzeuge aus den Kategorien
verteilen, *kommunizieren*, *suchen*, *veröffentlichen*, *befragen* und *zusammenarbeiten* zum Einsatz kommen.

Die Methode

Wissensträgerkarten (auch Kompetenzkarten oder Wissensquellenkarten)
veranschaulichen, bei welchen Wissensträgern welche Kompetenzen in welchen Wissensgebieten vorhanden sind. Sie vermitteln keine Wissensinhalte,
sondern zeigen die Wege zum Wissen der Wissensträger auf.

Wenn Wissensträgerkarten auf interne Experten verweisen, werden sie auch
„Gelbe Seiten" (eine Art „Branchenverzeichnis des Wissens") genannt, bei
der Verknüpfung auf externe Spezialisten spricht man von „Blauen Seiten".
Auch hinter der Bezeichnung „Expertenverzeichnis" verbergen sich Wissensträgerkarten. Diese Wissenskartenart wird als die klassische Form angesehen, weil sie als erste entwickelt und produktiv eingesetzt wurde (siehe
Seemann 1996).

Wenn sich jemand in einem sozialen Netzwerk anmeldet und dabei sein Profil mit seinen Kompetenzen ausfüllt, hat er damit eine Wissensträgerkarte
erstellt. In sozialen Netzen ist nicht sichergestellt, dass die Person die angeführten Kompetenzen auch tatsächlich besitzt. In manchen Netzen können
andere Nutzer die angegebenen Kompetenzen bestätigen. Im organisatio-

nalen Kontext kann die Qualität der Einträge durch strukturelle Maßnahmen (z.B. Freigabe durch die Führungskraft o.ä.) abgesichert werden.

Ziel und Nutzen

Ziel von Wissensträgerkarten ist es, interne und externe Wissensträger bekannt und erreichbar zu machen. Der Zugriff auf benötigtes Wissen wird damit erleichtert und beschleunigt.

Anwendung

Wissensträgerkarten sollen Antwort auf die beiden Fragen geben: „Welche Kompetenzen in welchem Wissensgebiet hat ein bestimmter Wissensträger im Unternehmen?" und „Wer sind die Wissensträger für ein bestimmtes Wissensgebiet?".

Die Anwendung der Methode erfolgt in drei Schritten:

1. Erstellung

Für die Erstellung von organisationsweiten Wissensträgerkarten müssen zunächst die Experten in den definierten Wissensgebieten gefunden werden. Meist wissen die jeweiligen Führungskräfte oft auch aus den Ergebnissen des wissensorientierten Mitarbeitergesprächs (siehe Seite 109), wer von ihren Mitarbeitern über welche Kompetenzen verfügt. Je größer die Organisation ist, desto wahrscheinlicher wird es, dass dies den Führungskräften nicht mehr lückenlos bekannt ist. In diesem Fall kann eine Befragung Abhilfe schaffen mit den beiden Fragen „Wen kontaktieren Sie häufig in welchem Wissensgebiet?" und „In welchem Wissensgebiet werden Sie häufig von Ihren Kollegen gefragt?".

Die als Wissensträger identifizierten Mitarbeiter erstellen in Absprache mit ihren Führungskräften ihre „Gelbe Seite" mit ihren „Wissensangeboten" und Kontaktdaten (siehe Schema in Abbildung 50). Als Basis für die Kompetenzenliste können sie ihr Ist-Kompetenz-Portfolio (siehe Seite 104) verwenden. Optional kann auch ein Link auf die persönliche Homepage und/oder die Benutzernamen in den verwendeten sozialen Netzen angegeben werden.

Wenn die Identifikation der Wissensträger mit Hilfe eine Befragung erfolgen soll, kann ein Werkzeug der Kategorie *befragen* genutzt werden. Für die Erstellung einer Wissensträgerkarte ist ein Werkzeug der Kategorie *verteilen*, *veröffentlichen* oder *zusammenarbeiten* geeignet, je nachdem welche

Kategorien von Werkzeugen in der Organisation bereits zur Verfügung
stehen.

Abbildung 50: Schema einer Wissensträgerkarte

2. Bereitstellung

Eine einzelne Wissensträgerkarte kann als einfache Webseite im Intranet
realisiert werden. Dazu wird die oben beschriebene Grundstruktur zur Verfügung gestellt, die von jedem Mitarbeiter leicht befüllt werden kann. Wenn
möglich, sollten die Kontaktdaten und das Portraitfoto aus einer zentralen
Datenbank eingespielt und ggfs. automatisch aktualisiert werden. Durch diesen Service wird die Akzeptanz bei den Mitarbeitern erhöht.

Für die Bereitstellung einer Wissensträgerkarte kann ebenfalls ein Werkzeug
der Kategorie *verteilen*, *veröffentlichen* oder *zusammenarbeiten* genutzt
werden.

3. Nutzung

Die Bereitstellung von Wissensträgerkarten garantiert noch nicht deren be-
reitwillige Nutzung, auch wenn sie leicht zugänglich sind. Es ist immer einfacher, den für seine Expertise bekannten Kollegen einfach anzurufen und
um Rat zu fragen, als in Wissensträgerkarten zu suchen, ob vielleicht ein
noch geeigneterer Experte zur Verfügung stehen würde. Die Reichweite der
Wissensträger und damit die Verfügbarkeit ihres Wissens bleiben im genannten Fall beschränkt.

Die Nutzung von Wissensträgerkarten muss daher durch flankierende Maßnahmen unterstützt werden. Eine der wichtigsten ist, dass die genannten Experten sich einen fixen Anteil ihrer Arbeitszeit zur Beantwortung von Fragen bzw. zum Unterstützen bei Problemstellungen in ihrem Wissensgebiet nehmen können. Darüber hinaus benötigen alle Mitarbeiter die Information, welche Experten für welche Wissensgebiete kontaktiert werden können und wo diese Information zu finden ist. Führungskräfte weisen die Mitarbeiter bei jeder sich bietenden Gelegenheit in allen verfügbaren Medien auf diese Möglichkeit hin. Kommunikationsverantwortliche können begleitend Informationskampagnen durchführen.

Die Nutzung von Wissensträgerkarten kann durch Werkzeuge der Kategorien *suchen* (Finden geeigneter Wissensträger) und *kommunizieren* (Fragen stellen) oder *zusammenarbeiten* unterstützt werden.

4. Pflege

Um die Pflege der eigenen Wissensträgerkarte kümmert sich jeder Experte selbst. Zur Absicherung dieses Aktualisierungsprozesses diskutieren die Führungskräfte die Wissensangebote mit ihren Mitarbeitern im jährlichen wissensorientierten Mitarbeitergespräch (siehe Seite 109) und vereinbaren ggfs. deren Anpassung. Wichtig ist auch, dass neue Experten hinzugefügt und ausscheidende gelöscht werden. Es muss sichergestellt sein, dass die Information in den Wissensträgerkarten stets aktuell ist. Ansonsten verlieren die Mitarbeiter sehr rasch das Interesse an deren Nutzung. Der Nutzen für die Gesamtorganisation und der organisationale Wissensfluss ist dann nicht mehr gegeben.

Für die Pflege von Wissensträgerkarten kommen dieselben Werkzeuge zum Einsatz wie für die Erstellung.

Stufenweise Digitalisierung

Stufe 1: Wissensträgerkarten werden mit Hilfe einer Vorlage in einem Textverarbeitungssystem erstellt und beschlagwortet sowie unter Verwendung eines Werkzeugs der Kategorie *verteilen* bereitgestellt. Falls bei der Erstellung die Einbindung der Führungskraft erforderlich ist, kommt ein Werkzeug der Kategorie *kommunizieren* (z.B. Videokonferenz) zum Einsatz.

Stufe 2: Für die Erstellung, Bereitstellung und Pflege der Wissensträgerkarten wird ein Werkzeug der Kategorie *veröffentlichen* verwendet.

Bei der Nutzung erleichtert ein Werkzeug der Kategorie *suchen* das Auffinden der gesuchten Wissensträger.

Stufe 3: Für die Identifikation von Wissensträgern mit Hilfe einer Befragung kommt ein Werkzeug der Kategorie *befragen* zum Einsatz.

Stufe 4: Die Methode kann vollständig digitalisiert werden, in dem ein Werkzeug der Kategorie *zusammenarbeiten* für alle Schritte kombiniert mit einem der Kategorie *befragen* zum Einsatz kommt.

Diese Methode entfaltet ihre Wirkung durch Digitalisierung besonders gut. In einem realistischen Anwendungsszenario erstellen die Mitarbeiter ihre Wissensträgerkarten in der Kollaborationsplattform der Organisation. Über die integrierte Suchfunktion können die benötigten Experten leicht gefunden werden. Chat-, Audio- und Video-Funktionen erleichtern die unmittelbare Kontaktaufnahme mit ihnen. Falls sich Stammdaten der Mitarbeiter (z.B. Gebäude-, Raum-, Telefonnummer) ändern, werden sie vom System automatisch in den zugehörigen Wissensträgerkarten angepasst. Eine Erinnerungsfunktion weist den betreffenden Mitarbeiter darauf hin, dass seine Wissensträgerkarte mehr als ein Jahr unverändert geblieben ist. Wenn es die Datenschutzregeln der Organisation erlauben, können Änderungen in den Kompetenzen der Mitarbeiter automatisch mit den Daten im Personalinformationssystem abgeglichen werden.

Grenzen/Risiken und Anwendungskompetenzen

Der Einsatz von Wissensträgerkarten steht und fällt mit der Zustimmung des Managements zum Einsatz der Methode. Nur wenn die Führungskräfte ihren Wissensträgern genügend Freiraum und Zeitressourcen für Unterstützungsleistungen einräumen, können Wissensträgerkarten ihre Wirkung entfalten. Gleichzeitig ist es erforderlich, die Nutzung der Wissensträgerkarten durch alle Mitarbeiter zu forcieren. Ungenutzte aktuelle Wissensträgerkarten sind verschwendete Ressourcen.

Auf Dauer behalten Wissensträgerkarten nur ihren Wert, wenn sie regelmäßig gewartet werden. Nichts wirkt sich so negativ auf den Nutzungsgrad von Wissensträgerkarten aus als veraltete Dateninhalte. Wissensträger tragen die Verantwortung, dass ihre Wissensträgerkarten immer den aktuellen Stand aufweisen. Bei Ausscheiden eines Wissensträgers aus der Organisation muss sichergestellt sein, dass seine Wissensträgerkarte gelöscht wird bzw. nur noch den Hinweis enthält, welche Person ab sofort über seine Wissensgebiete kompetent Auskunft geben kann.

Nicht jede Person ist aufgrund ihrer Persönlichkeitsstruktur gewillt oder geeignet, zu ihren Wissensgebieten Auskunft zu geben. In diesem Fall wird davon Abstand genommen, die betreffende Person zur Erstellung einer Wissensträgerkarte zu verpflichten. Es müssen andere, passendere Formen gefunden werden, um das wertvolle Wissen dieser Person verfügbar zu machen. Eine Möglichkeit ist, Wissensinterviews mit dieser Person durchzuführen und das erhobene Wissen in geeigneter Weise (z.B. in Form von Wissensanwendungskarten (siehe Seite 357) oder Mikrolerneinheiten (siehe Seite 42) zu dokumentieren.

Neben einer guten Portion Selbstreflexionsfähigkeit benötigt der Wissensträger die Fertigkeit, seine Kompetenzen nicht nur zu erkennen, sondern auch für andere nachvollziehbar zu beschreiben. Er kann sich dazu Unterstützung vom Personalmanagement oder einer anderen auf Kompetenzbeschreibungen spezialisierte Person holen.

Referenzen

Eppler, M. J. (1997). *Praktische Instrumente des Wissensmanagements - Wissenskarten: Führer durch den "Wissensdschungel"*. Gablers Magazin (8): S. 10-13.

Eppler, M. J. (2001). *Making Knowledge Visible Through Intranet Knowledge Maps: Concepts, Elements, Cases*. Proceedings of the 34th Hawaii International Conference on System Sciences, Maui, HI, USA, doi: 10.1109/HICSS.2001.926495, https://ieeexplore.ieee.org/document/926495, Abruf: 01.06.2019.

Kukat, F. (1999). *Wissen teilen und bewahren: Die Wissensnetzwerke der Siemens AG*. In: Sommerlatte, T.; Antoni, C. H.: Spezialreport Wissensmanagement. Düsseldorf: Symposion publishing, S. 77-80.

Mittelmann, A. (2011). *Wissensträgerkarten*. In: Mittelmann, A., Werkzeugkasten Wissensmanagement, Norderstedt: Books on Demand, S. 139 - 141.

Seemann, P. (1996). *Real-World Knowledge Management: What's Working for Hoffmann-LaRoche*. Center for Business Innovation, Zürich: Ernst & Young LLP, CBI310.

Staeheli, J. (1999). *Knowledge Networking bei Novartis: Ein Who's who internen Wissens*. In: Personalführung 1/1999, S. 36-41.

Soziale Netzwerkanalyse

Soziale Netzwerke spannen sich zwischen Wissensträgern in oder zwischen Organisationen auf. Die soziale Netzwerkanalyse gibt Aufschlüsse über diese vielfältigen informellen Beziehungen.

Daher befindet sich diese Methode im Semantischen Raum zwischen *Wissensträgern*, *Organisationen* und *Beziehungen*.

Für die Digitalisierung der Methode können Werkzeuge aus den Kategorien *suchen, kommunizieren, visualisieren, befragen, teilen* oder *zusammenarbeiten* zum Einsatz kommen.

Die Methode

Die soziale Netzwerkanalyse (SNA) ist eine Methode zur Untersuchung der Strukturen in sozialen Systemen wie Organisationen oder informellen Netzwerken. Die Grundstruktur eines sozialen Netzwerks setzt sich aus Akteuren und deren Beziehungen untereinander zusammen. Im Gegensatz zur „(Ego-zentrierten) Beziehungslandkarte" (siehe Seite 236 und 229) können diese Akteure nicht nur Einzelpersonen, sondern auch Teams, Organisationseinheiten oder ganze Unternehmen sein. Die Beziehungen können Informations- oder Wissensflüsse, Unterstützungs-, Macht- oder Vertrauensbeziehungen darstellen. Die SNA wird auch organisationale Netzwerkanalyse (ONA) genannt, wenn die untersuchten Akteure Teams, Organisationseinheiten oder Unternehmen sind. Zur Visualisierung der untersuchten Strukturen werden gerichtete oder ungerichtete Graphen (siehe dazu Abbildung 48 auf Seite 237) oder Matrizen verwendet. In den Matrizen, deren Zeilen- und Spalten-überschriften die Akteure beinhalten, wird durch 1 oder 0 in der betreffenden Zelle dargestellt, ob eine Beziehung zwischen ihnen besteht oder nicht (siehe Abbildung 51). Die Graphen werden in den Sozialwissenschaften Soziogramme, die Matrizen Soziomatrizen genannt.

Person	P1	P2	P3	P4	P5
P1	-	1	1	1	0
P2	1	-	0	1	0
P3	1	0	-	0	1
P4	1	1	0	-	1
P5	0	0	1	1	-

Abbildung 51: Beispiel Soziomatrix

In Unternehmen sind die Beziehungen zwischen Organisationsmitgliedern über die Weisungsbefugnisse in der formalen Aufbauorganisation geregelt und repräsentieren damit die formalen Machtverhältnisse sowie die „offiziellen" Informations-, Kommunikations- und Wissensflüsse. Die übliche grafische Darstellung ist ein Organigramm. Informationen und Wissen fließt aber nicht nur entlang dieser formal definierten Wege, sondern verbreitet sich vor allem auch über die vielen informellen sozialen Netzwerke, die sich in Organisationen durch übergreifende Arbeitsbeziehungen herausbilden (siehe Abbildung 52). Ein Organigramm stellt quasi das Skelett eines Unternehmens dar, die informellen Netzwerke sind dessen Muskeln und Sehnen, die ein flexibles Funktionieren der Organisation erst ermöglichen.

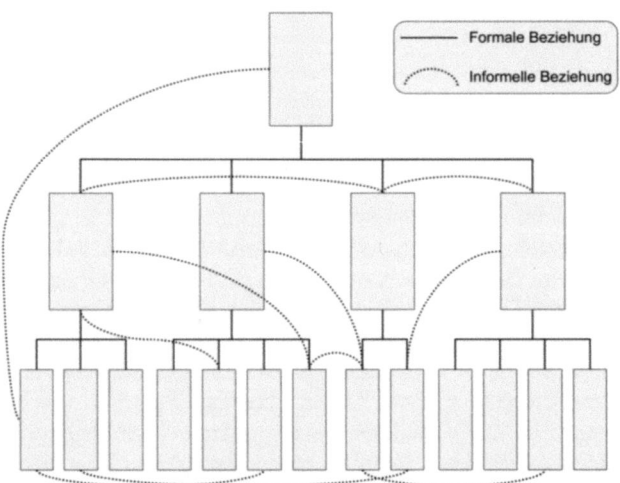

Abbildung 52: Formale Aufbauorganisation und informelle Netzwerke

Die SNA bedient sich einiger Grundprinzipien der Netzwerktheorie in den Sozialwissenschaften, die ihren Anfang Ende des neunzehnten Jahrhunderts nahm. Die wesentlichsten Grundlagen werden im Folgenden kurz zusammengefasst, um die Vorgehensweise bei einer SNA besser verstehen zu können.

Dem Zweck der Verbindungen nach lassen sich folgende Arten von Netzwerken unterscheiden, deren Kenntnis für Wissensmanagementinitiativen besonders relevant ist:

o *Kommunikationsnetzwerke* zeigen die Kontakte, über die regelmäßig Informationen sowie Erfahrungen ausgetauscht werden und so u.a. die Innovationsfähigkeit einer Organisation fördern.

o *Vertrauensnetzwerke* visualisieren die Verbindungen, über die sensible Daten ausgetauscht werden und deren Mitglieder sich in Krisensituationen gegenseitig Unterstützung geben.

o *Beratungsnetzwerke* geben an, wer zur Lösung von aufgabenbezogenen Problemen Hilfe von wem erhält oder Unterstützung gibt.

o *Dienstleistungsnetzwerke* stellen dar, wer bestimmte Dienstleistungen für wen erbringt. Damit können unternehmensübergreifende Prozessketten erfasst und visualisiert werden.

Neben diesen inhaltlichen Varianten von Netzwerken ist auch von Interesse, welcher Art die Verbindungen zwischen den Akteuren sind. Die folgenden Parameter bestimmen die Verbindungsarten näher. Die *Intensität* gibt die Stärke der Verbindung zwischen beiden Seiten an. Untersuchungen haben ergeben, dass neben den starken Verbindungen auch die schwachen Verbindungen wichtig sind, weil diese Akteure durch ihren Zugang zu anderen Interessens- und Wissensgebieten in hohem Maß neue Ideen in ein Netzwerk einbringen. Der Parameter *Reziprozität* beschreibt die wahrgenommene Gegenseitigkeit der Beziehung durch die beteiligten Akteure. Gemeinsam mit der *Klarheit der Erwartungen*, die den Grad der Erwartungsgewissheit über das Verhalten der Gegenseite angibt, können sie Aufschluss über Vertrauensstrukturen im Netzwerk geben. Die *Multiplexität* zeigt die Verbundenheit von beiden Seiten durch mehrfache Verknüpfungen an.

Darüber hinaus ist interessant, wie das Netzwerk strukturell beschaffen ist. Folgende Merkmale charakterisieren die Gesamtstruktur eines Netzwerks:

Größe: Anzahl der Personen im Netzwerk

Dichte: relative Anzahl der internen Verbindungen

Zentralität: Grad der Vernetzung, die sich auf einen oder wenige Akteure fokussiert

Offenheit: relative Anzahl der externen Verbindungen

Stabilität: Grad der Veränderung des Netzwerkes über die Zeit

Die innere Struktur eines Netzwerkes baut sich aus *Sub-Gruppen*, *Cluster* und *Cliquen* (siehe Abbildung 53) auf, die sich durch Verbindungsdichte zwischen den Akteuren herausbilden. Die maximale Dichte von Verbindungen haben die Akteure von Cliquen (1-2-3-4 in Abbildung 53). Cluster (z.B. 13-14-15-16-17 in Abbildung 53) und Sub-Gruppen sind weniger dicht verknüpft, aber immer noch deutlich als Substrukturen im Netzwerk erkennbar. Sie sind für das Verständnis der Verhaltensmuster im Gesamtnetzwerk von besonderer Bedeutung.

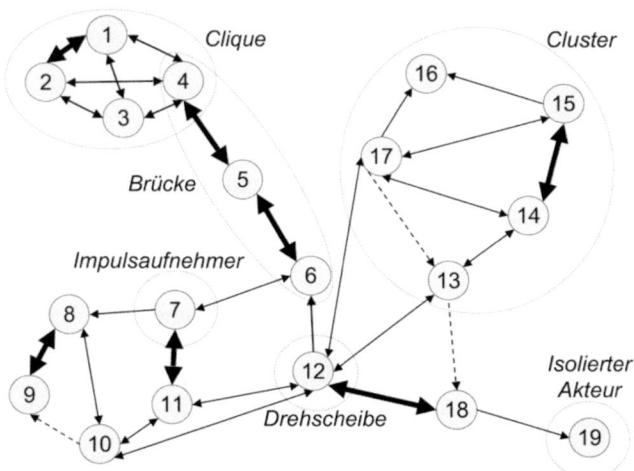

Abbildung 53: Struktur und exponierte Stellen eines Netzwerkes

Innerhalb eines Netzwerkes gibt es außerdem exponierte Stellen (siehe Abbildung 53), deren Kenntnis für die Optimierung der Informations- und Wissensflüsse besonders wichtig sind. *Brücken* (4-5-6 in Abbildung 53, auch *Gatekeepers*, *Bridges* oder *Cut-Points*) sind die einzige Verbindung zwischen verschiedenen Netzwerken, Subnetzen, Sub-Gruppen, Cluster oder Cliquen. Sie können zu Flaschenhälsen für die Informations- und Wissensflüsse in dem betreffenden Netzwerk werden. *Drehscheiben* (12 in Abbildung 53, auch *Hubs*) sind Akteure, die eine hohe Anzahl von direkten Verbindungen pflegen. Das erfordert eine intensive Netzwerksarbeit in Form von direkten persönlichen Kontakten. Der Informations- und Wissensaustausch kann durch die regelmäßige Nutzung dieser redundanten Verbindungen ineffizient werden. *Impulsaufnehmer* (7 in Abbildung 53, auch *Pulse Takers*) haben die meisten indirekten Verbindungen und sind das Gegenteil von Drehscheiben. Diese Akteure sehen alles, ohne gesehen zu werden. Sie haben großen Einfluss, häufig nur auf informeller Basis und sind gute Unterstützer der Informations- und Wissensflüsse. Z.B. braucht Akteur 7 in Abbildung 53 nur seine Verbindungen zu 6 und 12 gut zu pflegen, um über das gesamte Netzwerk gut informiert zu sein. Über die Verbindung zu 11 und 6 kann er indirekt Einfluss auf das gesamte Netzwerk ausüben.

Ziel und Nutzen

Die SNA ermöglicht es, die informellen Beziehungen zwischen Akteuren sichtbar zu machen und die Stärken sowie potenziellen Ineffizienzen der Informations- und Wissensflüsse aufzuspüren. Je nach Zielsetzung unterstützt die SNA bei der Identifizierung von Wissensträgern, Innovatoren, informellen Führungspersonen (graue Eminenzen), Kulturträgern oder Karrierenetzwerken. Sie erweitert damit auch das Bewusstsein für die Bedeutung informeller Netzwerke für den Erfolg der Organisation. Ihre Ergebnisse werden verwendet, um Kommunikations-, Wissensaustausch-, Lern- und Entwicklungsprozesse besser gestalten zu können.

Durch das Offenlegen von Wissensträgernetzwerken (Communities-of-Practice/Experts) hilft sie beim Einschätzen der Verfügbarkeit und Verteilung erfolgskritischen Wissens in der Organisation. Sie erleichtert die Unterstützung dieser CoP/E und die Harmonisierung von Wissensnetzwerken (siehe Seite 258) nach tiefgreifenden Veränderungen (z.B. Unternehmensfusionen oder -umbauten). Zu guter Letzt vereinfacht sie die nachhaltige Pflege von externen Beziehungen.

Anwendung

Die Anwendung der Methode umfasst folgende Schritte:

1. Zieldefinition, Klärung des Umfangs und der Rahmenbedingungen

Gemeinsam mit dem Auftraggeber identifiziert der SNA-Spezialist unbefriedigende Gegebenheiten in der Organisation, die durch die Analyseergebnisse und Veränderungsansätze einer SNA optimiert werden könnten. Darauf aufbauend spezifizieren sie die Zielgruppe(n), und welche Art von Beziehungen untersucht werden sollen. Das wiederum beeinflusst entscheidend den Untersuchungsumfang (welche Organisationen oder Organisationseinheiten, wie viele und welche Akteure, welche Wissensdomänen, etc.), der den Zeitaufwand und damit auch die Kosten der Anwendung bestimmt.

Da eine SNA nicht anonymisiert stattfinden kann, sind bereits im Vorfeld besondere Vorkehrungen zu treffen, um entsprechende ethische und datenschutzrechtliche Rahmenbedingungen zu schaffen. Alle Personen aus den ausgewählten Zielgruppen müssen ihre Zustimmung zur SNA-Durchführung geben. Dabei helfen eindeutig spezifizierte Regeln, wie mit den erhobenen Daten und den Analyseergebnissen umgegangen wird. Je nach Situation in der Organisation wird der Betriebsrat für die Ausarbeitung und Abstimmung dieser Regeln hinzugezogen. Die betroffenen Führungskräfte übernehmen den wichtigen Part der Kommunikation mit den ausgewählten Mitarbeitern gemeinsam mit dem Durchführungsverantwortlichen der SNA.

Im einfachsten Fall wird die Liste der Akteure mit Hilfe eines Textverarbeitungs- oder Tabellenkalkulationssystems erstellt. Für alle notwendigen Gespräche zur Identifizierung der Akteure können Werkzeuge aus den Kategorien *kommunizieren* oder *zusammenarbeiten* zum Einsatz kommen.

2. Ablaufplanung und Datenerhebung

Nachdem alles aus dem vorangegangenen Schritt geklärt ist, wählt der SNA-Spezialist als Durchführungsverantwortlicher mit seinem Team die passenden begleitenden Methoden und Werkeuge für die SNA aus. Der für eine SNA übliche Ablauf (siehe Abbildung 54) wird in einen adäquaten Projektplan überführt und nach Abstimmung mit dem Auftraggeber die Durchführung gestartet.

Abbildung 54: Standard-Ablauf für eine SNA

Je nach Auswahl der Methoden und Werkzeuge kommen bei der Datenerhebung Interviews, Online-Befragung, Data Mining (-> Glossar auf Seite 394), Textanalyse oder Web-Suchmaschinen zum Einsatz. Bei den Interviews und Online-Befragungen bestimmt die Zielsetzung aus dem ersten Schritt die Art der verwendeten Fragestellungen. Wenn es darum geht, das Beratungsnetzwerk in einer Organisation zu untersuchen, können die Fragen etwa lauten: „Wen kontaktieren Sie häufig, wenn Sie Hilfe für Ihre Problemstellung suchen?" „Wer gibt Ihnen bereitwillig Auskunft, wenn Sie fachliche Fragen haben?". Wenn es um die Untersuchung von Vertrauensnetzwerken geht, wird man nach den Kriterien fragen, die den Begriff Vertrauen charakterisieren, wie z.B. „Mit wem Ihrer KollegInnen würden Sie private Angelegenheiten besprechen?" „Von wem Ihrer KollegInnen würden Sie ohne zu zögern 1000 Euro leihen?".

Für die Zielsetzung relevante Daten können nicht nur aus direkten Befragungen, sondern auch aus Daten- und Textbeständen extrahiert werden. Data Mining wendet systematisch statistische Methoden auf große Datenbestände an, um Querverbindungen automatisiert zu erkennen. Die Textanalyse kann zum Einsatz kommen, um herauszufinden, wer sich z.B. mit bestimmten Wissensgebieten auseinandersetzt. Die Experten für diese Wissensgebiete werden immer wieder in Besprechungsprotokollen und Ergebnisdokumenten aufscheinen. Eine weitere gute Quelle für interessante Daten ist das Web, das man mit Hilfe von Suchmaschinen z.B. auf externe Verbindungen mit Personen der Zielgruppe untersuchen kann.

Für Interviews kann ein Werkzeug aus den Kategorie *kommunizieren* eingesetzt werden, für die Online-Befragung eines aus der Kategorie *befragen*. Für das Data Mining, die Textanalyse und die Suche im Web werden jeweils spezialisierte Werkzeuge aus der Kategorie *suchen* eingesetzt.

3. Datenanalyse und Visualisierung

Die Datenanalyse bedient sich der formalen Methoden der SNA und der mathematischen Graphentheorie. Die Kenngrößen für die Gesamtstruktur (Größe, Dichte, Zentralität, Offenheit, Stabilität) werden ermittelt. Die innere Struktur wird auf Substrukturen sowie exponierte Stellen untersucht und das Ergebnis in Kennzahlen dargestellt. Den Abschluss dieses Schrittes bildet die Visualisierung des untersuchten Netzwerkes (meist) in Form eines Graphen (siehe Abbildung 53).

Die Visualisierung kann Software-unterstützt mit Hilfe eines Werkzeugs aus der Kategorie *visualisieren* erfolgen. Für die Datenanalyse kann der SNA-Experte ein SNA-Spezialwerkzeug einsetzen, das meist auch über eine Visualisierungskomponente verfügt.

4. Interpretation der Analyseergebnisse

Die Auffälligkeiten und Besonderheiten der Kenngrößen werden in Beziehung gesetzt zur Zielsetzung und zum Organisationskontext. Wenn der Informations- und Wissensfluss optimiert werden soll, sind der Zentralitätsgrad von besonderer Bedeutung sowie die Häufigkeit von Brücken und Cliquen im Netzwerk. Der Organisationskontext liefert die Information, um welche Akteure es sich konkret handelt und wie diese in die formale Organisation eingebettet sind.

Der SNA-Experte interpretiert das Netzwerk aus Abbildung 53 wie folgt: Die Zielsetzung dieser SNA ist die Optimierung der Informations- und Wissensflüsse innerhalb dieser Organisationseinheit. Die Darstellung repräsentiert das Kommunikationsnetzwerk dieser Organisationseinheit, in dem die Akteure (4), (12) und (17) Führungskräfte sind. Die Verbindungen zeigen die Dichte und Intensität der Kontakte dieser Führungskräfte und ihrer Mitarbeiter untereinander. Als erstes fällt auf, dass die Führungskraft (4) Teil einer Clique (1-2-3-4) und nur über ihren „Brücken-Mitarbeiter" (5) mit der restlichen Organisation in Kontakt ist. Die Führungskraft (12) fungiert als Drehscheibe mit einem vergleichsweise hohen Beziehungspflegeaufwand. Sie hat in ihrem Verantwortungsbereich ebenfalls einen „Brücken-Mitarbeiter" (6) und den Impulsaufnehmer (7), der als „graue Eminenz" in der Organisationseinheit gilt. Zu ihrem Mitarbeiter (19, isolierter Akteur) hat sie nur indirekten Kontakt über Mitarbeiter (18). Führungskraft (17) bildet mit ihren Mitarbeitern (13), (14), (15) und (16) einen Cluster und ist relativ schwach mit der restlichen Organisationseinheit verknüpft. Mitarbeiter (8) und (14) sind Experten in den beiden Kernwissensgebieten dieser Organisationseinheit. Ihre Verbindungsdichte ist schwach ausgeprägt.

Der SNA-Experte stellt dieses Analyseergebnis dem Auftraggeber und allen Beteiligten zur Verfügung. Für diesen Schritt kann er ein Werkzeug aus den Kategorien *kommunizieren* oder *teilen* bzw. *zusammenarbeiten* nutzen.

5. Ableitung und Umsetzung von Folgeaktivitäten

Gemeinsam mit dem Auftraggeber, den Führungskräften und, soweit möglich, allen Beteiligten werden entsprechend der Zielsetzung Interventionen und Maßnahmen geplant. Das kann auch den Einsatz weiterer passender Methoden und Werkzeuge einschließen. Aus der Interpretation des Netzwerkes in Abbildung 53 wurden in einer gemeinsamen Besprechung folgende Maßnahmen verbindlich vereinbart:

o Führungskraft (4) ist innerhalb ihrer Abteilung gut vernetzt, aber nicht ausreichend mit ihren beiden Führungskollegen. Als erste Maßnahme wird ein Führungskräfteworkshop eingeplant, in dem die Zusammenarbeit zwischen den Führungskräften reflektiert wird und Optimierungspotenziale gemeinsam erarbeitet werden. Dabei sollen auch Möglichkeiten gefunden werden, den hohen Beziehungspflegeaufwand von Führungskraft (12) auf ein vernünftiges Maß zu reduzieren.

- Die Brücke (4-5-6) soll entlastet werden. Dazu wird ein schon lange geplantes, abteilungsübergreifendes Projekt in Angriff genommen, in dem die beiden Experten (8) und (14) mit Mitarbeiter (5) und weiteren vier Mitarbeitern aus allen drei Abteilungen zusammenarbeiten werden.
- Führungskraft (12) wird ab sofort regelmäßige Gesprächstermine mit Mitarbeiter (19) einplanen. Sie wird dessen Aufgabengebiete sukzessive so erweitern, dass eine intensivere Zusammenarbeit mit weiteren Mitarbeitern der Abteilung notwendig wird.
- Führungskraft (17) wird auf eine Verbesserung der Kommunikation mit Mitarbeiter (13) achten, indem sie für die Einhaltung der vereinbarten Regeltermine sorgt.
- Um die informellen Kommunikationsbeziehungen innerhalb der gesamten Organisationseinheit zu verstärken, wird es ab sofort pro Quartal einen Themenabend mit informellem Ausklang geben. Mit dieser Aufgabe wird Mitarbeiter (7) betraut, dem als Impulsaufnehmer die brennenden Themen in der Organisation bekannt sind.

Die Besprechung kann mit Hilfe eines Werkzeugs aus der Kategorie *kommunizieren* oder *zusammenarbeiten* realisiert werden. Die Veröffentlichung der Besprechungsergebnisse erfolgt mit einem Werkzeug der Kategorie *teilen*, um die Vertraulichkeit der Informationen zu wahren.

Stufenweise Digitalisierung

Eine stufenweise Digitalisierung ist nur für eine kleine Gruppe von Personen möglich. Für größere Organisationseinheiten ist unbedingt ein SNA-Spezialwerkzeug erforderlich.

Stufe 1: Für alle Aktivitäten, die Gespräche erfordern, kommt ein Werkzeug der Kategorie *kommunizieren* (z.B. Videokonferenz) zum Einsatz.

Stufe 2: Die Darstellung des sozialen Netzwerks erfolgt mit Hilfe eines Werkzeugs aus der Kategorie *visualisieren*. Das Ergebnisprotokoll wird unter Verwendung eines Werkzeugs der Kategorie *teilen* allen Beteiligten zugänglich gemacht.

Stufe 3: Bei allen Interviews kommt ein Werkzeug der Kategorie *befragen* zum Einsatz.

Stufe 4: Die Methode kann vollständig digitalisiert werden, in dem alle Werkzeuge der Stufen 1 bis 3 (inkl. SNA-Spezialwerkzeuge) miteinander kombiniert durchgängig zum Einsatz kommen.

Wie bei allen Methoden, die direkte Kommunikation zwischen den Beteiligten erfordern, ist ein persönliches Zusammentreffen von großer Bedeutung, um die informellen Beziehungen zu stärken. Daher sollte darauf nicht völlig verzichtet werden. Es erleichtert sowohl die Zusammenarbeit innerhalb einer Organisationseinheit als auch die organisationsübergreifende Kooperation, was besonders in agil agierenden Unternehmen wichtig ist.

Grenzen/Risiken und Anwendungskompetenzen

Die SNA ist nicht brauchbar, wenn es tiefgehende Konflikte in der Organisation gibt oder im Rahmen von angstbesetzten Veränderungsmaßnahmen. In diesen Fällen müssen zuerst die Konflikte ausgeräumt bzw. den Betroffenen durch geeignete vertrauensbildende Maßnahmen die Ängste genommen werden.

Wie bereits aus den obigen Ausführungen hervorgeht, kann eine der größten Hemmnisse die fehlende Anonymität der Daten sein. Die Sicherheit der personenbezogenen Daten muss gewährleistet sein und der Zugriff entsprechend des rechtlichen Regelwerks strikt eingehalten werden. Jeder Beteiligte muss nachvollziehen können, dass die SNA von einer vertrauenswürdigen Person durchgeführt wird und welche Daten dafür genutzt werden.

Über diese rein datenschutzrechtlichen Implikationen hinaus kann es auch ethische Bedenken geben. Die SNA darf nicht für die Beurteilung von Mitarbeitern in Hinblick auf ihr Sozialverhalten, ihre Kompetenz, ihren Einfluss, ihre Kontrolle oder Macht genutzt werden. Jeder Missbrauch in diese Richtung muss unbedingt vermieden bzw. sofort unterbunden werden. Jede Art von Sanktionen als direkte Folge aus der SNA muss unterbleiben. Jeder Vorbehalt eines Mitarbeiters muss ernst genommen und in persönlichen Gesprächen behandelt werden, um die Hindernisse sukzessive auszuräumen. Die Kommunikation über die SNA sollte die positiven Aspekte herausstreichen und verstärken.

Die Ergebnisse einer SNA sind immer auf den gewählten Systemausschnitt begrenzt. Dadurch können Akteure intern wenig vernetzt erscheinen, die aber ev. viele externe Verbindungen haben und umgekehrt. Man muss also diese Restriktion beachten, um nicht falsche Schlüsse aus den Ergebnissen zu ziehen. Im Zweifelsfall kann die SNA partiell erweitert werden, wenn es die Zielsetzung erfordert.

Schlussendlich muss man im Auge behalten, dass soziale Netzwerke sich dynamisch entwickeln. Netzstrukturen und Positionen im Netzwerk können sich rasch ändern. Eine SNA ist daher oft nur eine Momentaufnahme. Nichtsdestotrotz ist sie eine sehr brauchbare Methode, um hilfreiche Einsichten in soziale Strukturen und die Verteilung von Information und Wissen zu erhalten.

SNA Anwender benötigen fundiertes Wissen über die Erstellung zielführender Fragebögen, über die Zusammenhänge und Logik der verschiedenen SNA-Maßzahlen und die möglichen Variationen von Kennzahlen. Sie müssen SNA-Spezialwerkzeuge kompetent einsetzen können, wenn die Situation es erfordert. Die Ableitung von Empfehlungen erfordert hohe Professionalität in der Interpretation und der Hypothesenbildung aus den Ergebnissen. Wird die SNA mit der notwendigen Umsicht eingesetzt, leistet sie einen wesentlichen Beitrag in der Entwicklung einer wissensbasierten Organisation.

Referenzen

Chan, K.; Liebowitz, J. (2006). *The synergy of social network analysis and knowledge mapping: a case study*. International Journal Management and Decision Making 7 (1), S. 19-35.

Freygang, L. (1999). *Formale und informale Netzwerkstrukturen im Unternehmen*. Wiesbaden: Deutscher Universitäts-Verlag.

Jansen, D. (2006). *Einführung in die Netzwerkanalyse. Grundlagen, Methoden, Forschungsbeispiele*. 3. überarbeitete Auflage. Wiesbaden: VS Verlag für Sozialwissenschaften.

Hanneman, R. A.; Riddle, M. (2005). *Introduction to social network methods*. Free introductory textbook on social network analysis. http://faculty.ucr.edu/~hanneman/nettext/, Abruf: 01.06.2019.

Mittelmann, A. (2011). *Soziale Netzwerk Analyse*. In: Mittelmann, A., Werkzeugkasten Wissensmanagement, Norderstedt: Books on Demand, S. 130 - 137.

Müller-Prothmann, T. (o.J.). *Social Network Analysis: A Practical Method to Improve Knowledge Sharing*. In: Hands-On Knowledge Co-Creation and Sharing: Practical Methods and Techniques, Pumacy Technologies, S. 221-233, online: https://pdfs.semanticscholar.org/2367/3c3973ea1d7b855289bc374f56ff5d3a a0cd.pdf, Abruf: 01.06.2019.

Serdült, U. (Hrsg., 2005). *Anwendungen sozialer Netzwerkanalyse*. Tagungsbericht, Zürcher Politik- & Evaluationsstudien 3 (2005), https://www.ipz.uzh.ch/dam/jcr:00000000-76f5-e1f8-ffff-ffffb713c7a0/ SNA_03.pdf, Abruf: 01.06.2019.

Tichy, N.; Tushman, M.; Fombrun, C. (1979). *Social Network Analysis For Organizations*. In: Academy of Management Review 1979 4 (4), S. 507-519.

Thiel, M. (2010). *Werkzeugkiste - 24. Soziale Netzwerkanalyse*. In: OrganisationsEntwicklung 3 (2010), S. 78-85.

Zenk, L.; Behrend, F. D. (2014). *Soziale Netzwerkanalyse in Organisationen - versteckte Risiken und Potentiale erkennen*. In: Pircher, R. (Hrsg.): Wissensmanagement Wissenstransfer Wissensnetzwerke, 2. aktualisierte Auflage. Erlangen: Publicis, S. 213 - 232.

Wissensnetzwerk

Ein Wissensnetzwerk verbindet Wissensträger mit ähnlichen Interessen und Aufgabenstellungen. Es bietet einen Rahmen für intensiven Wissens- und Erfahrungsaustausch sowie gemeinsames Lernen.

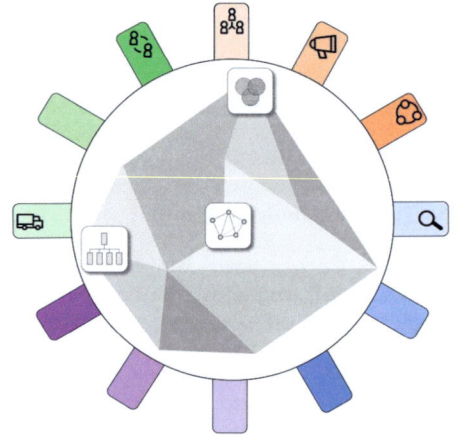

Man findet daher diese Methode im Semantischen Raum zwischen *Organisationen*, *Beziehungen* und *Wissensgebieten*.

Für die Digitalisierung der Methode können Werkzeuge aus den Kategorien *suchen, netzwerken, kommunizieren, teilen, verteilen* oder *zusammenarbeiten* zum Einsatz kommen.

Die Methode

Ein Wissensnetzwerk, oft auch Wissensgemeinschaft genannt, entsteht durch die Interaktion zwischen Menschen, die ein starkes Interesse an einem bestimmten Thema haben und ein gemeinsames Ziel verfolgen. Im Unterschied zu einem reinen Kommunikationsforum (siehe Seite 267) werden in einem Wissensnetzwerk nicht nur Gedanken, Ideen und Meinungen, sondern auch Erfahrungen und Artefakte wie Textdokumente, Fotos oder Videos ausgetauscht sowie gemeinsam an konkreten Themen bzw. Problemstellungen gearbeitet. Die Ergebnisse werden für alle Mitglieder zugänglich dokumentiert.

Je nachdem, was im Mittelpunkt des Interesses steht, unterscheidet man drei Arten von Wissensgemeinschaften. Wenn der Zusammenschluss zwischen den Teilnehmern ausschließlich über den Austausch zu einem gemeinsamen Thema zustande kommt, spricht man von einer *Interessensgemeinschaft* (Community of Interest, CoI). Wenn sie über ähnliche Aufgabenstellungen und gegenseitige Hilfe zu deren Bewältigung geknüpft wird, handelt es sich um eine *Praxisgemeinschaft* (Community of Practice, CoP). Wenn Experten sich zusammenschließen, um ein Forschungsgebiet gemeinsam zu vertiefen, ist es eine *Expertengemeinschaft* (Community of Experts, CoE). Innerhalb von Organisationen handelt es sich meist um Praxis- und Expertengemeinschaften. Expertengemeinschaften sind oft auch organisationsübergreifend und finden ihren physischen Niederschlag auf Fachkonferenzen und in gemeinsamen Veröffentlichungen.

Üblicherweise ist ein Wissensnetzwerk einem Lebenszyklus unterworfen, der fünf Reifestadien (siehe Abbildung 55) umfasst. In jedem Stadium ist das Wissensnetzwerk mit spezifischen Problemstellungen konfrontiert und muss daher unterschiedlich unterstützt werden.

Im ersten, dem *potentiellen* Stadium geht es darum, Menschen mit ähnlichen Interessen zu finden, Kontakte zu knüpfen und informelle Beziehungen aufzubauen (siehe Soziale Netzwerkanalyse auf Seite 247 und Beziehungsmanagement auf Seite 223).

Das zweite Stadium des *Zusammenwachsens* beginnt mit dem Formen einer Identität und der Diskussion von Werten. Die Mitglieder bewegen sich von einem losen Netzwerk hin zu einer Zweckgemeinschaft. Das ist das Stadium des Dialogs, in dem die Diskussionen im Interessensgebiet Gestalt anzunehmen beginnen.

Im dritten, dem *aktiven* Stadium, wird das Wissensnetzwerk sehr dynamisch mit dem höchsten Aktivitätsniveau. Es wird ständig neues Wissen erzeugt. Hier wird der größte Nutzen für die Gemeinschaft bzw. die Organisation generiert. Da dieser Zustand möglichst lange anhalten soll, muss ein aktives Wissensnetzwerk gut gepflegt und in geeigneter Weise unterstützt werden.

Im vierten, dem *auflösenden* Stadium, beginnen die ersten Mitglieder an der Peripherie und dann Kernmitglieder das Interesse an den Themengebieten zu verlieren. Da weniger Aktivität herrscht, wird der Zustrom von neuem Wissen geringer, was das Wissensnetzwerk weniger attraktiv macht. Oder die Mitgliederanzahl erreicht eine bestimmte obere Grenze, wodurch der Zusammenhalt nicht mehr länger gegeben ist. Es formen sich Subnetze, was schlussendlich zu einer drastischen Reduktion von Mitgliedern führt.

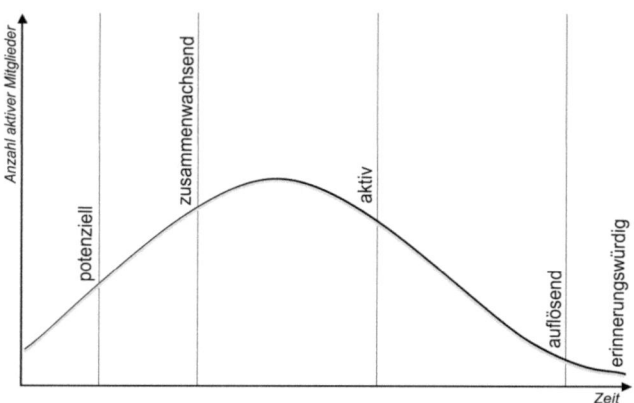

Abbildung 55: Lebenszyklus eines Wissensnetzwerkes (nach Wenger)

Die Mitglieder des ehemaligen Wissensnetzwerkes sind im fünften, dem *erinnerungswürdigen* Stadium, in alle Winde zerstreut. Sie verbinden aber nach wie vor einen signifikanten Teil ihrer Identität mit dem Wissensnetzwerk. Einige Geschichten und Anekdoten leben eine Weile weiter. Man widmet sich in diesem Stadium vor allem der Sammlung von Erinnerungsstücken.

Neben der Berücksichtigung des Reifestadiums ist für den erfolgreichen Start und Betrieb eines Wissensnetzwerkes wichtig, dass bestimmte Rollen mit passenden Personen besetzt werden (siehe Abbildung 56). Die zentrale Rolle im inneren Kreis eines Wissensnetzwerkes ist die des *Koordinators* oder *Moderators*, wie er häufig auch genannt wird. Er vernetzt die Mitglieder, organisiert die physischen Treffen und sorgt für ein positives Klima im Netzwerk.

Die kleine Gruppe der *Kernmitglieder* nimmt an allen Netzwerktreffen aktiv teil, bringt neue Themen ins Spiel und beteiligt sich an gemeinsamen Projekten des Netzwerks. Diese Gruppe ist ebenfalls von zentraler Bedeutung für ein gutes Funktionieren eines Wissensnetzwerkes.

Die *aktiven Mitglieder* gehören dem äußeren Kreis des Wissensnetzwerkes an. Sie beteiligen sich weniger intensiv als die Kernmitglieder, aber doch re-

Beziehungen und Kommunikation

gelmäßig am Netzwerkgeschehen und sind damit ebenfalls wichtig für das Wissensnetzwerk. Die *peripheren Mitglieder* oder stillen Teilhaber (siehe auch Kommunikationsforum auf Seite 267) des Wissensnetzwerkes nehmen kaum an den Netzwerkaktivitäten teil. Ihre seltenen Beiträge können aber dazu beitragen, dass Diskussionen völlig andere Richtungen nehmen, und sind daher als sehr wertvoll anzusehen. Die Gruppe der peripheren Mitglieder stellt die größte Gruppe dar, aus der die aktive Gruppe und die Kerngruppe gespeist werden.

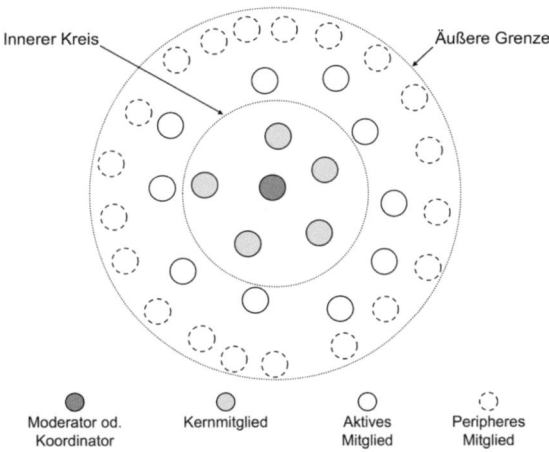

Abbildung 56: Rollen in einem Wissensnetzwerk (nach Wenger)

Ziel und Nutzen

Ziel dieser Methode ist, das Know-how einzelner Personen auf einem bestimmten Gebiet anderen zugänglich zu machen, die an ähnlichen Themen interessiert sind bzw. aktiv daran arbeiten. Damit soll erreicht werden, dass der Wissensbestand innerhalb des Netzwerkes ständig aus- und umgebaut wird, in dem mit- und voneinander gelernt wird. Neben dem betriebswirtschaftlichen Nutzen durch schnellere und bessere Problemlösungen wird auch die Innovationskraft der Organisation gestärkt.

Durch den intensiven Kontakt innerhalb des Wissensnetzwerkes steigen das Vertrauen und die Wertschätzung untereinander. Das bewirkt auf organisationaler Ebene, dass sich die Unternehmenskultur in Richtung Offenheit und Wissensfreundlichkeit weiterentwickelt.

Anwendung

Unter Berücksichtigung der Reifestadien umfasst die Anwendung der Methode die folgenden drei Phasen:

1. Aufbau

Diese Phase umfasst das potenzielle und zusammenwachsende Stadium. Im organisationalen Kontext beauftragt im Idealfall ein Mitglied des Managements einen Koordinator, ein Wissensnetzwerk zu einem bestimmten Themengebiet einzurichten. In seiner Rolle als Pate sorgt der Manager für die Bereitstellung der dafür erforderlichen Ressourcen (Personal, Budget, Infrastruktur). Im virtuellen Raum kann jeder ein Wissensnetzwerk ins Leben rufen, der die Rolle eines Koordinators übernimmt und genügend Engagierte für die Entwicklung eines Wissensnetzwerks zum gewählten Themengebiet findet.

Abbildung 57: Community Canvas Modell mit Elementen und Kernfragen
(nach Pfortmüller/Luchsinger/Mombartz 2017, Übersetzung: Laub 2018)

Eine gute Grundlage für die Arbeit mit und im Wissensnetzwerk bietet dem Koordinator das *Community Canvas Modell* von Pfortmüller, Luchsinger und Mombartz. Dieses beschreibt alle Aspekte, die für ein überlebensfähiges Wissensnetzwerk nötig sind. Es umfasst die drei Bereiche Identität, Erfahrungen und Struktur mit insgesamt 17 Elementen. In Abbildung 57 sind rechts oben die grafische Grundstruktur und je Bereich die einzelnen Elemente mit ihren Kernfragen dargestellt. Die Beantwortung dieser Fragen liefert dem Koordinator die Grundlage für die Einrichtung und den Betrieb einer vitalen Community.

Der Koordinator findet mit Hilfe geeigneter Methoden (z.B. Interessen-Cluster-Analyse (siehe Seite 269), Wissensträgerkarten (siehe Seite 241), Befragung (siehe Seite 136)) und vielen persönlichen Gesprächen Interessierte für das Themengebiet, die er zu einem Start-Workshop einlädt. In diesem wählen die Teilnehmer jene Themen aus, die sie im Wissensnetzwerk weiterbearbeiten möchten. Jeder Teilnehmer kann sich zu einem oder mehreren Themen zuordnen. Die Arbeit in Wissensnetzwerken beruht immer auf dem Prinzip der Freiwilligkeit. Für das gesamte Wissensnetzwerk oder je Thema wird ein Moderator gewählt, der u.a. für die kontinuierliche Behandlung des gewählten Themas sorgt.

In den nachfolgenden Netzwerktreffen klärt der Koordinator die Ziele für die Arbeit im Wissensnetzwerk, vereinbart die Spielregeln für die gemeinsame Arbeit und sammelt die Anforderungen an die notwendige IT-Infrastruktur. Besonders wichtig bei diesen Treffen ist der Aufbau von persönlichen Beziehungen zwischen den Mitgliedern. Nur wer sich persönlich gut (genug) kennt, ist bereit, sein Wissen mit anderen zu teilen. Bei virtuellen Wissensnetzwerken wird ein erstes physisches Treffen organisiert, um die Vertrauensbasis zwischen den Mitgliedern zu stärken.

Für die Suche nach Interessierten können Werkzeuge aus den Kategorien *suchen* und *netzwerken,* für alle Gespräche und die ersten Netzwerktreffen solche aus den Kategorien *kommunizieren* oder *zusammenarbeiten* zum Einsatz kommen.

2. Betrieb

Diese Phase umfasst das gesamte aktive Stadium bis zum Beginn des auflösenden Stadiums. Sobald alle Rahmenbedingungen ausreichend gut geklärt sind, beginnt die Behandlung der ausgewählten Themen im Wissensnetzwerk. Dies kann durch regelmäßige physische Treffen in Form eines Kommunikationsforums (siehe Seite 267) und/oder durch virtuelles Arbeiten mit entsprechender IT-Unterstützung erfolgen. Die Moderatoren spielen in dieser Phase eine besonders wichtige Rolle, da sie für die Einhaltung der vereinbarten Spielregeln, die Qualität der Beiträge und die Sicherung der Ergebnisse Sorge tragen. Sie sind es auch, die die Mitglieder in einer Form betreuen, dass diese gerne Beiträge liefern und am Community-Geschehen aktiv teilnehmen. Der Koordinator kümmert sich um die Aufrechterhaltung der notwendigen Rahmenbedingungen (Bereich *Struktur* im Community Canvas

Modell, siehe Abbildung 57), damit das Wissensnetzwerk seinen Nutzen für die Organisation und für ihre Mitglieder voll entfalten kann.

Je nach verfügbarer Infrastruktur können in dieser Phase Werkzeuge aus den Kategorien *kommunizieren*, *teilen* oder *zusammenarbeiten* verwendet werden.

3. Stilllegung

Nun ist das Ende des Lebenszyklus eines Wissensnetzwerks mit dem Ende des auflösenden und dem erinnerungswürdigen Stadium erreicht. Wenn ein Thema nicht mehr interessant ist, wird die betreffende Themengruppe aufgelöst und ihre Wissensobjekte vom Moderator archiviert. Sobald das letzte Thema ausgereizt ist, wird das Wissensnetzwerk als Ganzes stillgelegt. Die Wissensobjekte der Community werden vom Koordinator gesichtet. Er löscht nicht mehr aktuelle, alle übrigen macht er allgemein verfügbar, wenn die Community-Regeln dies erlauben. Ansonsten verbleiben sie in der jeweiligen Organisation.

Ein Werkzeug aus der Kategorie *verteilen* kann hier gute Dienste leisten.

Stufenweise Digitalisierung

Stufe 0: Ein Wissensnetzwerk kann weitgehend ohne Technikunterstützung eingerichtet und betrieben werden. In diesem Fall finden der Wissensaustausch und die Wissensentwicklung ausschließlich in physischen Treffen statt. Die Ergebnisse werden in Form von Textdokumenten ausgetauscht.

Stufe 1: In der Aufbauphase des Wissensnetzwerks werden Werkzeuge aus den Kategorien *suchen* oder *netzwerken* eingesetzt, um Interessierte zu finden.

Stufe 2: Für alle Gespräche und Austauschrunden wird ergänzend ein Werkzeug aus der Kategorie *kommunizieren* verwendet. Alle Ergebnisdokumente werden mit Hilfe eines Werkzeugs der Kategorie *teilen* oder *verteilen* zur Verfügung gestellt.

Stufe 3: Alle Aktivitäten außer synchrone Kommunikation werden durchgängig mit Hilfe eines Werkzeugs der Kategorie *zusammenarbeiten* unterstützt. Dieses ersetzt die Werkzeuge aus den Kategorien teilen, verteilen und netzwerken.

Stufe 4: Es gibt viele Beispiele erfolgreicher Wissensnetzwerke im Internet, die ohne physische Treffen auskommen. Die Methode ist also vollständig digitalisierbar. Trotzdem greifen die Koordinatoren immer wieder zu gelegentlichen physischen Zusammenkünften, weil dies die Lebensdauer der Wissensnetzwerke erhöht und die Qualität der Ergebnisse verbessert.

Grenzen/Risiken und Anwendungskompetenzen

Bei dem Versuch ein intraorganisationales Wissensnetzwerk einzurichten, ist das größte Hindernis eine Unternehmenskultur, die einen offenen Austausch zwischen Mitarbeitern be- oder gar verhindert. Unbewusst oder bewusst beschränken Führungskräfte die Kommunikation zwischen ihren Mitarbeitern auf das Notwendige, um ihre Aufgaben erledigen zu können. Im Extremfall wird der Austausch von Wissen und Erfahrung als Zeitverschwendung angeprangert. In einem solchem Umfeld wird von einer Anwendung der Methode abgeraten.

Ein weiteres Risiko für ein Wissensnetzwerk ist, wenn die Kerngruppe zu wenige Personen umfasst, die die Themen kontinuierlich vorantreibt oder neue, interessante Aspekte ins Spiel bringt. Wenn zwischen den Aktivitäten im Wissensnetzwerk zu große zeitliche Lücken entstehen, verlieren viele Mitglieder schnell das Interesse an der Mitarbeit. Das Netzwerk löst sich auf, bevor es überhaupt in das aktive Stadium eintreten konnte. Die Gründe für diese negative Entwicklung sind sehr vielfältig. Die Kernmitglieder sind meist die Experten für die ausgewählten Themen, bekommen aber oft nicht die zeitlichen Ressourcen zugestanden, um kontinuierlich aktiv mitarbeiten zu können. Manche sehen auch keinen persönlichen Nutzen, soviel Zeit und Energie zu investieren. Sie fühlen sich primär in der Rolle der Wissensgeber, ohne ausreichend selbst davon zu profitieren.

Eine kritische Phase eines Wissensnetzwerks im aktiven bzw. beginnenden auflösenden Stadium ist der Übergang von einem Themenschwerpunkt zum nächsten. Diese Transformation bedeutet, dass das ursprüngliche Themengebiet verlassen wird und ein neues in den Mittelpunkt des Interesses rückt. Sie kündigt sich oft schleichend an, wenn immer mehr Mitglieder beginnen, periphere oder andere Themen außerhalb des Schwerpunkts zu diskutieren. Der Moderator wird in diesem Fall eine Neuausrichtung des Wissensnetzwerks anregen, wenn die Mitglieder gewillt sind, weiter im Wissensnetzwerk zu verbleiben. Ansonsten wird die Community stillgelegt.

Ein Risiko tritt immer auch dann ein, wenn Schlüsselpersonen wie z.B. der Moderator die Community verlassen. Da Communities vor allem von den Beziehungen leben, die die Mitglieder untereinander geknüpft haben, ist dies eine herausfordernde Situation für das gesamte Wissensnetzwerk. Wenn es dem Nachfolger nicht rasch gelingt, ein ähnlich engmaschiges Beziehungsnetzwerk zu knüpfen, droht die Selbstauflösung.

Nicht zu unterschätzen sind die Risiken bei der Änderung von bestimmten Rahmenbedingungen des Wissensnetzwerks. Der einfachste Fall ist der Übergang von einer kostenlosen zu einer beitragspflichtigen Mitgliedschaft. Hier ist das Fingerspitzengefühl und die Kommunikationskompetenz des Koordinators gefragt, um möglichst viele der Schlüsselpersonen an Bord zu halten. Ein gröberer Eingriff ist die Änderung der Rechtsform von einem rein informellen Netzwerk zu einem Verein oder zu einem Firmenkonstrukt. Die Mitglieder werden unter diesen Umständen ihre Rollen und den Verbleib in der Community völlig neu bewerten und entsprechend darauf reagieren. Dem Koordinator kommt wieder eine zentrale Rolle zu, um diese Situation für möglichst alle Mitglieder zufriedenstellend zu meistern.

Sowohl Koordinator als auch Moderatoren und Mitglieder benötigen als Basis für ihre Communityarbeit gut ausgeprägte Kommunikations- und Kontaktfähigkeiten. Es sollte ihnen leichtfallen, gute Beziehungen zu knüpfen und über einen längeren Zeitraum hinweg aufrecht zu erhalten. Sie sind in der Lage, sich sowohl im direkten persönlichen Gespräch als in diversen online Medien klar und verständlich auszudrücken. In Communities mit Mitgliedern aus verschiedenen Nationen benötigen sie auch interkulturelle Kompetenz, die ihnen die Zusammenarbeit weitgehend friktionsfrei ermöglicht. Von Moderatoren wird darüber hinaus erwartet, dass sie eine Community professionell unterstützen und begleiten können. Im Fall von IT-Unterstützung für die Netzwerksarbeit benötigen alle Beteiligten ihrer Rolle entsprechende IT-Kenntnisse über das eingesetzte Werkzeug.

Referenzen

Dückert, S.; Nitschke, M. (2014). *Mehrwert schaffen durch interorganisationale Wissensgemeinschaften*. In: Pircher, R. (Hrsg.), Wissensmanagement Wissenstransfer Wissensnetzwerke. 2. überarbeitete Auflage, Erlangen: Publicis Publishing, S. 161-171.

Laub, T. (2018). *Das Community Canvas Modell: Modell zum Aufbau von Communities*. CommunityManagement.de Blogpost vom 3. Dezember 2018, https://www.communitymanagement.de/das-community-canvas-modell-modell-zum-aufbau-von-communities/, Abruf: 03.01.2019.

Lembke, G.; Müller, M.; Schneidewind, U. (2006). *Wissensnetzwerke Grundlagen - Anwendungsfelder - Praxisberichte*. Wiesbaden: LernAct!

Mittelmann, A. (2011). *Wissensnetzwerk*. In: Mittelmann, A., Werkzeugkasten Wissensmanagement, Norderstedt: BoD, S. 156-161.

Pfortmüller, F.; Luchsinger, N.; Mombartz, S. (2017). *The Community Canvas Guidebook. The guide to building meaningful communities.* https://community-canvas.org/, Abruf: 03.01.2019.

Vollmer, G. (2017). *Mit Communities den Umgang mit dem Wissen der Organisation verbessern*. Expertenwissen für DGQ-Mitglieder, Online-Artikel, https://www.dgq.de/wp-content/uploads/2016/09/20171110_Mit-Communities-den-Umgang-mit-dem-Wissen-der-Orginasition-verbessern.pdf, Abruf: 30.12.2018.

Wenger, E. (1998). *Communities of Practice: Learning, Meaning, and Identity*. Cambridge: Cambridge University Press.

Kommunikationsforum

Ein Kommunikationsforum bietet Wissensträgern die Möglichkeit, sich untereinander intensiv auszutauschen, wodurch ihre Beziehungen gestärkt und ihre Kompetenzen ausgebaut werden.

Diese Methode befindet sich daher im Semantischen Raum zwischen *Organisationen*, *Beziehungen* und *Kompetenzen*.

Für die Digitalisierung der Methode können Werkzeuge

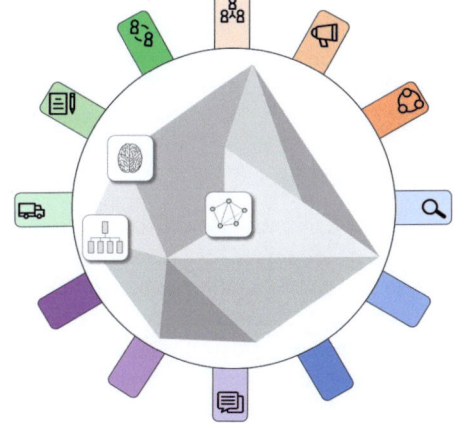

aus den Kategorien *kommunizieren*, *suchen*, *netzwerken*, *teilen*, *verteilen*, *veröffentlichen*, *befragen* oder *zusammenarbeiten* zum Einsatz kommen.

Die Methode

Kommunikationsforen (Synonym: Diskussionsforum, kurz: Forum) sind zeitlich und räumlich fixierte Gesprächsrunden zu bestimmten Themengebieten. Finden diese Gespräche im virtuellen Raum unter Zuhilfenahme eines IT-Werkzeugs statt, dann handelt es sich um ein elektronisches Kommunikationsforum. Die zeitliche Fixierung ist in diesem Fall nur dann nötig, wenn das Thema mit Hilfe von synchronen Kommunikationsmitteln (z.B. Chat) diskutiert wird. Ansonsten laufen die Diskussionen asynchron und textbasiert ab.

Ein Kommunikationsforum kann als „kleinere Schwester" eines Wissensnetzwerks (siehe Seite 258) angesehen werden. Es besteht nur solange, bis das ausgewählte Themengebiet von der Interessensgruppe ausdiskutiert ist, während Wissensnetzwerke längerfristige Zusammenschlüsse von Personen mit gemeinsamen Interessen darstellen. Die Teilnehmerzusammensetzung eines Kommunikationsforums ändert sich je diskutiertem Thema.

Ziel und Nutzen

Vorrangiges Ziel der Diskussionsrunden ist der intensive Erfahrungsaustausch. Dieser erweitert umso mehr den Blick für das Gesamte, je unterschiedlicher die Diskussionsgruppe zusammengesetzt ist. Die Beteiligten schärfen ihre Sicht auf komplexe Zusammenhänge und integrieren sie in den eigenen Erfahrungshintergrund. Die breit angelegte Kommunikation unterstützt gleichzeitig die Weitergabe von Erfahrungswissen und die Entwicklung von neuem Wissen. Die Vertrauensbasis innerhalb der Teilnehmergruppe wird gestärkt.

In virtuellen Kommunikationsforen können Personen unabhängig von Zeit und Raum miteinander ins Gespräch kommen, wenn sie ein ähnlich vitales Interesse am Themengebiet haben. Die Forenbeiträge können durch die asynchrone Gesprächssituation in aller Ruhe aufgenommen und beantwortet werden. Eine anonyme Teilnahme an den Gesprächen ist hier ebenfalls möglich. Das kann der freien Meinungsäußerung förderlich sein, wenn die definierten Gesprächsregeln eingehalten werden. Darüber hinaus wird das Auffinden von Wissensträgern und damit der Aufbau von Wissensnetzwerken erleichtert.

Anwendung

Ein Kommunikationsforum durchläuft folgende Phasen:

1. Aufbau eines Kommunikationsforums

Ein Kommunikationsforum wird immer mit einer bestimmten Intention ins Leben gerufen, z.B. zur Diskussion von Produkt-/Dienstleistungsideen oder Forschungsthemen oder als Austauschplattform für ein großes virtuelles Projektteam oder als begleitendes Kommunikationsmittel einer Lehrveranstaltung. Ein Koordinator übernimmt als erste wichtige Aufgabe, ein passendes Themengebiet und interessierte Teilnehmer zu finden. Durch Befragung (siehe Seite 136) der Zielgruppe selektiert er relevante Themen. Im nächsten Schritt wendet er das Interessen-Cluster-Prinzip (North 2016) an, um den besten Fit zwischen dem gewählten Thema und den Personen zu finden.

Die statistische Auswertung einer Interessensbefragung in Abbildung 58 zeigt drei deutlich unterscheidbare Interessen-Cluster, deren Mitglieder sich mindestens zwei Kriterien in Bezug auf das Thema teilen. Die deutlichen Überschneidungen zwischen den Clustern erhöht die Wahrscheinlichkeit, dass einige Personen sich bei mehreren Themen einbringen werden.

Wenn vorhanden, entnimmt der Koordinator auch Informationen zu Personen der Zielgruppe aus ihren Wissensträgerkarten (siehe Seite 241). Er sorgt schlussendlich für eine möglichst „bunte" Zusammensetzung der Teilnehmer (Frauen und Männer, unterschiedliche Fachgebiete und Altersgruppen, unterschiedliche Hierarchieebenen und Bereiche), die das gemeinsame Interesse an dem Thema verbindet. Abschließend fixiert er die Gesprächsrunden in den vereinbarten Abständen und Räumen und lädt die ausgewählten Teilnehmer ein.

Personen	K1	K2	K3	K4	K5	K6	K7	K8	K9	K10
P1	x	x			x					
P2	x	x	x	x						
P3	x		x	x		x				
P4	x	x		x						
P5	x		x	x			x			
P6		x			x		x	x		
P7					x	x		x		
P8					x	x	x			
P9					x	x		x		
P10					x	x				
P11		x				x			x	x
P12		x						x	x	x
P13		x						x		x
P14								x	x	x
P15		x						x	x	x

Abbildung 58: Visualisierung Interessen-Cluster

In virtuellen Kommunikationsforen eröffnet ein speziell für diese Kommunikationsform ausgebildeter Moderator mit einem anregenden Initialbeitrag die Diskussion. Um die Übersichtlichkeit im Kommunikationsforum zu bewahren, richtet er für jeden Themenschwerpunkt einen eigenen Diskussionsstrang (engl. thread) ein. Eine seiner wichtigsten Aufgaben ist, die Einhaltung der Kommunikationsregeln (auch Netiquette) zu gewährleisten.

Werkzeuge aus der Kategorie *kommunizieren* können für die Abstimmung zwischen Auftraggebern und Koordinator verwendet werden. Für die Themen- und Teilnehmersuche bieten sich Werkzeuge aus den Kategorien *suchen*, *netzwerken* oder *befragen* an.

2. Durchführung der Gesprächsrunde(n)

Zu Beginn eines Themenzyklus wird den Teilnehmern in einem Einführungsvortrag das ausgewählte Thema nähergebracht und anschließend diskutiert. Zur Ergebnissicherung fassen die Teilnehmer in Kleingruppen ihre wichtigsten Erkenntnisse und offenen Punkte zusammen und notieren sie getrennt auf Flip-Chart-Blättern. Diese werden in Form von Fotoprotokollen veröffentlicht. In jeder weiteren Runde werden die offenen Diskussionspunkte aufgegriffen und weiter vertieft, bis das Thema erschöpfend behandelt ist.

Zur Förderung der informellen Kommunikation können Kommunikationsforen auch mit gemeinsamem Essen verbunden werden. Dies stärkt die Vertrauensbasis zwischen den Teilnehmern, weil sie sich auch auf einer informellen Ebene besser kennenlernen. Die Teilnehmer öffnen sich den Ideen und Erfahrungen anderer unvoreingenommener, lernen so leichter voneinander und entwickeln spontaner neues Wissen.

In virtuellen Kommunikationsforen sorgt der Moderator dafür, dass eine kleine Kerngruppe regelmäßig inhaltlich prägnante Diskussionsbeiträge zu den Themen liefert bzw. interessante Fragen stellt und so den Diskussionsprozess am Leben erhält. Wenn nötig, belebt er die Diskussion durch neue Impulse.

Eine Besonderheit von virtuellen Kommunikationsforen ist, dass es neben den aktiven Teilnehmern, immer eine mehr oder weniger große Gruppe von „stillen Teilhabern" (engl. Lurker) gibt, die alle Beiträge interessiert verfolgt, aber selbst keine oder nur ganz wenige Beiträge liefert. Mittlerweile ist man zu der Erkenntnis gelangt, dass stille Teilhaber ein Kommunikationsforum in keinster Weise stören, sondern potenzielle zukünftige Kernmitglieder sein können. Ihre seltenen Beiträge können völlig neue, überraschende Aspekte in eine Diskussion einbringen.

Werkzeuge aus der Kategorie *kommunizieren* werden für die Diskussionsrunden, für die Ergebnissicherung und -verteilung aus den Kategorien *teilen*
oder *verteilen* verwendet. Falls ein Werkzeug der Kategorie *zusammenarbeiten* in der Organisation bereits im Einsatz ist, kann es statt der oben angeführten genutzt werden.

3. Stilllegung des Kommunikationsforums

Wenn das Interesse an der aktiven Teilnahme am Kommunikationsforum
abgeflaut ist, fasst der Koordinator oder Moderator die wesentlichsten Erkenntnisse zusammen und legt sie wiederauffindbar ab. Dadurch kann bei
Bedarf auf das gesicherte Erfahrungswissen zurückgegriffen werden.

Ein Werkzeug aus der Kategorie *veröffentlichen* oder *zusammenarbeiten*
wird am besten in dieser Phase verwendet.

Stufenweise Digitalisierung

Stufe 1: Für die Gesprächsrunden werden Werkzeuge aus der Kategorie
kommunizieren, für die Teilnehmersuche aus den Kategorien *suchen* oder *netzwerken* eingesetzt.

Stufe 2: Die Ergebnissicherung und -verteilung erfolgt mit Hilfe von Werkzeugen aus den Kategorien *teilen* oder *verteilen*. Die Archivierung
von Ergebnissen aus stillgelegten Kommunikationsforen wird
durch ein Werkzeug aus der Kategorie *veröffentlichen* unterstützt.

Stufe 3: Für die Themen- und Teilnehmersuche kommt ein Werkzeug der
Kategorie *befragen* statt eines aus den Kategorien suchen oder netzwerken zum Einsatz. Alle übrigen Werkzeuge werden durch eines
aus der Kategorie *zusammenarbeiten* ersetzt.

Stufe 4: Eine vollständige Digitalisierung der Methode ist möglich und im
Internet häufig zu finden. Im organisationalen Kontext ist es ratsam, virtuelle mit physischen Kommunikationsforen zu kombinieren, weil tragfähige Beziehungen besser durch persönliche Begegnungen auf- und ausgebaut werden.

Beispiele

Virtuelle Kommunikationsforen gibt es im Internet in großer Zahl, z.B. die
Themen-Gruppen auf der Business-Plattform Xing (www.xing.com) oder
die sprachspezifischen Foren auf der Dictionary-Plattform dict.leo.org, in

denen Übersetzer sich gegenseitig bei der Übersetzung schwieriger Begriffe oder Textstellen helfen. In größeren Unternehmen findet man Foren, in denen sich Mitarbeiter gegenseitig bei der Lösung von fachspezifischen Problemen (z.B. Anwenderprobleme beim Einsatz von Software-Systemen wie SAP) unterstützen.

Physische Kommunikationsforen kommen zum Einsatz, wenn sich z.B. Forscher und Entwickler zur Diskussion von Spezialthemen treffen, um neue Anwendungsmöglichkeiten oder -probleme von Produkten bei Kunden zu diskutieren.

Grenzen/Risiken und Anwendungskompetenzen

Wenn es nur unzureichend gelingt, eine ausreichend große Gruppe von Interessierten an der Teilnahme am Kommunikationsforum zu motivieren, wird die Diskussion bzw. der Beitragsfluss nicht in Gang kommen oder sehr schnell versiegen. Der Koordinator bzw. Moderator wird in dieser Situation versuchen, weitere Teilnehmer zu gewinnen und/oder an den Themenschwerpunkten zu feilen. Sollte ein Neustart ebenfalls misslingen, wird er im vorliegenden Fall von einer neuerlichen Anwendung der Methode Abstand nehmen.

Durch die asynchrone Kommunikation im virtuellen Forum entsteht kein kontinuierlicher Gesprächsfluss, sondern führt zu einer Zerrissenheit der Diskussion. Daher sind einige Anstrengungen erforderlich, um den Kommunikationsprozess in Gang zu bringen und am Laufen zu halten. Der Einsatz eines entsprechend geschulten Moderators ist empfehlenswert.

In einem virtuellen Forum mit anonymer Teilnahmemöglichkeit gibt es immer wieder Vorfälle mit Störenfrieden (sog. Trolle), die für den Moderator einiges an Mehrarbeit bedeuten. Er muss deren Beiträge so rasch wie möglich finden und umgehend entfernen.

Die Gefahr eines Misslingens wird eingedämmt, wenn bereits im Vorfeld des Methodeneinsatzes die Vorteile und der erwartete Nutzen für jeden Einzelnen im betreffenden Anwendungsfall verbreitet werden. Wenn das Management vom Nutzen eines Kommunikationsforums überzeugt ist, wird es die notwendigen Ressourcen für das Betreiben des Kommunikationsforums zur Verfügung stellen.

Kommunikationsforen werden die besten Ergebnisse in einer Unternehmenskultur liefern, in der das Teilen von Wissen und Erfahrungen gelebte Praxis ist. Nichtsdestotrotz können die sorgfältige Vorbereitung und die kontinuierliche Begleitung der Foren durch erfahrene Moderatoren die Entwicklung einer wissensorientierten Unternehmenskultur nachhaltig fördern.

Der Moderator und der Koordinator eines Kommunikationsforums sind Personen mit ausgeprägten Kommunikationsfertigkeiten und gute Netzwerker. Sie verfügen über eine spezielle Ausbildung für Moderatoren in sozialen Netzwerken. Die Teilnehmer benötigen ebenfalls gute Kommunikationsfähigkeiten in realen und virtuellen Gesprächssituationen. Sie sind offen für andere, auch völlig konträre Meinungen und gehen damit wertschätzend um. Sie teilen gerne ihre Erfahrungen mit anderen und sind bereit, immer wieder Neues zu lernen.

Referenzen

Bremer, C. (2003). *Lessons Learned. Moderation und Gestaltung netzbasierter Diskussionsprozesse in Foren.* In: Kerres, M.; Voß, B. (Hrsg.), Digitaler Campus. Vom Medienprodukt zum nachhaltigen Medieneinsatz in der Hochschule, Münster: Waxmann, S. 191 - 201.

Ehemann, J. (2010). *Unternehmensinterner Wissenstransfer - Eine besondere Herausforderung in Zeiten des demografischen Wandels.* Saarbrücken: VDM Verlag Müller.

e-teaching.org (2015). *Forum.* Letzte Änderung am 16.07.2015. Leibniz-Institut für Wissensmedien, https://www.e-teaching.org/didaktik/kommunikation/forum/index_html. Abruf: 03.05.2019.

Kuhlen, R.; Werner, S. (2000). *Elektronische Kommunikationsforen als Instrument des Wissensmanagements in Medienunternehmen.* In: Wittenzellner, H. (Hrsg.), Internationalisierung der Medienindustrie, Entwicklung, Erfolgsfaktoren und Handlungsempfehlungen, Stuttgart: LOG_X Verlag, S. 181-213.

Mittelmann, A. (2011). *Kommunikationsforum.* In: Mittelmann, A., Werkzeugkasten Wissensmanagement, Norderstedt: Books on Demand, S. 161-164.

Nonnecke, B.; Preece, J. (2000). *Lurker demographics: Counting the silent.* Proceedings of CHI 2000. The Hague: ACM. https://www.researchgate.net-/publication/221514606_Lurker_Demographics_Counting_the_Silent, Abruf: 03.05.2019.

North, K. (2016). *Wissensorientierte Unternehmensführung. Wissensmanagement gestalten.* 6. Auflage, Wiesbaden: Springer.

Waltert, J. (2002): *Elektronische Kommunikationsforen als Element des Wissensmanagements.* Dissertation, Universität Konstanz. http://nbn-resolving.de/urn:nbn:de:bsz:352-opus-8049, Abruf: 03.05.2019.

Knowledge Café

Ein Knowledge Café bringt Wissensträger in einem informellen Rahmen zusammen, um ein Thema von allgemeinem Interesse zu behandeln. Dieser freie, intensive Gedanken- und Ideenaustausch bringt ihr kollektives Wissen an die Oberfläche und fördert ihre Kompetenzerweiterung.

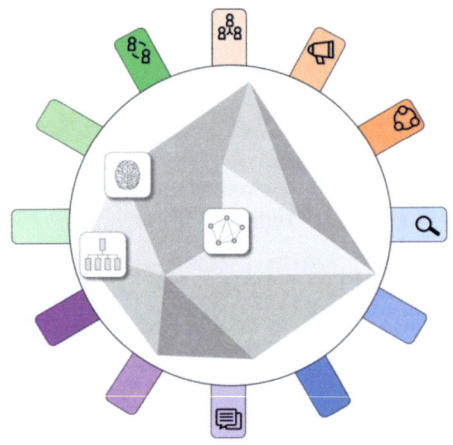

Diese Methode findet sich daher im Semantischen Raum zwischen *Organisationen, Beziehungen* und *Kompetenzen.*

Für die Digitalisierung der Methode können Werkzeuge aus den Kategorien *teilen, kommunizieren, suchen, netzwerken, zusammenarbeiten* und *befragen* zum Einsatz kommen.

Die Methode

Ein Knowledge Café ist eine Gesprächsform für eine größere Gruppe von Personen in entspannter Kaffeehaus-Atmosphäre. Die Teilnehmergruppe kann sich aus Mitarbeitern einer Organisation oder aus Experten für ein bestimmtes Thema aus verschiedenen Organisationen zusammensetzen. Es ist gibt verschiedene Formen von Knowledge Cafés, die sich durch den Grad der Strukturiertheit unterscheiden. Dabei steht das World Café mit seinem genau geregelten Ablauf auf der einen und das Gurteen Knowledge Café mit seinem Rahmendesign auf der gegenüberliegenden Seite. Alle folgen denselben Grundprinzipien (siehe Abbildung 59), die einen regen Gedankenaustausch auf Augenhöhe fördern.

Gemeinsam ist ihnen, dass ...

...der Moderator zu Beginn Sinn und Zweck des Knowledge Café klärt und die Frage zum Thema aufwirft,

...drei bis fünf Teilnehmer an Kaffeehaustischen den Gedankenaustausch pflegen,

...es an jedem Tisch einen Gastgeber gibt, der für die neuen Tischgäste das Wichtigste aus der Vorrunde zusammenfasst,

...nach frühestens 15 Minuten alle Teilnehmer bis auf den Gastgeber zu einem anderen Tisch wechseln,

...ein- bis dreimal der Tischwechsel erfolgt,

...der Moderator nach der letzten Gesprächssequenz für einen abschließenden Austausch im Plenum sorgt.

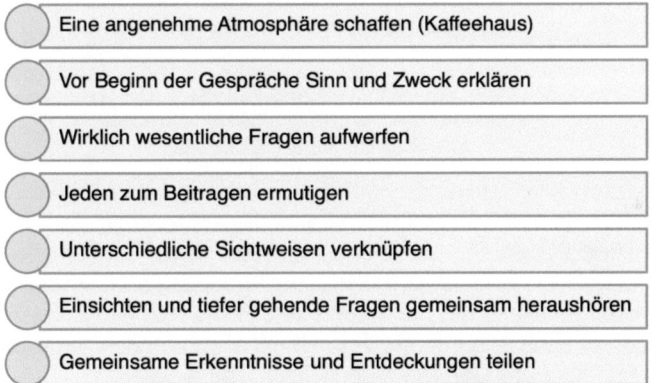

Abbildung 59: Grundprinzipien Knowledge Café

Ein **World Café** erfordert einiges mehr an Vorbereitung. Alle Kaffeehaustische werden mit Papiertischdecken, Stiften, drei Kärtchen und der World Café Etikette (siehe Abbildung 60) bestückt. Die World Café Etikette orientiert sich an den Knowledge Café Grundprinzipien. Außerdem werden Wäscheleinen oder ähnliche Befestigungsmöglichkeiten im Veranstaltungsraum vorbereitet.

Die Café-Sequenz wird immer in drei Runden à 20 Minuten unterteilt. Der Gastgeber sorgt für die kurze Vorstellrunde zu Beginn jeder Runde. Bei

Runde zwei und drei fasst er die wesentlichsten Erkenntnisse der Vorrunde für die neuen Tischgäste kurz zusammen. In den letzten drei Minuten jeder Runde extrahiert er unter Mithilfe der Tischgäste den wesentlichsten Punkt des abgelaufenen Gesprächs und notiert ihn auf einem der Kärtchen. Die Teilnehmer sind aufgefordert, während der Gesprächsrunden ihren Gedanken grafisch und/oder textuell auf der Papiertischdecke Ausdruck zu verleihen.

World Café Etikette

Fokus auf das, was wichtig ist.

Eigene Ansichten und Sichtweisen beitragen.

Sprechen und Hören mit Herz und Verstand.

Hinhören um wirklich zu verstehen.

Ideen verlinken und verbinden.

Aufmerksamkeit auf die Entdeckung neuer Erkenntnisse und tiefergehender Fragen.

Spielen, kritzeln, malen, auf die Tischdecke schreiben ist erwünscht!

Haben Sie Spaß dabei!

Abbildung 60: World Café Etikette

Nach den drei Gesprächsrunden werden die beschriebenen Papiertischdecken aufgehängt. Der Moderator bittet nun die Teilnehmer, die Tischdeckengalerie zu besichtigen. Sie sollen die Bilder und Texte auf sich wirken lassen. Ihre wichtigste Erkenntnis aus diesem Rundgang notieren sie auf einem Kärtchen und pinnen es auf die vorbereitete Pinnwand. Am Ende gruppiert der Moderator unter Mithilfe der Teilnehmer alle Kärtchen zu passenden Clustern und fasst das Gesamtergebnis kurz zusammen.

Beim **Gurteen Knowledge Café** liegt der Schwerpunkt auf den Dialogen selbst. Sie sollen als entspannte, offene und wertschätzende Gespräche auf Augenhöhe stattfinden. Statt Konsens wird Perspektivenvielfalt angestrebt. Niemand wird gezwungen etwas zu tun. Es fehlt die Rolle der Moderation an den Tischen. Es wird nichts notiert und es gibt nur individuelle Zusammenfassungen am Ende des Cafés. Die Ergebnisse sind das, was die Teilnehmer in ihren Köpfen mitnehmen.

Ziel und Nutzen

Ziel eines Knowledge Cafés ist, den freien, ungehinderten Gedanken- und Ideenaustausch unter den Teilnehmern zu erleichtern und zu intensivieren. Der Wert eines Knowledge Cafés liegt in den Gesprächen selbst und den tieferen Erkenntnissen, die jeder Teilnehmer davon mitnimmt. Es kristallisiert das Wissen der Teilnehmenden heraus, was in weiterer Folge zu neuen Perspektiven und Ideen führt. Das gemeinsame Verständnis für das gewählte Thema steigt. Ein Knowledge Café in seiner einfachsten Form benötigt wenig Ressourcen und kann rasch realisiert werden.

Anwendung

Im Vorfeld eines Knowledge Cafés werden im Veranstaltungsraum eine entsprechende Anzahl von runden Kaffeehaustischen mit je fünf Stühlen vorbereitet sowie Kaffee, Getränke und Kuchen. Die Dauer eines Knowledge Café beträgt eineinhalb bis zwei Stunden. Man lädt mindestens 15, idealerweise 30 bis max. 50 Personen ein. Die Veranstaltung wird von einem Moderator begleitet. Er achtet stets darauf, dass der überwiegende Zeitanteil für Gespräche verwendet und der Gesprächsverlauf so wenig wie möglich gestört wird. Ein Knowledge Café durchläuft üblicherweise folgende Phasen:

1. Startsequenz

Der Moderator begrüßt die Teilnehmer und bittet sie, an den Tischen Platz zu nehmen. Falls viele der Anwesenden zum ersten Mal an einem Knowledge Café teilnehmen, erklärt er zunächst Sinn und Zweck eines Knowledge Cafés sowie den üblichen Ablauf. Danach stellt er kurz das Thema vor und wirft eine interessante Frage zum Thema auf. Wenn es z.B. um das Thema Wissenstransfer geht, könnte die Frage lauten: „Welche Barrieren im Wissenstransfer erleben wir in unserer Organisation und welche Strategien zu deren Überwindung haben wir bereits erfolgreich angewendet?". Diese Sequenz dauert ca. 10 bis 15 Minuten.

2. Café-Sequenz

Die Teilnehmer stellen sich einander kurz vor, falls erforderlich, und beginnen dann die gestellte Frage zu behandeln. Dazu haben sie in Summe 45 Minuten Zeit. Wenn eine Fragestellung aus möglichst vielen unterschiedlichen Perspektiven besprochen werden soll, wechseln die Teilnehmer alternativ jeweils nach 15 Minuten den Tisch. Durch den Wechsel steigt die Anzahl der Personen, die miteinander in Interaktion treten. Das Thema wird dadurch

sehr viel breiter behandelt und es stellt sich ein gemeinsames Grundverständnis ein.

3. Abschlusssequenz

Nach Ablauf der 45 Minuten bittet der Moderator einen Teilnehmer je Tisch
die wichtigsten Erkenntnisse aus den Gesprächen zusammenzufassen und
dem Plenum mitzuteilen. Je nach Zweck des Knowledge Cafés notiert der
Moderator die wesentlichsten Erkenntnisse und neuen Ideen auf einem Flip-
Chart mit. Anschließend bedankt er sich für die aktive Teilnahme und beendet die Veranstaltung.

Auch wenn ein Knowledge Café gesprächsbasiert ist, kann es bei geeigneter
Anpassung und vorhandener IT-Infrastruktur im virtuellen Raum stattfinden.
Die Gespräche können synchron mit Hilfe eines Videokonferenzsystems
(Werkzeug aus der Kategorie *kommunizieren*) durchgeführt werden, wobei
jeder Tisch seine eigene Videosession zugewiesen erhält. Die Teilnehmer
melden sich beim Tischwechsel bei ihrer Session ab und bei einer anderen
an. Das Chat-Fenster im Videokonferenzsystem ermöglicht dem Moderator
bei Bedarf steuernd einzugreifen. Die Teilnehmer können es benutzen, um
Zusatzinformationen, Erkenntnisse oder weitere Fragen zu posten.

Eine andere Möglichkeit der Digitalisierung ist, die Gespräche asynchron in
Form virtueller Kommunikationsforen durchzuführen. Dazu wird ein Werkzeug der Kategorie *zusammenarbeiten* benötigt. In diesem Fall betreibt jeder
Gastgeber ein eigenes Kommunikationsforum, in dem er die brennende Frage oder das Thema mit entsprechender Hintergrundinformation aufwirft. Die
Teilnehmer haben mehrere Wochen Zeit, um an den Diskussionen teilzuneh-
men. Sie können sich an einem oder mehreren Kommunikationsforen beteiligen. Nach dem vereinbarten Zeitraum reflektieren alle Beteiligten ihre Erkenntnisse und posten sie in einem eigens dafür eingerichteten Kommunikationsforum. Alternativ dazu können sie ihre Abschlussrunde auch synchron
in Form einer Videokonferenz abhalten.

Stufenweise Digitalisierung

Stufe 0: Die Methode kommt weitgehend ohne Technikunterstützung aus.
Die Teilnehmer können persönlich eingeladen werden. Eine Dokumentation der Diskussionsergebnisse ist nicht zwingend erforderlich, wenn es primär um das Herstellen eines gemeinsamen Verständnisses für das Thema geht.

Stufe 1: Für das Finden geeigneter Teilnehmer kann ein Werkzeug der Kategorie *suchen* oder *netzwerken* verwendet werden. Die eingeladenen Teilnehmer nutzen ein Werkzeug aus der Kategorie *teilen*, um sich kurz vorzustellen und ein erstes Statement zum Thema abzugeben. Dieses kann ggfs. für die Verbreitung der Ergebnisse eingesetzt werden.

Stufe 2: Alle Café-Sequenzen und auch die Abschlusssequenz werden durch ein Werkzeug aus der Kategorie *kommunizieren* unterstützt.

Stufe 3: Für alle Aktivitäten des Knowledge Cafés kommt alternativ ein Werkzeug der Kategorie *zusammenarbeiten* zum Einsatz.

Stufe 4: Die Methode kann vollständig digitalisiert werden, wenn auch das Finden des Themas und der Frage virtuell abläuft. Werkzeuge der Kategorie *befragen* können hier gute Dienste leisten.
Zu bedenken ist allerdings, dass persönliche Gespräche immer ein viel höheres Maß an Verbundenheit und Eingebundensein erzeugen als jede virtuelle Kommunikation. Wenn es vor allem darum geht, Menschen miteinander ins Gespräch zu bringen und den Wissensfluss zwischen ihnen zu aktivieren, sollte man auf ein virtuelles Knowledge Café verzichten.

Beispiel Virtual Knowledge Café

Das Virtual Knowledge Cafés wurde von Bo Gyllenpalm entwickelt. Er konzipierte es auf Basis der Leitlinien eines World Cafés für einen Kurs über Organisationsentwicklung im Rahmen eines post-graduate Studiums, der ausschließlich über das Internet abgewickelt wird. Der Kurs dauert zwölf Wochen und hat maximal neun Teilnehmer. Sein Virtual Knowledge Café durchläuft folgende Phasen:

Check-In-Phase

In dieser Phase veröffentlichen die Teilnehmer ihre Biographie, warum sie diesen Kurs gewählt haben und was sie sich vom Kurs erwarten. Diese Phase dient dem Vertrauensaufbau, um Wissensteilung auf hohem Niveau zu ermöglichen.

Café-Phase

Die Café Phase umfasst drei dreiwöchige Runden. Jeder Teilnehmer ist Gastgeber von ein bis zwei Themen. In jeder Runde werden zwei bis drei Themen simultan behandelt. Die Themen können ein Projekt sein, das der

Gastgeber in seiner Organisation gerade abwickelt, oder ein Spezialthema, mit dem er sich gerne genauer auseinandersetzen möchte.

Zu Beginn einer Runde postet der Gastgeber ein Positionspapier. In diesem umreißt er kurz das Thema, erklärt, warum es für ihn wichtig ist, und fügt seine eigenen Überlegungen hinzu. Das Positionspapier enthält auch Referenzen zum Thema wie Bücher, Fachartikel und Webseiten. Die Frage oder Fragen, die er aufwirft, dienen als „Anziehungspunkt" für sein Café. Die Teilnehmer wandern virtuell von Café zu Café. Sie posten ihre Erfahrungen, Beobachtungen, Gedanken und Ideen, werfen neue Fragen auf oder liefern zusätzliche Referenzen. Die Gastgeber sind ebenfalls aufgefordert die anderen Cafés der Runde zu besuchen. Durch diese Vorgehensweise kommt es zu einem intensiven Erfahrungs- und Ideenaustausch, zu einer hoch-kollaborativen Lernerfahrung sowohl für die Teilnehmer als auch den Lehrenden. Jeder erlebt sich als Experte in dem Fachgebiet, was sich sehr motivierend auf die Dialoge in den Cafés auswirkt. Wenn eine neue Runde eröffnet wird, beginnt der Prozess von neuem. Die Cafés der Vorrunde(n) bleiben geöffnet, um jederzeit neue Einsichten posten und auf das Referenzmaterial zugreifen zu können.

Die Moderation des Lehrenden beschränkt sich auf die Teilnahme an den Cafés, dem Aufwerfen von wichtigen Fragen, die noch nicht gestellt wurden, oder dem Knüpfen von Verbindungen zwischen den Themen, die die Teilnehmer noch nicht entdeckt haben. Er betreibt auch ein „Spezial-Café " für den informellen Austausch zwischen ihm und den Teilnehmern bzw. den Teilnehmern untereinander. In diesem Café laufen die authentischsten persönlichen Dialoge.

Abschlussphase

In der letzten Woche des Semesters fassen die Teilnehmer ihre Kernerkenntnisse aus dem gesamten Café-Prozess in einem Reflexionspapier zusammen. Sie beschreiben darin, was sie von dem geteilten Wissen in ihrem Leben und in ihrer Arbeit verwenden werden. Sie posten ihre Zusammenfassungen in dem eigens dafür eingerichteten „Reflexions-Café". Das ermöglicht den Teilnehmern ein Gefühl für das Gesamte zu erhaschen, indem sie die Muster in den verschiedenartigen Beiträgen erkennen.

Durch dieses virtuelle Bewegen von Ideen und Menschen von Café zu Café sowohl innerhalb als auch zwischen den Kaffeerunden lernen die Teilnehmer von den gegenseitigen Erfahrungen und Fragen auf eine tiefere und stimmigere Art. Es ist wie das Weben eines Wissensnetzes zwischen vielen unterschiedlichen Dimensionen und Perspektiven. Das gemeinschaftliche

Lernen gewinnt besonders an Kraft durch die vielen Gelegenheiten zur Reflexion.

Grenzen/Risiken und Anwendungskompetenzen

Der Erfolg eines Knowledge Cafés steht und fällt mit der sorgfältigen Vorbereitung. Es muss gut überlegt werden, welche Frage den Kern des Themas trifft und die Teilnehmer zu intensiven Gesprächen anregt. Sollte sich in der ersten Café-Sequenz herausstellen, dass die gestellte Frage nicht ganz passend war, kann sie für die zweite und dritte Runde in geschärfter Form zur Diskussion gestellt werden.

Die Zusammensetzung der Teilnehmergruppe spielt ebenfalls eine wichtige Rolle für die Qualität der Gespräche. Je heterogener die Gruppe zusammengesetzt ist, desto mehr unterschiedliche Perspektiven werden zur Sprache kommen. Eine ähnlich denkende Gruppe dagegen wird sich kaum aus ihren Denkschemata lösen können. Neue Ideen entstehen durch unkonventionelle Einwürfe im Gesprächsverlauf.

Nicht zuletzt hängt es stark vom Moderator ab, ob es ihm in der Startsequenz gelingt, den Teilnehmern den Geist eines Knowledge Cafés eingängig zu vermitteln. Wie und mit welcher Frage er die Teilnehmer konfrontiert, ist ebenfalls ein nicht zu unterschätzender Stolperstein. Es liegt auch in seiner Hand, die Länge der jeweiligen Café-Sequenz so zu wählen, dass es zum Aktivitätsgrad an den Tischen passt, ohne die vereinbarte Gesamtzeit zu überschreiten. Eine kurze, aber aussagekräftige Zusammenfassung hilft den Teilnehmern, Ordnung in ihre Gedankengänge zu bringen und ihre Erkenntnisse aus dem Knowledge Café für Folgeaktivitäten im Gedächtnis zu behalten.

Von den Teilnehmern eines Knowledge Cafés wird vor allem Offenheit erwartet, sich mit den Perspektiven anderer unvoreingenommen auseinanderzusetzen und selbst unkonventionelle Gesprächsbeiträge zu liefern. Sie sind in der Lage sein, Dialoge mit Wertschätzung für andere Personen und ihren Beiträgen zu führen. Es fällt ihnen leicht, divergierende Aussagen gleichwertig nebeneinander stehen zu lassen oder verbindende Elemente zu finden.

Der Moderator hat eine Schlüsselrolle im Knowledge Café. Er benötigt vor allem exzellente Moderationsfertigkeiten auch für Großgruppen. Darüber hinaus ist er in der Lage, Inhalte kurz und knapp zusammenzufassen sowie aktivierend auf den Redefluss der Teilnehmer zu wirken.

Referenzen

Bredemayer, S. (2002). *Café to Go!* (deutsche Übersetzung). http://www.theworldcafe.com/wp-content/uploads/2015/07/-Germancafetogo.pdf, Abruf: 30.01.2019.

Brown, J; Isaacs, D.; World Café Community (2005). *The World Café: Shaping Our Futures Through Conversations That Matter.* San Francisco: Berrett-Koehler.

Gloger, S. (2004). *Arbeiten beim Kaffeetrinken.* managerSeminare, Heft 75, S. 50-56.

Gurteen, D. (2015). *How to Run a Knowledge Café.* http://www.gurteen.com/gurteen/gurteen.nsf/id/run-kcafe, Abruf: 27.01.2019.

Gyllenpalm, B. (2000). *Connecting Diverse People and Ideas - A Virtual Knowledge Café.* Whole Systems Associates, http://www.theworldcafe.com/wp-content/uploads/2015/07/virtualcafes.pdf, Abruf: 30.01.2019.

Mittelmann, A. (2011). *Knowledge Café.* In: Mittelmann, A., Werkzeugkasten Wissensmanagement, Norderstedt: Books on Demand, S. 150-154.

O'Hagan, S. (o.J.). *Gurteen Knowledge Café Tipsheet V1.10.* http://www.community-of-knowledge.de/fileadmin/user_upload-/attachments/Knowledge-Cafe-Tipsheet-10.pdf, Abruf: 27.01.2019.

Schieffer, A.; Isaacs, D.; Gyllenpalm, B. (2004). *World Café: Kollektive Kreativität im Kommen.* Lernende Organisation Nr. 20, Juli / August 2004, S. 40-47.

Singh, S. (2017). *The Knowledge Café as a Research Technique.* The Electronic Journal of Business Research Methods, Volume 15 Issue 1 2017, S. 29-40, www.ejbrm.com/issue/download.html?idArticle=449, Abruf: 27.01.2019.

Knowledge Camp

Ein Knowledge Camp ist ein geplantes Zusammentreffen von Personen, die an dem Thema des Knowledge Camps Interesse haben und es aus unterschiedlichen Perspektiven diskutieren wollen. Sie bringen ihren Erfahrungsschatz ein und lernen gleichzeitig von anderen.

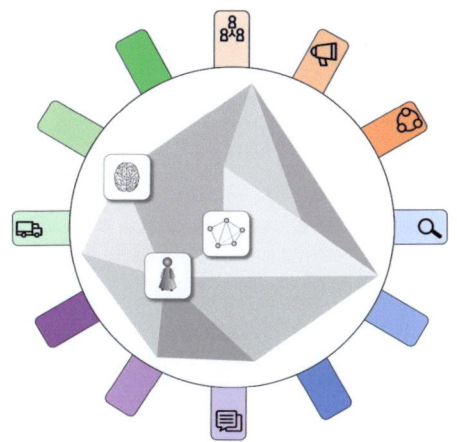

Man findet daher diese Methode im Semantischen Raum zwischen *Wissensträger*, *Beziehungen* und *Kompetenzen*.

Für die Digitalisierung der Methode können Werkzeuge aus den Kategorien *kommunizieren, suchen, netzwerken, befragen, verteilen* oder *zusammenarbeiten* zum Einsatz kommen.

Die Methode

Ein Knowledge Camp folgt den Grundprinzipien eines BarCamp (auch: Unkonferenz). Es ist wie dieses eine Konferenz mit einem Generalthema, aber ohne davor festgelegtem Programm. Von den Teilnehmern wird erwartet, dass sie eigene Beiträge in Form einer kurzen Präsentation oder einer spannenden Fragestellung passend dazu einbringen. Aus diesen freiwilligen Themenvorschlägen wird zu Beginn der Veranstaltung gemeinsam der Sessionplan erstellt. Die Teilnehmer leiten daraus ihr individuelles Konferenzprogramm ab. Ein Knowledge Camp lebt von den Beiträgen der Teilnehmer, daher werden sie oft auch als „Teilgeber" bezeichnet. Es herrscht eine lockere Atmosphäre, in der sich alle mit „Du" anreden.

In Abbildung 61 sind die allgemein gültigen Regeln für Knowledge Camps, basierend auf denen der BarCamp Gemeinschaft (siehe: barcamp.org), zusammengefasst.

1	Rede über das Knowledge Camp und mache es über alle Kanäle bekannt
2	Schreibe dein Sessionangebot mit deinem Namen und dem Thema auf ein Kärtchen oder auf die elektronische Sessiontafel
3	Erstellt die Agenda gemeinsam zu Beginn der Konferenz oder des jeweiligen Konferenztages
4	So viele Sessions parallel wie Räume zur Verfügung stehen
5	Stelle dich mit deinem Namen und drei charakteristischen Schlüsselwörtern vor
6	Einigt euch zu Beginn einer Session über Protokollierung und Dokumentation
7	Biete bei deinem ersten Knowledge Camp eine Session an

Abbildung 61: Knowledge Camp Spielregeln

Die Methode wurde zum ersten Mal 2005 in Kalifornien angewendet und hat sich rasch über die ganze Welt verbreitet. Sie ist aus dem Bedürfnis heraus entstanden, sich in einer offenen Umgebung auf Augenhöhe auszutauschen und voneinander zu lernen. Hierarchische Verhaltensweisen und das Vermarkten von Produkten oder Dienstleistungen haben daher auf einem Knowledge Camp keinen Platz.

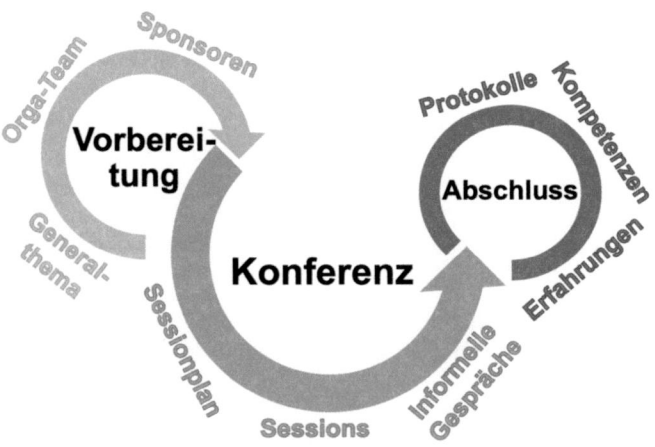

Abbildung 62: Phasen eines Knowledge Camps

Beziehungen und Kommunikation

Ziel und Nutzen

Teilnehmer eines Knowledge Camps verfolgen das Ziel, sich möglichst umfassend mit dem Generalthema auseinanderzusetzen. Durch die bunte Mischung an Teilgebern, die das Interesse am Thema verbindet, ist ein breiter Wissens- und Erfahrungsaustausch gewährleistet. Dialoge zwischen Experten und Interessierten werden durch den partizipativen Ansatz gefördert, woraus auf einfache Art und Weise neues Wissen entstehen kann. Alle Teilnehmenden haben die gleiche Chance, ihre Kompetenzen auf diesem Gebiet zu erweitern, abhängig von ihrem Beteiligungsgrad an den angebotenen Sessions.

Anwendung

Die Methodenanwendung (siehe Abbildung 62) umfasst die folgenden Phasen:

1. Vorbereitung

Jedes Knowledge Camp steht und fällt mit einer guten Vorbereitung. Je nach geplanter Größe der Veranstaltung wird der Initiator ein Organisationsteam, bestehend aus Freunden, Kollegen und/oder Knowledge Camp Enthusiasten, um sich scharen. Sie einigen sich auf ein Generalthema und entscheiden über den ungefähren Ort und Zeitpunkt der Veranstaltung. Das original Bar-Camp-Logo (siehe Abbildung 63) passen sie für ihre Zwecke an und legen ein Hashtag fest. Meist enthält der fertige Banner für ein Knowledge Camp eine Kurzbezeichnung, das Veranstaltungsjahr und ev. das Hashtag.

Abbildung 63: Original BarCamp Logo
Bildquelle: http://barcamp.org/f/barcamp-favicon.png

Mit der Themensetzung ist auch die Zielgruppe für das Knowledge Camp grob festgelegt. Eine weitere wichtige Entscheidung ist, ob ein oder mehrere externe Redner mit einem Impulsvortrag die Veranstaltung eröffnen sollen. Das hat einerseits Auswirkungen auf die Offenheit der Session-Themen und grenzt den potenziellen Teilnehmerkreis weiter ab. Andererseits lassen sich so leichter Sponsoren und Partner finden, die ein Knowledge Camp mit Sach- und/oder Finanzmitteln unterstützen.

Alle diese Überlegungen fließen in die Budgetplanung ein. Weitere wichtige Eckpunkte für den Finanzbedarf sind die Dauer und der Ort der Veranstaltung, die maximale Teilnehmerzahl, die durch die Kapazität des ausgewählten Veranstaltungsorts gegeben ist. Eine maßgebliche Entscheidung ist, ob die Teilnahme frei ist, ob eine Konferenzgebühr eingehoben wird oder ob eine Mischform zur Anwendung kommt. Falls ein externer Moderator eingesetzt wird und die Sessionplanung bereits im Vorfeld IT-unterstützt erfolgt, muss dies in die Kostenplanung einfließen. Nicht zuletzt geht es um die Verpflegung der Teilnehmer und ev. um Aufwände für eine Abendveranstaltung zum informellen Vernetzen.

Nachdem alle Planungsarbeiten abgeschlossen sind, macht sich das Organisationsteam auf die Suche nach Partnern und Sponsoren und bewirbt die Veranstaltung auf allen passenden Kanälen. Unmittelbar vor der Konferenz bereitet es die Räumlichkeiten vor und kümmert sich darum, dass alles für die Veranstaltung vorbereitet ist.

In dieser Phase können Werkzeuge aus den Kategorien *kommunizieren* oder *zusammenarbeiten* für die Abstimmung im Organisationsteam und das Finden von Teilnehmern eingesetzt werden. Für das Finden von Partnern, Sponsoren und Teilnehmern sind Werkzeuge aus den Kategorien *suchen* und *netzwerken* geeignet. Sollte die Themensammlung für die Sessions bereits im Vorfeld stattfinden, können Werkzeuge aus der Kategorie *befragen* genutzt werden.

2. Konferenz

Am Tag der Konferenz kommen die angemeldeten Teilnehmer am Veranstaltungsort zusammen. Teilnehmer können auch mit Hilfe eines Videokonferenzsystems dazu geschaltet werden. Im größten verfügbaren Raum startet der Moderator nach der Begrüßung durch den Initiator die Vorstellungsrunde der Teilnehmer mit ihren drei Schlüsselwörtern. Daran anschließend erfolgt die Sessionplanung für die gesamte Konferenz oder den Konferenztag. Die angebotenen Themen werden per Handhebung ausgewählt und in einen der Slots (siehe Ablaufplan in Abbildung 64) eingefügt. Nach jedem Slot ist eine Pause eingeplant, um den Teilnehmern Zeit zum Verschnaufen, informellen Austausch und Raumwechsel zu geben.

09.00	Begrüßung und Einleitung
09.15	Sesssionplanung
10.00	Slot A: mehrere parallele Sessions
10.45	P A U S E (15 Minuten)
11.00	Slot B: mehrere parallele Sessions
11.45	P A U S E (15 Minuten)
12.00	M I T T A G S P A U S E (60 Minuten)
13.00	Slot C: mehrere parallele Sessions
13.45	P A U S E (15 Minuten)
14.00	Slot D: mehrere parallele Sessions
14.45	P A U S E (15 Minuten)
15.00	Slot E: mehrere parallele Sessions
15.45	P A U S E (15 Minuten)
16.00	Zusammenfassung, Feedback, Abschluss

Abbildung 64: Einfacher Ablaufplan für ein Knowledge Camp

Zu Beginn jeder Session vereinbart der Sessionverantwortliche mit seinen Teilgebern die Art der Protokollierung und Dokumentation. Meist findet sich jemand, der das Wichtigste mitschreibt, und am Ende der Session seine Aufzeichnungen dem Sessionsverantwortlichen übergibt. Die Teilnehmer können jederzeit die jeweilige Session verlassen und eine andere aufsuchen oder sich zu einem informellen Austausch zum Pausenraum begeben.

Für die virtuell Teilnehmenden kann ein Werkzeug aus der Kategorie *kommunizieren* verwendet werden.

3. Abschluss

Am Ende eines Knowledge Camps kommen alle Teilnehmer im Plenumsraum zusammen. Der Initiator oder ein Mitglied des Organisationsteams fasst das Geschehen zusammen und gibt bekannt, wo die Dokumentation der Sessions zu finden ist. Anschließend bittet er die Teilnehmer um Feedback zur Veranstaltung. Den Abschluss bildet der Dank an alle Partner und Sponsoren, den Teilgebern und dem Organisationsteam.

Ein Werkzeug aus der Kategorie *kommunizieren* kann für die Zusammenfassung und Danksagung zum Einsatz kommen. Für die Abfrage des Feedbacks bietet sich ein Werkzeug der Kategorie *befragen* und für die Verbreitung der Dokumentation eines aus der Kategorie *verteilen* an.

Stufenweise Digitalisierung

Ein Knowledge Camp ist so angelegt, dass es Technikunterstützung benötigt.

Stufe 1: In der Vorbereitungsphase und für virtuelle Teilnahmen werden Werkzeuge aus den Kategorien *kommunizieren, suchen* und *netzwerken* benötigt, damit ein örtlich getrenntes Organisationsteam gut zusammenarbeiten und Partner, Sponsoren und Teilnehmer finden kann. Ein Werkzeug der Kategorie *verteilen* kommt bei Abstimmung im Organisationsteam und für die Verteilung der Konferenzprotokolle zum Einsatz.

Stufe 2: Für eine noch effizientere Zusammenarbeit im Organisationsteam kann statt Werkzeuge der Kategorie kommunizieren und verteilen eines aus der Kategorie *zusammenarbeiten* verwendet werden. Für die Abwicklung von BarCamps gibt es einige spezialisierte Werkzeuge, die hier zur Anwendung kommen können.

Stufe 3: Die Auswahl der Themen wird statt durch Handheben zu Beginn der Konferenz bereits im Vorfeld mit Hilfe eines Werkzeugs der Kategorie *befragen* erledigt. Das Einsortieren der Themen in die zur Verfügung stehenden Slots geschieht wie oben beschrieben.

Eine vollständige Digitalisierung widerspricht dem Grundprinzip der Methode, der es primär um persönlichen Austausch und Dialog auf Augenhöhe geht. Es spricht allerdings nichts dagegen, wenn einzelne Teilnehmer oder ein externer Redner zu Konferenzbeginn mit Hilfe von Werkzeugen aus der Kategorie *kommunizieren* (Videokonferenz) dazu geschaltet werden.

Grenzen/Risiken und Anwendungskompetenzen

Ein Knowledge Camp wird dann erfolgreich verlaufen, wenn die Grundregeln eingehalten werden und die notwendige Offenheit bzw. Bereitschaft zur Wissens- und Erfahrungsteilung von allen Beteiligten gegeben ist. Von Beginn an werden daher die Teilnehmer zum Teilgeben hingeführt. Nur so entstehen genügend Diskussionsstoff und Lerngelegenheiten für alle Anwesenden während der gesamten Konferenz.

Wenn Einzelpersonen oder Personengruppen ein Knowledge Camp für Marketingzwecke missbrauchen, greift ggfs. der Initiator ein. Er tut gut daran, bereits in der Vorbereitungsphase alle Partner, Sponsoren und Teilnehmer darauf hinzuweisen. Im Umgang mit den Partnern und Sponsoren ist einiges Fingerspitzengefühl von Nöten, da diese sich einen Vorteil durch ihre Unterstützungsaktivitäten erwarten. Üblicherweise wird ihnen zu Beginn oder spätestens am Ende der Veranstaltung im Plenum für ihre Unterstützung gedankt. Hier ist auch die einzige Gelegenheit, über sich und/oder seine Firma ein paar Worte zu verlieren. Das geht konform mit den Grundregeln.

Zu Beginn der Konferenz sind die Auswahl und Einsortierung der Themen in die vorhandenen Slots eine kritische Phase. Der Moderator motiviert alle potenziellen Themenbringer, ihre Themen im Plenum kurz vorzustellen und für deren Bearbeitung zu werben. Bei der Einordnung ausgewählter Themen in die Slots geht der Moderator geschickt vor, um den Themenbringern ihre bevorzugten Zeitslots und möglichst vielen Anwesenden die Teilnahme an ihren Wunschsessions zu ermöglichen.

Das Organisationsteam benötigt neben guten Kommunikationsfertigkeiten Organisationstalent und ausgeprägte Kontaktfähigkeit. Da sie als Team arbeiten, benötigt jeder einzelne Teamfähigkeit und IT-Kenntnisse, um mit allen Werkzeugen effizient umgehen zu können und auch andere dabei zu unterstützen. Von den Teilnehmern wird vor allem die Bereitschaft zur Wissens- und Erfahrungsteilung erwartet sowie Neugier auf neue Zugänge und ungewohnte Perspektiven. Partner und Sponsoren sollten möglichst keinen raschen ROI erwarten, sondern sich auf Lern- und Entwicklungsmöglichkeiten fokussieren.

Referenzen

barcamp.at (2017). *Was ist ein BarCamp?*
https://www.barcamp.at/Was_ist_ein_BarCamp, letzte Änderung:
7. Februar 2017, Abruf: 03.05.2019.

barcamp.org (2008). *Rules of BarCamp.*
http://barcamp.org/w/page/405173/TheRulesOfBarCamp,
Abruf: 03.05.2019.

Hellmann, K. (2012). *Barcamps als kommunikative Treffpunkte der Internetszene.* In: Bieber, C.; Leggewie, C. (Hrsg.), Unter Piraten. Erkundungen in einer neuen politischen Arena. Bielefeld: transcript, S. 127–136.

Kolenaty, E. (2013). *Ähnlichkeiten und Unterschiede von BarCamp und Open Space.* Beitrag im xing-Forum „Moderation 2.0" vom 31.10.2013, https://www.xing.com/communities/posts/aehnlichkeiten-und-unterschiede-von-barcamp-und-open-space-1005024245.

Mischke, E. (2017). *Wie plane ich erfolgreich ein BarCamp?* LineUpr Blogpost, https://blog.lineupr.com/wp-content/uploads/2017/09/Teil-4-Checklist-Wie-organisiere-ich-ein-erfolgreiches-BarCamp.pdf, Abruf: 03.05.2019.

Warkentin, N. (2017). *Barcamp: Definition, Methode, Regeln.* Karrierebibel Blogpost vom 24. Februar 2017, https://karrierebibel.de/barcamp/, Abruf: 03.05.2019.

Wissensdialoge

Wissensdialoge sind strukturierte Besprechungen für den Einsatz im gesprächsbasierten Wissensmanagement. Je nach Zielsetzung unterstützen sie den Wissensaustausch, die Wissensentwicklung und -bewertung oder fungieren als Umsetzungsdialoge.

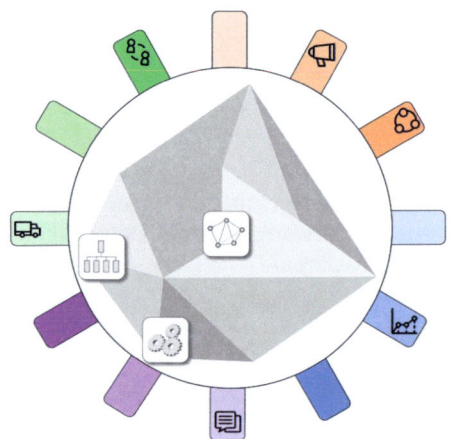

Daher befindet sich diese Methode im Semantischen Raum zwischen *Organisationen*, *Beziehungen* und *Prozesse*.

Für die Digitalisierung der Methode können Werkzeuge aus den Kategorien *kommunizieren, visualisieren, teilen, verteilen, zusammenarbeiten* und *befragen* zum Einsatz kommen.

Die Methode

Gute Kommunikation ist ein Erfolgsgeheimnis eines funktionierenden Wissensmanagements. Durch Dialoge wird individuelles Wissen offengelegt und in Worte gefasst. Daher sind Gespräche von zentraler Bedeutung für die Entwicklung und Weitergabe von Wissen. Durch die Interaktion der Teilnehmer in den Gesprächen wird gemeinschaftlich Wissen konstruiert, was wiederum zu einem gemeinsamen Verständnis der Sachlage beiträgt. Ein Moderator kann zum Gelingen entscheidend beitragen, indem er die Gespräche gut strukturiert, eine eindeutige Zielsetzung verfolgt und konsequent zu Ergebnissen führt.

Eppler/Mengis haben einige Gesprächsformen für das gesprächsbasierte Wissensmanagement untersucht und schlagen vier Dialogtypen (siehe Abbildung 65) mit folgenden Zielsetzungen vor:

- *Sharealog* (Wissensaustauschdialog):
  Erzeugen einer gemeinsamen Wissens- und Entscheidungsbasis
- *Crealog* (Wissensentwicklungsdialog):
  Entwickeln von neuem Wissen, neuen Ideen oder Perspektiven
- *Assessalog* (Wissensbewertungsdialog):
  Erreichen einer ausgewogenen Beurteilung
- *Doalog* (Umsetzungsdialog):
  Motivation zu und Vorbereitung von Handlungen

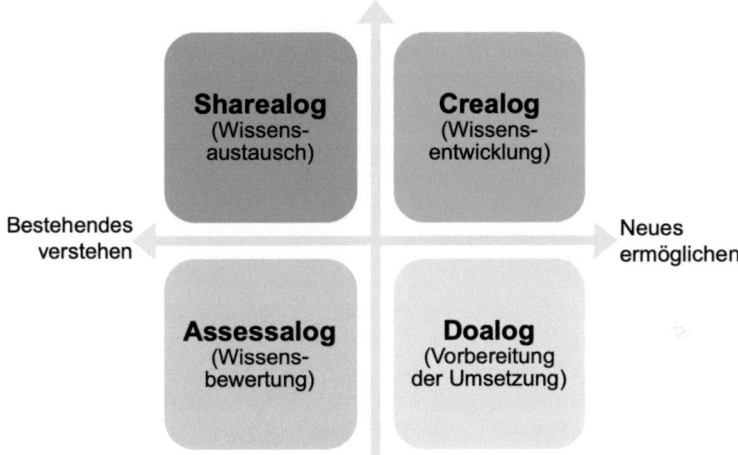

Abbildung 65: Typologie von Wissensdialogen (nach Eppler/Mengis)

Sharealog (Wissensaustauschdialog)

Ein Sharealog ist eine Gesprächsform, in der es um das Schaffen eines gemeinsamen Grundverständnisses und in der Folge einer gemeinsamen Wissens- und Entscheidungsbasis geht. Der Moderator achtet besonders darauf, dass alle Teilnehmer ihre individuellen Sichtweisen einbringen und sich bemühen, die jeweils anderen zu verstehen. Die Teilnehmer können zur Verdeutlichung ihrer Grundannahmen, Problem- und Themeninterpretationen z.B. Anekdoten, Metaphern (siehe Seite 326) oder Analogien verwenden. Um möglichst umfassendes Wissen über die Gesamtsituation zu erhalten, können die Teilnehmer eine Stakeholderkarte zur Visualisierung der Anspruchsgruppen und deren Ziele in Bezug auf das Gesprächsthema einsetzen. So kann z.B. im Rahmen eines Wissensmanagement-Einführungsprozesses das Wissen der Teilnehmer zu jeder betroffenen Gruppe oder Person integriert werden.

Defensives Verhalten in einer Gruppe oder einem Team, Gruppendenken (= Druck auf Personen mit abweichenden Meinungen) und versteckte Missverständnisse können durch einen Sharealog entschärft werden. Bei richtiger Anwendung führt ein Sharealog zu gemeinsamen Begriffsdefinitionen, zur Offenlegung von individuellen Grundannahmen und zur Absicherung des gemeinsamen Verständnisses.

Crealog (Wissensentwicklungsdialog)

Ein Crealog unterstützt bei der Entwicklung neuer Ideen, kreativer Lösungen und unkonventioneller Handlungsoptionen. Der Moderator muss dafür Sorge tragen, dass alle Perspektiven unkommentiert eingebracht werden können. Er unterstützt bei der kreativen Kombination und Weiterentwicklung der Ideen. Um dies zu erreichen, nutzt er bei Bedarf die Methoden „Morphologisches Tableau" (siehe Seite 334) oder „Szenariotechnik" (siehe Mittelmann 2011, S. 209-212). Je nach Situation stellt er provokante bzw. inspirierende Fragekaskaden und setzt Themen-Verfremdung ein.

Dominantes Auftreten von Einzelpersonen, eingefahrene Denkmuster und Ideenkritik statt -weiterentwicklung können mit Hilfe eines Crealogs überwunden werden. Gelingende Crealoge ermöglichen das bewusste Schaffen neuer Begriffe und die Neukombination von Vorhandenem. Innovative Ansätze werden durch Perspektiven- und Ebenenwechsel in festgefahrenen Situationen gefunden.

Assessalog (Wissensbewertungsdialog)

Assessaloge kommen zum Einsatz, um Ideen, Pläne, Strategien, Konzepte oder Optionen auf Basis gemeinsam entwickelter Kriterien objektiv, kritisch und kompetent zu diskutierten und zu bewerten. Ein Assessalog hilft individuelle Einschätzungen in gemeinsame, klar nachvollziehbare Beurteilungen und Bewertungen umzuwandeln. Der Moderator sorgt dafür, dass vor der eigentlichen Bewertung die Bewertungskriterien und -skalen gemeinsam erarbeitet werden und die Gewichtung der Kriterien im Konsens erfolgt. Im Bewertungsvorgang bringt er z.B. die Nutzwertanalyse zum Einsatz.

Häufige Problemsituationen wie personen- statt themengebundene Wertungen, unterschiedliche Verständnisse von Beurteilungskriterien und (scheinbar) unüberwindbare Bewertungsdiskrepanzen lassen sich mit Hilfe eines Assessalogs gut bewältigen. Die Anwendung führt zu einer Objektivierung des gesamten Bewertungsvorgangs und fördert das gegenseitige Vertrauen und die Motivation in der Gruppe.

Doalog (Umsetzungsdialog)

Ein Doalog ist eine Gesprächsform, in der das ausgetauschte, gemeinsam weiterentwickelte und bewertete Wissen in konkrete Pläne und Handlungen umgewandelt wird. Doaloge helfen gemeinsam zu entscheiden, wer - als eindeutig Verantwortlicher - operativ was bis wann und mit welchen Ressourcen umsetzen wird. Der Moderator bedient sich in Doalogen bekannter Projektmanagementmethoden wie Projekt(zeit)pläne, Gantt-Grafiken zur Visualisierung der Aufgabenabfolgen und -abhängigkeiten sowie Projektorganigrammen zur Verdeutlichung der Verantwortlichkeiten und Rollendefinitionen.

Die häufigen Problemsituationen „Paralyse durch Analyse", fehlende Verantwortlichkeiten für geplante Aktivitäten oder ungenügende Dokumentation und Weiterleitung von Gesprächsergebnissen können mit Hilfe eines Doalogs nachhaltig behoben werden. Gut begleitete Doaloge sorgen für die Fokussierung auf notwendige Handlungen und deren Fristen, verbindliche Vereinbarungen von Verantwortlichkeiten und die oft sträflich vernachlässigte Plausibilitätsprüfung von Plänen und Handlungen.

Ziel und Nutzen

Das generelle Ziel aller Wissensdialoge ist, individuelles Wissen in gemeinschaftliches Wissen umzuwandeln und damit ein gemeinsames Grundverständnis in der Gruppe oder im Team zu schaffen. Dies wiederum hilft, den kollektiven Willen zur Umsetzung von Wissensmanagement-spezifischen Aktivitäten zu stärken.

Der Einsatz von Wissensdialogen erfordert keinen großen Vorbereitungsaufwand von Seiten der Teilnehmer. Der Moderator sollte sich aber mit der spezifischen Zielsetzung und den Rahmenbedingungen in der Organisation vertraut machen, um die Gespräche gut planen und durchführen zu können. Wissensdialoge stärken die Vertrauensbasis innerhalb einer Gruppe bzw.

eines Teams und fördern eine effiziente, ergebnisorientierte Gesprächsführung.

Anwendung

Es gibt zwei grundsätzlich unterschiedliche Anwendungsszenarien: die Ad-hoc-Anwendung und die integrierte Anwendung. Bei der Ad-hoc-Anwendung unterbricht einer der Beteiligten das laufende Gespräch, wenn er eine der oben beschriebenen Problemsituationen erkennt. Er schlägt die Fortsetzung des Gesprächs zu einem späteren Zeitpunkt mit Hilfe eines passenden Wissensdialogtyps und eines Gruppen-externen Moderators vor.

Bei der integrierten Anwendung planen die Verantwortlichen bereits im Vorfeld, wann sie welchen Dialogtyp einsetzen werden, um optimale Ergebnisse zu erzielen. Die Rolle des Moderators wird bereits vorab besetzt. Damit kann er sich auf die gesamte Gesprächsabfolge gut vorbereiten. Beide Anwendungsszenarien haben in Organisationen nebeneinander ihre Berechtigung, weil soziale Systeme grundsätzlich nicht steuerbar sind. Daher wird man immer wieder auf Ad-hoc-Anwendungen zurückgreifen, wenn die aktuelle Situation es erfordert.

Auch wenn die einzelnen Arten von Wissensdialogen unterschiedliche Ziele verfolgen, ist die Abfolge der Schritte immer gleich:

1. *Vorbereitung*

In der Vorbereitung nimmt der Moderator eine zentrale Rolle ein. Er redet mit den Auftraggebern und, wenn möglich, mit allen Beteiligten, um die Zielsetzung, ev. vorhandene Problemsituationen und die individuellen Positionen zu klären. Auf Basis der Ergebnisse plant er die Gesprächssequenzen eines Wissensdialogs bzw. die Abfolge von verschiedenen Typen von Wissensdialogen. Er überlegt sich, welche Methoden er zum Einsatz bringt und sucht in Abstimmung mit den Auftraggebern den passenden Ort und Zeitpunkt aus. Die Beteiligten erhalten rechtzeitig vor den Gesprächen den geplanten Grobablauf, und welche Vorbereitung von ihnen erwartet wird.

Für Vorbereitung von Wissensdialogen ist ein Werkzeug aus der Kategorie *kommunizieren* und *teilen* oder *zusammenarbeiten* geeignet. Sollten die Beteiligten örtlich sehr weit voneinander entfernt sein, kann der Moderator für die Klärung der Zielsetzung, Positionen und Rahmenbedingungen ein Werkzeug der Kategorie *befragen* einsetzen.

2. Durchführung

Der Moderator führt die Wissensdialoge gemäß seiner Planung durch. Selbstverständlich wird er die Begleitung situativ anpassen, um optimale Ergebnisse zu erzielen. Alle wichtigen Erkenntnisse bzw. offene Fragen dokumentiert er im Gesprächsverlauf mit.

Die Durchführung von Wissensdialogen kann durch Werkzeuge der Kategorien *kommunizieren, teilen* oder *zusammenarbeiten* unterstützt werden. Falls Ergebnisse visualisiert werden, kann zusätzlich ein Werkzeug der Kategorie *visualisieren* (z.B. für Gantt-Diagramm, Stakeholderkarte) zum Einsatz kommen.

3. Nachbereitung

Alle Erkenntnisse und Ergebnisse aus Wissensdialogen werden so rasch wie möglich allen Beteiligten zur Verfügung gestellt. Im einfachsten Fall kann dies ein Fotoprotokoll sein bis hin zu elektronisch aufbereiteten Ideensteckbriefen oder fertigen Aktionsplänen je nach Zielsetzung des Wissensdialogs.

Für die Nachbereitung von Wissensdialogen können Werkzeuge der Kategorien *verteilen* oder *teilen* je nach Vertraulichkeit der Ergebnisse verwendet werden.

Stufenweise Digitalisierung

Stufe 0: Die Methode kommt völlig ohne Technikunterstützung aus.

Stufe 1: Alle Gespräche im Rahmen von Wissensdialogen können mit Hilfe eines Werkzeugs der Kategorie *kommunizieren* (z.B. Videokonferenz-System) unterstützt werden.

Stufe 2: Die Weiterleitung aller Ergebnisse an alle Beteiligten kann mit Hilfe eines Werkzeugs der Kategorie *teilen* erfolgen. Wenn erforderlich, kommen Werkzeuge aus der Kategorie *visualisieren* zum Einsatz.

Stufe 3: Statt Werkzeuge aus den Kategorien kommunizieren und teilen wird ein Werkzeug aus der Kategorie *zusammenarbeiten* eingesetzt.

Stufe 4: Die Methode kann vollständig digitalisiert werden, indem durchgängig ein Werkzeug der Kategorie *zusammenarbeiten* kombiniert mit Werkzeugen der Kategorien *visualisieren* und *befragen* eingesetzt wird.
Dies ist allerdings nur zu empfehlen, wenn aus Zeit- und/oder Ent-

fernungsgründen ein persönliches Zusammentreffen aller Beteiligten unmöglich ist. Persönliche Gespräche sind digitalen Formen in jedem Fall der Vorzug zu geben, weil Körpersprache, Mimik und Gestik der Gesprächsteilnehmer einen großen Beitrag zur Übertragung von implizitem Wissen leisten.

Beispiel

Das nachfolgende Beispiel skizziert, wie ein Wissensmanagement-Einführungsprozesses (siehe Abbildung 66) in einer europaweit agierenden Unternehmensberatungsfirma mit Wissensdialogen begleitet wird.

Als Ausgangspunkt definiert die Geschäftsführung als Zielsetzung, im Praxiseinsatz bewährte Konzepte bei Bedarf möglichst rasch und unkompliziert allen Beratern zur Verfügung zu stellen. Dadurch soll einerseits die Angebotslegung effizienter gestaltet werden. Andererseits sollen weniger erfahrene Berater rasch mit qualitativ hochwertigem Wissen versorgt werden. Einer der Geschäftsführer übernimmt die Projektleitung und stellt ein Kernteam mit Personen aus den fünf europäischen Niederlassungen zusammen. Da die Firma knappe Ressourcen und hohe Kommunikationskompetenz aufweist, soll der Einführungsprozess primär mit Hilfe von Wissensdialogen begleitet werden. Im Kernteam übernimmt eines der Mitglieder die Rolle des Moderators.

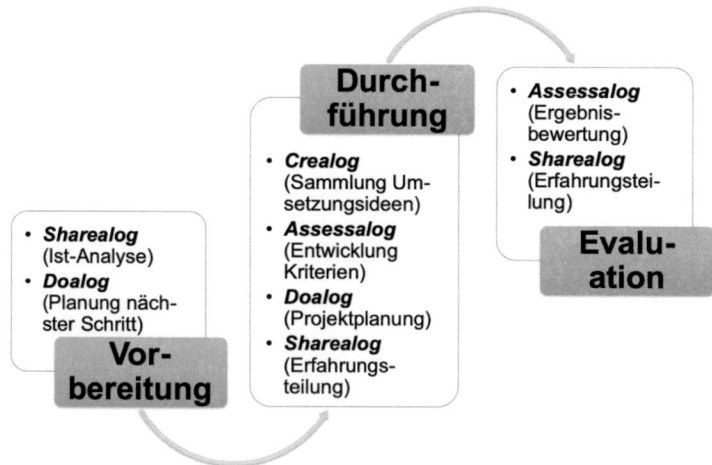

Abbildung 66: Einführungsprozess mit Wissensdialogen (beispielhaft)

Beziehungen und Kommunikation

Der Einführungsprozess startet mit einem *Sharealog* mit dem Ziel, umfassendes Wissen über den aktuellen Stand von Wissensmanagement in allen Niederlassungen und deren konkrete Bedarfe in Bezug auf das Projektziel zu erlangen. Zur Vorbereitung des Sharealog führt der Moderator eine Befragung (fast) aller Berater durch. Anschließend stellt er allen Organisationsmitgliedern eine Kurzzusammenfassung zur Verfügung. Nur die Kernteammitglieder erhalten eine Detailauswertung. Ihre Aufgabe ist nun, vor dem ersten Sharealog die Ergebnisse zu sichten und erste Erkenntnisse mit Unterstützung von Personen ihrer Wahl für ihre Niederlassung abzuleiten.

Im Rahmen des ersten Sharealogs tauschen sie sich über ihre Überlegungen aus und verdichten sie zu einem gemeinsamen Bild der aktuellen Situation. Sie stellen fest, dass bereits in zwei Niederlassungen Konzepte konsequent dokumentiert und weitergegeben werden. Die Art und Weise, wie dies bewerkstelligt wird, ist unterschiedlich. Die Angebotslegung wird in jeder Niederlassung verschieden gehandhabt, was nur teilweise auf länderspezifische Unterschiede zurückzuführen ist. Der Moderator dokumentiert alles Wichtige unmittelbar mit, sodass am Ende des Sharealogs alle Ergebnisse vorliegen.

Um möglichst effizient voranzukommen, wird noch eine kurze *Doalog*-Sequenz angeschlossen, in der der unmittelbar nächste Schritt geplant und vereinbart wird. Die Teammitglieder einigen sich darauf, zum nächsten möglichen Termin eine Kombination aus Crealog, Assessalog und Doalog durchzuführen, um viele Umsetzungsideen zu generieren, sie zu bewerten und in einen Gesamtplan für die weitere Vorgehensweise zu transferieren. Der Moderator wird mit der Planung und Vorbereitung dieses Workshops beauftragt. Die Teammitglieder informieren in der Zwischenzeit alle Mitarbeiter in den Niederlassungen über das Ergebnis des ersten Meetings und holen Feedback dazu ein.

Im darauffolgenden Wissensdialog werden zunächst Umsetzungsideen im Rahmen einer Crealog-Sequenz gesammelt. Im Assessalog-Teil erarbeitet das Team Auswahlkriterien für die Umsetzungsideen und Bewertungskriterien zur Erfolgsmessung für den gesamten Einführungsprozess. Im abschließenden Doalog-Teil wählt es mit Hilfe der Auswahlkriterien die passenden Umsetzungsideen aus und erstellt einen gemeinsamen Projektplan mit Verantwortlichkeiten und Zeitschiene. Jedes Teammitglied übernimmt die Rolle des Projektunterstützers für seine Niederlassung.

Während der Umsetzungsphase nutzen die Beteiligten regelmäßig *Doaloge* für die Planung und Begleitung der einzelnen Einführungsschritte sowie mehrere gemeinsame *Sharealoge*, um die nach kritischen Schritten gemachten Erfahrungen zu sammeln und für die bevorstehenden Schritte sofort zu nutzen. Zweimal kommen *Crealoge* zum Einsatz, um möglichst viele Ideen in einzelnen Niederlassungen effizient zu sammeln.

Den Abschluss bildet nach einem Jahr ein *Assessalog* kombiniert mit einem *Sharealog*. Der Assessalog dient der Evaluierung der vorliegenden Ergebnisse auf Basis der definierten Kriterien am Projektbeginn. Ein Ergebnis ist ein standardisierter Angebotslegungsprozess für alle Niederlassungen, der die länderspezifischen Unterschiede berücksichtigt. Um allen Beratern die Prozessnutzung zu erleichtern, wird eine kurze E-Learning-Sequenz samt Dokumentvorlagen in allen benötigten Sprachen bereitgestellt. Damit wird eine merklich schnellere und qualitativ hochwertigere Angebotslegung erreicht. Dies wiederum führt zu mehr Neukunden und höherer Kundenbindung. Eine unternehmensweit nutzbare Sammlung von Konzepten trägt zu diesem Ergebnis ebenso bei wie die bei Bedarf (mindestens jährlich) stattfindenden Sharealoge zum Austausch der gemachten Erfahrungen. Andere Arten von Wissensdialogen kommen in dieser Organisation nach wie vor zum Einsatz, wenn die Situation es erfordert.

Grenzen/Risiken und Anwendungskompetenzen

Bei allen Formen von Wissensdialogen kommt es darauf an, dass es dem Moderator gelingt, eine vertrauensvolle Atmosphäre zu schaffen, in der eine wertschätzende Gesprächskultur auf Augenhöhe gedeihen kann. Sollte dies aus welchen Gründen auch immer misslingen, wird der Moderator die Besprechung so rasch wie möglich beenden und dem Auftraggeber im Nachgang alternative Vorschläge für die Problembehebung machen.

Bei Sharealogen achtet der Moderator besonders darauf, ob defensives Verhalten in der Teilnehmergruppe vorherrscht oder versteckte Missverständnisse einem offenen Austausch entgegenstehen. Sollte dies der Fall sein, wird er teambildende und vertrauensfördernde Übungen (z.B. eine „Was ich besonders an dir schätze, ist ..."-Runde oder eine Wertschätzendes-Interview-Sequenz, -> Glossar auf Seite 398) einbauen.

Die Herausforderung für den Moderator bei Crealogen ist wie bei allen Kreativitätsmethoden, dass Ideen vorschnell abgeurteilt werden und erst gar nicht für die Entwicklung von völlig neuen Zugängen zum Einsatz kommen. Der Moderator wird an dieser Stelle rasch eingreifen und auf die vereinbarten Regeln (z.B. „Jede Idee ist willkommen und wird unkommentiert aufgenommen") verweisen. Ebenso wird er dominantes Auftreten von Einzelpersonen im Zaum halten.

In Assessalogen geht es vor allem darum, dass die Bewertungskriterien und deren Gewichtung im Konsens erarbeitet werden. Damit dies leichter gelingt, wird der Moderator die Teilnehmer in Kleingruppen ihre bevorzugten Kriterien auf Kärtchen notieren lassen. Anschließend werden sie im Plenum gruppiert und mit passenden Bezeichnungen versehen. Daran schließt sich die Diskussion und Entscheidung über die Gewichtung der Kriterien an. Auf Basis dieses gemeinsam erarbeiteten Kriterienkatalogs steht der geplanten Bewertung nichts mehr im Weg.

Bei Doalogen wird der Moderator besonders darauf achten, dass aus den vorliegenden Handlungsoptionen eine vernünftig terminierte Aktivitätenliste mit einer bearbeitbaren Anzahl von Punkten und eindeutigen Verantwortlichkeiten entsteht. Das Protokoll der Besprechung wird er im Nachgang so rasch wie möglich seinem Auftraggeber zur Verfügung stellen, damit dieser seiner Informationspflicht nachkommen kann.

Die Kernrolle bei Wissensdialogen ist die des Moderators. Er benötigt neben sehr guten Kommunikations- und Moderationsfertigkeiten auch Kenntnisse der Konfliktlösung und Anwendungskompetenz in lösungsorientierten Methoden der Teamentwicklung. Von Teilnehmern wird eine offene und wertschätzende Haltung anderen gegenüber erwartet.

Referenzen

Eppler, M. J.; Mengis, J. (2005). *Wissensdialoge – Ein gesprächsbasierter Ansatz des Wissensmanagements.* In: Zeitschrift Organisationsentwicklung 24(2005)4, S. 14-23.

Eppler, M. J.; Mengis, J. (2007): *Wissensdialoge – Ein gesprächsbasierter Ansatz des Wissensmanagements.* In: Belliger, A.; Krieger, D.: Wissensmanagement für KMU. Zürich: vdf Hochschulverlag, S. 53 - 69.

Anekdoten-Zirkel

Ein Anekdoten-Zirkel ist eine narrative Wissensmanagement-Methode zum Heben und Weitergeben von implizitem Wissen. Sie bedient sich der Anekdoten, die in jeder Organisation im Umlauf sind.

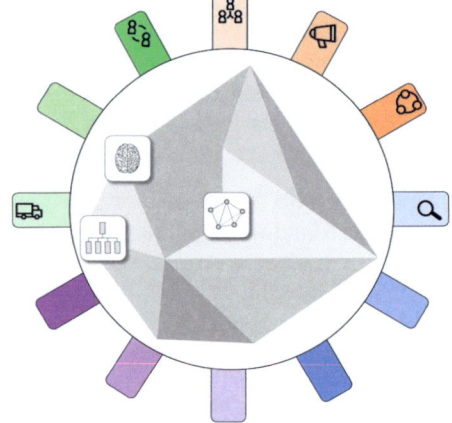

Man findet daher diese Methode im Semantischen Raum zwischen *Organisationen*, *Beziehungen* und *Kompetenzen*.

Für die Digitalisierung der Methode können Werkzeuge aus den Kategorien *kommunizieren*, *suchen*, *netzwerken*, *teilen*, *verteilen* oder *zusammenarbeiten* zum Einsatz kommen.

Die Methode

Im Gegensatz zu Fokusgruppen, in denen Expertenmeinungen erhoben werden, locken Anekdoten-Zirkel (engl. anecdote circle) authentische Episoden mit unvorhersehbaren Einblicken aus den Teilnehmern heraus. Zu einem Anekdoten-Zirkel wird eine kleinere Gruppe von Mitarbeitern (4 bis 12 Personen) eingeladen, die Erfahrungen in Bezug auf einen bestimmten Themenkreis gemacht haben. Durch geschicktes Fragenstellen werden sie angeregt, dazu passende Anekdoten aus ihrem Unternehmensalltag zu erzählen. Der Moderator zeichnet mit Zustimmung der Teilnehmer die Erzählungen für die weitere Verwendung in der Organisation auf.

Ziel und Nutzen

Anekdoten-Zirkel sind besonders gut geeignet, um schwer fassbare Themen oder schwierig zu evaluierende Projekte zu behandeln. Für letztere bieten sie eine kreative Herangehensweise zum Heben der Erfahrungen im Rahmen eines Lessons Learned Prozesses (siehe Seite 142). Durch ihren narrativen Ansatz und eher informellen Charakter fördern sie den Beziehungsaufbau und den Erfahrungsaustausch zwischen den Teilnehmern. Damit können sie einen Beitrag zur Teambildung oder auch einen ersten Schritt zu einer Konfliktlösung leisten.

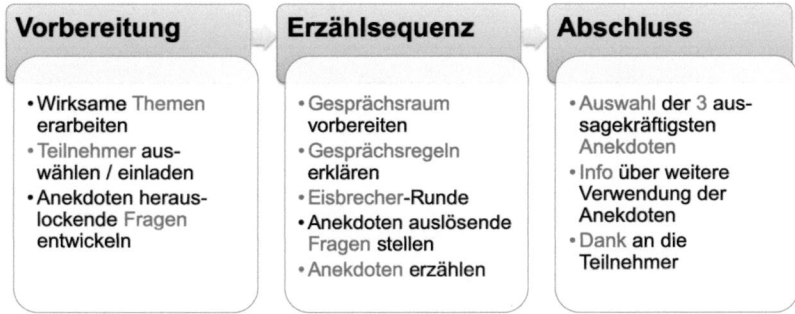

Vorbereitung	**Erzählsequenz**	**Abschluss**
• **Wirksame** Themen erarbeiten • Teilnehmer auswählen / einladen • **Anekdoten heraus-lockende** Fragen entwickeln	• Gesprächsraum vorbereiten • Gesprächsregeln erklären • Eisbrecher-Runde • **Anekdoten auslösende** Fragen stellen • Anekdoten erzählen	• Auswahl der 3 aus-sagekräftigsten Anekdoten • Info über weitere Verwendung der Anekdoten • Dank an die Teilnehmer

Abbildung 67: Phasen Anekdoten-Zirkel

Anwendung

Der Einsatz der Methode wird üblicherweise von einem kleinen Projekt-Team durchgängig begleitet. Die Beauftragung erfolgt durch ein Mitglied des Managements, das eine bestimmte Zielrichtung verfolgt. Die Methode umfasst die folgenden Phasen (siehe Abbildung 67):

1. Vorbereitung

Auch wenn Anekdoten-Zirkel bewusst keinen klaren Fokus haben, so besitzen sie doch eine generelle Richtung, die durch die Intention des Auftraggebers bestimmt wird. Um die (max. drei) Themen für den geplanten Anekdoten-Zirkel zu finden, sammeln die Projektteammitglieder individuell alle Aspekte, die ihnen zum Generalthema einfallen. Anschließend gruppieren sie ihre Ergebnisse und formulieren die Clusterbezeichnungen so lange um, bis ansprechende Überschriften gefunden wurden. Callahan/Rixon/ Schenk nennen als Beispiele Betriebsklima, das Beste von den Mitarbeitern, Risiken und Belobigungen, Arbeitsplatzsicherheit, Leadership und Talent Management.

Sobald die ein bis drei Themen feststehen, macht sich das Projektteam auf die Suche nach geeigneten Teilnehmern. Wichtig ist bei der Auswahl, dass die Teilnehmergruppe möglichst bunt aus derselben Hierarchieebene zusammengesetzt ist und jeder eigene Erfahrungen zu den Themen gemacht hat. Da die Teilnahme an einem Anekdoten-Zirkel grundsätzlich freiwillig ist, formuliert und verschickt das Projektteam eine motivierende Einladung in der Sprache der Organisation bzw. der Zielgruppe. Ca. 10 % der Personen aus der Zielgruppe sollten ihr Kommen fix zusagen.

Die größte und erfolgskritischste Aufgabe für das Projektteam folgt nun mit der Formulierung von bis zu drei Anekdoten-entlockende Fragen. Auch hier ist es außerordentlich wichtig, in der Organisation bzw. Zielgruppe bekannte und verwendete Begriffe zu verwenden. Das Projektteam wird daher vor der eigentlichen Fragenformulierung diese Begriffe (z.B. alternative Wörter für Leadership) sammeln.

Episoden sind immer mit Emotionen verbunden. Die Fragen benötigen daher emotionale Komponenten, die sowohl die positive als auch die negative Seite des Themas ansprechen, um die Teilnehmer nicht tendenziell in eine Richtung zu drängen. Wenn es z.B. um das Arbeitsklima geht, könnte eine Frage lauten „Wann hast du dich von deinen Kollegen schrecklich enttäuscht bzw. sehr angenehm überrascht gefühlt?". Auch hier hilft das Erstellen einer Liste von „emotionalen" Eigenschaftswörtern (glücklich, traurig, frustriert, stolz, zornig, überrascht, miserabel, hoffnungsvoll, wertgeschätzt, abgewertet etc.) im Vorfeld.

Vor dem Stellen der Frage muss zunächst ein Bild bei den Befragten erzeugt werden, auf das das Thema abzielt, damit sich die Teilnehmer leichter an eine spezifische Situation erinnern (z.B. „Stell dir eine Situation vor, in der dir ein Kollege Feedback gegeben hat. Das kann in einem 4-Augen-Gespräch oder im Rahmen einer Teambesprechung passiert sein."). Erst danach wird die offene Frage mit der emotionalen Komponente gestellt (z.B. „Wann hast du dich frustriert bzw. sehr wertgeschätzt gefühlt durch diese Rückmeldung deiner Kollegen?"). Erfahrungsgemäß sind wann- und wo-Fragen für das Hervorholen von Anekdoten am ergiebigsten. Jetzt muss nur noch ein passender Raum für die Durchführung der Erzählsequenz gefunden und das Audioaufnahmeequipment organisiert werden.

Für diese Phase sind Werkzeuge aus den Kategorien *kommunizieren* oder *zusammenarbeiten* für die Abstimmung zwischen Auftraggeber und dem Projektteam und innerhalb des Projektteams geeignet. Für das Finden geeigneter Teilnehmer können Werkzeuge aus den Kategorien *suchen* oder *netzwerken* verwendet werden.

2. Erzählsequenz

Vor dem Eintreffen der Teilnehmer im Besprechungsraum sorgt das Projektteam für einen runden Tisch, auf dem das Audioaufnahmeequipment aufgebaut und getestet wird, und der entsprechenden Anzahl von Stühlen. Das Bereitstellen von Getränken und Snacks unterstützt zusätzlich den

Wohlfühlcharakter der Zusammenkunft. Die aus dem Projektteam ausgewählten Moderatoren verbleiben im Raum und begrüßen die Teilnehmer. Falls bekannt ist, dass ein Vielredner unter den Teilnehmern ist, wird dieser unmittelbar neben die Moderatoren platziert. Dieser Trick schränkt dessen Redezeit automatisch ein, weil er durch den fehlenden direkten Augenkontakt nicht im unmittelbaren Fokus der Moderatoren ist.

Die ca. 90-minütige Erzählsequenz beginnt mit einer kurzen Einführung, in der der Zweck des Projekts erklärt wird und welche Themen zur Sprache kommen werden. Danach erfolgt die Vereinbarung von den drei Gesprächsregeln, die für das Gelingen von entscheidender Bedeutung sind:

o   Bitte fokussiere dich auf das Erzählen von Beispielen, deinen Erfahrungen, Anekdoten und Episoden

o   Lasse deine Kollegen ihre Geschichte ohne Unterbrechung fertig erzählen

o   Statt einer Erzählung zu widersprechen, füge deine Version der Geschichte hinzu („Ich habe das so erlebt ...")

Die letzte Regel soll den Teilnehmern begreiflich machen, dass es nicht um die „richtige" Sicht geht, sondern um das Verständnis für andere Sichtweisen und deren Unterschiede.

Im Rahmen der nachfolgenden Vorstellungsrunde stellen die Moderatoren eine einfache Einstiegsfrage wie „Was hat dich heute hierher geführt?", um die Teilnehmer vorsichtig in den Erzählmodus zu bringen. Nun ist an der Zeit, die erste Anekdoten-auslösende Frage zu stellen. Wenn niemand den Anfang machen will, kann es hilfreich sein, wenn der Moderator selbst mit einer Episode beginnt. Die persönliche Anekdote des Moderators zeigt den Teilnehmern die Art und Weise sowie den Stil des Teilens in Anekdoten-Zirkeln und stärkt den Rapport (-> Glossar auf Seite 396) mit der Gruppe. In der Regel werden die Teilnehmer nun beginnen, ihre Geschichten zu erzählen.

Die Moderatoren greifen in das Geschehen nur dann ein, wenn es Regelabweichungen gibt. Ansonsten hören sie aufmerksam zu und achten auf die Audioaufnahmen. Sie halten eintretende Stille aus und lassen die Gruppe ihre eigene Geschwindigkeit finden. Ihre Rolle ist die eines Begleiters, nicht die eines Anführers. Als gute Zuhörer stellen sie manchmal vertiefende Fragen wie „Kannst du uns ein Beispiel dazu geben?" oder „Auf welche Erfahrung spielst du an?" oder „Erzähl uns bitte mehr über ...". Wenn keine Wortmeldungen mehr erfolgen, ist die Erzählsequenz beendet.

Ein Werkzeug aus der Kategorie *kommunizieren* oder *zusammenarbeiten* kann hier zum Einsatz kommen.

3. *Abschluss*

Die Moderatoren bitten die Teilnehmer um die Auswahl jener drei Anekdoten, die sie am meisten berührt haben. Anschließend machen sie noch einmal deutlich, wie die transkribierten Anekdoten ausgewertet und in weiterer Folge für die Organisation genutzt werden. Sie bedanken sich bei allen Teilnehmern und beenden den Anekdoten-Zirkel.

Hier werden dieselben Werkzeuge verwendet wie in der Erzählsequenz. Falls im Rahmen des Projekts eine Veröffentlichung der Ergebnisse geplant ist, können Werkzeuge der Kategorie *teilen*, *verteilen* oder *zusammenarbeiten* eingesetzt werden.

Stufenweise Digitalisierung

Stufe 0: Die Methode kommt ohne Technikunterstützung aus, wenn man vom Einsatz des Audioaufnahmeequipments absieht.

Stufe 1: Für das Finden von Teilnehmern werden Werkzeuge aus der Kategorie suchen oder *netzwerken* eingesetzt. Falls eine Veröffentlichung der Ergebnisse geplant ist, wird ein Werkzeug der Kategorie *verteilen* genutzt.

Stufe 2: Für die Abstimmung zwischen Auftraggeber und Projektteam und innerhalb des Projektteams wird ergänzend ein Werkzeug aus der Kategorie *kommunizieren* angewendet. Falls die Ergebnisse bestimmten Zielgruppen zur Verfügung gestellt werden sollen, kommt ein Werkzeug der Kategorie *teilen* zum Einsatz.

Stufe 3: Statt Werkzeuge aus den Kategorien suchen, netzwerken, teilen und verteilen wird eines aus der Kategorie *zusammenarbeiten* verwendet.

Es wird davon abgeraten, die Methode vollständig zu digitalisieren. Ein physisches Treffen für die Erzählsequenz und die Abschlussphase sind jeder virtuellen Form vorzuziehen, weil tiefe Emotionen nur im direkten Kontakt zwischen den Teilnehmern zur Sprache kommen.

Beispiele

Evaluierung eines digitalen Nurse Navigator System

Ein Forscherteam (Hayes/Graham/Fulton 2017) an der Universität Cumbria in Großbritannien hat Anekdoten-Zirkel für einen ungewöhnlichen Zweck mit Erfolg eingesetzt. Es evaluierte mit deren Hilfe ein neu entwickeltes digitales Nurse Navigator System, das ergänzend zur akademischen und klinischen Ausbildung eingesetzt wird, auf seine pädagogische Wirkung im praktischen Einsatz. Die Wahl fiel auf Anekdoten-Zirkel, weil die Nutzer des Systems sehr unterschiedlichen Gruppen (von Ärzten bis ehemalige Patienten) angehören und Krankenpflege ein höchst emotionales Thema ist. Das Team erhoffte sich durch die Reduktion auf Anekdoten vor allem praktische Hinweise zur Verbesserung des Systems. Für die Erzählsequenz entwickelte es die folgenden Regeln:

o   Fokussieren Sie sich darauf, uns einige Beispiele für Ihre Erfahrungen zu geben und wie sie mit Episoden aus der Erfahrung von Pflegeschülern verknüpft werden können.

o   Bitte versuchen Sie, andere nicht zu unterbrechen, wenn sie sich mitten in ihrer Geschichte befinden, da dies ihren Denk- und Redefluss stoppen würde.

o   Haben Sie keine Angst, wenn wir Lücken im Fluss unserer Geschichten haben; es gibt keinen Druck, ständig sprechen zu müssen.

o   Wenn Sie das Bedürfnis verspüren, jemanden zu widersprechen, dann versuchen Sie stattdessen, Ihre Perspektive zu vermitteln.

Die Anekdoten-Zirkel wurden gestartet mit „Denken Sie daran, als Sie das Nurse Navigator System zum ersten Mal in der Praxis benutzt haben - woran hat es Sie erinnert ..." und fortgesetzt mit „Denken Sie daran, als Sie das Nurse Navigator System während Ihres Einsatzes in der Klinik verwendeten ..." und „Überlegen Sie eine Minute, wie sich das davon unterschied während Ihrer akademischen Blöcke auf dem Campus ...".

In diese Fragen wurden dann emotionale Eigenschaftswörter integriert: Wann waren Sie ängstlich, sicher, zuversichtlich oder unsicher bei der Verwendung des Nurse Navigator Systems in der Praxis? Es wurde auch ein Spektrum von Emotionen integriert, um die Wahrscheinlichkeit zu erhöhen, dass durch die Frage eine Erinnerung ausgelöst wird. Das Forscherteam verwendete folgende Vertiefungsfragen, um sicher zu stellen, dass es die Anekdoten richtig verstanden und nichts Wichtiges überhört hat: „Können Sie uns ein bisschen mehr erzählen über ...?", „Woher kommt diese Erfahrung, können Sie uns ein wenig mehr erzählen?" und „Haben Sie Beispiele aus der Erfahrung der Krankenpflege-Studenten, die Sie mit uns teilen können?". Das Forscherteam stellte fest, dass die Verwendung von Anekdoten-Zirkeln statt Fokusgruppen einige Vorteile bietet. Die Ergebnisse sind authentischer und sich widersprechende Aussagen kommen häufiger ans Tageslicht, was zu einem umfassenderen Gesamtbild führt.

Anekdoten-Zirkel lite

Ton Zijlstra und berichtet in einem Blog-Beitrag, wie er und Elmine bei ihrer Unkonferenz mit dem Thema „Smart Stuff That Matters" eine Art „Anekdoten-Zirkel lite" eingesetzt haben, um die 45 Teilnehmer rasch miteinander vertraut zu machen und das Thema anzutriggern. Sie baten die Teilnehmer, sich in Dreier- oder Vierergruppen mit möglichst unbekannten Personen zusammenzufinden und einen passenden Ort im Haus oder Garten zu suchen. Die gesprächsanregenden Fragen waren „Denk an deinen letzten Umzug und deine Ankunft in der neuen Umgebung zurück. Was war das Enttäuschendste an deinem neuen Ort/Leben? Was hat dich angenehm überrascht an deinem neuen Ort/Leben?". Das Feedback der Teilnehmer war überaus positiv. Sie berichteten, dass aus diesen einfachen Fragen eine tiefgehende Diskussion darüber entstand, wie es ist, als Expat zu leben, wie schwierig es ist, als Erwachsener Freundschaften zu schließen, und die Macht der Nachbarschaftsbeziehungen.

Grenzen/Risiken und Anwendungskompetenzen

Die Auswahl der Themen muss sehr sorgfältig erfolgen, um tatsächlich jene Anekdoten ans Tageslicht zu bringen, die schon lange in der Organisation schlummern und unterbewusst wirksam sind. Von bekannten Tabuthemen ist allerdings abzuraten, weil sich niemand finden wird, Anekdoten zu solchen Themen offen zu erzählen. Wenn unterschwellig wirksame Episoden erzählt werden, kann dies einen Heilungsprozess bei dem Erzähler auslösen, der danach seine Wirkung in der Organisation entfaltet.

Dave Snowden hat auf ein verblüffendes Paradoxon beim Geschichtenerzählen hingewiesen, das der Moderator im Rahmen der Erzählsequenz im Auge behalten sollte. Wenn man die Teilnehmer dazu drängt, die Wahrheit zu sagen, werden sie lügen; wenn Lügen toleriert wird, werden sie die Wahrheit sagen. Da es nicht so sehr um den Inhalt der Anekdoten geht, sondern um die Bedeutung, die sie transportieren, kann der Moderator in diesem Fall sagen: „Ja, das ist nicht dir passiert, aber kennst du vielleicht jemanden, dem das passiert ist?".

Während die Teilnehmer ihre Episoden erzählen, ist jede Form von Bewertung zu unterbinden. Ansonsten wird der Fluss der Geschichten sehr rasch versiegen. Der Moderator muss dafür sorgen, dass auch sich widersprechende Sichtweisen gleichwertig dargestellt und die Unterschiede wertgeschätzt werden. Es gibt im Rahmen der Erzählsequenz kein richtig oder falsch, sondern es geht um die Fülle der Erfahrungen.

Ein kritischer Punkt ist zu Beginn der Erzählsequenz der Übergang von der Einführung zur Erzählphase. Wenn die Teilnehmer aus einer Kultur kommen, in der über persönlich Erlebtes nicht gesprochen wird, werden sie selbst zu der einfachen Frage „Was hat Sie heute hierher gebracht?" keine Antworten liefern. In diesem Fall müssen die Moderatoren mit einer geschlossenen Frage (z.B. „Wie lange sind sie schon in der Firma?") beginnen und langsam eine vertrauensvolle Atmosphäre aufbauen, in der sie offenere Fragen stellen können.

Von den Teilnehmern wird eine offene Haltung gegenüber abweichende Meinungen erwartet und die Bereitschaft, seine Erfahrungen und persönlichen Geschichten mit anderen zu teilen. Die Moderatoren benötigen neben guten Kommunikations- und Moderationsfertigkeiten vor allem die Grundhaltung, Begleiter und nicht der Führende im Prozess zu sein.

Referenzen

Callahan, S.; Rixon, A.; Schenk, M. (2006). *The Ultimate Guide to Anecdote Circles - A practical guide to facilitating storytelling and story listening.* eBook von Anecdote Pty Ltd, http://www.anecdote.com/pdfs/papers/-ultimate-guide-to-anecdote-circles.pdf, Abruf: 01.04.2019.

Hayes, C.; Graham, Y.; Fulton, J. (2017): *Introducing Anecdote Circles as an Alternative Method to Focus Groups in the Pedagogic Impact Evaluation of a New Digital Nurse Navigator System.* London: SAGE Publications, http://insight.cumbria.ac.uk/id/eprint/3631/1/Hayes_IntroducingAnecdoteCircles.pdf, Abruf: 01.04.2019.

Hexelschneider, A. (2015). *Einfach Anecdote Circle – einfach Storytelling.* wissendenken Blogpost vom 28. August 2015, https://wissendenken.com/-wissenstransfer/anecdote_circle/, Abruf: 01.04.2019.

Maharaj, K. (2016). *Anecdotal Circles.* Deloitte & Touche, https://www2.deloitte.com/content/dam/Deloitte/za/Documents/technology/ZA_CONSULTING_ANECDOTES.pdf, Abruf: 01.04.2019.

Snowden, D. (2010). *Anecdote Circles*. Narrative Research, S. 12, https://narrate.typepad.com/100816-narrative-research_snowden-final.pdf, Abruf: 1.2.2019.

Zijlstra, T. (2018). *Anecdote Circles Lite As Intro-Round*. Blogpost am 4. September 2018, https://www.zylstra.org/blog/tag/anecdote-circle/, Abruf: 25.12.2018.

Begegnungsräume

Begegnungsräume sind Orte für informelle Begegnungen zwischen Mitarbeitern. Sie fördern indirekt die sozialen Beziehungen sowie den Wissens- und Erfahrungs-austausch.

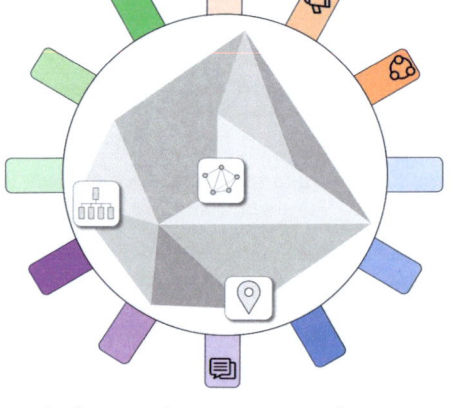

Man findet daher diese Methode im Semantischen Raum zwischen *Organi-sationen*, *Beziehungen* und *Orten*.

Für die Digitalisierung der Methode können Werkzeuge aus den Kategorien *kommunizieren*, *befragen* oder *zusammenarbeiten* zum Einsatz kommen.

Die Methode

Begegnungsräume sind physische oder virtuelle Orte, wo Mitarbeiter zwanglos miteinander reden können. Sie sind daher weniger eine Methode des Wissensmanagements als eine infrastrukturelle Maßnahme, die infor-melle Gespräche zwischen Mitarbeitern fördert.

Ziel und Nutzen

Durch die Bereitstellung von Begegnungsräumen können günstige Voraus-setzungen für die Verbreitung von stark kontextabhängigem Wissen ge-schaffen werden. Sie bieten Gelegenheiten für spontane, informelle Gespräche und können unternehmensübergreifende Zusammenhänge erlebbar machen. Durch den Austausch von persönlichen Informationen, wie z.B. Urlaubserlebnisse, werden die sozialen Bindungen zwischen den Gesprächspartnern gestärkt. Dies wiederum erhöht die Chance, dass die Beteiligten ihr Erfahrungswissen auch im beruflichen Kontext teilen.

Anwendung

Die Anwendung der Methode beinhaltet folgende Schritte:

1. Raumauswahl und Raumausstattung

An Orten im Unternehmen, wo viele Personen immer wieder vorbeikommen, werden Kaffeeautomaten und/oder Wasserspender sowie Stehtische oder Sitzecken aufgestellt. Die Orte sollen so gestaltet sein, dass sie zum Verweilen einladen. Ein gewisser Sichtschutz, die Verwendung von Pflanzen und angenehme Beleuchtung unterstützen dieses Ansinnen. Durch Befragung können weitere Bedürfnisse der zukünftigen Raumnutzer geklärt werden. Damit steht der Planung und Realisierung neuer Begegnungsräume nichts mehr im Weg, sobald die finanziellen Ressourcen bereitgestellt sind.

Auch spezielle virtuelle Räume sind für den informellen Austausch gut geeignet. Wichtig ist dabei, dass der Gedankenaustausch ungestört erfolgen kann. Sehr empfehlenswert ist, im Rahmen der allgemeinen Freigabe eines virtuellen Begegnungsraums verbindliche Kommunikationsregeln zu vereinbaren. Die wichtigste Regel ist, wertschätzend und freundlich miteinander umzugehen, auch wenn jemand ganz anderer Meinung ist als man selbst. Im Internet finden sich unter dem Stichwort „Netiquette" viele gute Beispiele für ein passendes Regelwerk. Die Einhaltung dieser Regeln können durch den Einsatz eines Moderators unterstützt werden.

Für die Einrichtung virtueller Räume sind Werkzeuge aus den Kategorien *kommunizieren*, *befragen* und *zusammenarbeiten* geeignet.

2. Nutzung der Räume

Wenn der passende Raum gefunden und eingerichtet ist, lädt der Initiator zu einem ersten informellen Treffen ein. Dieser Termin bietet sich auch an, um die Regeln gemeinsam zu erarbeiten und zu vereinbaren. Danach wird der Raum nach Bedarf durch die Mitarbeiter genutzt.

Wenn das Raumangebot nach einer gewissen Anlaufzeit nicht oder nur unzureichend angenommen wird, versucht der Initiator ebenfalls mit Hilfe von Interviews, die Ursachen herauszufinden. Anschließend setzt er Maßnahmen

zu deren Beseitigung. Die Ursachen können sehr vielfältig sein, z.B. unge-
eigneter Raum wegen zu viel Lärm oder zu wenig Licht, Kaffeemaschine ist
kaputt, Kommunikationsregeln werden trotz Intervention durch den Moderator nicht eingehalten, Führungskräfte verhindern bewusst oder unbewusst
diese Gespräche.

Ein Werkzeug aus der Kategorie *kommunizieren* oder *befragen* kann hier
zum Einsatz kommen.

Stufenweise Digitalisierung

Stufe 0: Die Methode kommt ohne Technikunterstützung aus, es werden nur
physische Räume eingerichtet.

Stufe 1: Es werden sowohl physische Begegnungsräume eingesetzt als auch
spontane virtuelle Zusammenkünfte organisiert und durchgeführt.
Werkzeuge der Kategorie *kommunizieren* (Videokonferenz-Werkzeuge, Online-Chats) unterstützen diese Begegnungen.

Stufe 2: Die virtuellen Begegnungsräume werden mit Hilfe eines Werkzeugs der Kategorie *zusammenarbeiten* realisiert.

Stufe 3: Für die Erhebung der Bedürfnisse der Raumnutzer kommt ein
Werkzeug aus der Kategorie *befragen* zum Einsatz.

Stufe 4: Die Methode kann vollständig digitalisiert werden, indem ein
Werkzeug der Kategorie *befragen* für die Erhebung der Bedürfnisse
und ein Werkzeug aus der Kategorie *kommunizieren* oder *zusammenarbeiten* für informelle Gespräche genutzt werden.
Allerdings gilt es zu bedenken, dass persönliche Gespräche einem
reinen virtuellen Kontakt an Qualität immer überlegen sind, da Körpersprache und andere non-verbale Kommunikationselemente stets
eine Bereicherung des Redeflusses sind.

Beispiele

Ohne IT-Werkzeuge:
Kaffeeecken, Stehtische zwischen Büros mit Wasserspender und/oder Ge-
tränkeautomat, Sitzecken in Foyers, speziell eingerichtete Kreativräume,
Parkbänke zwischen Unternehmensgebäuden

Mit IT-Werkzeugen:
spontane Videokonferenzen, Chat-Rooms, virtuelle Begegnungsräume in
sozialen Netzwerken

Grenzen/Risiken und Anwendungskompetenzen

Eines der größten Risiken ist, dass Führungskräfte - aus welchen Motiven heraus auch immer - Mitarbeiter, die gerade einen Begegnungsraum nutzen, fragen, ob sie nichts Besseres zu tun hätten. Sollte das passieren, wird jede Art von Begegnungsraum in der betroffenen Organisation bzw. Organisationseinheit sehr schnell nicht mehr frequentiert werden. Der Wissens- und Erfahrungsaustausch auf der informellen Ebene wird dadurch deutlich beeinträchtigt. Der Ressourceneinsatz für die Einrichtung und Bereitstellung der Begegnungsräume wurde verschwendet.

Wenn es bei einem bereits bestehenden Gebäude nicht möglich ist, Begegnungsräume mit angenehmer Atmosphäre zu schaffen, ist es besser, davon Abstand zu nehmen und andere Möglichkeiten für informelle Treffen ins Auge zu fassen (z.B. Abteilungs-Frühstück, After-Work-Drink, Geburtstagskaffeerunde für die Geburtstagskinder des Monats, gemeinsamer Besuch kultureller Veranstaltungen).

Bei virtuellen Begegnungsräumen lauert die größte Gefahr in der Art und Weise, wie miteinander kommuniziert wird. Wenn es dem Moderator nicht gelingt, wertschätzende Umgangsformen zu erreichen, ist die letzte Konsequenz das Stilllegen des betroffenen Begegnungsraums.

Der Initiator von Begegnungsräumen soll ein guter Kommunikator sein, um die Bedürfnisse seiner Kollegen leicht erfragen zu können. Er muss auch eine in der Organisation anerkannte Person sein, der die Kollegen Vertrauen entgegenbringen. Letzteres gilt auch für den Moderator eines virtuellen Begegnungsraums. Dieser muss außerdem mit dem verwendeten IT-Werkzeug vertraut sein, um Kollegen bei technischen Anwendungsproblemen weiterhelfen zu können.

Referenzen

Hessler, A. (o.J.). *Die Netiquette – Eine Vorlage für Regeln zur legalen und fairen Kommunikation.* wb-web, DIE-Material, https://wb-web.de/material/-medien/die-netiquette-eine-vorlage-fur-regeln-zur-legalen-und-fairen-kommunikation.html, Abruf: 03.06.2019.

Mittelmann, A. (2011). *Pausenraum.* In: Mittelmann, A., Werkzeugkasten Wissensmanagement, Norderstedt: Books on Demand, S. 172-173.

Methoden im vierten Cluster

Mind Mapping
Methode zum visuellen Strukturieren von Ideen und Wissensgebieten

Assoziationspaarbildung
Verknüpfungsmethode von Kategorien aus verschiedenen Wissensgebieten

Metapheranalyse
Sichtbarmachen von unbewussten Wissensstrukturen

Morphologisches Tableau
Zerlegungsmethode in abgegrenzte Teilaspekte und Merkmalsausprägungen zur Ideenfindung

Canvas Checkliste
Methode zur Strukturierung und Dokumentation von Prozesswissen

FAQ
Methode zur Sammlung und Dokumentation von häufig gestellten Fragen und Antworten innerhalb eines bestimmten Wissensgebiets

LernCard
Dokumentationsmethode für Frage-/Antwortpaare auf je einer Karte

Wissensanwendungskarten
Beschreibungsmethode für Problemlösungen oder Vorgehensweisen

Argumentationskarten
Grafische Repräsentationsmethode für Diskussionsabläufe

Wissensbestandskarten
Darstellungsmethode für Art und Ort von Wissensbeständen

Wissensstrukturkarten
Visualiserungsmethode für die Darstellung von Zusammenhängen zwischen Kategorien oder Sachverhalten

quICK win Produktivitätsanalyse
Methode für die Standortbestimmung und Identifikation von Möglichkeiten zur Steigerung der Wissensproduktivität

Wissensstrukturen und -bestände

In diesem Kapitel finden sich Methoden, die der Wissensstrukturierung und -bestandserweiterung in Form von neuen Ideen und Wissensobjekten dienen. Im Semantischen Raum bewegen wir uns rund um die Entitäten *Wissensobjekte* gemeinsam mit der Entität *Wissensgebiete*, die Kernentitäten für Wissensstrukturen und -bestände sind.

Wissensträger erzeugen Wissensobjekte, in denen sie ihr dokumentierbares Wissen und Erfahrungen aus den (Arbeits-)*Prozessen* beschreiben. Sie ordnen sie den entsprechenden *Wissensgebieten* zu, beschlagworten sie mit passenden *Kategorien* und speichern sie an definierten *Orten* ab. In den *Organisationen* werden dafür Wissensstrukturen aufgebaut, in dem die relevanten *Beziehungen* zwischen Wissensgebieten und Kategorien geknüpft werden. Beides zusammen ermöglicht es Mitarbeitern, benötigtes Wissen rasch zu finden und zu nutzen.

Dieses Gebiet des SRWM führt von den Methoden der Wissensbestandserweiterung (Mind Mapping, Assoziationspaarbildung, Metaphernanalyse, Morphologisches Tableau) über Dokumentationsmethoden (Canvas Checkliste, FAQ, LernCard, Wissensanwendungskarten) bis zu den Strukturierungs- und Visualisierungsmethoden (Argumentationskarten, Wissensbestandskarten, Wissensstrukturkarten), wie in Abbildung 68 dargestellt.

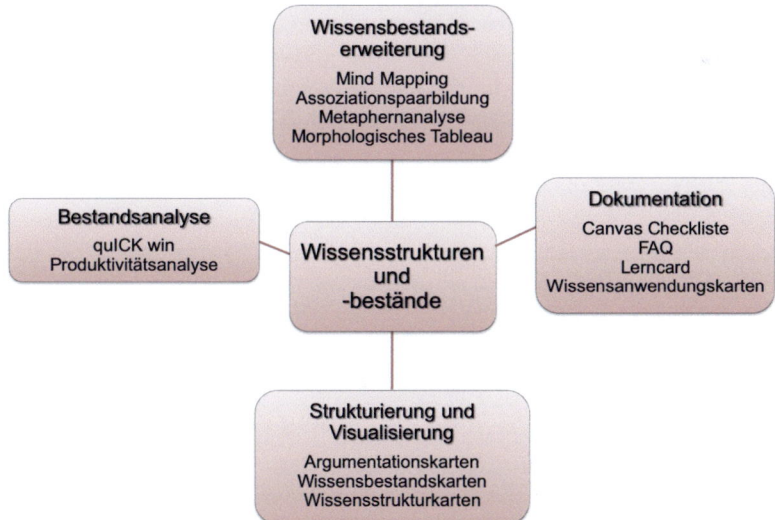

Abbildung 68: Methodenübersicht vierter Cluster

Den Abschluss bildet eine Methode zur Analyse vom Umgang mit Information und Wissen in Organisationen (quICK win Produktivitätsanalyse). Diese Methodenauswahl kann genutzt werden, um Wissensstrukturen und -bestände aufzubauen, zu analysieren und zu visualisieren.

Auch wenn bei diesem Methoden-Cluster Wissensstrukturen und -bestände im Zentrum stehen, werden vor allem Werkzeuge aus den Kategorien *kommunizieren*, *zusammenarbeiten* und *visualisieren* (siehe Abbildung 69) benötigt.

Methoden-Name	Werkzeug-Kategorien											
	nw	ko	zu	su	vi	ku	bf	sp	le	vt	vö	te
Argumentationskarten	✓	✓		✓	✓				✓	✓	✓	
Assoziationspaarbildung	✓	✓	✓									✓
Canvas Checkliste	✓	✓							✓	✓		✓
FAQ		✓	✓		✓				✓			
LernCard	✓	✓		✓					✓	✓	✓	✓
Metaphernanalyse	✓	✓	✓	✓	✓	✓	✓	✓	✓			✓
Mind Mapping	✓	✓		✓						✓		
Morphologisches Tableau	✓	✓	✓	✓								✓
quICK win Produktivitätsanalyse	✓	✓		✓		✓						
Wissensanwendungskarten	✓	✓	✓	✓				✓	✓			✓
Wissensbestandskarten	✓	✓	✓	✓		✓			✓			
Wissensstrukturkarten	✓	✓	✓		✓	✓			✓	✓		

Abbildung 69: Werkzeug-Kategorien für den vierten Methoden-Cluster

Wissensstrukturen und -bestände können nur in enger Zusammenarbeit zwischen allen betroffenen Wissensträgern aufgebaut und erweitert werden. Sie benötigen dazu Werkzeuge für die kollaborative Zusammenarbeit und Kommunikation. Visualisierungswerkzeuge helfen ihnen die nötige Transparenz zu schaffen.

Wissensstrukturen und -bestände

Mind Mapping

Mind Mapping ist eine Methode mit einem breiten Anwendungsfeld. Sie kann sowohl für Ideengenerierung als auch für die Strukturierung von Wissensgebieten genutzt werden. Eine Einzelperson kann sie ebenso gut anwenden wie eine Gruppe von Personen.

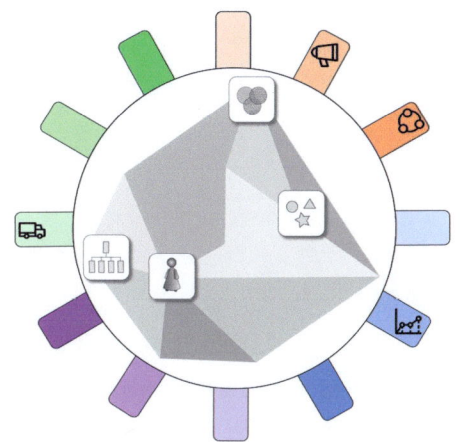

Daher befindet sich diese Methode im Semantischen Raum zwischen *Wissensträgern*, *Organisationen*, *Wissensgebiete* und *Kategorien*.

Für die Digitalisierung der Methode können Werkzeuge aus den Kategorien *kommunizieren*, *visualisieren*, *verteilen*, und *zusammenarbeiten* zum Einsatz kommen.

Die Methode

Die von Tony Buzan entwickelte Methode ermöglicht es, seine Gedanken und Ideen visuell in Form von sogenannten Mindmaps zu sammeln bzw. Themen rund um ein Wissensgebiet zu strukturieren. Mindmaps gehören wie Konzept- (siehe Seite 377) und Argumentationskarten (siehe Seite 365) zur Familie der Gedankenkarten. Alle Karten dieser Art sind im Prinzip grafische Darstellungen von Textelementen. Der Hauptvorteil gegenüber einer rein textuellen Repräsentation ist, dass der Anwender leichter zwischen den verschiedenen Ebenen navigieren und einzelne Punkte fokussieren kann.

Mindmaps (siehe Abbildung 70) ähneln Bäumen mit Ästen und Zweigen, die sich in beliebiger Tiefe verästeln können, wenn nötig. In der Praxis hat sich allerdings gezeigt, dass aus Gründen der Übersichtlichkeit die Verzweigungstiefe auf maximal drei Ebenen beschränkt werden soll. Falls dies im Einzelfall nicht ausreichen sollte, kann der betroffene Ast in eine eigene Mindmap ausgelagert werden und als Verknüpfung in der ursprünglichen Mindmap verbleiben.

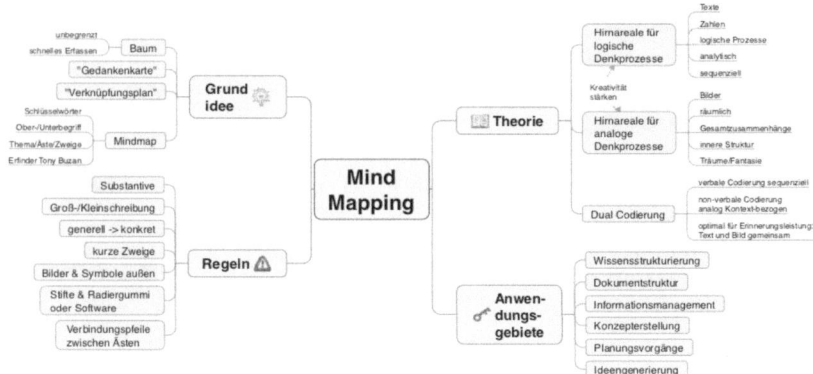

Abbildung 70: Mindmap über Mind Mapping

Mind Mapping basiert auf der Hemisphären-Theorie. Diese schreibt der linken Hirnhälfte die analytischen, digitalen, logischen Denkprozesse zu und der rechten die räumlichen, visuellen, kreativen sowie das Denken in Gesamtzusammenhängen. Mittlerweile ist diese Theorie der unterschiedlichen Ausrichtung der Hirnhälften widerlegt. Allerdings hat sich herausgestellt, dass diese beiden Arten von Denkprozessen tatsächlich in zwei klar voneinander getrennten Systemen in den menschlichen Hirnarealen ablaufen. Daher ist die Grundannahme von Mind Mapping nach wie vor gültig, dass das kreative Potential eines Menschen durch Mind Mapping stimuliert werden kann.

Passende Bilder oder Symbole an den Ästen und Zweigen einer Mindmap unterstützen die Erinnerung an die Inhalte. Paivio hat mit seiner Theorie der dualen Kodierung den Nachweis erbracht, dass Menschen eine bessere Gedächtnisleistung erbringen, wenn Information sowohl textlich als auch visuell dargestellt wird. Je konkreter die Begriffe und Bilder zu den Texten gewählt werden, desto höher ist die Erinnerungsleistung.

Bei der Erstellung einer Mindmap gelten folgende einfache Regeln (siehe Abbildung 70):

- Bezeichnung der Äste und Zweige möglichst mit Substantiven
- Verwendung von Groß- und Kleinschreibung
- Generelle Aspekte in den Ästen, konkretere in den Zweigen
- Verästelungen nach außen, möglichst kurze Zweige
- Bilder und Symbole außen
- Verbindungspfeile zwischen Ästen, um Zusammenhänge darzustellen

Wissensstrukturen und -bestände

Mind Mapping hat ein breites Anwendungsspektrum. Neben den bereits erwähnten Anwendungsgebieten Ideensammlung und Wissensstrukturierung kann es auch im Informationsmanagement zur Visualisierung von Dokumentstrukturen, als Unterstützung bei der Konzepterstellung und für Planungsvorgänge eingesetzt werden.

Ziel und Nutzen

Ziel dieser Methode ist es, rasch und unkompliziert Ideen zu einem Problemkreis oder Thema zu sammeln und zu gliedern. Sie ermöglicht eine intuitive, nicht-sequentielle Vorgehensweise, die dem natürlichen Gedankenfluss folgt. Durch die visuelle Darstellung in Form von Ästen, Zweigen, Bildern und Symbolen wird die Vorstellungskraft gefördert und die Erinnerung an die Themen in der Mindmap erleichtert. Die Strukturierung von Wissensgebieten ist mit Hilfe von Mind Mapping einfacher zu bewältigen.

Anwendung

Die Anwendung der Methode erfolgt in folgenden Schritten:

1. Erstellung

Mind Mapping startet mit der Festlegung, welches Generalthema, Wissensgebiet oder Projekt bearbeitet werden soll. Dieses wird in der Mitte einer leeren Fläche notiert und umrahmt. Danach werden Themen gesammelt, wobei sich manche als Hauptthemen, manche als Subthemen herausstellen werden. Hauptthemen werden als Äste zum Generalthema in der Mitte hinzugefügt, Subthemen als Unteräste zu den entsprechenden Ästen, Themen zu Subthemen als Zweige zu den Unterästen. Nach und nach entsteht so eine graphische Gruppierung der Themen. Besteht ein Zusammenhang zwischen zwei Themen verschiedener Äste, so können diese durch (beschriftete) Pfeile verbunden werden. Dadurch werden wichtige Zusammenhänge zwischen Themen in übersichtlicher Form angezeigt. Als zusätzliche visuelle Anker können Bilder oder Symbole zur Kennzeichnung der Hauptthemen verwendet werden.

Mind Mapping kann von Einzelpersonen oder Personengruppen z.B. für Brainstorming verwendet werden. Am besten gelingt dies computerunterstützt mit Hilfe einer Mind Mapping Software. Jede Idee wird im ersten Schritt als eigener Ast hinzugefügt, ohne darauf zu achten, ob bereits etwas Ähnliches vorhanden ist. Im zweiten Schritt werden ähnliche Ideen zu Ideengruppen mit neuen Hauptästen zusammengefasst. Sehr gut geeignet ist

Mind Mapping auch für Planungsvorgänge (z.B. Reiseplanung, Planung eines Projekts oder einer Marketing-Aktion). Die Vorgehensweise ist analog, wie davor beschrieben.

Für die Erstellung einer Mindmap ist ein Werkzeug der Kategorie *kommunizieren*, *veröffentlichen* oder *zusammenarbeiten* geeignet. Für die Visualisierung setzt man ein spezialisiertes Werkzeug für Mind Mapping aus der Kategorie *visualisieren* ein.

2. Nutzung

Je nach der ursprünglichen Intention (Ideensammlung, Strukturierung) wird die Mindmap ausschließlich zur Kommunikation mit Betroffenen, die bei der Erstellung der Mindmap unbeteiligt waren, genutzt und bleibt im Wesentlichen unverändert. Ist die Mindmap das Ergebnis eines Planungsvorganges (Projekt, Marketing-Aktion), wird sie in den Folgebesprechungen nicht nur genutzt, sondern häufig überarbeitet.

Die Nutzung von Mindmaps kann durch Werkzeuge der Kategorien *veröffentlichen* oder *zusammenarbeiten* unterstützt werden. Oft bieten die Spezialwerkzeuge für Mind Mapping viele Möglichkeiten zur Umwandlung der Mindmap in Formate (z.B. Bildformate, PDF), die die Nutzung der Mindmap ohne Werkzeug ermöglichen.

3. Pflege

Je nach Anwendungsgebiet bleibt eine Mindmap nach ihrer Ersterstellung mehr oder weniger unverändert (z.B. Ideensammlung, Wissensstruktur) oder wird des Öfteren überarbeitet bzw. ergänzt (z.B. Konzepterstellung, Planungsvorgänge). Wichtig ist, dass die Mindmap möglichst dem aktuellen Stand der Bearbeitung entspricht, um für den Anwender von Nutzen zu sein.

Für die Pflege von Mindmaps kommen dieselben Werkzeuge zum Einsatz wie für die Erstellung.

Stufenweise Digitalisierung

Stufe 0: Die Methode kommt völlig ohne Technikunterstützung aus. Papier, Bleistift und Farbstifte reichen völlig aus, um eine Mindmap zu erstellen. Nachteile der analogen Anwendung sind die Größenbeschränkung durch die Papiergröße, die fehlende Flexibilität bei Umhängen von Zweigen zu anderen Ästen und das Fehlen der Verknüpfungsmöglichkeiten mit anderen Ressourcen.

Stufe 1: Die Erstellung einer Mindmap kann mit Hilfe eines Werkzeugs der Kategorie *kommunizieren* (z.B. Videokonferenz) unterstützt werden. Für die Nutzung kann ein Werkzeug der Kategorie *verteilen* zum Einsatz kommen, wenn die Mindmap als Bild oder im PDF-Format zur Verfügung steht.

Stufe 2: Die Erstellung kann mit Hilfe eines Werkzeugs der Kategorie *visualisieren* (Spezialwerkzeug für Mind Mapping) erfolgen.

Stufe 3: Statt Werkzeuge aus den Kategorien kommunizieren und verteilen wird ein Werkzeug aus der Kategorie *zusammenarbeiten* eingesetzt.

Stufe 4: Die Methode kann vollständig digitalisiert werden, indem ein Spezialwerkzeug für Mind Mapping benutzt wird, das das gemeinsame, virtuelle Arbeiten an einer Mindmap unterstützt.

Beispiel

Ein Projektteam, das mit der Einführung von Wissensmanagement betraut wurde, hat in seiner ersten Projektteamsitzung die Mindmap in Abbildung 71 als Ergebnis erarbeitet.

Abbildung 71: Ergebnis-Mindmap einer Projektbesprechung

Diese Mindmap wird in den darauffolgenden Teamsitzungen weiterverwendet und mit den aktuellsten Ergebnissen ergänzt.

Grenzen/Risiken und Anwendungskompetenzen

Wenn Mind Mapping mit Hilfe von Stiften und Papier angewendet wird, ist die Größe der entstehenden Mindmap zunächst durch die Größe des Papiers beschränkt. Manche Anwender behelfen sich durch Ankleben weiterer Blätter. Das mag zwar im ersten Anschein eine gute Lösung sein. Allerdings werden große Mindmaps auf Papier schnell unübersichtlich. Die Einschränkung auf ein Blatt Papier erscheint praktikabler.

Eine weitere Schwierigkeit beim Mind Mapping auf Papier ergibt sich beim Umhängen von Ästen. Auch hier wird die Mindmap rasch schwer lesbar, wenn mehrere Äste grafisch umsortiert werden. Meist bleibt dem Anwender nichts anderes übrig, als die gesamte Mindmap neu zu zeichnen, was bei reich verzweigten Mindmaps einen großen Aufwand bedeutet.

Auch wenn das Grundprinzip von Mind Mapping einfach erscheint, so erfordert es doch ständige Übung, wenn man es nutzbringend einsetzen will. Schlecht strukturierte und nachlässig beschriftete Mindmaps entziehen sich einer weiteren Verwendung durch ihre Ersteller. Die Methode wird in weiterer Folge schnell in Vergessenheit geraten.

Individuell erstellte Mindmaps sind oft nur für ihre Ersteller wertvoll, weil sie für andere ohne begleitende Erklärung schwer nachvollziehbar sind. Wenn eine Mindmap von mehreren Personen weiterverwendet werden soll, sollte sie von den Betroffenen gemeinsam entwickelt werden.

Die Anwender benötigen Methodenkompetenz und Fertigkeiten in der visuellen Gestaltung. Werden die Mindmaps gemeinschaftlich entwickelt, sind gute Kommunikationsfähigkeiten bei allen Beteiligten von Vorteil. Falls die Erstellung durch einen Moderator begleitet wird, sollte dieser neben der Methodenkompetenz entsprechende Moderationsfertigkeiten mitbringen.

Referenzen

Buzan, T.; Buzan, B. (2013). *Das Mind-Map-Buch: Die beste Methode zur Steigerung ihres geistigen Potenzials.* 1., aktualisierte und erweiterte Auflage, München: mvg.

Mittelmann, A. (2011). *Mind Mapping.* In: Werkzeugkasten Wissensmanagement. Norderstedt: Books on Demand, S. 176-178.

Kirckhoff, M. (2003). *Mind Mapping.* Einführung in eine kreative Arbeitsmethode. 11. Auflage, Offenbach: Gabal.

Paivio, A. (2006). *Dual Coding Theory and Education.* University of Western Ontario. http://coral.ufsm.br/tielletcab/Apostilas/DCT_Paivio.pdf, Abruf: 05.05.2019.

Rimmele, U. (2006). *Der Mythos von den zwei Gehirnen.* Gehirn & Geist 6/2006, S. 72.

Assoziationspaarbildung

Die Assoziationspaarbildung schafft durch das Herstellen kreativer Beziehungen zwischen Begriffen (= Kategorien) ein tieferes Verständnis für die ausgewählten Fachbegriffe innerhalb einer Gruppe von Personen.

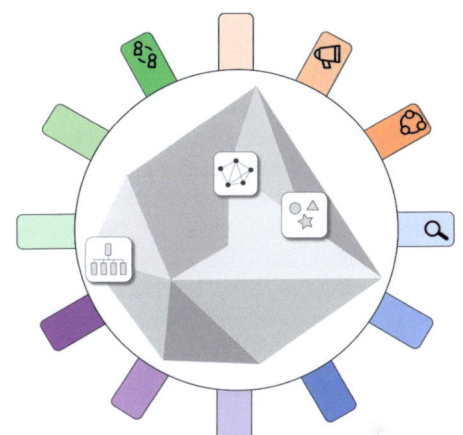

Diese Methode ist daher im Semantischen Raum zwischen *Organisationen, Relationen* und *Kategorien* anzutreffen.

Für die Digitalisierung der Methode können Werkzeuge aus den Kategorien *kommunizieren, teilen* oder *zusammenarbeiten* und *suchen* zum Einsatz kommen.

Die Methode

Bei der Assoziationspaarbildung wird ein Fachbegriff mit einem Begriff aus der Alltagswelt in freier Assoziation auf kreative Art und Weise miteinander verknüpft. Wichtig ist dabei, dass die Paarbildung begründet wird. Dadurch entsteht bei den Anwendern eine vertiefte Einsicht in die Bedeutung des jeweiligen Fachbegriffs. Die Anwendung wird am besten durch einen Moderator begleitet, der für einen geordneten Ablauf sorgt und darauf achtet, dass jedes Gruppenmitglied sich angemessen einbringen kann.

Die Methode ist für alle Situationen im Arbeitsablauf gut geeignet, in denen eine Gruppe von Personen die Bedeutung von Fachbegriffen gemeinsam tiefer erfassen wollen, um den darauffolgenden Arbeitsschritt besser bewältigen zu können. So kann z.B. ein Team von Softwareentwicklern vor dem ersten Grobdesign den Bedeutungsrahmen der wichtigsten Kernbegriffe des zukünftigen Systems ausloten. Das erleichtert ihnen die Entscheidung, was inhaltlich Teil des neuen Systems sein wird und was nicht. Lernende ergründen damit die wichtigsten Grundbegriffe und können die darauffolgende Übung besser erfassen und bewältigen.

Ziel und Nutzen

Ziel dieser Methode ist es, ohne viel Vorwissen und mit geringem Ressourcenaufwand ein gemeinsames Verständnis von Fachbegriffen innerhalb einer Gruppe zu erreichen. Eine erfolgreiche Anwendung ermöglicht eine effiziente Begriffsbildung und eine tiefere Einsicht in die Bedeutung für die ausgewählten Fachbegriffe. Indem scheinbar völlig voneinander unabhängige Begriffe, von denen jeder aus der Alltagswelt hinreichend bekannt ist, miteinander in Verbindung gebracht werden, wird ein Denk-, Lern- und Erkenntnisprozess ausgelöst. Durch die Diskussion bzw. die Auseinandersetzung mit den Begriffen entwickelt sich in der Gruppe ein gemeinsames Begriffsverständnis. Dies fördert die Vorstellungskraft für abstrakte Fachbegriffe und die Kreativität aller Gruppenmitglieder durch diesen völlig anderen Zugang.

Anwendung

Vor der eigentlichen Anwendung wird die Methode und deren Ziel kurz erläutert. Danach erfolgt die Einteilung der Teilnehmer in zwei Gruppen. Dabei spielt es keine Rolle, wer in welcher Gruppe mitarbeitet.

1. Begriffsauswahl

Die eine Gruppe wählt max. fünf Kernbegriffe aus ihrem speziellen (jetzigen oder zukünftigen) Arbeitsgebiet. Die andere Gruppe sucht fünf beliebige konkrete Begriffe aus der Alltagswelt. Die Gruppen führen ihre Begriffssuche getrennt voneinander durch.

Für diesen Schritt sind Werkzeuge aus den Kategorien *kommunizieren* und *suchen* geeignet.

2. Paarbildung

Nachdem beide Gruppen „ihre" Begriffe gesucht und gefunden haben, versuchen sie nun gemeinsam Assoziationspaare aus je einem Fach- und einem Alltagsbegriff zu bilden. Wichtig ist, die konkrete Paarbildung für alle nachvollziehbar zu begründen. Die Paarbildung mitsamt dessen Erklärung wird schriftlich festgehalten (siehe Abbildung 72).

Ein Werkzeug aus der Kategorie *kommunizieren* oder *zusammenarbeiten* kann hier zum Einsatz kommen.

Wissensstrukturen und -bestände

3. Zusammenfassung der Erkenntnisse

Jeder Teilnehmer reflektiert für sich die Ergebnisse. Danach tauschen sie sich darüber aus, welche neuen Erkenntnisse sie über die gewählten Fachbegriffe gewonnen haben.

Ein Werkzeug aus der Kategorie *kommunizieren, teilen* oder *zusammenarbeiten* kann hier zum Einsatz kommen.

Stufenweise Digitalisierung

Stufe 1: Die Gruppenmitglieder nutzen ein Werkzeug der Kategorie *suchen* für ihre Begriffsauswahl.

Stufe 2: Bei allen kommunikationsrelevanten Teilschritten kommt ein Werkzeug aus der Kategorie *kommunizieren* zum Einsatz.

Stufe 3: Für die Zusammenfassung der Ergebnisse verwenden die Teilnehmer zusätzlich ein Werkzeug aus der Kategorie *teilen*, um ihre individuellen Erkenntnisse den anderen zur Verfügung zu stellen.

Stufe 4: Alle Schritte werden durchgängig mit Hilfe eines Werkzeugs der Kategorie *zusammenarbeiten* durchgeführt.
Wie bei allen gesprächsintensiven Methoden sollte man auch hier in Betracht ziehen, dass ein physisches Zusammentreffen und gemeinsames Arbeiten die Qualität der Ergebnisse positiv beeinflusst.

Beispiel

Eine Gruppe von Personen ist zusammengekommen, um gemeinsam einige Kernbegriffe des Wissensmanagements zu „erforschen". Die eine Teilgruppe einigte sich auf die Fachbegriffe *implizites Wissen, Wissensnetzwerk, Lernen, Lessons Learned Prozess, Wissensentwicklung*. Die andere Teilgruppe wählte die Alltagsbegriffe *Biene, Katze, Mond, Trompete* und *Wasser*.

Wissensmana- gement-Begriff	Alltags- begriff	Begründung für die Paarbildung
implizites Wissen	Wasser	Wasser umgibt uns überall, oft auch sehr versteckt, z.B. in unserem Körper, als unsichtbarer Dunst in der Luft. Genauso verhält es sich mit dem impliziten Wissen.
Wissensnetzwerk	Biene	Bienen bilden Staaten, in denen jede nach ihrer besonderen Eignung (Königin, Drohne, Arbeiterin) ihre Arbeiten für das Gemeinwohl erledigt. Wissen über gute Futterplätze wird durch tänzerische Bewegungsabläufe an andere Bienen systematisch weitergegeben.
Lernen	Katze	Kleine Katzen werden von ihrer Mutter einige Monate lang auf das Leben als Einzelwesen vorbereitet. Sie lernen durch Nachahmung und probieren alles selbst aus. Die Katzenmutter dient ihnen als Modell. Sie sorgt auch dafür, dass ihnen in ihrem Übermut nichts Schlimmes passiert.
Lessons Learned Prozess	Trompete	Trompete spielen zu lernen ist ein langwieriger Prozess. Das kann nur gelingen, wenn der Spieler sich immer wieder mit seinem Lehrer austauscht. Idealerweise gibt dieser dem Schüler Rückmeldung, was er schon gut beherrscht und was er noch wie verbessern könnte.
Wissensent-wicklung	Mond	Der Mond erhellt dunkle Nächte (Licht als Metapher für neues Wissen). Er ist auch einem Zyklus unterworfen wie der Prozess der Wissensentwicklung.

Abbildung 72: Ergebnis der Assoziationspaarbildung

Grenzen/Risiken und Anwendungskompetenzen

Das größte Hindernis bei der Methodenanwendung ist ein versteckter (oder offener) Konflikt innerhalb der Gruppe. Erst nachdem der Konflikt ausgeräumt ist, kann eine Methodenanwendung ins Auge gefasst werden.

Die Methode wird sich in einer Umgebung erfolgreich anwenden lassen, wo die Teilnehmer für ungewöhnliche Zugänge offen sind. Wenn ein Gruppenmitglied die Teilnahme an der Methodenanwendung verweigert, ermöglicht man ihm das Verlassen der Anwendergruppe unverzüglich ohne Konsequenzen.

Falls ein Gruppenmitglied seine Erkenntnisse aus der Paarbildung nicht mit den anderen offen teilen möchte, wird der Betreffende einfach bei der Austauschrunde ausgelassen. Oder man weicht auf einen anonymisierten schriftlichen Austausch aus.

Wird die Methodenanwendung durch einen Moderator unterstützt, sollte dieser mit Moderationstechniken und der Methode selbst vertraut sein. Die Gruppenmitglieder bringen Offenheit im Denken und Unvoreingenommenheit gegenüber kreativen Zugängen mit. Darüber hinaus sind ihnen eine tiefere Erkenntnis über Fachbegriffe in ihrem Themengebiet ein Anliegen.

Wissensstrukturen und -bestände

Referenzen

Mittelmann, A. et al. (2000). *Assoziationspaarbildung*. In: Gappmaier, M. und Heinrich, L. J. (Hrsg.), Geschäftsprozesse mit menschlichem Antlitz: Methoden des Organisationalen Lernens anwenden, Band 1 der Schriftenreihe Wissens- und Prozessmanagement, 2. überarbeitete Auflage, Linz: Trauner Universitätsverlag, S. 159-161.

Mittelmann, A. (2011). *Assoziationspaarbildung*. In: Mittelmann, A., Werkzeugkasten Wissensmanagement, Norderstedt: Books on Demand, S. 180-182.

Metaphernanalyse

Die Metaphernanalyse unterstützt bei der Kommunikation und dem Transfer von implizitem Wissen. Die gefundenen Metaphern setzen scheinbar unvereinbare Kategorien zueinander in Relation und machen dadurch unbewusstes Wissen sichtbar.

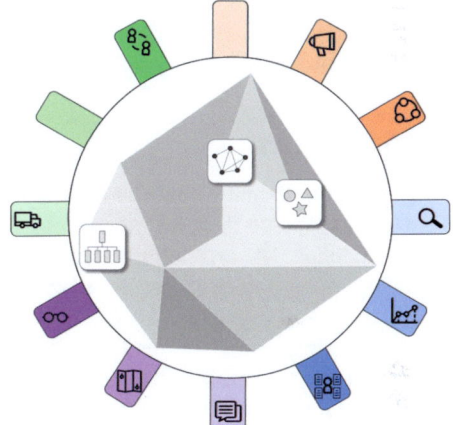

Daher findet man diese Methode im Semantischen Raum zwischen *Organisationen*, *Relationen* und *Kategorien*.

Für die Digitalisierung der Methode können Werkzeuge aus den Kategorien *kommunizieren*, *suchen*, *kuratieren*, *zusammenarbeiten*, *teilen*, *verteilen*, *visualisieren*, *lernen* oder *spielen* zum Einsatz kommen.

Die Methode

Die Metaphernanalyse ist eine qualitative sozialwissenschaftliche Methode. Sie baut auf dem Metaphernbegriff als „Skripte" im Sinn der Kognitiven Psychologie auf. Skripte beschreiben ein Schema bzw. Regeln für eine bestimmte Handlung. Polanyi versteht sie als „tacit knowledge" und Moser als Metaphern.

Der Begriff Metapher kommt vom Griechischen „metapherein" und bedeutet so viel wie „etwas von einem Ort zu einem anderen tragen". Bei der Bildung von Metaphern werden ursprünglich sinnliche Erfahrungen auf abstrakte Inhalte übertragen. Metaphern vermitteln damit implizit die emotionale Komponente gemeinsam mit einer kognitiven Struktur. Ein sog. Herkunftsbereich wird auf einen Zielbereich abgebildet und zu einer neuen Bedeutungseinheit verschmolzen (z.B. „Wüstenschiff" als Metapher für ein Kamel, „Nussschale" für ein kleines Boot, „Bleiwüste" für einen langen, ungegliederten Text). Im Kontext von Wissensmanagement sind die identifizierten Metaphern besonders hilfreich, um kaum zugängliches implizites Wissen und Kulturmuster an die Oberfläche zu bringen.

Im Rahmen einer Metaphernanalyse begibt man sich auf die systematische Suche nach versteckten Metaphern in allen für das gewählte Themengebiet verfügbaren Materialien. Die Texte werden einer qualitativen Inhaltsanalyse unterzogen. Die Ergebnisse werden gruppiert, diskutiert und in für die Zielsetzung passende Metaphern übersetzt, die für die Wissenskommunikation und den Wissenstransfer eingesetzt werden können.

Ziel und Nutzen

Ziel der Metaphernanalyse ist das Auffinden von „guten" Metaphern, die abstrakte und komplexe Sachverhalte erleb- bzw. verstehbar und Neues „begreifbar" machen. Sie ermöglichen damit eine Komplexitätsreduktion und gleichzeitig einen Bezug zu persönlichem Erfahrungswissen. Ihre Unschärfe und Vieldeutigkeit regt die Wissensentwicklung in Gruppen oder Teams an. Durch den bildhaften Charakter der Metaphern können sich ihre Anwender die verpackten Sachverhalte besser merken. Der gezielte Einsatz von Metaphern unterstützt die Schaffung geteilter mentaler Modelle und einer gemeinsamen Wissensbasis. Darüber hinaus erleichtern sie die Kommunikation und den Transfer von schwer fassbarem Wissen.

Anwendung

Für die Anwendung der Metaphernanalyse gibt es mehrere unterschiedliche Verfahren. Nachfolgend wird eine Vorgangsweise (nach Schmitt/Schmieder) beschrieben, die auch für Linguistik-Laien durchführbar ist.

1. Vorbereitung

Ausgehend vom Zweck für die Verwendung der Metaphern begibt man sich auf die Suche nach Wissensobjekten, die das Themengebiet umkreisen. In einer Organisation möchte man zum Beispiel herauszufinden, wie Wissen weitergegeben wird. Dazu werden Mitarbeiter aus verschiedenen Organisationseinheiten zu einem narrativen Interview (siehe Befragung auf Seite 136) gebeten. Die Audiodateien werden, die Zustimmung der Interviewten vorausgesetzt, für die weitere Bearbeitung transkribiert. Darüber hinaus wird in allen verfügbaren Quellen nach Texten gesucht, die Wissenstransfer in der Organisation thematisieren. Die Bearbeiter wählen die prägnantesten aus allen Textstellen aus, um das Material auf ein vernünftiges und brauchbares Maß zu reduzieren.

Für die Abstimmung innerhalb der Bearbeitergruppe kann ein Werkzeug aus der Kategorie *kommunizieren* oder *zusammenarbeiten* zum Einsatz kommen. Für die Suche nach geeigneten Wissensobjekten kann ein Werkzeug der Kategorie *suchen* oder *kuratieren* verwendet werden. Die Befragung Betroffener erfolgt mit Hilfe eines Werkzeugs der Kategorie *kommunizieren* oder *befragen*. Die ausgewählten Textstellen werden unter Verwendung eines Werkzeugs der Kategorie *teilen* oder *zusammenarbeiten* allen Bearbeitern zur Verfügung gestellt.

2. Entwicklung

Die Bearbeiter unterziehen die ausgewählten Textstellen einer qualitativen Inhaltsanalyse. Dabei einigen sie sich zunächst darauf, was als Metapher gelten soll. Für das Thema „Wissensweitergabe" wählen sie z.B. die Begriffsfelder Staffellauf, Hürden, Zeit, Schatz, Fallstrick, Fettnäpfchen, Pate, usw. aus. Mit Begriffsfeld ist gemeint, dass semantisch ähnliche Begriffe wie z.B. Staffellauf und Stafette oder Schatz und Edelsteine ebenfalls als Metapher für die Auswahl herangezogen werden.

Danach schneiden sie die identifizierten Metaphern aus den Texten aus und sammeln sie gemeinsam mit dem „Lückentext" in einer Tabelle (siehe Abbildung 73). Die gesammelten Metaphern gruppieren sie anschließend in Kategorien (z.B. Kategorie Sport für die Metaphern Staffellauf, Stafette, Hürden, Zeit) und bilden kurze Sätze nach dem Schema „X ist Y" (z.B. Wissensweitergabe ist ein Staffellauf).

Die Bilder der Kategorien vervollständigen sie nun und beschreiben, was sie alles umfassen. Hilfreiche Analysefragen sind in diesem Zusammenhang: Worauf bezieht sich die Metapher? Welche Aspekte des Zielbereichs werden angesprochen? Welche Ursachen werden erfasst? Welche Folgen sind erkennbar? Was wird wie quantifiziert?

Die Beschreibungen verdichten sie in metaphorischen Konzepten. Diese werden diskutiert und interpretiert sowie sowohl textuell als auch visuell dargestellt. Der Abschluss dieser Phase umfasst die finale Auswahl der Konzepte für die ursprüngliche Zielsetzung, die Beschreibung ihrer Wirkungsweise und Einsatzszenarien.

Für die qualitative Inhaltsanalyse kommt ein darauf spezialisiertes Werkzeug (Kategorie *visualisieren*) zum Einsatz. Die Abstimmung in der Bearbeitergruppe erfolgt mit Hilfe eines Werkzeugs der Kategorie *kommunizieren* oder *zusammenarbeiten*, die Sicherung der (Zwischen-)Ergebnisse mit einem der Kategorie *teilen* oder ebenfalls *zusammenarbeiten*.

3. Verwendung

Ausgehend von den beschriebenen Einsatzszenarien und der Zielsetzung werden die Metaphern in der Organisation über die passenden Medien verbreitet. Sowohl die textuelle als auch die visuelle Repräsentation kommt dabei zum Einsatz. Ggfs. werden die Metaphern auch in E-Learning-Einheiten oder Lernspielen integriert, um den Lernenden das Behalten der Inhalte zu erleichtern.

Werkzeuge aus den Kategorien *kommunizieren*, *verteilen*, *lernen* und *spielen* können hier zum Einsatz kommen.

Alternative einfache Methode

Wem die beschriebene Methode zu schwierig erscheint, kann auf ein vereinfachtes Verfahren nach Reinmann/Eppler (2008) zur Bildung von Metaphern zurückgreifen. Die Vorgehensweise umfasst die folgenden vier Schritte:

1. Identifizieren der Kerneigenschaften des Themas
2. Finden eines Wissensgebiets, in dem diese Eigenschaften vorhanden sind
3. Wahl eines *natürlichen* oder *künstlichen Gegenstands* (z.B. Tal, Feuer, Wasser oder Brücke, Kette, Haus), einer *Tätigkeit* (z.B. tanzen, schwitzen, hämmern) oder ein *Konzept* (z.B. Orchester, Zwillinge, Vererbung) in diesem Gebiet, die sich gut visualisieren lassen und in verschiedene Bereiche oder Zonen aufgeteilt werden können
4. Einfügen der relevanten Informationen in das Bild

Hexelschneider schlägt vor, sich ein Repertoire von Begriffen aus allen vier oben genannten Kategorien anzulegen, die man gut visualisieren und bei Bedarf als Metaphern benutzen kann.

Stufenweise Digitalisierung

Stufe 0: Die Methode kommt mehr oder weniger ohne Technikunterstützung aus. Für eine effiziente Bearbeitung werden ein Textverbeitungs- und Tabellenkalkulationssystem verwendet.

Stufe 1: Für die Erarbeitung von Metaphern im Team kann ein Werkzeug aus der Kategorie *kommunizieren* verwendet werden. Das Auffinden von geeigneten Wissensobjekten wird durch ein Werkzeug der Kategorie *suchen* unterstützt.

Stufe 2: Zwischenergebnisse werden den Bearbeitern mit Hilfe eines Werkzeugs der Kategorie *teilen* zur Verfügung gestellt. Die Visualisierung von Metaphern erfolgt durch ein Werkzeug aus der Kategorie *visualisieren*.

Stufe 3: Statt eines Werkzeugs der Kategorie suchen wird eines aus der Kategorie *kuratieren* verwendet, statt *teilen* eines aus der Kategorie *zusammenarbeiten*. Für die qualitative Inhaltsanalyse setzt man die Analysefunktion eines Spezialwerkzeugs der Kategorie *visualisieren* ein. Falls die Metaphern in E-Learning-Einheiten integriert werden sollen, nutzt man ein Werkzeug der Kategorie *lernen*. Für die Verwendung in Lernspielen kommt ein Werkzeug der Kategorie *spielen* zum Einsatz.

Es wird davon abgeraten, die Methode vollständig zu digitalisieren. Intensive Diskussionen der Metaphern sind erforderlich, um ein gutes Ergebnis zu erreichen. Dazu ist es unbedingt notwendig, dass sich die Bearbeiter persönlich treffen. Dies gilt ebenso für die Anwender. Nur in einem persönlichen Gespräch ist ein Wissensgeber in der Lage, einen Teil seines Erfahrungswissen mit Hilfe einer Metapher dem Wissensnehmer näher zu bringen. Der Wissensnehmer benötigt für ein tieferes Verständnis sowohl die verbalen als auch non-verbalen Kommunikationsanteile in der Diskussion.

Beispiele

Da die Metaphernanalyse eine anspruchsvolle Methode ist, zeigt das nachfolgende Beispiel lediglich die grundsätzliche Vorgangsweise ohne Anspruch auf Vollständigkeit oder Konsistenz der Ergebnisse. Als Beispiel wird ein Text (siehe: clausen, versa commerce (21.11.2011): Exzessiver Wissensaustausch - das Lebenselixier der distributed company, https://www.versacommerce.de/blog/exzessiver-wissensaustausch-das-lebenselixier-der-distributed-company) verwendet, der das Thema Wissenstransfer aus der Perspektive der genannten Organisation skizzenhaft behandelt.

Wie in Schritt 2 (Entwicklung) beschrieben, werden aus dem Text die identifizierten Metaphern ausgeschnitten und gemeinsam mit dem Lückentext in einer Tabelle gespeichert (siehe Abbildung 73).

Ausgangstext	Lückentext	Isolierte Metaphern
Exzessiver Wissensaustausch - das Lebenselixier der distributed company.	Exzessiver - das der distributed company	Wissensaustausch Lebenselixier
In der distributed company ist Kommunikation die wichtigste Lebensader. Natürlich ist der Austausch von Informationen in allen Firmen eine überlebenswichtige Angelegenheit: Fast alle Probleme bei der Zusammenarbeit lassen sich auf schlechten internen Wissensaustausch zurückführen.	In der distributed company ist Kommunikation die wichtigste . Natürlich ist der Austausch von Informationen in allen Firmen eine : Fast alle Probleme bei der Zusammenarbeit lassen sich auf zurückführen.	Lebensader überlebenswichtige Angelegenheit schlechten internen Wissensaustausch
Doch in der distributed company ist das ein wirklich großes Problem. Eine mangelhafte Informations- und Kommunikationskultur sorgt für Stillstand und Chaos.	Doch in der distributed company ist das ein wirklich großes Problem. Eine sorgt für .	mangelhafte Informations- und Kommunikationskultur Stillstand und Chaos
Die Möglichkeiten und Kanäle für Austausch sind schliesslich wesentlich geringer, wenn Mitarbeiter nicht physisch vor Ort sind. Ohne zufällige Begegnungen fallen selbst die zufälligen Gespräche in der Kantine oder der „Flurfunk" weg.	Die Möglichkeiten und sind schliesslich wesentlich geringer, wenn Mitarbeiter sind. Ohne zufällige fallen selbst die zufälligen in der Kantine oder der weg.	Kanäle für Austausch nicht physisch vor Ort Begegnungen Gespräche Flurfunk

Abbildung 73: Beispiel Analyse-Tabelle

Da es um den Wissensaustausch geht, können beispielhaft die Kategorien „Wissensaustausch ist Leben" und „Wissensaustausch ist ein Fluss" abgeleitet werden (siehe Abbildung 74). Die beiden Kategorien sind nicht überschneidungsfrei. Über die Metapher „Lebensader" sind sie miteinander verbunden und können folgendermaßen zu einem Gesamtbild kombiniert werden:

„Für eine dynamische Organisation ist es überlebenswichtig, Wissensaustausch als Lebenselixier in einer Kultur von inspirierenden Begegnungen gedeihen zu lassen. Physische Orte sind die Knotenpunkte für die Lebensadern, an denen der Gesprächsfluss kanalisiert wird. Dadurch haben Stillstand oder Chaos keine Chance, den Flurfunk zu stören, der den Wissensaustausch um die essentielle zufällige Komponente bereichert."

Dieses Bild können Führungskräfte in wissensorientierten Mitarbeitergesprächen (siehe Seite 109) verwenden, um ihren Mitarbeitern die Wichtigkeit von Wissensaustausch eingängig zu vermitteln. Es kann auch als Startpunkt bei allen Veranstaltungen zum Einsatz kommen, in denen Wissensaustausch gepflegt werden soll, oder als Kernmetapher in einer E-Learning-Einheit über Wissensaustausch.

Wissensstrukturen und -bestände

Abbildung 74: Kategorienbildung aus den isolierten Metaphern

Die Metapher der „Automobilevolution"

Eines der berühmtesten Beispiele für eine Metapher liefern Nonaka und Takeuchi, die bei Honda bei der Entwicklung eines völlig neuen Fahrzeugkonzepts zum Einsatz kam. Die Geschäftsführung beauftragte unter dem Motto „let's gamble" (wer wagt, gewinnt) ein junges Entwicklerteam mit der Konzipierung. Die einzigen Vorgaben waren, dass das neue Produkt sich fundamental von allem unterscheiden soll, was Honda bisher gemacht hat, und kostengünstig, aber nicht billig sein soll. Um die Ideengenerierung in diese Richtung zu lenken, verwendete der Projektleiter die Metapher von der „Automobilevolution" (Wie müsste ein Auto beschaffen sein, wenn es ein Organismus wäre?) als Ausgangspunkt. Diese mündete in das Bild einer Kugel (kurzes, hohes Auto), was die herkömmlichen Vorstellungen eines landläufigen Autos revolutionierte. So entstand das Produkt-Konzept, das das Entwicklungsteam „Tall Boy" nannte und in Hondas Stadtflitzer „Honda City" mündete.

Grenzen/Risiken und Anwendungskompetenzen

Die Grenze sowohl bei der Entwicklung als auch der Verwendung von Metaphern beginnt dort, wo das Sprachverständnis der Beteiligten endet. Besonders bei Nicht-Muttersprachlern ist das Verstehen von Metaphern von deren Wortschatz abhängig. Die Methode ist daher für sprachgemischte Teams mehr oder weniger ungeeignet.

Ähnlich verhält es sich bei einem Personenkreis mit unterschiedlichen kulturellen Hintergründen. Expertenwissen ist immer kulturell geprägt. Daher können Metaphern beim Transfer von Erfahrungswissen nur sinnvoll eingesetzt werden, wenn Wissensgeber und Wissensnehmer aus ähnlichen Kulturkreisen und Gegenden stammen. Multikulturelle Teams sollten daher von einem Einsatz der Methode eher absehen.

Durch ihre Unschärfe und Vieldeutigkeit leisten Metaphern als "kryptische Slogans" einen großen Beitrag zur Wissensschaffung. Gleichzeitig können sie zu Missverständnissen führen und der Manipulation Tür und Tor öffnen. Durch achtsamen und maßvollen Umgang mit Metaphern kann diese Gefahr gebannt und deren Erklärungsleistung voll ausgeschöpft werden.

Im Entwicklungsschritt besteht das Risiko, dass durch die Zerstückelung eines zusammenhängenden Textes in einzelne Sätze Gedankengänge und Sinnzusammenhänge zerschnitten werden. Dieser Problematik kann bei der Sortierung der Metaphern begegnet werden, indem immer die unmittelbar vorangestellten und nachfolgenden Sätze (Lückentext!) mitberücksichtigt werden.

Bei der Anwendung der Methode wird von allen Beteiligten, wie bereits erwähnt, eine hohe sprachliche Kompetenz erwartet. Die Bearbeiter benötigen gute Anwendungskenntnisse in der qualitativen Inhaltsanalyse neben entsprechenden Kommunikationsfertigkeiten und kreativem Potential für die Entdeckung neuartiger Sinnzusammenhänge.

Referenzen

Eder, T.; Czernin, F. J. (Hrsg., 2007). *Zur Metapher. Die Metapher in Philosophie, Wissenschaft und Literatur*. München, Paderborn: Wilhelm Fink Verlag.

Eppler, M. J. (2004). *Visuelle Kommunikation – Der Einsatz von graphischen Metaphern zur Optimierung des Wissenstransfers*. In: Eppler M. J.; Reinhardt, R. (Hrsg.), Wissenskommunikation in Organisationen. Methoden, Instrumente, Theorien. Berlin: Springer, S. 13-31.

Hexelschneider, A. (2016). *Metaphern finden - 5 Wege*. wissendenken Blogpost vom 10. August 2016, https://wissendenken.com/visuelle-kommunikation/metaphern-finden-5-wege/, Abruf: 05.05.2019.

Kruse, J.; Biesel, K.; Schmieder, C. (2011). *Metaphernanalyse. Ein rekonstruktiver Ansatz.* Wiesbaden: VS Verlag für Sozialwissenschaften.

Moser, K. S. (2004). *Metaphernanalyse als Wissensmanagement-Methode.* In: Reinmann, G.; Mandl, H. (Hrsg), Psychologie des Wissensmanagements, Göttingen/Bern: Hogrefe, S. 329-340.

Polanyi, M. (1966). *The tacit dimension.* London: Routledge & Kegan Paul.

Reaper, M. (2018). *Die Externalisierung impliziten Wissens in Organisationen: Der Einfluss der Unternehmenskultur auf die Externalisierung am Beispiel wissensintensiver Industriebranchen.* Dissertation, Zeppelin Universität, Friedrichshafen, https://repositorium.zu.de/frontdoor/deliver/index/docId/28/file/Die+Externalisierung+impliziten+Wissens+in+Organisationen_Dissertation+ZU_Monika+Reaper.pdf, Abruf: 09.05.2019.

Reinmann, G.; Eppler, M. J. (2008). *Fokusmetaphern.* In: Wissenswege, Methoden für das persönliche Wissensmanagement. Bern: Hogrefe, S. 120-127.

Schmieder, C. (2007). *Die Spermien und das Meer. Metaphernanalyse als qualitative Methode.* Online-Artikel methaphorik.de, https://www.metaphorik.de/sites/www.metaphorik.de/files/article/schmieder-spermienundmeer.pdf, Abruf: 03.05.2019.

Schmitt, R. (2011). *Systematische Metaphernanalyse als qualitative sozialwissenschaftliche Forschungsmethode.* metaphorik.de 21/2011, S. 47-81, https://www.metaphorik.de/sites/www.metaphorik.de/files/journal-pdf/21_2011_schmitt.pdf, Abruf: 03.05.2019.

Nonaka, I.; Takeuchi, H. (1997). *Die Organisation des Wissens: Wie japanische Unternehmen eine brachliegende Ressource nutzbar machen.* Frankfurt/New York: Campus.

Vohle, F., Reinmann-Rothmeier, G. (2000). *Analogietraining zur Förderung von Kommunikation und Innovation im Rahmen des Wissensmanagements.* Forschungsbericht Nr. 128, München: Ludwig-Maximilians-Universität, Lehrstuhl für Empirische Pädagogik und Pädagogische Psychologie, https://epub.ub.uni-muenchen.de/236/1/FB_128.pdf, Abruf: 01.05.2019.

Morphologisches Tableau

Ein Morphologisches Tableau unterstützt die systematische kreative Lösungsfindung. Eine Gruppe von Personen zerlegt das Problem in überschneidungsfreie Teilbereiche mit ihren Merkmalen samt Ausprägungen und kombiniert die Merkmalsausprägungen zu neuen, ungewöhnlichen Lösungen.

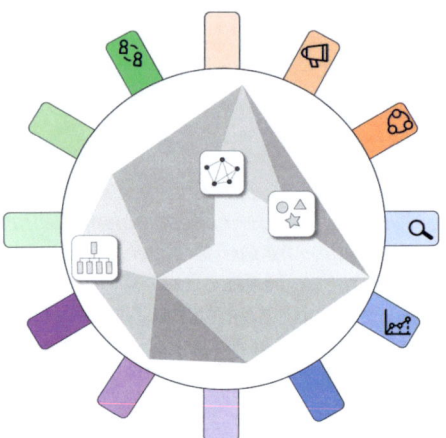

Diese Methode befindet sich daher im Semantischen Raum zwischen *Organisationen, Relationen* und *Kategorien*.

Für die Digitalisierung der Methode können Werkzeuge aus den Kategorien *kommunizieren, suchen, teilen, visualisieren* oder *zusammenarbeiten* zum Einsatz kommen.

Die Methode

Das Morphologische Tableau wurde vom Schweizer Astrophysiker Fritz Zwicky entwickelt. Es ist eine Kreativitätstechnik, bei der systematisch an die Lösungsfindung für ein gegebenes Problem herangegangen wird. Das Gesamtproblem wird zunächst in voneinander unabhängige Teilaspekte zerlegt (Dekomposition). Danach werden für die einzelnen Teilprobleme Lösungsvarianten entwickelt und zum Schluss zu einer Gesamtlösung zusammengefügt (Komposition). Die Bearbeitung erfolgt mit Unterstützung einer Matrix (Tableau), die die Merkmale und Ausprägungen der Teilaspekte (siehe Beispiel in Abbildung 75) enthält. Durch die kreative Kombination der Merkmalsausprägungen werden neue bzw. unkonventionelle Lösungen gefunden.

Das Wort „Morphologie" stammt aus dem Griechischen und bedeutet „Lehre der Gestaltung, Strukturierung und Formung". Jede nach einem bestimmten Verfahren erzeugte Ordnung wird als Morphologie bezeichnet. Der Begriff „Tableau" weist auf die Verwendung einer Matrix hin. Morphologische Methoden werden vor allem dann eingesetzt, wenn das Problem strukturell oder prozesshaft klar abgrenzbare Teilbereiche enthält.

Ziel und Nutzen

Ziel dieser Methode ist es, durch Zerlegung des Problems in abgegrenzte Teilaspekte und die systematische Variierung ihrer Merkmalsausprägungen möglichst nahe an das denkbare Lösungsoptimum heranzukommen. Die Schwachstellen bisheriger Lösungen werden durch die Anwendung rasch erkannt und können beseitigt werden. Die beteiligten Personen bauen ihr kreatives Potential aus und gelangen zu neuen Erkenntnissen.

Anwendung

Die Anwendung erfolgt in einer Gruppe von bis zu sieben Personen. Der gesamte Prozess wird von einem Moderator begleitet und dauert je nach Komplexität des Problems zwischen einer halben und zwei Stunden. Das Verfahren beinhaltet die folgenden vier Schritte:

1. Definition und Analyse des Problems

Das Problem wird definiert, analysiert und in voneinander unabhängige Problembereiche zerlegt. Diese Teilaspekte dürfen sich nicht überschneiden und sollen möglichst das gesamte Spektrum der Möglichkeiten, die im Problem stecken, abdecken. Für die Suche nach relevanten Teilproblemen kann die Gruppe Internet-Recherchen mit passenden Schlüsselwörtern durchführen oder klassisches Brainstorming (siehe Seite 42) einsetzen.

Für diese Phase sind Werkzeuge aus den Kategorien *kommunizieren, suchen, visualisieren* und *teilen* oder *zusammenarbeiten* geeignet.

2. Bestimmung der Merkmale und möglicher Merkmalsausprägungen

Den einzelnen Problembereichen werden Merkmale zugeordnet und in die erste Spalte der Matrix übertragen. Die (aus Komplexitätsgründen) maximal sieben ausgewählten Merkmale sollen möglichst unabhängig voneinander sein, auf sämtliche Lösungsvarianten zutreffen und für das Gesamtproblem relevant sein. Wenn es z.B. um die Entwicklung eines hochwertigen Gefäßes für den anspruchsvollen Kaffeegenießer geht, könnten Merkmale Material, Größe, Form und Dekor sein.

Je Merkmal werden anschließend mögliche Ausprägungen bestimmt und in die Matrixfelder rechts neben dem zugehörigen Merkmal eingetragen. Ausprägungen für das Merkmal „Material" aus dem obigen Beispiel können „Glas", „Porzellan" und „Metall" sein. Ergeben sich in diesem Schritt zu viele Merkmalsausprägungen, die sich nicht mehr überblicken lassen, kann durch die Zerlegung in Teilmatrizen die Komplexität reduziert werden. Wenn für ein Merkmal weniger als drei Ausprägungen gefunden werden, sollte es aus der Matrix entfernt werden, um das Finden von unterschiedlichen Lösungsalternativen nicht einzuschränken.

Dieser Schritt ist der kritischste und kann durch den Einsatz weiterer Kreativitätstechniken wie z.B. Mind Mapping (siehe Seite 315) unterstützt werden. Ebenso hilfreich kann die Beantwortung der W-Fragen (was, wann, wer, wo, warum und wie) in diesem Schritt sein.

Werkzeuge aus den Kategorien *kommunizieren, teilen, visualisieren* oder *zusammenarbeiten* können hier zum Einsatz kommen.

3. Festlegung der Kombinationen

Ausgehend von der ursprünglichen Zielsetzung und den Rahmenbedingungen werden Merkmalsausprägungen der einzelnen Parameter zu sinnvollen Gesamtlösungen kombiniert. Die gefundenen Lösungen werden in der Matrix verzeichnet, indem die zusammengehörigen Merkmalsausprägungen je Variante z.B. durch Pfeile miteinander verbunden werden.

Werkzeuge aus den Kategorien *kommunizieren, teilen* oder *zusammenarbeiten* können hier verwendet werden.

4. Alternativenbewertung und Lösungsauswahl

Die Bewertung der Lösungsalternativen erfolgt mit Hilfe einer Kriterienliste, die aus der Zielsetzung abgeleitet wurde. Abschließend werden die so ausgewählten Alternativen auf technische Machbarkeit und Wirtschaftlichkeit überprüft, um die optimalsten Lösungsvarianten zu finden.

Bei allen vorangegangenen Schritten ist darauf zu achten, dass eine vorzeitige Bewertung unterbleibt. Merkmalsausprägungen können für sich genommen suboptimale Lösungen darstellen, in Kombination mit anderen aber sehr gute Gesamtlösungen liefern.

Werkzeuge aus den Kategorien *kommunizieren, teilen* oder *zusammenarbeiten* können hier verwendet werden.

Stufenweise Digitalisierung

Stufe 0: Die Methode kommt ohne Technikunterstützung aus. Alle Schritte lassen sich mit Hilfe von Papier und Bleistift bearbeiten.

Stufe 1: Zum Finden von Teilaspekten, Merkmalen und Merkmalsausprägungen zum vorliegenden Problem kann ein Werkzeug aus der Kategorie *suchen* verwendet werden.

Stufe 2: Für alle Diskussionen zur Lösungsfindung innerhalb der Bearbeitergruppe können Werkzeuge aus der Kategorie *kommunizieren* eingesetzt werden. Zur Unterstützung der Problemzerlegung und Strukturierung der Merkmale samt Ausprägungen kann ergänzend ein Werkzeug aus der Kategorie *visualisieren* (z.B. für Mind Mapping) verwendet werden.

Stufe 3: Das bearbeitete Tableau kann innerhalb der Gruppe unter Verwendung eines Werkzeugs aus der Kategorie *teilen* zur Verfügung gestellt werden.

Stufe 4: Die Methode kann vollständig digitalisiert werden, indem durchgängig ein Werkzeug aus der Kategorie *zusammenarbeiten* zum Einsatz kommt. Ergänzend kann ein Werkzeug aus der Kategorie *visualisieren* verwendet werden.

Beispiel

In einem mittelständischen Unternehmen, das Kaffee-bezogene Produkte für Großabnehmer vertreibt, möchte der Leiter des Marketings Ideen für ein Werbegeschenk für die nächste Fachmesse entwickeln. Ein erstes Brainstorming mit einigen Mitarbeitern aus der Marketingabteilung ergab als Kernidee „ein hochwertiges Gefäß für den anspruchsvollen Kaffeetrinker". Im nächsten Schritt soll die Methode „Morphologischer Kasten" eingesetzt werden, um kreative Lösungsvarianten zu entwickeln, die die Werte des Unternehmens potenziellen Kunden vermitteln und dem Budgetrahmen entsprechen.

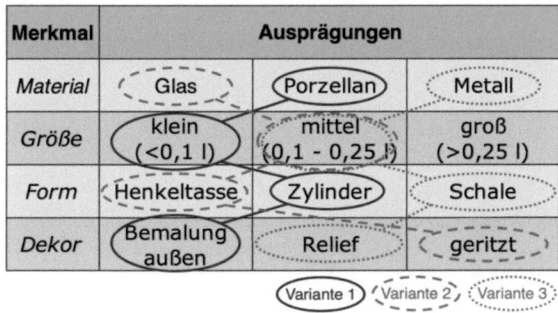

Abbildung 75: Morphologisches Tableau für die Problemlösung

Eine Gruppe von sechs Personen aus mehreren Abteilungen des Unternehmens zerlegt die Kernidee in die Teilbereiche Material, Größe, Form und Dekor. Der Moderator trägt das Ergebnis in das Tableau ein und ergänzt die vorgeschlagenen Merkmalsausprägungen aus der Anschlussdiskussion (siehe Abbildung 75).

Die Kombination der Merkmalsausprägungen ergibt drei passende Varianten, aus denen der Marketingleiter eine oder mehrere auswählen und realisieren kann. Er entscheidet sich für Variante 1 und 3, weil sie seinen Vorstellungen am besten entsprechen.

Grenzen/Risiken und Anwendungskompetenzen

Ein kritischer Punkt bei der Anwendung der Methode ist die Identifikation der wesentlichen Teilaspekte für das Gesamtproblem, da dies entscheidend für das erfolgreiche Entwickeln von passenden Gesamtlösungen ist. Der Abgleich mit der Zielsetzung kann hier unterstützend wirken.

Das Finden von Merkmalsausprägungen ist ebenfalls eine herausfordernde Aufgabe. Probleme können auch bei der Abgrenzung der Merkmale und ihrer Ausprägungen entstehen. Bei diesem Vorgang Personen einzubeziehen, die an der Problemzerlegung unbeteiligt waren, kann gewinnbringend sein, da sie einen „unverfälschten" Blick auf das Gesamtproblem haben.

Die Methode bietet keine Unterstützung bei der Auswahl geeigneter Lösungen. Es bleibt dem Geschick des Moderators und der Anwendergruppe überlassen, sinnvolle, aber auch unorthodoxe Lösungen zu selektieren. Hier kann der Einsatz eines Querdenkers helfen, Denkbarrieren aufzulösen. Der Moderator ist in dieser Situation gefordert, damit die ungewöhnliche Lösung von der Gruppe angenommen wird.

Ein weiterer Kritikpunkt ist, dass die Methode keine Anleitung zur Auswahl der passenden Gesamtlösungen bietet. An dieser Stelle wird man ergänzende Methoden wie Kosten-/Nutzenanalyse, Nutzwertanalyse o.ä. einsetzen, die wiederum auf die Zielsetzung referenzieren. Auch die Ableitung von Auswahlkriterien aus der Zielsetzung und den Rahmenbedingungen ist an dieser Stelle eine gute Ergänzung für die Methode.

Aufgrund des systematischen Vorgehens beim Einsatz der Methode wird man selten auf radikal neue Lösungsansätze stoßen. Was sich nicht aus einer Kombination der Merkmalsausprägungen ergibt, wird auch nicht gefunden. Daher sollte der Moderator auch Gesamtlösungen zulassen, die über den Rahmen der festgelegten Merkmalsausprägungen hinausgehen. Im obigen

Beispiel könnte ein Gruppenmitglied einen recycelbaren Plastikbecher mit integrierter Temperaturanzeige für den Kaffeeinhalt vorschlagen.

Der Moderator muss neben Kommunikations- und Moderationsfertigkeiten auch Anwendungskompetenz für die Methode besitzen. Von den Anwendern wird Grund- und/oder Erfahrungswissen im Problembereich erwartet. Die Fähigkeit zu strukturiertem Denken sowie Offenheit für Neues sind ebenfalls wünschenswerte Kompetenzen für alle Methodenanwender inkl. Moderator.

Referenzen

Geschka, H.; Schwarz-Geschka, M. (2011). *Kreativitätstechniken - Morphologisches Tableau.* http://www.innovationsmanagement.de/kreativitaetstechnik/tableau.html, Abruf: 05.05.2019.

Malorny, C.; Schwarz, W.; Backerra, H. (2007). *Morphologischer Kasten.* In: Die sieben Kreativitätswerkzeuge K7, 3., vollständig überarbeitete Auflage, München/Wien: Hanser, S. 75-78.

Mittelmann, A. (2011). *Morphologisches Tableau.* In: Werkzeugkasten Wissensmanagement, Norderstedt: Books on Demand, S. 171-173.

Nöllke, M. (2015). *Morphologischer Kasten und andere Matrizen.* In: Kreativitätstechniken, 7. Auflage, Planegg/München: Haufe, S. 100-105.

wikipedia (2018). *Morphologische Analyse (Kreativitätstechnik).* https://de.wikipedia.org/wiki/Morphologische_Analyse_(Kreativitätstechnik), letzte Änderung: 13.7.2018, Abruf: 05.05.2019.

Canvas Checkliste

Eine Canvas Checkliste ist ein Wissensobjekt, das dokumentierbares Prozesswissen in Form von Kernfragen oder Checkpunkten in Blöcken strukturiert darstellt.

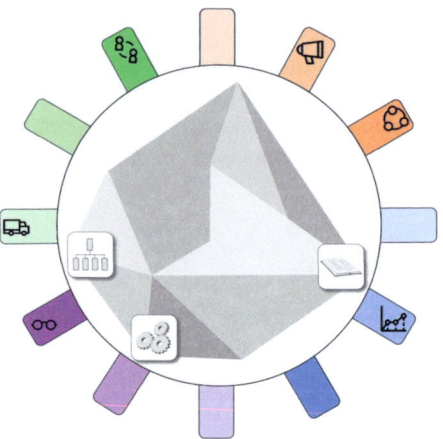

Diese Methode ist daher im Semantischen Raum zwischen *Organisationen*, *Prozessen* und *Wissensobjekte* zu finden.

Für die Digitalisierung der Methode können Werkzeuge aus den Kategorien *kommunizieren*, *teilen*, *verteilen* oder *zusammenarbeiten*, *visualisieren* und *lernen* zum Einsatz kommen.

Die Methode

Eine Canvas Checkliste enthält benannte Blöcke mit einer Abfolge von Fragen oder Checkpunkten zu einem bestimmten Themengebiet. Die Fragen orientieren sich an der Zielsetzung für den Einsatz der Canvas Checkliste. Die Blöcke werden in der für das Thema, den Arbeitsablauf oder Prozess passenden Reihenfolge durchnummeriert (siehe Abbildung 76). Das Hinzufügen geeigneter Symbole je Block unterstützt das rasche Erkennen der Blockfragestellung. Für die Strukturierung kann auch eine entsprechende visuelle Metapher verwendet werden (z.B. ein menschlicher Körper für einen vertikalen Arbeitsablauf, der beim Kopf beginnt und an den Füßen endet).

Eine Canvas Checkliste sollte eingesetzt werden, wenn ...

• die Aufgabe gut strukturiert werden kann

• die Aufgabe öfters, aber nicht unbedingt regelmäßig zu erledigen ist

• eine Aufgabe immer gleich abläuft und von mehreren Personen alternativ erledigt werden soll

Sie ist oft Teil in einer Vielzahl anderer Methoden (z.B. Wissensstafette, Szenariotechnik, Kreativitätstechniken etc.), in denen es um Themen-, Situationsklärungen oder Entscheidungen geht.

Ziel und Nutzen

Eine Canvas Checkliste hilft bei der Strukturierung und Dokumentation von Verfahrenswissen innerhalb verschiedener Aufgabenstellungen. Durch die Form der Visualisierung gewinnt der Anwender gleichzeitig einen Überblick über das gesamte Themengebiet und durch die Fragen bzw. Checkpunkte je Block den erforderlichen Detaillierungsgrad (siehe Beispiel in Abbildung 76). Die Darstellung einer Checkliste in Form eines Canvas unterstützt das visuelle und strukturierte Denken und führt damit zu besser durchdachten Ergebnissen.

Anwendung

Die Anwendung der Methode gliedert sich in folgende drei Teile:

1. Entwicklung

Für die Entwicklung einer Canvas Checkliste benötigt man mindestens einen Fachexperten für das Themengebiet oder den betreffenden Prozess. Der mit der Entwicklung Beauftragte lädt den/die Fachexperten und eine kleine Gruppe von interessierten zukünftigen Anwendern zu einem gemeinsamen Workshop ein. Er klärt mit ihnen, für welches wichtige Thema, welchen kritischen Arbeitsschritt oder Teilprozess eine Checkliste erstellt werden soll. Anschließend zeigt er der Gruppe einige Canvas-Beispiele aus anderen Themengebieten (z.B. Projektmanagement, Business Model Canvas).

Zum besseren Verständnis der Methodenanwendung erarbeitet er mit ihnen eine Canvas Checkliste für eine Alltagssituation. Dabei folgen sie diesem Ablauf:

- Festlegen des Zwecks der Checkliste in Form einer Frage oder einem Kernthema (z.B. „Wohin soll unser nächster Betriebsausflug gehen?" oder „Planung eines Mitarbeiterfestes")
- Sammeln der relevanten Themen, Fragen und Probleme
- Strukturieren der Punkte/Fragen in logische Blöcke mit passenden Überschriften
- Visualisieren der Blöcke in einem Canvas in geeigneter Form und Reihenfolge

So vorbereitet, entwickeln sie nun gemeinsam die Canvas Checkliste für ihr Thema, ihre Aufgabe oder ihren Prozess.

Je ein Werkzeug aus den Kategorien *kommunizieren* oder *zusammenarbeiten* und *visualisieren* kann hier zum Einsatz kommen.

2. Nutzung

Der Beauftragte stellt die fertige Canvas Checkliste aus Schritt 1 zuerst allen Personen zur Verfügung, für die das Thema, der Arbeitsschritt oder Prozess wahrscheinlich von Interesse ist. Er bittet sie, die Canvas Checkliste bei sich bietenden Gelegenheiten zu verwenden und ihm über ihre Anwendungserfahrungen Feedback zu geben. Diese Rückmeldungen nimmt er als Ausgangspunkt für eine erste Überarbeitung der Canvas Checkliste. Nach Freigabe dieser Version durch das ursprüngliche Entwicklungsteam stellt er sie zum allgemeinen Gebrauch zur Verfügung. Eine Canvas Checkliste kann auch als Einstiegspunkt für eine E-Learning-Einheit über das betreffende Thema genutzt werden. Sie dient damit dem Lernen direkt am Arbeitsplatz.

Für diesen Teil sind Werkzeuge aus den Kategorien *kommunizieren, teilen, verteilen* und *lernen* geeignet.

3. Optimierung

Eine Canvas Checkliste unterliegt wie jedes andere Wissensobjekt einer ständigen Weiterentwicklung. Die eingehenden Rückmeldungen werden genutzt, um inhaltliche, strukturelle oder visuelle Verbesserungen an der Canvas Checkliste vorzunehmen. Auf diese Art und Weise fließen die Anwendungserfahrungen aller Nutzer direkt in die Optimierung ein.

Werkzeuge aus den Kategorien *kommunizieren, suchen* und *netzwerken* sind für diesen Teil geeignet.

Stufenweise Digitalisierung

Die Methode kommt ohne Technikunterstützung aus. Die Canvas Checkliste wird auf ein Blatt Papier gemalt und für die Wiederverwendung als Kopie weitergegeben.

Stufe 1: Alle gesprächsrelevanten Aktivitäten (Entwicklung, Feedback) können mit Hilfe von Werkzeugen aus der Kategorie *kommunizieren* (Videokonferenz-Werkzeuge, Online-Chats) durchgeführt werden. Für die Veröffentlichung kann ein Werkzeug aus der Kategorie *teilen* (eingeschränkte Gruppe) oder *verteilen* (allgemein verfügbar) genutzt werden.

Stufe 2: Für die erste Veröffentlichung an die Entwicklergruppe kann ein Werkzeug aus der Kategorie *teilen* eingesetzt werden. Die Visualisierung erfolgt mit Hilfe eines geeigneten Werkzeugs aus der Kategorie *visualisieren.*

Stufe 3: Für alle Kommunikations- und Veröffentlichungsaktivitäten wird ein Werkzeug aus der Kategorie *zusammenarbeiten* eingesetzt als Ersatz für einzelne Werkzeuge aus den Kategorien kommunizieren, teilen und verteilen. Für die Entwicklung der E-Learning-Einheit kommt ein Werkzeug aus der Kategorie *lernen* zum Einsatz.

Stufe 4: Die Methode kann vollständig digitalisiert werden, indem ein Werkzeug der Kategorie *visualisieren* mit einem Werkzeug aus der Kategorie *zusammenarbeiten* und *lernen* kombiniert wird.
Auch hier gilt, dass ein physisches Zusammentreffen der Entwicklergruppe mit hoher Wahrscheinlichkeit bessere Ergebnisse liefern wird.

Darüber hinaus kann eine digitalisierte Canvas Checkliste mit zusätzlicher Funktionalität angereichert werden. Z.B. werden die Stammdaten (Datum, Autor) bei der Erstellung automatisch eingefügt und der Anwender bei der Bearbeitung von Block zu Block weitergeleitet, sobald ein Block befüllt ist. Das System schlägt selbsttätig Schlüsselwörter für die Beschlagwortung vor. Anschließend speichert es die fertige Canvas Checkliste an dem vereinbarten Ort und veröffentlicht sie gemäß den definierten Regeln.

Beispiel

Der Verantwortliche für Wissensmanagement in einem größeren produzierenden Unternehmen wurde immer wieder gefragt, wie man am besten einen Lessons Learned Prozess (LLP, siehe Seite 142) durchführt. Da er schon einige LLPs im Unternehmen begleitet hatte, beschloss er, eine Canvas Checkliste zu entwickeln und allgemein zur Verfügung zu stellen.

1. Entwicklung

Für die Entwicklung der LLP Canvas Checkliste lud er eine kleine Gruppe von erfahrenen Personen aus diesen LLPs zu einem dreistündigen Workshop ein. Im ersten Schritt verständigte sich die Gruppe darauf, die Canvas Checkliste für LLP-Begleiter zu entwickeln. Im Anschluss daran zeigte er ihnen einige Canvas Beispiele, um ihnen die Form der Darstellung „schmackhaft" zu machen. Dieser Demonstration folgte eine kleine Übungssequenz, in der sie gemeinsam eine rudimentäre Canvas Checkliste für die Planung des nächsten Mitarbeitertags erstellten.

Damit war die Gruppe nun in der Lage, mit der Entwicklung der LLP Canvas Checkliste zu beginnen. Jeder Teilnehmer notierte für sich auf Kärtchen, was ihm für die erfolgreiche Durchführung eines LLP wichtig erschien. Danach gruppierten sie ihre Kärtchen zu sinnvollen Blöcken und brachten die Cluster in eine logische Reihenfolge. Die zugehörigen Aussagen formulierten sie in passende Fragen um. Überschrift, Nummer und Fragen zu jedem Block wurden getrennt auf je ein Blatt Papier geschrieben. Auf einer Pinnwand verschoben sie die Blöcke so lange, bis eine für sie ansprechende und nachvollziehbare Visualisierung entstanden war (siehe Abbildung 76). Diese Skizze wurde nach dem Workshop einem Grafiker übergeben, der die Darstellung finalisierte und der Gruppe zur Korrektur übergab.

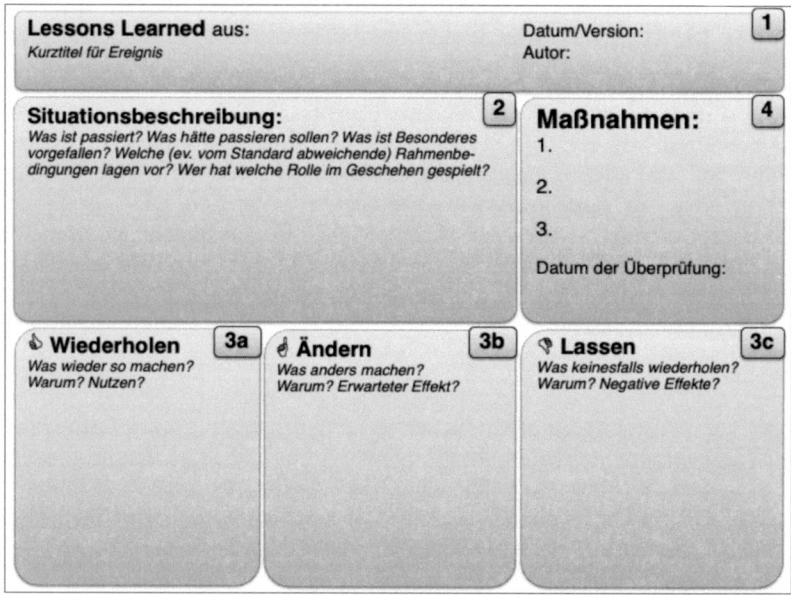

Abbildung 76: Canvas Checkliste für Lessons Learned Prozess (LLP)

2. Nutzung

Nachdem die Entwickler-Gruppe die fertige LLP Canvas Checkliste freigegeben hatte, stellte sie der WM-Verantwortliche an passender Stelle im Intranet allen zur Verfügung. Er verfasste auch für die nächste Ausgabe der Mitarbeiterzeitschrift einen kurzen Artikel, in dem er die Benutzung der LLP Canvas Checkliste kurz und knapp beschrieb und um Feedback nach erfolgter Benutzung bat.

3. Optimierung

In den darauffolgenden Monaten sammelte der WM-Verantwortliche alle Feedbacks zur LLP Canvas Checkliste. Nach ca. einem halben Jahr überarbeitete er die LLP Canvas Checkliste auf Basis der eingelangten Rückmeldungen. Wieder bittet er die ursprüngliche Entwickler-Gruppe um Kritik und Freigabe der neuen Version. Diese Überarbeitung führt er danach jährlich durch.

Grenzen/Risiken und Anwendungskompetenzen

Der Zweck der Canvas Checkliste muss vor der Entwicklung eindeutig geklärt sein und darauf ausgerichtet werden. Ansonsten kommt es zu Irritationen bei der Anwendung. Der Einsatz wird in diesem Fall als Zeitverschwendung ohne praktischen Nutzen erlebt.

Eine Canvas Checkliste suggeriert durch ihre übersichtliche Struktur Einfachheit in der Anwendung. Dieser Täuschung darf man sich nicht hingeben, sondern sollte jeden Block in der vorgeschlagenen Reihenfolge mit der notwendigen Sorgfalt bearbeiten.

Der Beauftragte spielt im gesamten Prozess eine wichtige Rolle. Er muss mit der Canvas Visualisierung vertraut sein sowie gute Moderations- und Kommunikationsfähigkeiten besitzen. Im Rahmen der Digitalisierung der Methode muss er mit allen Werkzeugen, die zum Einsatz kommen, gut umgehen und die Anwender beraten können.

Referenzen

Hexelschneider, A. (2017). *Canvas-Wissenslandkarte: ein Format für mehr Erkenntnisse*. Online-Artikel vom 25. Juli 2017, https://wissendenken.com/visuelles-denken/canvas-wissenslandkarte/, Abruf: 03.05.2019.

King, D. (2015). *Creating Custom Visual Canvases*. XPLANE Online-Artikel vom 11. Februar 2015, https://xblog.xplane.com/creating-custom-visual-canvases, Abruf: 03.05.2019.

Mittelmann, A. (2011). *Checkliste*. In: Mittelmann, A., Werkzeugkasten Wissensmanagement, Norderstedt: Books on Demand, S. 185-187.

FAQ

Eine FAQ ist ein Wissensobjekt, das häufig gestellte Fragen und die zugehörigen Antworten innerhalb eines Wissensgebiets enthält.

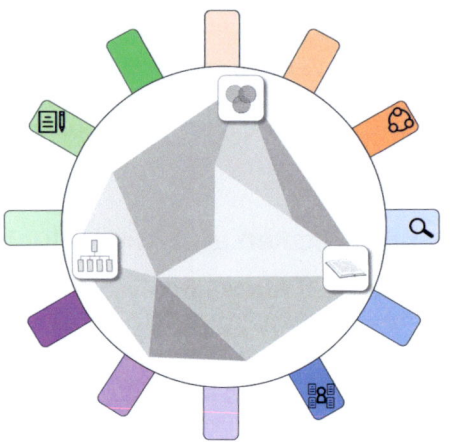

Daher befindet sich diese Methode im Semantischen Raum
zwischen *Organisationen*,
Wissensgebiete und
Wissensobjekte.

Für die Digitalisierung der
Methode FAQ werden Werk-
zeuge aus den Kategorien *suchen, veröffentlichen, kuratieren, zusammenarbeiten* benötigt.

Die Methode

Die Abkürzung FAQ steht für „Frequently Asked Questions" und bedeutet
„häufig gestellte Fragen". Eine FAQ ist eine Sammlung der am häufigsten
gestellten Fragen samt den zugehörigen Antworten innerhalb eines bestimmten Wissensgebiets. Sie wird an einer Stelle veröffentlicht, wo sie von möglichst vielen Personen, die genau diese Information zur Beantwortung ihrer
aktuellen Frage oder zur Lösung ihres Problems benötigen, rasch gefunden
werden kann.

Eugene Miya gilt als Urheber der FAQs. 1982 war er im Auftrag der NASA
für die Mailing-Liste zuständig. Um nicht immer dieselben Fragen beantworten zu müssen, verpackte er sie in monatliche Mails. Diese Methode der
monatlichen Beiträge ermöglichte es Personen, die keinen Zugang zu Archi-
ven hatten, trotzdem zu relevanten Informationen zu gelangen. Bekannt wurden die FAQs schließlich durch die vielen Newsgroups des Usenet, die
FAQ-Sammlungen anlegten, um die Foren zu entlasten. Dieses bewährte
Prinzip der FAQs wird mittlerweile breitflächig eingesetzt.

Ziel und Nutzen

Wenn sich Fragen zu einem bestimmten Thema innerhalb des Wissensgebiets eines Experten häufen, ist es aus Zeitersparnisgründen sinnvoll, eine FAQ anzulegen und zu veröffentlichen. Für die am Thema Interessierten bietet sie eine gute Möglichkeit, schnell zu präzisen Antworten zu kommen.

Anwendung

Die Methode, aus der Sicht der Ersteller betrachtet, gliedert sich in folgende Prozessschritte:

1. Sammlung

Eine Zeit lang (abhängig vom Spezialisierungsgrad des Wissensgebiets) werden ähnliche Fragen und gegebene Antworten gesammelt. Alternativ oder ergänzend können Fragen und Antworten mit Informationen im betreffenden Wissensgebiet bereits im Vorhinein generiert werden, die mit hoher Wahrscheinlichkeit am häufigsten nachgefragt werden.

Für die Sammlung der Fragen und Antworten können Werkzeuge der Kategorien *suchen* oder *kuratieren* zum Einsatz kommen.

2. Erstellung

Bei der Erstellung einer FAQ werden ähnliche Fragen zu einer einzigen klaren Frage umformuliert und mit der besten Antwort bzw. den besten Antworten, wenn es mehrere korrekte Alternativen gibt, versehen. Die Antwort sollte so knapp (möglichst ein Satz) und präzise wie möglich formuliert sein. Die Antwort auf eine eindeutige Ja/Nein-Frage sollte immer mit „ja" oder „nein" beginnen, bevor auf Begründungen, Bedingungen oder Ausnahmen eingegangen wird. Empfehlenswert ist auch, den primären Antwortsatz um zwei bis maximal drei Sätze mit Hintergrundinformation zu ergänzen. Tiefergehende Details werden am besten durch Verweise auf andere Quellen ergänzt, um die Antwort kurz zu halten.

Nach dem derzeitigen Stand der Technik kann die Ausformulierung der Fragen und Antworten für die FAQ nicht digitalisiert werden, weil für einfache und verständliche Formulierungen noch keine ausreichend intelligenten Systeme zur Verfügung stehen. Menschliche Interaktion ist an dieser Stelle unbedingt erforderlich. Allerdings kann die Erstellung kollaborativ im Team erfolgen, um möglichst gute Ergebnisse zu erzielen. Werkzeuge der Kategorie *veröffentlichen* oder *zusammenarbeiten* bieten hier Unterstützung.

3. Strukturierung

Sollten nicht mehr als 20 fertige FAQs vorliegen, sortiert man die Liste am besten in der Reihenfolge ihrer Häufigkeit der Nachfrage. Umfangreichere FAQ-Sammlungen werden am besten nach Themengebieten innerhalb des Wissensgebiets strukturiert. Diese Strukturierung hilft Anwendern, einen Überblick über die behandelten Themen zu erhalten. Das Ergänzen von Schlüsselwörtern unterstützt die Suchfunktion. Auch dieser Prozessschritt gelingt am besten in einem Team von Experten und Anwendern. Letztere können wesentlich dazu beitragen, eine allgemein verständliche Struktur zu finden.

Ein Werkzeug der Kategorie *zusammenarbeiten* kann hier hilfreich sein.

4. Veröffentlichung

Für die publikationsreifen FAQ-Sammlungen müssen nun geeignete Stellen gefunden werden, wo sie von möglichst vielen potenziellen Interessenten rasch gefunden werden können. Auf zahllosen Websites im Internet sind FAQs an prominenter Stelle platziert. Innerhalb von Organisationen bieten sich das Intranet oder öffentliche Ordner als optimale Stellen an.

Für diesen Prozessschritt können Werkzeuge der Kategorien *veröffentlichen* und *zusammenarbeiten* eingesetzt werden.

5. Wartung

Eine veröffentlichte FAQ-Sammlung behält ihren Wert nur dann, wenn sie regelmäßig auf Aktualität überprüft wird. Nicht mehr relevante FAQs müssen gelöscht, neue FAQs bei Bedarf ergänzt und Antworten angepasst werden, wenn neue Erkenntnisse entdeckt wurden.

Werkzeuge der Kategorie *suchen* und *kuratieren* können beim Auffinden neuer relevanter FAQs und Erkenntnisse unterstützen. Die Anpassung selbst bleibt den Experten überlassen.

Beispiel

FAQ-Liste zum Thema „Wissensmanagement" auf der Website der Autorin: https://artm-friends.at/am/km/km-d/km-faq-d.html, Abruf: 03.05.2019

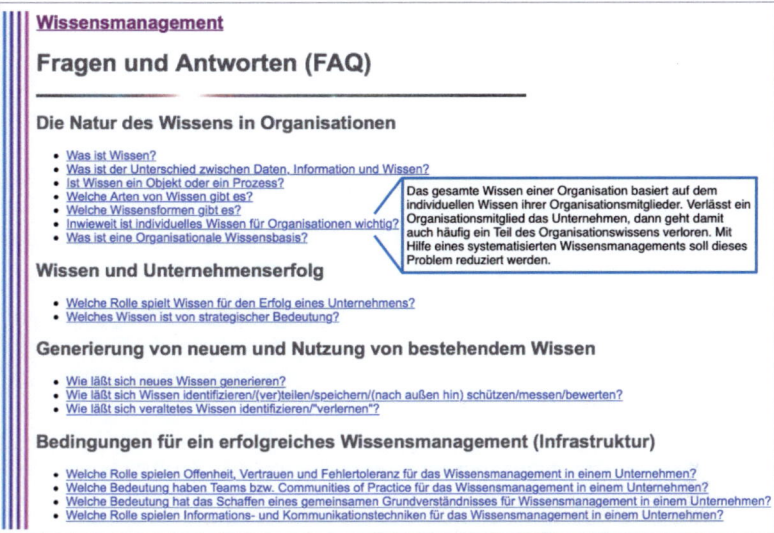

Abbildung 77: FAQ-Liste zu „Wissensmanagement" auf „artm-friends.at"

Stufenweise Digitalisierung

Stufe 0: Die Frage-Antwort-Paare werden in einer Textdatei gesammelt und in einem öffentlichen Ordner gespeichert.

Stufe 1: Für die Suche von relevanten (neuen) Fragen, Antworten und Erkenntnissen wird ein Werkzeug der Kategorie *suchen* eingesetzt.

Stufe 2: Für die Erstellung und Veröffentlichung der FAQ wird zusätzlich ein Werkzeug der Kategorie *veröffentlichen* verwendet.

Stufe 3: Alle Prozessschritte, die die Zusammenarbeit zwischen mehreren Personen erfordern (insbesondere Erstellung und Strukturierung), werden durch ein Werkzeug der Kategorie *zusammenarbeiten* unterstützt und statt einer Suchmaschine wird ein Werkzeug der Kategorie *kuratieren* verwendet.

Diese Methode kann nicht vollständig digitalisiert werden, weil für verständliche und präzise Formulierungen von FAQs noch keine ausreichend intelligenten Systeme zur Verfügung stehen.

Grenzen/Risiken und Anwendungskompetenzen

Anwender haben selten die Geduld, eine große Anzahl von FAQs auf Informationen selbst zu durchsuchen, die sie aktuell benötigen. Sie erwarten, dass FAQ-Anbieter eine leistungsfähige Suchfunktion bereitstellen.

Eine Schwierigkeit bei der Benutzung von FAQs stellen die Formulierungen dar. Nur wenn diese kurz, klar und verständlich ausgedrückt sind, werden sie von den Benutzern verwendet werden. Die Ersteller sollten daher Probeleser zur Qualitätssicherung vor der Veröffentlichung einsetzen.

Von FAQ-Erstellern werden neben den entsprechenden Fachkenntnissen Fertigkeiten in technischer Dokumentation erwartet. Falls die Erstellung durch ein Expertenteam erfolgt, benötigen die Teammitglieder gute Kommunikationsfertigkeiten und Teamfähigkeit.

Referenzen

Manhartsberger, M.; Zellhofer, N. (2012). *FAQ – Usability, State of the Art & Best practices*. Interface consult, http://www.usability.at/download/FAQ-Bericht.pdf, Abruf: 02.01.2018.

Mittelmann, A. (2011). *FAQ*. In: Mittelmann, A., Werkzeugkasten Wissensmanagement. Norderstedt: Books on Demand, S. 188-189.

wikipedia (2019). *Frequently Asked Questions*. Letzte Änderung: 18. April 2019, https://de.wikipedia.org/wiki/Frequently_Asked_Questions, Abruf: 03.05.2019.

LernCard

Eine LernCard ist ein Wissensobjekt, das auf der Vorderseite eine Frage oder einen Begriff und auf der Rückseite die passende Antwort/Definition innerhalb eines bestimmten Wissensgebiets enthält.

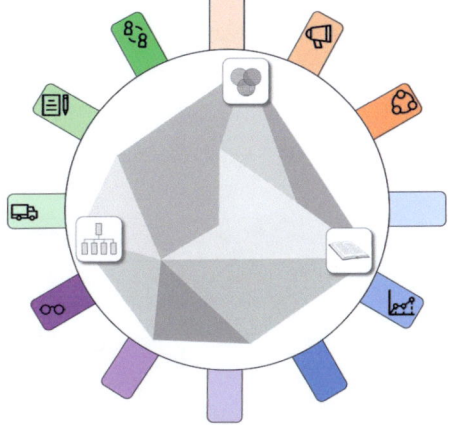

Diese Methode befindet sich daher im Semantischen Raum zwischen *Organisationen*, *Wissensgebiete* und *Wissensobjekte*.

Für die Digitalisierung der Methode können Werkzeuge aus den Kategorien *kommunizieren, teilen, verteilen, veröffentlichen* oder *zusammenarbeiten, visualisieren* und *lernen* zum Einsatz kommen.

Die Methode

Eine LernCard ist eine Wissensmanagement-Methode, die nach einem Frage- und Antwortprinzip arbeitet. Auf der Vorderseite der LernCard befindet sich eine offen formulierte Frage oder ein Begriff und auf der Rückseite eine oder mehrere Antworten für unterschiedliche Kontexte oder eine Begriffsdefinition. Wenn die Methode für das Erlernen einer Sprache benutzt wird, steht auf der Vorderseite eine Vokabel in der Muttersprache und auf der Rückseite die Übersetzung in der Zielsprache mit einem Beispielsatz. Auf der Rückseite können auch Bilder oder Grafiken zusätzlich verwendet werden, um visuelle Lerntypen besser zu unterstützen.

Die LernCards werden in einer Lernkartei (nach Sebastian Leitner) abgelegt. Die Lernkartei umfasst drei bis fünf Fächer mit nach hinten zunehmender Breite. Zu Beginn der Anwendung (siehe Abbildung 78) werden 20 bis 30 LernCards aus dem betreffenden Wissensgebiet in beliebiger Reihenfolge im ersten Fach abgelegt. Der Lernende startet mit der jeweils ersten Karte in dem Fach, das er gerade bearbeitet. Wenn er die richtige Antwort weiß, legt er die Karte im nächsten Fach als letzte ab. Bei jeder falschen Antwort wandert die betreffende LernCard ans Ende des ersten Faches.

Beim nächsten Wiederholungszyklus nach frühestens acht Stunden ergänzt der Lernende das erste Fach, wenn es bereits zur Hälfte geleert ist, um weitere max. zehn neue Karten. Karten in Fach 2 wiederholt er alle zwei bis drei Tage, in Fach 3 alle zehn Tage, in Fach 4 alle 30 und in Fach 5 nach 90 Tagen.

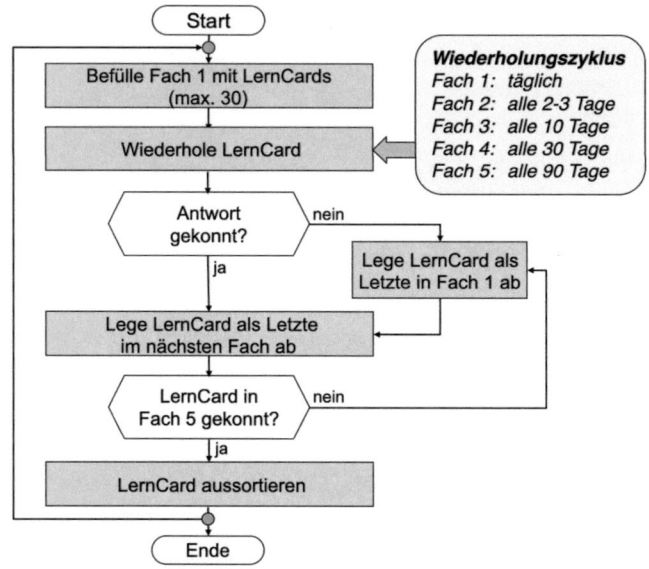

Abbildung 78: Ablauf Lernzyklus mit Lernkartei (nach Sebastian Leitner)

Er achtet darauf, dass er LernCards mit nicht gekonnten Inhalten immer im Fach 1 am Ende ablegt und gekonnte als Letzte des jeweils nächsten Faches. Auf diese Art und Weise werden Karten mit schwierigeren Inhalten häufiger wiederholt. Gekonnte Karten aus dem fünften Fach werden aussortiert, da sie sich tief eingeprägt haben und damit vor dem Vergessen geschützt sind.

Ziel und Nutzen

Mit Hilfe von LernCards lässt sich Faktenwissen einfach dokumentieren und nachhaltig lernen. Sie können auch allen anderen, die dieses Wissen benötigen, schnell zur Verfügung gestellt werden und als Basis für Mikrolerneinheiten im Rahmen von Mikrolernen (siehe Seite 50) genutzt werden. Sammlungen von LernCards (siehe Seite 351) sind ein gutes Hilfsmittel für die Aus- und Weiterbildung von Mitarbeitern. Ebenso können Trainer die Entwicklung von LernCards durch die Teilnehmer selbst am Ende eines Seminars als Lerntransfermethode einsetzen.

Anwendung

Für LernCards gibt es verschiedene Anwendungsgebiete (siehe Beispiele in Abbildung 79). Allgemein betrachtet, umfasst die Methode folgende Schritte:

1. Entwicklung

Die Anwendung der Methode beginnt mit der Auswahl des Wissensgebiets, in das man sich vertiefen möchte bzw. für das LernCards erstellt werden sollen. Im organisationalen Kontext übernimmt diese Aufgabe die beauftrage Personengruppe. Anschließend wird das Wissensgebiet in Themengebiete zerlegt. Mit Hilfe von Mind Mapping (siehe Seite 315) wird dieser Vorgang gut unterstützt. Die Themen-Mindmap kann anschließend als Navigationshilfe bei der Nutzung eingesetzt werden. Jedes Themengebiet wird in so kleine Einheiten aufgeteilt, dass jede auf eine LernCard passt. Die LernCards werden mit den identifizierten Inhalten befüllt und entweder in physischer Form als Karten oder als elektronische Wissensobjekte bereitgestellt.

Falls eine Personengruppe mit der Entwicklung beauftragt wurde, kann ein Werkzeug aus der Kategorie *kommunizieren* und *visualisieren* (Mind Mapping) genutzt werden. Für die Befüllung und Bereitstellung sind Werkzeuge aus den Kategorien *veröffentlichen*, *teilen*, *verteilen* und *lernen* geeignet. Falls ein Werkzeug der Kategorie *zusammenarbeiten* zur Verfügung steht, kann es statt veröffentlichen, teilen und verteilen genutzt werden. Für die Entwicklung digitalisierter LernCards gibt es am Software-Markt spezialisierte Werkzeuge in der Kategorie *lernen*.

2. Nutzung

Zu Beginn der Nutzung legt der Anwender fest, welche Inhalte er nachhaltig beherrschen will. Auf Basis dieses Lernziels wählt er ein erstes Set von LernCards aus und beginnt mit dem Lernprozess mit Hilfe einer Lernkartei, wie oben beschrieben. Der Lernprozess ist beendet, sobald alle LernCards aus dem fünften Fach als gekonnt aussortiert wurden. Er kann jederzeit mit einem neuen Set von LernCards aus einem anderen Themengebiet oder von neu entwickelten LernCards aus demselben Themengebiet gestartet werden.

LernCards können von einer Personengruppe auch spielerisch für ein Frage-Antwort-Spiel ähnlich wie Trivial Persuit® genutzt werden. Bei Spielbeginn legt die Lerngruppe die Spielregeln gemeinsam fest und wählt das Kartenset aus.

Ein Werkzeug aus der Kategorie *lernen* kann hier zum Einsatz kommen.

3. Pflege

Wenn die LernCards ihren Wert behalten sollen, ist eine Überprüfung und Überarbeitung unumgänglich. In regelmäßigen Abständen (z.B. jährlich oder im Anlassfall) werden die LernCards auf inhaltliche Richtigkeit, Aktualität und Vollständigkeit überprüft. Ggfs. werden die Inhalte korrigiert und ergänzt. Sollte dabei der Umfang des neuen Inhalts zu groß werden, wird er auf mehrere LernCards aufgeteilt. Danach wird dafür gesorgt, dass die überarbeiteten Inhalte einen neuerlichen Lernzyklus durchlaufen.

In diesem Schritt kommen dieselben Werkzeuge zur Anwendung wie im ersten Schritt.

Stufenweise Digitalisierung

Die Methode kommt ohne Technikunterstützung aus. Es gibt im Handel fertige Boxen mit leeren Karten, die man selbst beschriften und danach wie oben beschrieben benutzen kann.

Stufe 1: Für die gemeinsame Entwicklung und Pflege kann ein Werkzeug aus der Kategorie *kommunizieren* eingesetzt werden.

Stufe 2: Bei der Entwicklung kommt zusätzlich ein Werkzeug der Kategorie *visualisieren* für die Erstellung der Mindmap zum Einsatz. Werkzeuge aus den Kategorien *teilen, verteilen* oder *veröffentlichen* werden für die Bereitstellung der LernCards verwendet.

Stufe 3: Ein Werkzeug aus der Kategorie *zusammenarbeiten* wird statt solchen aus den Kategorien teilen, verteilen oder veröffentlichen genutzt.

Stufe 4: Ein Werkzeug aus der Kategorie *lernen* (Spezial-Werkzeug für LernCards) vervollständigt die Digitalisierung der Methode.

Wissensstrukturen und -bestände

Beispiele

Anwendungsgebiet	Frage (Vorderseite)	Antwort (Rückseite)
Vokabeln	Digitalisierung	digitization (amerikanisch) / digitisation (britisch)
Fakten	Erscheinungsjahr von Peter Druckers Buch "Landmarks of Tomorrow" mit der Prägung des Begriffs *Wissensarbeiter*	1959
Definitionen	Definiere „Wissensmanagement"	Wissensmanagement ist die Summe aller Tätig-keiten und Managementaufgaben, die auf den bestmöglichen Umgang mit Wissen abzielen.
Formeln	Berechnung des Mittelwerts für N Zahlen	$MW=(x1+x2+x3+...+xN)/N$ (N=Anzahl der Zahlen) Beispiel Mittelwert der Zahlen 5, 12, 7: $(5+12+7)/3=8$
Regeln (Beispiel)	Welches sind die drei wichtigsten Netiquette-Regeln?	1. den Neuen helfen 2. zuerst suchen, dann erst fragen 3. höfliche und wertschätzende Kommunikation
Gliederungen	Gliedere „Schädeltiere"	1. Amphibien, 2. Reptilien, 3. Vögel, 4. Fische, 5. Säugetiere
Richtig/Falsch-Fragen	Gilbert Probst hat die "Wissensspirale" entwickelt.	Falsch, richtig wäre Nonaka/Takeuchi.
Multiple-Choice-Fragen	Welche sind Bausteine des Wissensmanage-ments nach Probst? a. Wissensziele; b. Wissens-strategie; c. Wissensnutzung; d. Wissensrisiko	a. und c. richtig; b. ergibt sich aus a; d. ist ein wichtiger Begriff im Wissensmanagement, aber kein Baustein
Kreuzworträtsel-Fragen	Den versteckten Teil des Wissens nennt man: _ _ P _ _ _ _ T	implizit

Abbildung 79: Anwendungsgebiete und Beispiele für LernCards (ohne Bilder/Grafiken)

Grenzen/Risiken und Anwendungskompetenzen

Das größte Risiko bei der Anwendung von LernCards liegt in den Karten selbst. Wenn diese Fehler enthalten, werden sie „unbarmherzig" mitgelernt. Eine sorgfältige Erstellung bzw. Pflege sind daher unumgänglich. Ein Wissensträger für das betreffende Wissensgebiet übernimmt die Qualitätskontrolle, um die Fehlerfreiheit zu gewährleisten.

Der Aufwand für die Erstellung von LernCards ist nicht zu unterschätzen. Es gibt einige fertige Kartensets z.B. zum Vokabellernen am Markt, für spezifische Wissensgebiete geht kein Weg an der Eigenentwicklung vorbei. Um den Aufwand zu reduzieren, kann die Erstellung in Lerngruppen erfolgen, die sich die Arbeit untereinander aufteilen. Ein positiver Nebeneffekt ist dabei, dass die Entwickler durch die Erstellung bereits einiges von den Inhalten behalten. Dies wird bei der Anwendung als Lerntransfermethode ausgenutzt.

Ein Nachteil der Methode ist, dass nur bei regelmäßiger Anwendung ein nachhaltiger Lerneffekt entsteht. D.h. der Lernzyklus für das ausgewählte Lernkartenset muss so lange wiederholt werden, bis alle LernCards im fünften Fach gelandet sind. Erst dann kann davon ausgegangen werden, dass sich die Inhalte tief genug eingeprägt haben.

Wenn physische LernCards verwendet werden, ergibt sich im Laufe der Zeit das Problem des steigenden Platzbedarfs für die Karteikästen. Selbst erstellte Karten wird man nicht gerne wegwerfen, da man viel Aufwand in ihre Erstellung gesteckt hat und eine Wiederverwendung jederzeit notwendig werden kann. Der einzige Ausweg ist, die LernCards sukzessive zu digitalisieren.

Der Ersteller von LernCards benötigt didaktisches Geschick, um die Portionierung und Aufbereitung der Inhalte optimal zu gestalten. Ganzheitliches und strukturiertes Denken unterstützt ihn bei der Erfassung und optimalen Strukturierung des jeweiligen Wissensgebiets, das er gut beherrscht. Der erfolgreiche Nutzer von LernCards verfügt über Selbstdisziplin und Selbstorganisation und ist in der Lage, seinen eigenen Lernprozess entsprechend seinen Rahmenbedingungen adäquat zu steuern.

Referenzen

Leitner, S. (2011). *So lernt man lernen.* 18. Auflage, Freiburg: Herder.

Eckhardt, T. (2009). *LernCards.* In: Rachow, A. (Hrsg.), Spielbar, 3. Auflage, Bonn: Managerseminare, S. 197-198.

Krengel, M. (o.J.). *Lernkarten: Leichter Lernen mit Struktur und Bildern. Vokabeln, Fakten, Sprachen besser lernen mit der richtigen Karteikarten-Technik.* https://www.studienstrategie.de/lernen/lernkarten-leichter-lernen-mit-struktur-und-bildern/, Abruf: 03.05.2019.

Mittelmann, A. (2011). *LernCard.* In: Mittelmann, A., Werkzeugkasten Wissensmanagement, Norderstedt: Books on Demand, S. 137-138.

wikipedia (2018). *Lernkartei.* https://de.wikipedia.org/wiki/Lernkartei, zuletzt bearbeitet: 26. September 2018, Abruf: 10.01.2019.

Wissensanwendungskarten

Wissensanwendungskarten
enthalten Beschreibungen von
bewährten Vorgehensweisen
oder Problemlösungen. Diese
werden von Wissensträgern
zur Verfügung gestellt.

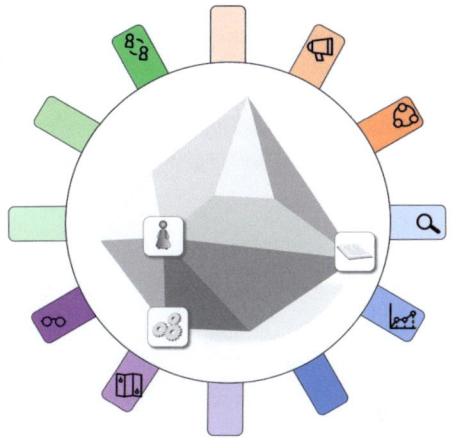

Diese Methode befindet sich
daher im Semantischen Raum
zwischen *Wissensträger, Prozesse* und *Wissensobjekte*.

Für die Digitalisierung der
Methode können Werkzeuge
aus den Kategorien *kommunizieren, teilen, suchen, visuali-
sieren, zusammenarbeiten, lernen* oder *spielen* zum Einsatz kommen.

Die Methode

Wissensanwendungskarten (auch: Integrationskarten) beschreiben Problemlösungen bzw. bewährte Vorgehensweisen innerhalb kritischer Prozesse, Ereignisse oder Projektphasen. Damit ein Anwender im Zweifelsfall nachfragen kann, werden sie mit den zugehörigen Wissensträgern und deren spezi-
eller Expertise verknüpft.

Ziel und Nutzen

Ziel von Wissensanwendungskarten ist es, strategisch relevantes Wissen
möglichst kompakt, aber auch so umfassend wie nötig zu dokumentieren,
um das Fehlerrisiko bei der Anwendung des Wissens durch weniger erfahrene Personen in kritischen Prozessen oder Ereignissen deutlich zu reduzieren. Gleichzeitig helfen sie erfolgsrelevantes Wissen beim Abgang von
Schlüsselpersonen zu sichern und gezielt weiterzugeben.

Anwendung

Die Anwendung der Methode erfolgt in folgenden Schritten:

1. Auswahl

Da die Erstellung von Wissensanwendungskarten aufwändig ist, identifiziert man zunächst jene Prozesse und Ereignisse, die kritisch für den Geschäftserfolg und im Fehlerfall mit hohen Kosten verbunden sind. Besonderes Augenmerk legt man auf jene Ereignisse, die nur sehr selten auftreten. Für die erfolgreiche Bewältigung solcher Sonderfälle stehen die Wissensträger oft nicht mehr zur Verfügung, daher ist die zeitgerechte Wissenssicherung besonders wichtig.

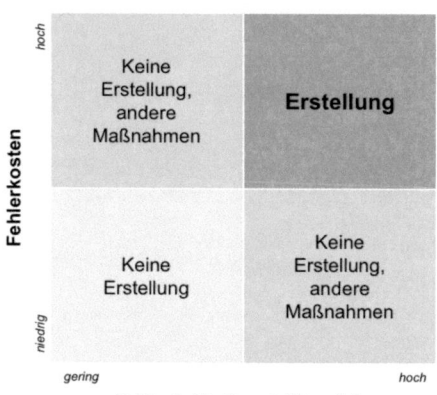

Abbildung 80: Portfolio-Analyse zur Prozess-/Ereignisauswahl

Erfahrene operative Führungskräfte und ihre Wissensträger untersuchen gemeinsam ihre Prozesse und besonderen Ereignisse. Zur Einschätzung und Darstellung nutzen sie eine einfache Portfolio-Analyse (siehe Abbildung 80). Ergebnis dieses Schritts ist eine Liste jener Prozesse und/oder Ereignisse bzw. Sonderfälle, für die es sich lohnt, eine Wissensanwendungskarte bereitzustellen.

Für die Auswahl der kritischen Prozesse/Ereignisse kann ein Werkzeug der Kategorie *kommunizieren* oder *zusammenarbeiten* genutzt werden, je nachdem, welche Kategorien von Werkzeugen in der Organisation bereits zur Verfügung stehen. Falls das Ergebnis der Portfolio-Analyse grafisch dargestellt werden soll, ist ein Werkzeug der Kategorie *visualisieren* geeignet.

2. Erstellung

In vielen Organisationen stehen bereits Prozessbeschreibungen zur Verfügung. Wenn nicht, beginnt der Wissensträger (ev. mit Unterstützung des Qualitätsmanagers) mit der Modellierung des ausgewählten Prozesses. An-

Wissensstrukturen und -bestände

schließend identifiziert er den oder die kritischen Teilprozesse. Für jeden dieser Teilprozesse erstellt er eine Wissensanwendungskarte, in der er im notwendigen Detaillierungsgrad beschreibt, was, wann, wie zu tun ist und worauf besonders geachtet werden muss.

Für die erfolgreiche Nutzung der Wissensanwendungskarte ist es wichtig, dass diese Beschreibungen leicht verständlich sind und durch passenden Medieneinsatz (Bild, Audio, Video, 3D-Animationen etc.) angereichert werden. Die Gestaltungsprinzipien für Mikrolerneinheiten (siehe Seite 53) können hier ebenfalls als Grundlage dienen. Die Wissenstransparenz wird weiter verbessert, wenn der Experte seine Wissensanwendungskarte mit seiner Wissensträgerkarte (siehe Seite 241) und/oder mit Wissensstrukturkarten (siehe Seite 377) verknüpft. Die verknüpfte Wissensträgerkarte hilft dem Anwender, ev. Rückfragen dem richtigen Experten zu stellen. Die Verknüpfung zur Wissensstrukturkarte unterstützt ihn beim Erkennen des Gesamtzusammenhangs.

Für die Erstellung einer Wissensanwendungskarte ist ein Werkzeug der Kategorie *verteilen*, *veröffentlichen* oder *zusammenarbeiten* geeignet. Ergänzend kann ein Werkzeug aus der Kategorie *visualisieren* eingesetzt werden, wenn nötig.

3. Anwendung

Nachdem die qualitätsgeprüften Wissensanwendungskarten an der passenden Stelle (z.B. Verknüpfung mit dem entsprechenden Prozess in der Prozesslandkarte, falls vorhanden) in der Organisation bereitgestellt wurden, wird auf allen Kommunikationskanälen für deren Verwendung geworben. Eine besondere Rolle bei diesen Informationskampagnen nehmen die Führungskräfte ein, für deren Verantwortungsbereich Wissensanwendungskarten zur Verfügung stehen. Bei allen passenden Gelegenheiten weisen sie die Mitarbeiter auf ihren Verwendungszweck hin und fordern sie zur Nutzung auf. In großen Organisationen kann das Erstellen und Verbreiten einer kurzen E-Learning-Einheit über Sinn und Zweck sowie die effiziente Nutzung der Wissensanwendungskarten unterstützend wirken.

Immer wenn Mitarbeiter an kritische Stellen in einem Prozess oder in ein kritisches Ereignis eintreten, suchen sie nach einer passenden Wissensanwendungskarte. Falls Fragen auftauchen, kontaktieren sie den angegebenen Experten. Falls sie keine entsprechende Karte finden sollten, weisen sie ihre Führungskraft darauf hin. Sollte im Nachgang entschieden werden, dass eine Wissensanwendungskarte für diesen Prozessschritt oder dieses Ereignis erstellt wird, werden sie als Inputgeber mit wichtigem Erfahrungswissen in den Entwicklungsprozess eingebunden.

Die Nutzung von Wissensanwendungskarten kann durch Werkzeuge der Kategorien *suchen* (Finden geeigneter Karten), *kommunizieren* (Fragen stellen) oder *zusammenarbeiten* unterstützt werden. Falls eine E-Learning-Einheit zum Einsatz kommen soll, wird ein Werkzeug der Kategorie *lernen* benötigt.

4. Pflege

Die Verantwortung für die Pflege der Wissensanwendungskarten trägt der Experte, der mit der Karte verknüpft ist. Es muss sichergestellt sein, dass die Information in den Wissensanwendungskarten stets aktuell ist. Anderenfalls verlieren die Mitarbeiter sehr rasch das Interesse an deren Nutzung. Zur Absicherung dieses Aktualisierungsprozesses besprechen die Führungskräfte diesen Punkt gelegentlich mit ihren Experten (z.B. im wissensorientierten Mitarbeitergespräch, siehe Seite 109) und vereinbaren ggfs. deren Anpassung oder die Erstellung einer neuen Wissensanwendungskarte, wenn ein dringender Bedarf in der Organisation festgestellt wurde.

Für die Pflege von Wissensanwendungskarten kommen dieselben Werkzeuge zum Einsatz wie für die Erstellung.

Stufenweise Digitalisierung

Stufe 0: Die Methode kommt im Großen und Ganzen ohne Technikunterstützung aus. Die Wissensanwendungskarten können mit Hilfe eines Textverarbeitungssystems inkl. Einbindung von Bildern oder Grafiken, wenn nötig, erstellt werden. Sie können z.B. in Folie eingeschweißt an den jeweiligen Arbeitsplätzen zur Verfügung gestellt werden.

Stufe 1: Wissensanwendungskarten können mit Hilfe eines Werkzeugs der Kategorie *kommunizieren* (z.B. Videokonferenz) erstellt werden. Ein Werkzeug der Kategorie *suchen* erleichtert das Auffinden der passenden Karten, wenn sie in kritischen Situationen benötigt werden. Das setzt voraus, dass die Wissensanwendungskarten bereits in digitalisierter Form vorliegen.

Stufe 2: Ein Werkzeug der Kategorie *teilen* erleichtert die Bereitstellung der Wissensanwendungskarten für die Mitarbeiter, die kritische Prozesse bearbeiten. Die Erstellung kann durch ein Werkzeug der Kategorie *visualisieren* unterstützt werden, um passende Bilder, Grafiken oder Prozessabläufe zu integieren.

Stufe 3: Statt Werkzeuge aus den Kategorien kommunizieren, teilen und suchen wird ein Werkzeug aus der Kategorie *zusammenarbeiten* verwendet.

Stufe 4: Die Methode kann vollständig digitalisiert werden, indem ein Werkzeug der Kategorie *zusammenarbeiten* kombiniert wird mit einem Werkzeug der Kategorie *visualisieren*. Der Einsatz einer 3D-Brille ist an dieser Stelle ggfs. eine Möglichkeit zur Unterstützung der Mitarbeiter in kritischen Situationen, wenn erfahrenes Personal fehlt.

Weitere Möglichkeiten, um die Benutzerfreundlichkeit von Wissensanwendungskarten zu steigern, sind, die Inhalte in E-Learning-Einheiten mit Hilfe eines Werkzeugs der Kategorie *lernen* oder den Prozessablauf in ein Lernspiel mit Hilfe eines Werkzeugs der Kategorie *spielen* zu verpacken.

Beispiele

Die vorliegende Methodensammlung ist ein Beispiel für eine Wissensanwendungskarte. Sie ist mit den Wissensträgern (= Autoren der referenzierten Publikationen) verbunden. Außerdem kann man mit Hilfe des Stichwort- und Inhaltsverzeichnisses sowie unter Verwendung des SRWM (siehe Seite 28) in der Karte navigieren.

Ein weiteres Beispiel kommt aus einem fiktiven Unternehmen der Logistikbranche, das sich auf den Transport bruchempfindlicher Industrieprodukte spezialisiert hat. Seine Kunden erwarten, dass ihre Güter in der vorgegebenen Zeit unversehrt an ihrem Bestimmungsort ankommen, damit es zu keinen Verzögerungen im weiteren Verlauf ihrer Verarbeitungsprozesse kommt.

1. Auswahl

Aus den oben genannten Kundenanforderungen liegt es auf der Hand, dass Verpackung und Transportvorbereitung die kritischen Prozesse des Unternehmens sind. Da das Unternehmen mehrere hundert verschiedene Waren auf unterschiedliche Weise verpackt und für den Transport vorbereitet, lässt die Geschäftsführung im ersten Schritt untersuchen, bei welchen Produkten wie häufig Transportschäden mit hohen Folgekosten auftreten. Die Analyse

ergibt eindeutig, dass bei zwei Produkten die Häufigkeit von Transportschäden mit hohen Folgekosten (siehe Abbildung 81) verbunden ist.

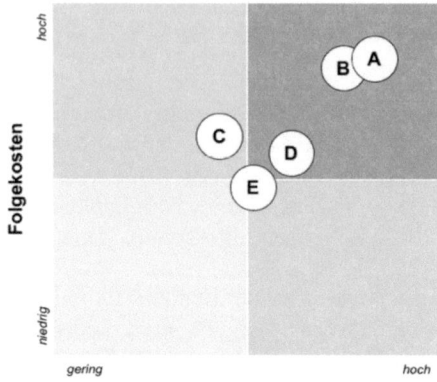

Häufigkeit von Transportschäden

Abbildung 81: Visualisiertes Analyseergebnis

Darüber hinaus stellt sich heraus, dass das Auftreten von Transportschäden
bei diesen beiden Produkten über die Schichten hinweg deutlich unterschiedlich ausgeprägt ist. Immer wenn einer der beiden erfahrenen Mitarbeiter in der Verpackung und Transportvorbereitung auf der Schicht ist, werden
eklatant geringere Transportschäden verzeichnet. Die Geschäftsführung entscheidet daher, dass zunächst für Produkt A je eine Wissensanwendungskarte für Verpackung und Transortvorbereitung erstellt werden soll.

2. Erstellung

Die Ungleichverteilung der Transportschäden in den einzelnen Schichten
legt nahe, dass das Erfahrungswissen der beiden Wissensträger den Unterschied macht. Mit Hilfe von narrativen Interviews (siehe Befragung auf Seite 136) wird das Erfahrungswissen der beiden Experten gehoben. Ergänzend
demonstrieren sie, wie sie dieses Produkt fachgerecht verpacken und für den
Transport vorbereiten. Sie kommentieren dabei jeden Schritt des Arbeitsvor-
gangs. Diese Sequenzen werden mit ihrer Zustimmung mitgefilmt.

Ein extern hinzugezogener WM-Experte entwickelt aus den Ergebnissen der
narrativen Interviews und den Videosequenzen zwei Wissensanwendungskarten (Verpackung Produkt A, Transportvorbereitung Produkt A). Er bespricht sein Ergebnis mit den Wissensträgern und verbessert den Inhalt auf
Basis ihrer Rückmeldungen. Danach bittet er einige wenige Mitarbeiter aus
den beiden kritischen Prozessen, die verbesserten Wissensanwendungskarten bei der nächsten sich bietenden Gelegenheit zu nutzen und Rückmeldun-

Wissensstrukturen und -bestände

gen zu geben. Er sammelt alle Rückmeldungen, überarbeitet die Wissensanwendungskarten ein weiteres Mal mit Unterstützung der beiden Wissensträger und stellt sie an der vereinbarten Stelle zur Verfügung.

3. Anwendung

Die Führungskräfte vereinbaren mit den betroffenen Mitarbeitern, dass sie in
den nächsten 12 Monaten vor dem Verpackungs- und Transportvorberei-
tungsschritt bei Produkt A immer die entsprechende Wissensanwendungskarte zu Rate ziehen. Die beiden Wissensträger werden gebeten, dass sie
dies auch in den Schichten anregen, in denen sie anwesend sind. Die Führungskräfte fragen in diesem Testzeitraum in regelmäßigen Abständen nach,
ob die Wissensanwendungskarten wie besprochen genutzt wurden.

4. Pflege

Die beiden Wissensträger beobachten die Nutzung der Wissensanwendungskarten in ihren Schichten. Jede Rückmeldung unterziehen sie einer kritischen Prüfung und machen ggfs. Anpassungen in den Wissensanwendungskarten. Nach der Testperiode überprüfen sie den Inhalt der Wissensan-
dungskarten jährlich bzw. im Anlassfall (z.B. Rückmeldungen durch Kollegen oder Führungskräfte, auffällig gestiegene Kosten).

Nach Ablauf der Testperiode lässt die Geschäftsführung die Wirksamkeit
der Nutzung überprüfen. Da sich herausstellt, dass die Transportschäden bei
Produkt A deutlich gesunken sind, geben sie den Auftrag, für die Produkte
B, C und D Wissensanwendungskarten zu erstellen.

Grenzen/Risiken und Anwendungskompetenzen

Bei den Wissensträgern ist oft das Bewusstsein für ein bestehendes Wissens-
problem bei ihren Kollegen nicht gegeben, weil ihnen die Bewältigung kom-
plizierter Arbeitsabläufe kaum Mühe bereitet. Daher sind hier die Führungskräfte gemeinsam mit den Qualitätsbeauftragten gefragt, durch Beobachtungen und Gespräche mit allen am Geschäftsprozess Beteiligten kritische
Kompetenzlücken zu erkennen. Anschließend besteht die Herausforderung
darin, die Experten für die Entwicklung von Wissensanwendungskarten zu
gewinnen. Diese Wissensträger haben oft eine hohe Arbeitslast und sehen
daher kaum Möglichkeiten, sich neben der operativen Arbeit mit der Entwicklungsarbeit zu beschäftigen. In diesen Fällen wird die Führungskraft dafür sorgen, dass den Wissensträgern genügend Zeit zur Verfügung steht.

Neben dem Zeitproblem kann es passieren, dass die Experten die Zusammenarbeit schlichtweg verweigern. In diesem Fall führt die Führungskraft

ein klärendes Gespräch, um die Gründe für die Weigerung zu eruieren und Abhilfe zu schaffen. Sollte dies nicht gelingen, kann die Wissensanwendungskarte alternativ gemeinsam mit allen übrigen Mitarbeitern in einem iterativen Prozess erstellt werden. Das Ergebnis ist vielleicht suboptimal, aber zumindest ist eine erste Grundlage geschaffen, die im laufenden Betrieb immer weiter verbessert werden kann.

Es muss stets darauf geachtet werden, dass die Wissensanwendungskarten bei Bedarf tatsächlich verwendet werden und ihre Pflege regelmäßig oder im Anlassfall erfolgt. Ansonsten geraten die Karten in Vergessenheit und sind nach einiger Zeit veraltet. Eine Benutzung ist in diesem Fall nicht mehr sinnvoll möglich, sondern sie müssen neu entwickelt oder andere Alternativen geschaffen werden.

Die beteiligten Wissensträger benötigen neben einschlägigen Fachkompetenzen analytische Fähigkeiten sowie Kommunikations- und Teamfähigkeiten für den gemeinsamen Entwicklungsprozess. Vom Moderator werden neben guten Moderationsfertigkeiten mediendidaktische Kompetenz sowie Kenntnisse in der Visualisierung von Sachverhalten erwartet.

Referenzen

Eppler, M. J. (2004). *Making Knowledge Visible through Knowledge Maps: Concepts, Elements, Cases.* In: Holsapple, C.W. (Hrsg.): Handbook on Knowledge Management, 1. International Handbooks on Information Systems, Band 1, Berlin/Heidelberg: Springer, S. 189-205.

Kraemer, S. (2006). *Wissenslandkarten im Wissensmanagement.* https://wissensmanagement.infowiss.net/docs/wissenslandkarten.pdf, Abruf: 31.05.2019.

Lehner, F. (2014). *Wissensanwendungskarte.* In: Wissensmanagement: Grundlagen, Methoden und technische Umsetzung. 5. aktualisierte Auflage, München: Hanser, S. 209.

Mittelmann, A. (2011). *Wissensanwendungskarten.* In: Werkzeugkasten Wissensmanagement, Norderstedt: Books on Demand, S. 202-203.

Ott, G. (2015). *Nutzung von Wissenslandkarten zur Verwaltung von Wissenskapital in Unternehmen.* eBusinessLotse Dresden Arbeitspapier, https://tu-dresden.de/ing/maschinenwesen/cimtt/ressourcen/dateien/-ebl_Broschuere_Feuvrier_Wissenslandkarten_final.pdf?lang=de, Abruf: 31.05.2019.

Argumentationskarten

Argumentationskarten sind
grafische Darstellungen von
Argumentationsketten im
Rahmen von Überlegungen
einer Person oder von De-
batten einer Gruppe von
Personen.

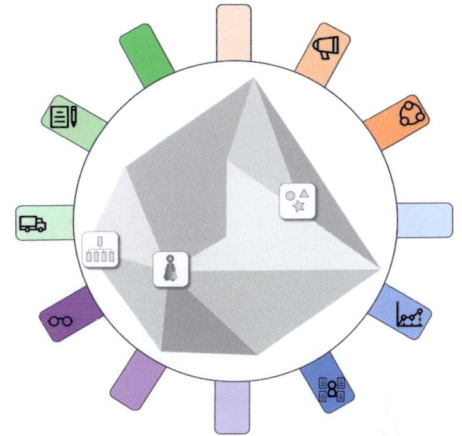

Daher befindet sich diese Methode im Semantischen Raum
zwischen *Wissensträgern*, *Organisationen* und *Kategorien*.

Für die Digitalisierung der
Methode können Werkzeuge
aus den Kategorien *kommuni-
zieren*, *visualisieren*, *verteilen*, *veröffentlichen*, *zusammenarbeiten*, *lernen*
und *kuratieren* zum Einsatz kommen.

Die Methode

Argumentationskarten (auch: Debattenkarten) sind grafische Repräsentatio-
nen von Argumentationsketten im Rahmen von Überlegungen oder Diskussionen. Sie gehören zur Familie der „Gedankenkarten" wie Mindmaps (siehe
Seite 315) und Konzeptkarten (siehe Seite 377). Im Unterschied zu diesen
befassen sie sich mit textueller Beweisführung und „realen"
Argumentationen.

Das einfachste allgemeine Schema einer Argumentationskarte umfasst eine
These oder eine Frage, zu der Begründungen, Vorschläge oder Ideen (allgemein: Positionen) hinzugefügt werden. Die Positionen können durch Argumente verstärkt (pro) oder abgeschwächt (kontra) werden. Sowohl Positionen als auch Argumente können durch Angabe von verlässlichen Quellen
oder Referenzen gestützt werden. Mit Hilfe dieses Konzepts lassen sich auch
komplizierte Debatten grafisch durch Rechtecke und Pfeile darstellen (siehe
Abbildung 82). Die Rechtecke enthalten den Text, die Pfeile zeigen die Zusammenhänge zwischen den Positionen und Argumenten. Da man mit Bleistift und Papier dabei sehr rasch an die Grenze des sinnvoll Machbaren
kommt, gibt es mittlerweile eine Vielzahl von Software-Tools mit guten
Benutzerschnittstellen für diesen Zweck.

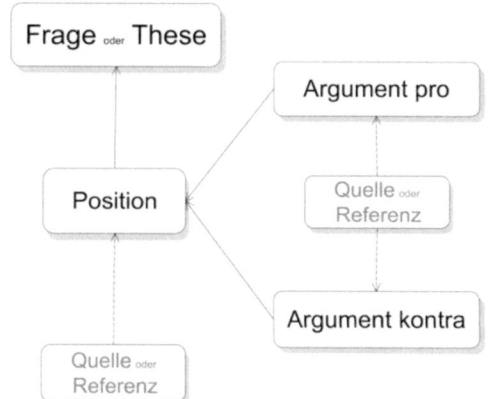

Abbildung 82: Allgemeines Schema einer Argumentationskarte

Die Entwicklung von Argumentationskarten geht auf John Henry Wigmore und Stephen Toulmin zurück. Wigmore veröffentlichte 1937 eine grafische Notationsform, die sog. Wigmore Diagramme, für die Beweisführung in Rechtsstreitigkeiten. Der Philosoph Toulmin schlug 1958 ein einfaches Argumentationsschema vor, das Grundlage für viele Argumentationskarten-Werkzeuge wurde.

Ziel und Nutzen

Ziel von Argumentationskarten ist es, Diskussionsprozesse visuell zu dokumentieren, um sie leichter nachvollziehen und kommunizieren zu können. Sie fördern beim Autor bei regelmäßiger Anwendung die Fähigkeit des kritischen Denkens. Beweisführungen werden klarer, überzeugender und geordneter, was schlussendlich zu besseren Entscheidungen führt. Missverständnisse können durch diese Präsentationsform vermieden bzw. schneller ausgeräumt werden, weil unter den Beteiligten eine gemeinsame Sicht auf die Argumentationsketten entsteht.

Anwendung

Argumentationskarten kann man für sich allein erstellen, um Klarheit über einen Sachverhalt zur Beantwortung einer schwierigen Frage zu erlangen und den Sachverhalt besser argumentieren zu können. Dasselbe kann auch eine Gruppe von Personen gemeinsam machen, entweder im Rahmen einer Besprechung oder virtuell durch Beteiligung an einer Debatte im Internet.

Die Anwendung der Methode erfolgt in drei Schritten:

1. Erstellung

Für die Erstellung einer Argumentationskarte wird immer ein passendes Argumentationsschema herangezogen. Ein einfaches Schema (Abbildung 83) läuft wie folgt ab:

- Beginne mit einer Frage oder These.
- Füge alle Positionen hinzu, die für die Frage/These relevant sind.
- Ergänze Argumente und Gegenargumente nach eigenem Ermessen.
- Untergliedere die Positionen und Argumente in: Titel – Zusammenfassung – Text, wenn längere Texte zum besseren Verständnis unvermeidlich sind.
- Notiere die Quellen bzw. Referenzen, wo immer möglich bzw. vorhanden.

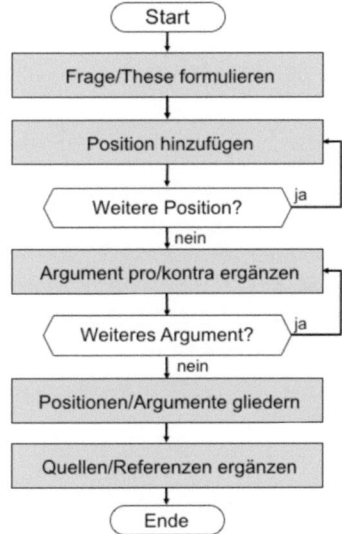

Abbildung 83: Einfaches Erstellungsschema einer Argumentationskarte

Argumentationskarten können reine Textdokumente sein, die zu einer Aussage alle wesentlichen Argumente kompakt, möglichst auf einer Seite zusammenfassen. Diese Form wird mittlerweile häufig in der Politik verwendet. Zur Dokumentation einer ausführlichen Debatte wird man auf die visuelle Dokumentationsform zurückgreifen (siehe Schema in Abbildung 82) und ein passendes, auf Argumentationskarten spezialisiertes Werkzeug benutzen.

Für die Erstellung einer Argumentationskarte ist ein Werkzeug der Kategorie *kommunizieren, veröffentlichen* oder *zusammenarbeiten* geeignet. Für die visuelle Dokumentation wird man ein spezialisiertes Werkzeug für Argumentationskarten aus der Kategorie *visualisieren* einsetzen.

2. Nutzung

Argumentationskarten sind dort von besonderem Interesse, wo es um Klarheit in den Argumentationsketten und um Gleichklang in der Kommunikation in komplexen organisationalen oder gesellschaftlichen Prozessen geht. Die Prozessverantwortlichen stellen den für die Kommunikation Zuständigen die passenden Argumentationskarten in der benötigten Form zur Verfügung und erklären deren adäquaten Einsatz (siehe Beispiel in Abbildung 84).

Die Nutzung der Argumentationskarten kann durch Werkzeuge der Kategorien *verteilen, veröffentlichen* oder *zusammenarbeiten* unterstützt werden. Falls die Nutzung mit Hilfe einer kurzen Video- oder E-Learning-Sequenz erklärt werden soll, kann ein Werkzeuge der Kategorie *lernen* zum Einsatz kommen.

3. Pflege

Die Inhalte der Argumentationskarten bleiben nach deren Erstellung meist recht stabil. Sollten aus Rückmeldungen der Anwender dringende Veränderungsbedarfe entstehen, nehmen die für den Inhalt Verantwortlichen die Anpassungen vor. Wichtig ist, dass falsche oder veraltete Inhalte zuverlässig korrigiert bzw. gelöscht werden. Denn nur Argumentationskarten mit aktuellen Inhalten erfüllen ihren Zweck.

Für die Pflege von Argumentationskarten kommen dieselben Werkzeuge zum Einsatz wie für die Erstellung.

Stufenweise Digitalisierung

Stufe 0: Die Methode kommt weitgehend ohne Technikunterstützung aus. Argumentationskarten in Textform können mit Hilfe eines Textverarbeitungsprogramms erstellt werden.

Stufe 1: Die Erstellung der Argumentationskarten kann mit Hilfe eines Werkzeugs der Kategorie *kommunizieren* (z.B. Videokonferenz) unterstützt werden. Für die Nutzung kann ein Werkzeug der Kategorie *verteilen* zum Einsatz kommen.

Wissensstrukturen und -bestände

Stufe 2: Die Erstellung kann mit Hilfe eines Werkzeugs der Kategorie *visualisieren* (Spezialwerkzeug für Argumentationskarten) erfolgen, wenn es sich um komplexere Argumentationsketten handelt. Für die Erstellung und anschließende Nutzung kann ein Werkzeug der Kategorie *veröffentlichen* verwendet werden.

Stufe 3: Statt Werkzeuge aus den Kategorien kommunizieren, verteilen und veröffentlichen wird ein Werkzeug aus der Kategorie *zusammenarbeiten* eingesetzt.

Stufe 4: Die Methode kann vollständig digitalisiert werden, indem ein Werkzeug der Kategorie *zusammenarbeiten* kombiniert wird mit einem Werkzeug der Kategorie *lernen*, wenn eine E-Learning-Einheit zur Erklärung der Verwendung erzeugt wird. Darüber hinaus kann die Erstellung durch ein Werkzeug der Kategorie *kuratieren* unterstützt werden, um möglichst gute Inhalte für die Argumente und Positionen sowie vertrauenswürdige Quellen bzw. Referenzen mit vertretbarem Aufwand zu finden.

Beispiel

In einem Unternehmen wird gerade Wissensmanagement eingeführt. Das verantwortliche Projektteam erarbeitet unter Einbeziehung des Auftraggebers eine Argumentationskarte, um den Führungskräften punktgenaue Argumente für die Gespräche mit ihren Mitarbeitern zu liefern. Da das Unternehmen primär prozessorientiert arbeitet, liegt der Hauptfokus der Wissensmanagement-Initiative auf der Beschleunigung der Geschäftsprozesse. Das zusammengefasste Ergebnis aus der ersten Diskussionsrunde ist in Abbildung 84 visualisiert.

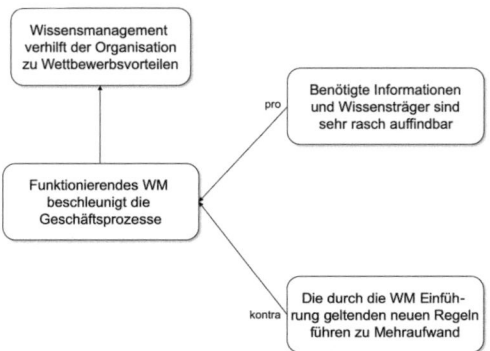

Abbildung 84: Visualisierte Argumentationskarte aus der ersten Diskussionsrunde

Um sich an Debatten im Internet zu beteiligen oder selbst eine Debatte zu beginnen, bieten sich Foren wie z.B. https://debategraph.org/Stream.aspx?nid=61937&vt=ngraph&dc=focus (Abruf: 03.05.2019) für den englischsprachigen Raum an.

Grenzen/Risiken und Anwendungskompetenzen

Den größten Wert haben Argumentationskarten, solange die Debatte am Laufen ist. Sobald das Interesse am diskutierten Thema schwindet, werden auch die zugehörigen Argumentationskarten kaum noch genutzt. Der Aufwand lohnt sich daher nur für Argumentationen, deren Ergebnisse für die Verwendung in ähnlich gelagerten Fällen nachvollziehbar sein müssen (z.B. richterliche Entscheidungen in strafrechtlichen Belangen).

Auch bei bester Intention der Ersteller können die Inhalte von Argumentationskarten zu Fehlinterpretationen führen, vor allem wenn die Ersteller als Auskunftspersonen nicht mehr zur Verfügung stehen. Dieses Risiko kann nicht völlig ausgeschlossen werden. Daher müssen Argumentationskarten von Benutzern, die an der Erstellung nicht beteiligt waren, mit der nötigen Umsicht verwendet werden.

Argumentationskarten sollten nie ohne entsprechende Quellen und Referenzen veröffentlicht werden, damit ihre Seriosität gewährleistet ist. Argumente und Positionen sind ohne Absicherung durch vertrauenswürdige Quellen und Referenzen nicht haltbar und sollten daher in der Argumentationskette weggelassen werden, bis entsprechende Quellenangaben geliefert werden.

Von Erstellern werden neben Fach- und Methodenkompetenz analytisches und kritisches Denkvermögen und Kenntnisse in logischem Schließen erwartet. Anwender müssen mit dem behandelten Fachgebiet der Argumentationskarte und der Methode vertraut sein.

Referenzen

Greve, K.; Rinner, C. (1999). *Argumentationskarten - GIS-basiertes Planungswerkzeug im WWW*. In: Strobl, J. (Hrsg.): Angewandte Geographische Informationsverarbeitung XI, S. 237-244.

Grötker, R. (2010). *Klarheit für komplexe Themen: Expertenkonsultationen mit Hilfe von Argumentationskarten*. http://debattenprofis.de/wp-content/uploads/2013/04/expertenkonsultationen.pdf, Abruf: 03.05.2019.

Kirschner, P. A.; Buckingham-Shum, S. J.; Carr, C. S. (Hrsg., 2003). *Visualizing Argumentation: Software Tools for Collaborative and Educational Sense-Making.* London: Springer.

Mittelmann, A. (2011). *Argumentationskarten.* In: Werkzeugkasten Wissensmanagement, Norderstedt: Books on Demand, S. 186-189.

Toulmin, S. (1958). *The Uses of Argument.* Cambridge: University Press.

Walton, D. N.; Reed, C.; Macagno, F. (2008). *Argumentation schemes.* Cambridge: University Press.

Wigmore, J. H. (1937). *The Science of Proof: As Given by Logic, Psychology and General Experience and Illustrated in Judicial Trials.* 3. Auflage, Boston: Little, Brown.

Wissensbestandskarten

Wissensbestandskarten geben Auskunft darüber, welche Wissensbestände in welcher Form vorliegen und wer die zugehörigen Wissensträger sind.

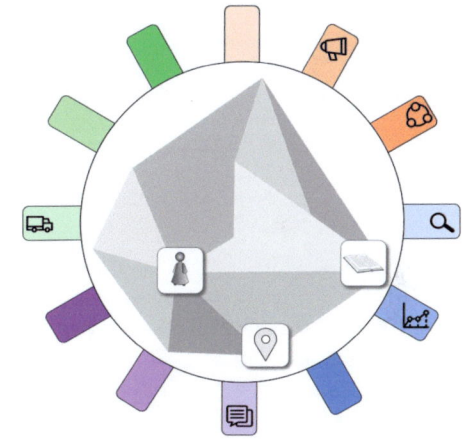

Diese Methode befindet sich daher im Semantischen Raum zwischen *Wissensträger*, *Wissensobjekte* und *Orte*.

Für die Digitalisierung der Methode können Werkzeuge aus den Kategorien *verteilen*, *kommunizieren*, *befragen*, *suchen*, *visualisieren* und *zusammenarbeiten* zum Einsatz kommen.

Die Methode

Wissensbestandskarten zeigen an, wo und wie bestimmte Wissensbestände zur Verfügung stehen und wer über deren Inhalt qualifiziert Auskunft geben kann. Sie geben dem Anwender wichtige Hinweise, in welcher Form das Wissen vorliegt („Aggregationszustand des Wissens"). Das erleichtert ihm die Entscheidung, wie er das vorhandene Wissen für seine Zwecke nutzen kann.

Wissensbestandskarten sind üblicherweise nach Wissensgebieten strukturiert, enthalten die Verknüpfungen zu den zugehörigen physischen und elektronischen Wissensobjekten. Sie zeigen explizit an, in welcher Form das Wissensobjekt vorliegt und wer der verantwortliche Wissensträger ist. Durch die Verknüpfung ist auch der Ort der Speicherung bekannt (siehe Abbildung 85).

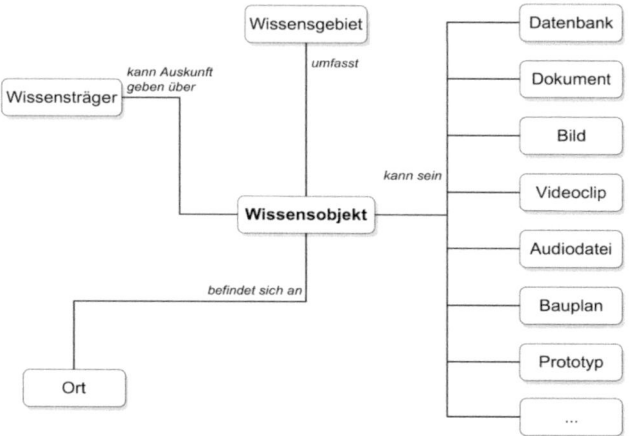

Abbildung 85: Struktur einer Wissensbestandskarte

Ziel und Nutzen

Ziel von Wissensbestandskarten ist, vorhandene Wissensbestände transparent zu machen und den Zugriff auf benötigtes Wissen zu erleichtern und zu beschleunigen. Den größtmöglichen Nutzen bringen sie, wenn sie jene häufig benötigten Wissensbestände referenzieren, die relevant für den Geschäftserfolg sind und wenn sie mit anderen Wissenskartentypen wie Wissensträger- (siehe Seite 241), Wissensstruktur- (siehe Seite 377) oder Wissensanwendungskarten (siehe Seite 357) verknüpft sind.

Anwendung

Die Anwendung der Methode erfolgt in drei Schritten:

1. Erstellung

Bei der Erstellung von Wissensbestandskarten beginnt man bei jenem Geschäftsprozess, der kritisch für den Geschäftserfolg ist. Für jeden seiner Teilprozesse werden jeweils die drei wichtigsten Wissensgebiete identifiziert, falls noch nicht bekannt. Anschließend werden die Wissensträger befragt, welche Wissensobjekte für die erfolgreiche Bearbeitung der einzelnen Geschäftsfälle von zentraler Bedeutung sind.

Wissensobjekte können Dokumente jeder Art (Texte, Präsentationen, Bilder, Videos, etc.), Datenbanken, Papierdokumente oder physische Objekte wie z.B. Prototypen sein (siehe Abbildung 85). Diese Liste der relevanten Wissensobjekte wird um den physischen oder virtuellen Ort, wo sie zu finden sind, ergänzt. Das zugehörige Wissensgebiet wird anschließend hinzugefügt. Ebenso werden die Person bzw. Personen, die qualifiziert Auskunft über dieses Wissensobjekt geben können, angeführt.

Wissensgebiet	Wissensobjekt	Wissensträger	Form	Ort
Kundenwissen	Protokolle Kundenbesuche Kundengruppe A (2018)	Bernd	Blog-Eintrag	Sharepoint
Kundenwissen	Protokolle Kundenbesuche Kundengruppe B (2018)	Maria	Blog-Eintrag	Sharepoint
Produktwissen	Erfahrungen Anwendungen Produkt X	Sybilla	Dokument	QMS
Produktwissen	Erfahrungen Anwendungen Produkt Y	Kevin	Dokument	QMS
Anlagenwissen	Einstellungsparameter Drehbank U	Josef	Liste	PPS
Anlagenwissen	Einstellungsparameter CNC-Fräse V	Siglinde	Liste	PPS
...	...	...	...	...

Abbildung 86: Beispielhaft ausgefüllte Wissensbestandskarte in Tabellenform

Die einfachste Darstellungsform für diese Auflistung ist eine Tabelle (siehe Abbildung 86). Wenn größere Bestände von Wissensobjekten katalogisiert werden sollen, legt man sie eher in Datenbankform mit Such- und Visualisierungsmöglichkeiten ab, um rascher eine gute Übersicht zu erlangen. Falls andere Wissenskartentypen wie Wissensträger-, Wissensstruktur- oder Wissensanwendungskarten bereits vorhanden sind, werden diese an passender Stelle mit den Wissensbestandskarten verknüpft.

Für die Erstellung einer Wissensbestandskarte ist ein Werkzeug der Kategorie *kommunizieren*, *befragen*, *verteilen* oder *zusammenarbeiten* geeignet. Ergänzend kann ein Werkzeug aus der Kategorie *visualisieren* eingesetzt werden, wenn nötig.

2. Anwendung

Nachdem die Wissensbestandskarte an der passenden Stelle (z.B. im Intranet der Organisation) bereitgestellt wurde, wird auf allen Kommunikationskanälen für deren Verwendung geworben. Eine besondere Rolle kommt hier den Führungskräften zu, für deren Geschäftsprozess die Wissensbestandskarte zur Verfügung steht. Bei allen passenden Gelegenheiten weisen sie ihre Mitarbeiter auf ihren Verwendungszweck hin und fordern sie zur Nutzung auf. In den wissensorientierten Mitarbeitergesprächen (siehe Seite 109) haben sie eine weitere Gelegenheit, um auf die adäquate Anwendung hinzuweisen. Sie diskutieren von Zeit zu Zeit mit den verantwortlichen Wissensträgern den Nutzungsgrad der Wissensanwendungskarten und leiten ggfs. Verbesserungsmaßnahmen ein.

Die Anwendung von Wissensbestandskarten kann durch Werkzeuge der Kategorien *suchen* (Finden der passenden Wissensobjekte), *kommunizieren* (Fragen stellen) oder *zusammenarbeiten* unterstützt werden.

3. Pflege

Die ständige Aktualisierung der Wissensbestandskarten muss sichergestellt werden, um den Nutzen der Wissensbestandskarten auf Dauer zu sichern. Die Verantwortung für diese Aufgabe tragen die jeweiligen Wissensträger der Wissensgebiete. Ihre Führungskräfte sorgen dafür, dass sie die dafür nötigen Zeitressourcen erhalten. Die Wissensträger nutzen die Rückmeldungen der Anwender und ihre eigenen Erfahrungen für diese Aufgabe.

Für die Pflege von Wissensbestandskarten kommen dieselben Werkzeuge zum Einsatz wie für die Erstellung.

Stufenweise Digitalisierung

Stufe 0: Die Methode kommt mehr oder weniger ohne Technikunterstützung aus. Die Wissensbestandskarten in Tabellenform können mit Hilfe eines Tabellenkalkulationsprogramms erstellt werden.

Stufe 1: Die Befragung zur Erstellung der Wissensbestandskarten kann mit Hilfe eines Werkzeugs der Kategorie *kommunizieren* (z.B. Videokonferenz) unterstützt werden. Für die Bereitstellung kann ein Werkzeug der Kategorie *verteilen* zum Einsatz kommen. Ein Werkzeug der Kategorie *suchen* erleichtert das Auffinden der passenden Wissensobjekte in den Wissensbestandskarten.

Stufe 2: Die Erstellung kann durch ein Werkzeug der Kategorie *visualisieren* unterstützt werden, um die Übersichtlichkeit bei großen Beständen von Wissensobjekten zu verbessern.

Stufe 3: Statt Werkzeuge aus den Kategorien kommunizieren, verteilen und suchen wird ein Werkzeug aus der Kategorie *zusammenarbeiten* verwendet. Für die Befragung im Rahmen der Erstellung kann ggfs. ein Werkzeug der Kategorie *befragen* zum Einsatz kommen.

Stufe 4: Die Methode kann vollständig digitalisiert werden, indem ein Werkzeug der Kategorie *zusammenarbeiten* kombiniert wird mit einem Werkzeug der Kategorie *visualisieren.*

Grenzen/Risiken und Anwendungskompetenzen

Der Aufwand für die Erstellung einer Wissensbestandskarte ist nicht zu unterschätzen. Eine sorgfältige Kosten-/Nutzenabschätzung zu Projektbeginn ist daher ratsam. Wie bei vielen Wissensmanagement-Maßnahmen ist es oft schwierig, geeignete Messkriterien zu identifizieren. Für die Evaluierung von Wissensbestandskarten bieten sich z.B. folgende an: Kosten für die Erarbeitung der Wissensbestandskarte, laufende Kosten für die Pflege der Wissensbestandskarte und die genutzte IT-Infrastruktur, Aufwand bei den mit der Wissensbestandskarte verknüpften Wissensträgern für die Beantwortung von Fragen, erwartete Reduktion von Suchzeiten für benötigte Wissensobjekte bzw. -träger, Steigerung der Mitarbeiter- und Kundenzufriedenheit durch die erhöhte Transparenz durch die Wissensbestandskarte.

Wenn es während der Einführungsphase nicht rasch gelingt, dass die Mehrheit der betroffenen Mitarbeiter die Wissensbestandskarte in der täglichen Arbeit nutzt, sind größere Anstrengungen von Seiten des Managements notwendig. Sollten diese Bemühungen nicht zum gewünschten Erfolg führen, ist von einer weiteren Verwendung der Wissensbestandskarte abzusehen und andere, besser passende Alternativen für mehr Wissenstransparenz zu suchen.

Bei der Erstellung der Wissensbestandskarte kann es aufgrund einer von Hierarchie und Macht geprägten Unternehmenskultur zu Schwierigkeiten bei der Zuordnung von Wissensträgern zu ihren Wissensgebieten kommen. In diesem Fall ist abzuschätzen, ob eine Wissensbestandskarte, die ausschließlich die relevanten Wissensobjekte je Wissensgebiet enthält, für die Zwecke der Organisation genügt. Das Hinzufügen der Wissensträger kann auch zu einem späteren Zeitpunkt erfolgen, sobald sich die Unternehmenskultur zu mehr Offenheit entwickelt hat.

Die Ersteller benötigen analytische Fähigkeiten, gepaart mit einer guten Kenntnis des Geschäftsprozesses und Moderationsfertigkeiten, um die Erarbeitung mit den Wissensträgern begleiten zu können. Von den Wissensträgern wird vor allem die Bereitschaft erwartet, konstruktiv an der Erstellung bzw. Pflege mitzuarbeiten und in weiterer Folge bei Bedarf für Fragen der Anwender zur Verfügung zu stehen.

Referenzen

Däßler, R. (2002). *Visuelle Kommunikation mit Karten.* http://docplayer.org/4125712-Rolf-daessler-visuelle-kommunikation-mit-karten.html, Abruf: 31.05.2019.

Lee, J.; Fink, D. (2013). *Knowledge mapping: encouragements and impediments to adoption.* In: Journal of Knowledge Management, Vol. 17 (1) 2013, S. 16-28.

Mittelmann, A. (2011). *Wissensbestandskarten.* In: Werkzeugkasten Wissensmanagement, Norderstedt: Books on Demand, S. 202-204.

Nohr, H. (2000). *Wissen und Wissensprozesse visualisieren.* In: Nohr, H.: Wissensmanagement: Wie Unternehmen ihre wichtigste Ressource erschliessen und teilen. Göttingen: BusinessVillage, S. 41-60.

Ott, G. (2015). *Nutzung von Wissenslandkarten zur Verwaltung von Wissenskapital in Unternehmen.* Arbeitspapier, eBusinessLotse Dresden, https://tu-dresden.de/ing/maschinenwesen/cimtt/ressourcen/dateien-/ebl_Broschuere_Feuvrier_Wissenslandkarten_final.pdf?lang=de, Abruf: 31.05.2019.

Wissensstrukturkarten

Wissensstrukturkarten zeigen Beziehungen zwischen Begriffen oder Sachverhalten. Mit ihrer Hilfe können Wissensträger komplexe Zusammenhänge in ihren Wissensgebieten sichtbar machen.

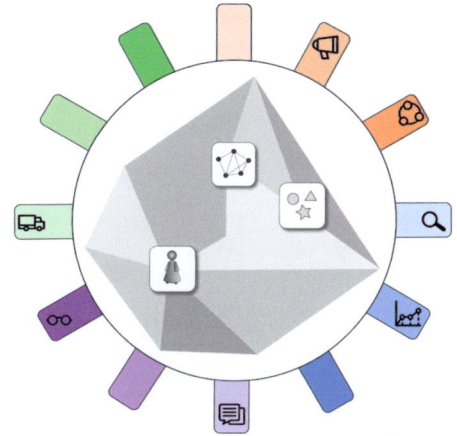

Diese Methode befindet sich daher im Semantischen Raum zwischen *Wissensträger*, *Relationen* und *Kategorien*.

Für die Digitalisierung der Methode können Werkzeuge aus den Kategorien *suchen*, *kommunizieren*, *befragen*, *visualisieren*, *zusammenarbeiten*, *verteilen* und *lernen* zum Einsatz kommen.

Die Methode

Wissensstrukturkarten visualisieren Zusammenhänge zwischen Begriffen oder Sachverhalten. Wenn die Wissensstrukturkarte Kategorien mit Begriffsclustern eines oder mehrerer Wissensgebiete zeigt, handelt es sich um eine Taxonomie-Karte. Die Begriffe und Kategorien sind entsprechend ihrer semantischen Nähe zueinander in der Karte angeordnet (siehe Abbildung 88). In diesem Fall ist die Wissensstrukturkarte die Repräsentation einer Taxonomie des betreffenden Wissensgebiets. In der betrieblichen Praxis werden Taxonomien häufig zum Aufbau von Begriffslexika (wenn nötig, auch mehrsprachig) verwendet, um eindeutige Bezeichnungen für (Zwischen-)Produkte, Produkt- oder Anlagenteile o.ä. einzuführen.

Wenn die Wissensstrukturkarte Zusammenhänge (=Relationen) zwischen Begriffen statt Begriffshierarchien dargestellt, dann spricht man von einer Konzeptkarte oder einem semantischen Netz. Zur Erläuterung, was Konzeptkarten sind, wird die Visualisierung in Abbildung 87 herangezogen:

Konzeptkarten beantworten „Fokusfragen" von weniger erfahrenen Personen im Wissensgebiet. Sie stellen als Methode des Wissensmanagements das Wissen strukturiert und grafisch dar, das zur Beantwortung der Fokusfragen benötigt wird. Die Fokusfragen und das zugehörige strukturierte Wissen sind immer vom sozialen bzw. individuellen Kontext des Fragenden abhängig. Für sein effektives und effizientes Lernen ist die Struktur des dargestellten Wissens erforderlich.

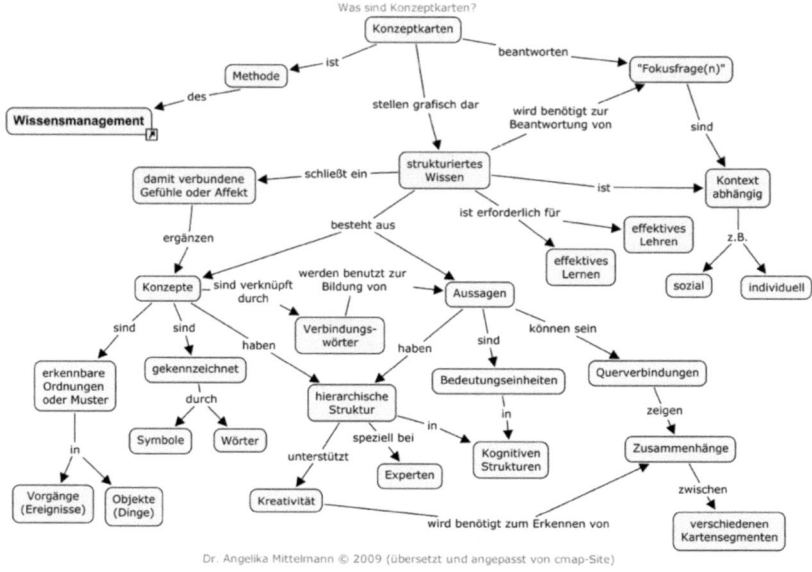

Abbildung 87: Konzeptkarte über „Was sind Konzeptkarten?"

Das dargestellte Wissen ist strukturiert in Konzepte und Aussagen. Das in den Konzeptkarten enthaltene Wissen schließt auch die damit verbundenen Gefühle oder Affekte mit ein. Diese ergänzen die Konzepte um die sehr wichtige Komponente des (oft nicht bewussten) Erfahrungswissens der Experten. Konzepte sind erkennbare Ordnungen oder Muster in Vorgängen (Ereignisse) oder Objekten (Dinge). Sie werden durch Symbole (Rechtecke, Pfeile) und Wörter dargestellt. Konzepte haben speziell bei Experten eine hierarchische Struktur, die ihre Denkmuster (kognitive Strukturen) widerspiegeln. Sie unterstützen die Kreativität der Experten, die zum Visualisieren von Zusammenhängen zwischen den verschiedenen Kartensegmenten benötigt wird. Konzepte werden durch Verbindungswörter verknüpft, die wiederum zur Bildung von Aussagen benutzt werden. Aussagen sind Bedeutungseinheiten in den kognitiven Strukturen und ebenfalls hierarchisch aufgebaut. Sie stellen Querverbindungen her und zeigen ebenfalls Zusammenhänge zwischen verschiedenen Kartenabschnitten.

Auch wenn die kompakte Erklärung zu Abbildung 87 im ersten Augenblick kompliziert erscheint, so enthält sie doch alle wesentlichen Aspekte einer

Wissensstrukturen und -bestände

Konzeptkarte. Einem Experten hilft sie bei der Wissensvermittlung, um nichts Wichtiges zu vergessen. Ebenso unterstützt sie die Anwender, alle wichtigen Details bei der Wissensanwendung zu berücksichtigen.

Grundlage dieser Art der Darstellung ist eine vorausgegangene Konzeptualisierung. Eine Konzeptualisierung übersetzt ein Phänomen der realen Welt in ein vereinfachtes Modell. Dabei darf nur der für den jeweiligen Kontext relevante Kern des Phänomens herangezogen werden. Für den Statiker ist es z.B. wichtig, wie viele Stockwerke ein Haus hat und auf welchem Untergrund es gebaut werden soll. Den Innenarchitekten interessiert mehr die Farbe der Wände, um die passenden Möbel und Vorhänge auswählen zu können. Für den Statiker und den Innenarchitekten wird daher das Konzept „Hausbau" einige gemeinsame, aber auch unterschiedliche Begriffe und Zusammenhänge beinhalten.

Eine sehr nützliche Sonderform von Konzeptkarten sind die sog. Lernlandkarten (englisch: Advance Organizer). Sie geben einen visuell unterstützten Überblick über das Wissensgebiet, das gelernt werden soll (Advance). Den Lernenden erleichtern sie die Verknüpfung des neuen Wissens mit ihrem Vorwissen durch die allgemeine visuelle Struktur (Organizer).

Ziel und Nutzen

Ziel von Wissensstrukturkarten ist es, Wissen über Wissensgebiete bzw. in Wissensgebieten und komplizierte Zusammenhänge durch Visualisierung leichter erfassbar zu machen. Sie erleichtern die Orientierung in komplexen Wissensgebieten und helfen beim Sichtbarmachen von Hintergrundwissen bzw. von erfolgskritischem Erfahrungswissen. Die Lernlandkarten helfen Lernenden, ihr eigenes Vorwissen einzuordnen und sich rascher im neuen Wissensgebiet zurechtzufinden und damit den Lernerfolg nachhaltig abzusichern.

Anwendung

Die Anwendung der Methode verläuft in folgenden Schritten:

1. Analyse und Auswahl

Da das Erstellen aller Arten von Wissenskarten ein aufwändiger Prozess ist, werden im ersten Schritt die strategischen Wissensgebiete der Organisation durchforstet. Ziel der Analyse ist, jene Wissensgebiete zu finden, die erfolgsrelevant für die Geschäftsprozesse der Organisation und schwierig zu verstehen sind.

Ein weiteres wichtiges Auswahlkriterium ist die Anzahl vorhandener Experten für das betreffende Wissensgebiet. Je weniger Wissensträger in der Organisation zu finden sind, umso wichtiger ist das Sichern und Weitergeben ihres Wissens. Falls bereits Wissensträgerkarten (siehe Seite 241) vorhanden sind, können diese verwendet werden, um die Experten für die kritischen Wissensgebiete rasch zu finden. Sollte dies nicht der Fall sein, dann liefert der Analyseschritt auch die Grundlage für die Erstellung von Wissensträgerkarten. Ergebnis dieses Schritts ist eine abgestimmte Liste von kritischen Wissensgebieten samt den zugehörigen Experten.

In diesem Schritt können Werkzeuge der Kategorie *suchen, kommunizieren* oder *befragen* zum Einsatz kommen, um die strategischen Wissensgebiete mit den zugehörigen Wissensträgern zu finden.

2. Modellierung

Zur Modellierung von Wissensstrukturkarten schlägt Polanyi die Drei-Schritt-Folge „Denotation-Reorganisation-Interpretation" vor. Bei der Denotation müssen Symbole gefunden werden, die eine erste Repräsentation des Wissens ermöglichen. Diese Symbole werden im Rahmen der Reorganisation so lange von den Wissensträgern umorganisiert, bis diese (und auch andere) gewisse Muster erkennen können. Diese Muster werden von den Wissensträgern anschließend textuell und/oder verbal beschrieben und kommentiert (Interpretation).

Dieses Schema wurde mittlerweile dahingehend vereinfacht, dass als Symbole Rechtecke für die Begriffe und Linien für die Darstellung der Zusammenhänge verwendet werden (siehe Abbildung 88). Im Fall einer Konzeptkarte sind die Linien beschriftete Pfeile (siehe Abbildung 87). Ergänzend können auch Bilder, Grafiken und Symbole hinzugefügt werden, um das Erinnern zu unterstützen.

Die Reorganisation beschränkt sich darauf, die Rechtecke und Pfeile grafisch übersichtlich auf der Karte anzuordnen. Die Wissensträger platzieren enger zusammengehörende Begriffe näher beieinander. Anschließend knüpfen sie die Beziehungen zwischen den Begriffen. Dabei achten sie auf überschneidungsfreie Darstellung der Relationen. Wenn eine „Taxonomie-Karte" (siehe Abbildung 88) erstellt werden soll, identifizieren die Wissensträger zunächst die Kernbegriffe und fassen sie dann in Begriffsklassen zusammen. Anschließend werden weitere dazu passende Begriffe den entsprechenden Klassen zugeordnet.

Wissensstrukturen und -bestände

Dieser Vorgang verläuft je nach Komplexität des betreffenden Wissensgebiets iterativ in mehreren Durchgängen. Es ist empfehlenswert, einen Moderator und ev. einen Linguistiker während der Diskussionen mit den Wissensträgern einzusetzen, um den Entwicklungsprozess möglichst effizient zu gestalten.

Ohne schriftliche oder ergänzende mündliche Interpretation ist eine komplexe Konzeptkarte für andere nicht immer leicht nachvollziehbar. Die visualisierte Konzeptkarte wird daher textuell beschrieben und um Details ergänzt, die den Wissensträgern wichtig erscheinen.

In diesem Schritt können Werkzeuge aus den Kategorien *kommunizieren* oder *zusammenarbeiten* und *visualisieren* verwendet werden.

3. Anwendung

Die Konzeptkarten werden zusammen mit ihrer textuellen Form und passenden Schlagwörtern den Mitarbeitern zugänglich gemacht. Immer wenn spezifische Fragestellungen innerhalb eines Wissensgebiets auftreten, ziehen die Mitarbeiter die entsprechenden Konzeptkarten für einen ersten Überblick zu Rate. Bei Ausscheiden von Wissensträgern und/oder bei Eintritt neuer Mitarbeiter dienen die betreffenden Konzeptkarten als Grundlage für den Wissenstransfer bzw. die Einschulung der Neuen im Sinne von Advance Organizer. Sie können auch als Ausgangsbasis für E-Learning-Einheiten dienen.

Taxonomie-Karten unterstützen Mitarbeiter beim Einstieg in neue Wissensgebiete, weil sie ihnen die wichtigsten Fachbegriffe in logischen Zusammenhängen zeigen. Mehrsprachige Taxonomie-Karten sorgen für eindeutige Übersetzungen der Begriffe. Ihre konsequente Verwendung beugt der Begriffsverwirrung in Organisationen vor.

Ein Werkzeug der Kategorie *verteilen* oder *zusammenarbeiten* bzw. *lernen*, wenn E-Learning-Einheiten entwickelt werden, kann in diesem Schritt eingesetzt werden.

4. Pflege

In regelmäßigen Abständen (z.B. jährlich) unterziehen die verantwortlichen Wissensträger „ihre" Wissensstrukturkarten einer inhaltlichen Prüfung. Sie ändern, ergänzen sie oder löschen veraltete. Nur so kann sichergestellt werden, dass die erfolgskritischen Wissensbestände der Organisation aktuell bleiben.

Alle in den vorangegangenen Schritten verwendeten Werkzeuge können hier je nach Art der Pflege benutzt werden.

Beispiele für visualisierte Wissensstrukturkarten

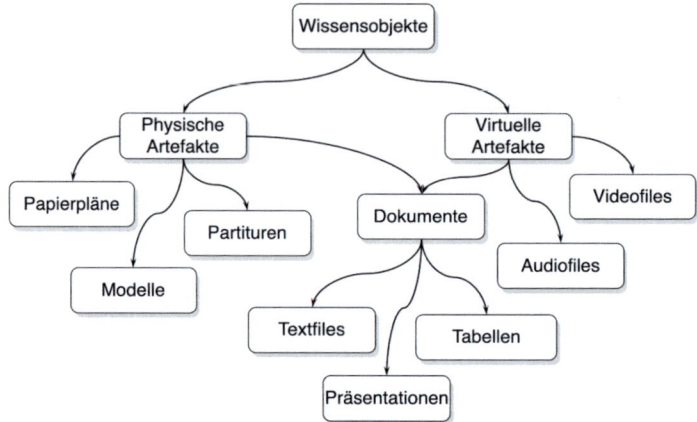

Abbildung 88: Taxonomie-Karte Wissensobjekte (Ausschnitt)

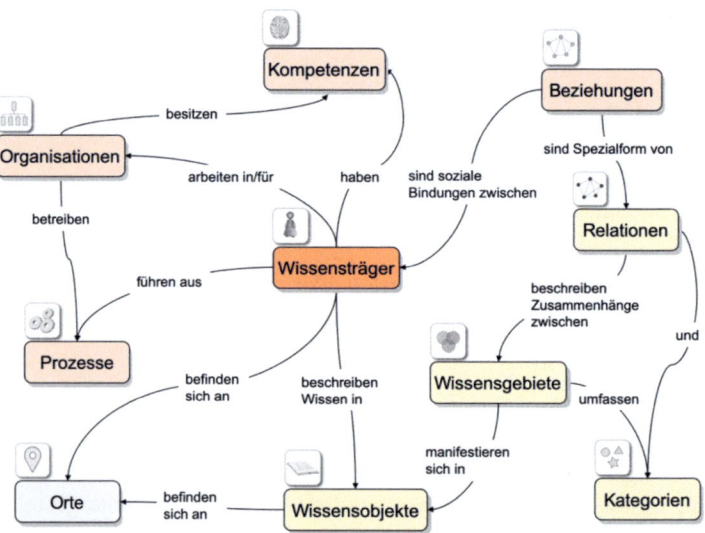

Abbildung 89: Konzeptkarte zu „Semantischer Raum des Wissensmanagements"

Die Verbalisierung dieser Konzeptkarte ist im Kapitel „Grundlagen" auf Seite 28 zu finden.

Wissensstrukturen und -bestände

Stufenweise Digitalisierung

Stufe 0: Wissensstrukturkarten können ohne Technikunterstützung mit Hilfe von Kärtchen, Stiften und Pinnwänden entwickelt werden. Die Größe der Karte ist in diesem Fall limitiert durch den physisch vorhandenen Platz auf den Pinnwänden.

Stufe 1: Wissensstrukturkarten können mit Hilfe eines Werkzeugs der Kategorie *kommunizieren* (z.B. Videokonferenz) erstellt werden. Ebenso kann ihre Anwendung damit unterstützt werden, wenn Wissensträger z.B. im Rahmen einer Videokonferenz ihr Wissensgebiet mit Hilfe der vorbereiteten Karten anderen näherbringen.

Stufe 2: Ein Werkzeug der Kategorie *suchen* erleichtert das Auffinden passender Wissensstrukturkarten für das betreffende Wissensgebiet. Die mit der Karte verknüpften Schlagwörter erleichtern die Suche. Für die Bereitstellung der Wissensstrukturkarten wird ein Werkzeug der Kategorie *verteilen* eingesetzt.

Stufe 3: Für die Visualisierung des Modellierungsergebnisses kommt ein Werkzeug der Kategorie *visualisieren* zum Einsatz. Der Modellierungsprozess selbst und die Bereitstellung werden durch ein Werkzeug der Kategorie *zusammenarbeiten* unterstützt.

Stufe 4: Die Methode kann vollständig digitalisiert werden, wenn die Identifizierung der strategischen Wissensgebiete und der Wissensträger mit Hilfe eines Werkzeugs der Kategorie *befragen* ergänzend verwendet wird. Wissensstrukturkarten können in Form von Lernlandkarten als Grundlage für die Entwicklung von E-Learning-Einheiten zur Einschulung neuer Mitarbeiter genutzt werden. In diesem Fall kommt ein Werkzeug der Kategorie *lernen* zum Einsatz.

Grenzen/Risiken und Anwendungskompetenzen

Das Entwickeln, Bereitstellen und Anwenden physischer Wissensstrukturkarten ist durch das Medium Papier stark eingeschränkt. D.h. man wird sehr rasch auf Werkzeugunterstützung zurückgreifen, wenn die Wissensstrukturkarten komplexere Wissensgebiete umfassen.

Die Modellierung wird nur dann ein gutes Ergebnis liefern, wenn die Experten auch bereit sind, ihren Beitrag dazu zu leisten. Im Falle einer Weigerung wird die Führungskraft versuchen, durch ein klärendes Gespräch den Wissensträger zur Zusammenarbeit zu bewegen. Sollte dies nicht gelingen, kann die Wissensstrukturkarte alternativ gemeinsam mit allen in diesem Wissensgebiet Beschäftigten in einem iterativen Prozess erstellt werden. Das Ergebnis ist vielleicht suboptimal, aber zumindest ist eine erste Grundlage geschaffen, die im laufenden Betrieb immer wieder verbessert werden kann.

Es muss stets darauf geachtet werden, dass die Wissensstrukturkarten bei Bedarf tatsächlich verwendet werden und ihre Pflege regelmäßig oder im Anlassfall erfolgt. Ansonsten geraten die Karten in Vergessenheit und sind nach einiger Zeit veraltet. Eine Benutzung ist in diesem Fall nicht mehr sinnvoll möglich, sondern die Wissensstrukturkarten müssen neu entwickelt oder andere Alternativen für mehr Wissenstransparenz geschaffen werden.

Die beteiligten Wissensträger benötigen neben einschlägigen Fachkompetenzen analytische Fähigkeiten sowie Kommunikationsfertigkeiten und Teamfähigkeiten für den kollaborativen Modellierungsprozess. Vom Moderator werden neben guten Moderationsfertigkeiten und Methodenkompetenz didaktische Kompetenz sowie Kenntnisse in der Visualisierung von Sachverhalten erwartet.

Referenzen

Eppler, M. J. (1999). *Michael Polanyis post-kritische Philosophie und deren Konsequenzen für das Management von Wissen.* In: Mittelstrass, J. (Hrsg.): Die Zukunft des Wissens. Universitätsverlag Konstanz.

Eppler, M. J. (2003). *Making Knowledge Visible through Knowledge Maps: Concepts, Elements, Cases.* In: Holsapple, C. W. (Hrsg.): Handbook on Knowledge Management 1 - Knowledge Matters. International Handbooks on Information Systems, Band 1, Berlin/Heidelberg: Springer, S. 189 - 205.

Jüngst, K. L.; Strittmatter, P. (1995). *Wissensstrukturdarstellung: Theoretische Ansätze und praktische Relevanz.* In: Unterrichtswissenschaft, Zeitschrift für Lernforschung, Heft 3, Jg. 23, S. 194-207.

Kraemer, S. (2006). *Wissenslandkarten im Wissensmanagement.* https://wissensmanagement.infowiss.net/docs/wissenslandkarten.pdf, Abruf: 31.05.2019.

Mittelmann, A. (2011). *Wissensstrukturkarten.* In: Werkzeugkasten Wissensmanagement, Norderstedt: Books on Demand, S. 192-195.

Ott, G. (2015). *Nutzung von Wissenslandkarten zur Verwaltung von Wissenskapital in Unternehmen*. eBusinessLotse Dresden Arbeitspapier, https://tu-dresden.de/ing/maschinenwesen/cimtt/ressourcen/dateien/-ebl_Broschuere_Feuvrier_Wissenslandkarten_final.pdf?lang=de, Abruf: 31.05.2019.

quICK win Produktivitätsanalyse

Die quICK win Produktivitätsanalyse ist eine Methode für die Einführung von Wissensmanagement in Teams und Organisationen. Mithilfe von Online-Interviews und Workshops erfolgt eine Standortbestimmung des Teams und die Identifikation von Möglichkeiten, die Wissensproduktivität zu steigern.

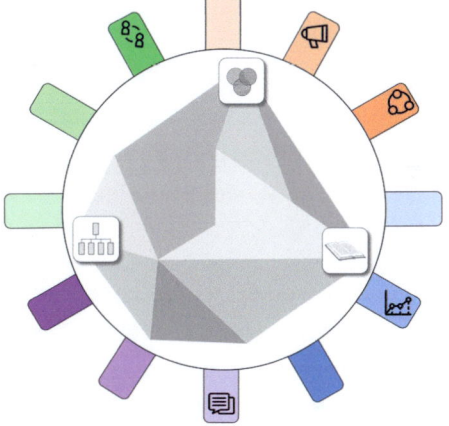

Diese Methode ist daher im Semantischen Raum zwischen *Organisationen*, *Wissensgebiete* und *Wissensobjekte* zu finden.

Für die Digitalisierung der Methode können Werkzeuge aus den Kategorien *kommunizieren*, *visualisieren*, *befragen, teilen*, und *zusammenarbeiten* zum Einsatz kommen.

Die Methode

Die quICK win Produktivitätsanalyse hat ihre historischen Wurzeln in dem Projekt „The Human Side of Knowledge Management" bei Hewlett Packard in Palo Alto. In diesem Projekt wurden drei wesentliche Ebenen (Information, Communication, Knowledge) mit drei Schlüsselprozessen „Wissen gewinnen", „Wissen austauschen" und „Wissen reflektieren" identifiziert. In über 100 Praxis-Projekten wurden im Zeitraum von 2000 bis 2009 die Grundlagen für ein standardisiertes Benchmark-System für die Einführung von Wissensmanagement-Methoden in Teams und Organisationen entwickelt. Im Jahr 2010 wurde die Methode für die Einführung von Collaboration-Werkzeugen und -Technologien weiterentwickelt.

Mit der quICK win Methode kann innerhalb kürzester Zeit eine Standortbestimmung für Teams und Organisationen im Hinblick auf den systematischen Umgang mit Information, Kommunikation und Wissen durchgeführt
werden. Zusätzlich werden Quick Wins (-> Glossar auf Seite 393) ermittelt,
mit denen Teams und Organisationen rasch einen Nutzen erzielen können.
Die Ermittlung von Potenzialen für die Steigerung der Wissensproduktivität
bildet die Grundlage für Entwicklungspfade (Roadmaps) für die nachhaltige
Verankerung von Wissensmanagement-Methoden in Teams und
Organisationen.

Ziel und Nutzen

Folgende Dimensionen (Ziele und Nutzen) sind beim Einsatz der quICK win
Produktivitätsanalyse besonders wichtig:

o   Den Standort eines Teams in Bezug auf die Wissensproduktivität
    bestimmen (Wo stehen wir im Vergleich zu anderen? – ICK-
    Benchmark).

o   Das Wissensmanagement/Collaboration–Profil ermitteln (Welche
    Wissensmanagement-Werkzeuge setzen wir ein, welche NICHT?).

o   Verbesserungspotenziale für die Erhöhung der Wissensproduktivität
    im Team identifizieren.

o   Eine Klassifikation von Schlüsselbegriffen und eine Strukturierung
    von Wissensthemen bzw. Wissensgebieten ermitteln.

o   Grundlegende Spielregeln für den Umgang mit Information,
    Kommunikation und Wissen im Team vereinbaren (Commitment).

Anwendung

Die quICK win Produktivitätsanalyse ist eine Methode für die Einführung
von Wissensmanagement-Methoden und Enterprise 2.0 Technologien in
Teams und Organisationen.

Der besondere Aspekt bei „quICK win " ist die frühzeitige Integration von
betroffenen Mitarbeitern in einem Entwicklungsprozess sowie die Herbei-
führung von gemeinsam getroffenen Entscheidungen für den Einsatz von
Wissensmanagement-Werkzeugen (Commitment für Spielregeln: Welches
Werkzeug wird für welchen Zweck eingesetzt?).

Die quICK win Produktivitätsanalyse wird in drei Phasen durchgeführt:

o   *Online Interviews*: Online-Befragung bei ALLEN Mitarbeitern o *QuICK win Workshop*: Workshop für die Strukturierung der Wissensthemen (Wissensgebiete) und die Festlegung der ersten Umsetzungsschritte

o *Workshop Wissensproduktivität*: Workshops für die Priorisierung der weiteren Vorhaben für die Steigerung der Wissensproduktivität und der Vereinbarung von Spielregeln.

1. Online Interviews

Bei den Online Interviews werden alle Mitarbeiter eines Teams bzw. einer Organisation einbezogen, um eine Standortbestimmung vorzunehmen. Dabei werden wichtige Themen, zB die Bewertung der Wissensproduktivität, der aktuelle Einsatz von Wissensmanagement-Werkzeugen, die Erhebung von Verbesserungsvorschlägen zu den Bereichen Information, Kommunikation, Kollaboration (Zusammenarbeit im Team) und Wissen behandelt. Durch die Integration ALLER betroffenen Mitarbeiter in dieser Befragung gelingt es, eine breite Akzeptanz zu schaffen, die in weiterer Folge für die Einführung von neuen Werkzeugen und die Umsetzung von Veränderungen von entscheidender Bedeutung sind.

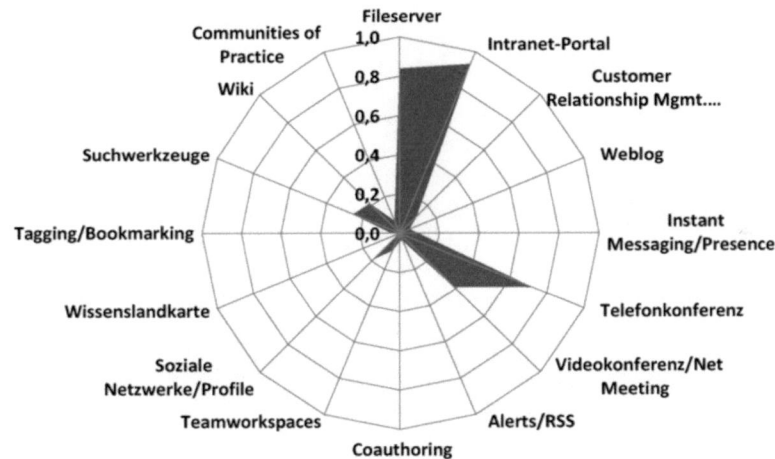

Abbildung 90: quICK win Wissensmanagement/Collaboration-Profil

Ein zentrales Ergebnis der quICK win Online-Interviews ist das Wissensmanagement/Collaboration-Profil (siehe Abbildung 90). In diesem wird sichtbar, welche Werkzeuge ein Team in welcher Intensität einsetzt UND, welche verfügbaren Werkzeuge NICHT in Betracht gezogen werden. In der zweck- und zielgerichteten Fokussierung von bis heute nicht eingesetzten

Werkzeugen und Methoden liegt das zukünftige Potenzial für die Produktivitätssteigerung der Wissensarbeit eines Teams oder der Organisation.

Für die Online Interviews ist ein Werkzeug der Kategorie *befragen* geeignet. Für die Visualisierung des Wissensmanagement/Collaboration-Profil setzt man ein Werkzeug aus der Kategorie *visualisieren* ein. Für die Veröffentlichung aller Ergebnisse kann ein Werkzeug der Kategorie *teilen* zum Einsatz kommen.

2. QuICK win Workshop

Die Ergebnisse der Online Interviews bieten die Grundlagen für den ersten quICK win Workshop. In diesem werden eine Strukturierung der Wissensthemen mit Hilfe der Online-Mind-Mapping Methode (siehe Seite 315) vorgenommen. Zusätzlich werden erste Umsetzungsschritte vereinbart, die für das Team einen raschen Nutzen bringen (z.B. die Neustrukturierung eines Laufwerksverzeichnisses mit Namenskonventionen für die Datei-Bezeichnung).

Ein quICK win Workshop kann durch Werkzeuge der Kategorien *kommunizieren* oder *zusammenarbeiten* und *visualisieren* (Mind Mapping) unterstützt werden.

3. Wissensproduktivitäts-Workshop

Durch die rasche Umsetzung von Quick Wins können die Umsetzungserfahrungen bereits in dem zweiten, zeitlich nachgelagerten Workshop eingebracht werden. In diesem werden die Potenziale für die Verbesserung der Wissensproduktivität im Team bewertet und priorisiert. Auf der Basis der Verbesserungsvorschläge aus den Online Interviews können weiterführende Wissensmanagement-Projekte und -Prozesse identifiziert werden, um Wissensmanagement nachhaltig im Team und in der Organisation zu verankern.

In Teams und Organisationen ist der Umgang mit „Wissen" immer mit Emotionen verbunden (z.B. Wissen ist Macht, Wissen ist Freude am Geben und Schenken). Deshalb hat die quICK win Produktivitätsanalyse in der Praxis auch den Spitznamen „Wissensquickie" erhalten.

Für die Wissensproduktivitäts-Workshops können Werkzeuge der Kategorien *kommunizieren* oder *zusammenarbeiten* zum Einsatz kommen.

Stufenweise Digitalisierung

Stufe 0: Die Methode kommt völlig ohne Technikunterstützung aus. Für die Zusammenfassung der Ergebnisse wird ev. ein Textverarbeitungs- und Tabellenkalkulationssystem eingesetzt.

Stufe 1: Die Online-Interviews und die Workshops werden durch ein Werkzeug der Kategorie *kommunizieren* (z.B. Videokonferenz) unterstützt.

Stufe 2: Das Wissensmanagement/Collaboration-Profil wird mit Hilfe eines Werkzeugs der Kategorie *visualisieren* statt mit einem Tabellenkalkulationsprogramm erstellt. Für die Bereitstellung aller (Zwischen-) Ergebnisse der Methodenanwendung kommt ein Werkzeug der Kategorie *teilen* zum Einsatz.

Stufe 3: Die Online-Interviews werden mit Hilfe eines Werkzeugs der Kategorie *befragen* statt *kommunizieren* durchgeführt.

Stufe 4: Die Methode kann vollständig digitalisiert werden, in dem statt Werkzeuge aus den Kategorien *kommunizieren* und *teilen* ein Werkzeug aus der Kategorie *zusammenarbeiten* eingesetzt wird.

Grenzen/Risiken und Anwendungskompetenzen

Die quICK win Produktivitätsanalyse ist ein „Impuls", mit Hilfe eines Online-Fragebogens und zwei Workshop-Sequenzen weitere Entwicklungsprozesse in der Organisation durchzuführen. Zusätzlich ist eine Vorbereitungsphase mit den Auftraggebern zwecks Auftragsklärung erforderlich. Diese Aktivitäten stellen bereits erste „Interventionen" für einen Entwicklungs- und Veränderungsprozess sowohl auf der Team- als auch auf der Organisationsebene dar. Sich dessen bewusst zu sein, ist für den Moderator und Prozessbegleiter, aber auch im Entwicklungsprozess als solchen sehr wichtig.

Für den Entwicklungs- und Veränderungsprozess sollte daher berücksichtigt werden, dass die quICK win Produktivitätsanalyse mit den nachfolgenden Workshops ein Anstoß für weitere Prozesse, aber kein in sich gesamthaft gestalteter Veränderungsprozess (Change Management, Organisationsentwicklungsprozess etc.) ist. Dies wäre als Grenze dieser Methode zu sehen. Die Ergebnisse der Analyse und der Workshops werden eine Menge von Anhaltspunkten und Impulsen enthalten, die in weiterer Folge für die Organisationsentwicklung (Organisation Design, Wissensmanagement etc.) relevant sind. Diese wären aber gesondert in einem Prozess aufzusetzen, oder in laufende Entwicklungsprozesse (Persönlichkeitsentwicklung, Organisations-entwicklung etc.) zu integrieren.

Die notwendigen Anwendungskompetenzen sind bei diesem Werkzeug auf zwei Ebenen zu sehen. Die eine Ebene ist das „Aufsetzen" der Online-Be-fragung. Die andere Ebene ist die Vorbereitung, Moderation und Dokumen-tation der Workshop-Ergebnisse.

Die Organisation, Durchführung und Auswertung der Online-Befragung er-fordert Fertigkeiten im Umgang mit Online-Befragungstools und Projekt-management. Zusätzlich sind fachliche Kompetenzen im Bereich Wissens-management und Technologien (z.B. Collaboration-Technologien) erforder-lich, um die Ergebnisse entsprechend zu interpretieren und Schlussfolgerun-gen für die Organisationen abzuleiten.

Für die Durchführung der Workshops sind neben der Kompetenz für die Meeting-Moderation vor allem Beratungserfahrungen für die Übernahme der externen Rolle erforderlich. Das beinhaltet das Erkennen von Ansatz-punkten für weitere Entwicklungs- und Veränderungsprozesse sowie die sachkundige und achtsame Intervention bei Interessenskonflikten und Mei-nungsverschiedenheiten. Die Durchführung von Online-Meetings erfordert darüber hinaus die Fähigkeiten und Kompetenzen für die Moderation von Online-Meetings und für den Umgang mit Online-Meeting-Tools (Online Facilitation).

Die Begleitung eines Diskussionsprozesses für die Generierung von Spiel-regeln für den Umgang mit Information, Kommunikation und Wissen ent-spricht einer sehr anspruchsvollen Beratungsleistung und erfordert entspre-chende Erfahrung in Gruppen und Organisationen. Dies gilt auch für die Prozessbegleitung sowie für die fachliche Beratungskompetenz im Bereich Wissensmanagement und Technologien.

Die letzteren Anwendungskompetenzen sind in erster Linie bei einem phy-sisch durchgeführten Workshop zu sehen. Bei der Durchführung eines On-line-Meetings sind, bedingt durch das Medium Technologie, ohnedies Gren-zen eines derartigen Entwicklungsprozesses bzw. Anwendungsfalles in Be-tracht zu ziehen.

Referenzen

della Schiava, M.; Rees, W. H. (1999). *Was Wissensmanagement bringt.* Wien, Hamburg: Signum, S. 140-142.

Wissensstrukturen und -bestände

della Schiava, M. (2008). *2:O Das Spiel mit dem Marketingwissen*. Wien: Echoverlag, S. 129.

della Schiava, M. (2009). *Steigerung der Produktivität der Wissensarbeit im Finanzsektor – Benchmark/Banken*. In: Hinkelmann, K.; Wache, H. (Hrsg.): WM2009: 5th Conference on Professional Knowledge Management, GI-Edition Lecture Notes in Informatics (LNI) – Proceedings, Volume P-145 (2009), Bonn: Köllen Verlag, S. 406-413.

della Schiava, M.; Ehniß, B. (2006). *Marketingwissen schneller finden und vernetzen*. In: Pircher, R. (Hrsg.): Wissensmanagement Wissenstransfer Wissensnetzwerke. Erlangen: Publicis Publishing, S. 117-126.

Mittelmann, A. (2011): *quICK win Produktivitätsanalyse*. In: Werkzeugkasten Wissensmanagement. Norderstedt: Books on Demand, S. 262-265.

Gastbeitrag von Manfred della Schiava
(Wissensberater International)

Glossar

Abstract Dienste

Ein Service im Internet, das Kurzzusammenfassungen von Büchern und/
oder wissenschaftlichen Veröffentlichungen bietet.

Artefakt

Ein von Menschenhand geschaffenes physisches oder virtuelles Objekt. Im
Kontext dieses Buches handelt es sich um ein Wissensobjekt.

Augmented Reality

Die computerunterstützte Erweiterung der Realitätswahrnehmung durch
Einblendung/Überlagerung von kontextabhängigen Zusatzinformationen in
Form von Text, Bildern oder Videos.

Blog

Ein elektronisches Tagebuch im Internet, das meist öffentlich einsehbar ist.
Die Einträge können nur vom Autor verändert, von anderen kommentiert
werden.

Business Networking

Eine Variante des Social Networking, bei der sich Geschäftsleute untereinander und mit Entrepreneuren vernetzen, um ihre Geschäftsinteressen durch
gegenseitig vorteilhafte Geschäftsbeziehungen weiterzuentwickeln.

Canvas

Eine elektronische „Leinwand", die im vorliegenden Kontext der Strukturierung und Visualisierung von Inhalten dient.

Chat

Eine textbasierte „Plauderei" in Echtzeit zwischen zwei oder auch mehr
Teilnehmern, meist über das Internet.
Synonym: Online-Chat

Computer Aided Telephone Interview

Eine telefonische Befragungstechnik, bei der der Interviewer die vom Computer generierten Fragen dem Befragten vorliest und dessen Antworten sofort in das System eingibt. Die Fragenfolge passt das System automatisch
dem Antwortverhalten des Interviewten an.

Curation Services

Eine Zusammenstellung von IT-Werkzeugen, die bei der Identifikation und Auswahl von relevanten Daten und Informationen zu ausgewählten Themen unterstützen. Sie bedienen sich dabei Methoden des kollaborativen Filterns über Benutzerempfehlungen in Bewertungssystemen und der semantischen Analyse von Web-Inhalten. Darüber hinaus bieten sie Funktionen zur Generierung neuer hochwertiger Inhalte durch die Kombination der gefundenen fremden und eigener Inhalte sowie zur zielgruppengerechten Veröffentlichung dieser Inhalte.

Data Analyzing

Datenauswertung unter Verwendung analytischer und logischer Methoden mit dem Ziel, nützliche Informationen zu entdecken, Schlussfolgerungen vorzuschlagen und die Entscheidungsfindung zu unterstützen.

Data Mining

Durchsuchungsprozess von großen Datenbeständen, um bislang unbekannte, potenziell nützliche Muster, Trends und Zusammenhänge zu identifizieren.

Design Thinking

Eine systematische Herangehensweise an komplexe Problemstellungen aus beliebigen Anwendungsgebieten, die die Lösungsfindung konsequent an der Nutzersicht orientiert und auf Design-Methoden beruht.

Diskussionsforum

Ein Webangebot für den asynchronen Austausch von Gedanken, Informationen und Erfahrungen, der thematisch strukturiert aufgebaut ist. Teilnehmer können eigene Themengruppen anlegen oder sich an anderen durch eigene Beiträge beteiligen.

Elektronische Gruppenkalender

Ein im Web verfügbarer Kalender, den alle Gruppenmitglieder ansehen und verändern können.

Gruppendenken (Group Think)

Das Entscheidungsverhalten einer Gruppe von kompetenten, aber nach Einmütigkeit strebenden Personen. Der Entscheidungsprozess führt mit hoher Wahrscheinlichkeit zu einem schlechten Ergebnis mit oft katastrophalen Folgen. Auslöser für dieses Verhalten kann eine zu homogene Gruppenzusammensetzung oder eine mit sehr hohem psychischen Streß verbundene Situation sein.

Groupware

Eine Technologie, die Teams bei der Kommunikation, der Zusammenarbeit und beim effektiven Informationsaustausch unterstützt.

Hidden Agenda

Ein verstecktes Motiv oder eine versteckte Absicht hinter einer offenen Handlung.

Infografik

Visuelle Repräsentation von Information und Daten durch geschickte Kombination und Anordnung von Text, Grafiken, Bildern und Videos auf max. einer Seite.

Instant Messaging

Eine synchrone Kommunikationsmethode, bei der sich zwei oder mehr Personen mit Hilfe von Textnachrichten unterhalten. Die Teilnehmer sind über ein Netzwerk (z.B. Internet) miteinander verbunden.

Metasuchmaschine

Eine Suchmaschine, die eine Suchanfrage an andere Suchmaschine weiterleitet und die Ergebnisse für den Anwender bündelt.

Quick Wins

Ohne großen Aufwand schnell erzielte Erfolge.

Podcasting

Ein dezentrales, internetbasiertes Medienkonzept, das die Erstellung, Gestaltung und Veröffentlichung von personalisierten Medieninhalten umfasst. Die audio-/visuellen Inhalte (Podcasts) werden in Medienkanälen thematisch zusammengefasst und können von Abonnenten raum- und zeitunabhängig konsumiert werden.

Projektkooperationssystem

Eine Web-Applikation, die einem Projektteam alle Funktionalitäten für die Zusammenarbeit bietet. Neben synchronen und asynchronen Kommunikationsmethoden stehen meist Gruppenkalender, virtuelle Meetingräume, gemeinsame Bearbeitung von Dokumenten und Tasklisten zur Verfügung.

Rapport

Der intensive psychische Kontakt zwischen Personen; ein Begriff aus dem Wissensgebiet der Psychologie.

RSS Feeds

Eine Internet-Technologie, mit deren Hilfe der Anwender Web-Seiten abonnieren kann. Der Abonnent erhält automatisch eine Kurzzusammenfassung der Änderungen von allen abonnierten Web-Seiten.

SCRUM

SRUM bedeutet im Englischen „Gedränge". Es ist ursprünglich ein Vorgehensmodell für agile Softwareentwicklung, bei der die Planung und Entwicklung des Software-Produkts durch schrittweise Verfeinerung erfolgt. Die Software-Entwickler sind in Teams organisiert und arbeiten nahezu gleichberechtigt. Mittlerweile wird diese Vorgehensweise in vielen anderen Branchen erfolgreich eingesetzt.

SMS (Kurznachrichtendienst)

Ein Telekommunikationsdienst, der das Senden und Empfangen von kurzen Textnachrichten ermöglicht.

Social Bookmarking

Das Anlegen, Kategorisieren, Beschreiben und Teilen von Lesezeichen (engl. bookmarks) auf favorisierte Webseiten durch die Benutzer von Social-Bookmarking-Diensten im Internet.

Social Media (Soziale Medien)

Die Gesamtheit aller digitalen Medien, mit deren Hilfe Internetbenutzer miteinander kommunizieren, Erfahrungen, Eindrücke oder Informationen austauschen und Inhalte gemeinsam erzeugen können.

Social Media Monitoring

Der permanente Beobachtung und Auswertung von redaktionellen und nutzergenerierten Inhalten in sozialen Netzwerken auf Basis definierter Schlüsselwörter.

Social Networking

Das Nutzen des Internets, um Informationen zu teilen und mit Personen(-gruppen) zu kommunizieren mit Hilfe von speziell für diesen Zweck entwickelten Webseiten.

Social Tagging

Die gemeinschaftliche Beschlagwortung von Internet-Inhalten durch die Benutzer der Webseiten. Eine so erzeugte Sammlung wird Folksonomie (engl. Folksonomy) genannt und kann in Tag-Clouds visualisiert werden, in denen die am häufigsten benutzten Schlüsselwörter am größten dargestellt werden.

Spezialsuchmaschine

Eine Suchmaschine, deren Suchradius auf bestimmte Themengebiete oder Regionen beschränkt ist, um dem Anwender schneller relevante Ergebnisse liefern zu können.

Streaming

Eine im Internet weit verbreitete Technologie, mit deren Hilfe bereitgestellte Audio- und Video-Dateien kontinuierlich übertragen werden können.

Suchmaschine

Ein SW-System, das Datenbanken oder das Internet durchsucht, die gefundenen Informationen indexiert, um Suchanfragen von Anwendern beantworten zu können. Die Ergebnisse von Suchanfragen werden nach Relevanz geordnet dargestellt.
Synonyme: Web-Suchmaschine, Universalsuchmaschine

Team Bookmarking

Social Bookmarking, bei dem alle Aktivitäten ausschließlich durch die Teammitglieder erfolgen.

Teamräume

Virtuelle Orte im Internet, an denen die Teammitglieder online miteinander kommunizieren, Informationen austauschen und gemeinsam an Projekten arbeiten können.

Telefonkonferenz

Eine synchrone Kommunikationsmethode, bei mehrere Personen mit Hilfe einer sog. Konferenzschaltung eines Telekommunikationssystems miteinander gleichzeitig telefonieren können.

Unkonferenz

Ein offenes Veranstaltungsformat, bei dem sowohl Inhalte als auch der Ablauf zu Beginn der Konferenz gemeinsam mit den Teilnehmern festgelegt wird.

Synonyme: Barcamp, BarCamp, Mitmach-Konferenz, Ad-hoc-Konferenz

Videokonferenz

Eine synchrone Kommunikationsmethode, bei der sich zwei oder mehr Personen über Bild- und Tonverbindung austauschen.

Virtual Reality

Eine computergenerierte Umgebung, die der Benutzer als reales Umfeld erlebt.

Webkonferenz

Eine Videokonferenz, bei der die Teilnehmer nicht nur video-unterstützt kommunizieren, sondern sich auch Bildschirminhalte teilen und gemeinsam an Dokumenten arbeiten können.

Web-Notebook

Ein Notizbuch, dessen beschriebene Seiten einzeln elektronisch abgespeichert werden, um sie digital weiterverarbeiten und anderen zur Verfügung stellen zu können.

Wertschätzendes Interview (Appreciative Inquiry)

Eine Ressourcen-orientierte Form der gegenseitigen Befragung, die über die Wertschätzung der Person und ihrer Arbeit bis zum Entdecken von wertvollen Elementen in der Unternehmenskultur der gesamten Organisation führt.

wiki

Eine Webseite, die den Anwendern das Hinzufügen eigener und Ändern fremder Inhalte direkt im Webbrowser ermöglicht.

Workflow Management System

Ein SW-System für die (visuelle) Modellierung, Simulation und Ablaufsteuerung von Geschäftsprozessen.

Abkürzungsverzeichnis

CATI	Computer Aided Telephone Interview
FAQ	Frequently Asked Questions
ICK	Information, Communication, Knowledge
IT	Informationstechnik
LLP	Lessons Learned Prozess
ROI	Return on Investment
RSS	Really Simple Syndication
SNA	Soziale Netzwerkanalyse
SRWM	Semantischer Raum des Wissensmanagements
SW	Software
WM	Wissensmanagement

Index

Über die Autoren

Angelika Mittelmann

Angelika Mittelmann beschäftigt sich seit mehr als zwei Jahrzehnten mit dem Thema Wissensmanagement in der Theorie und vor allem auch in der Praxis. Sie war langjährige Mitarbeiterin der voestalpine Stahl GmbH, wo sie die organisationsweite Einführung von Wissensmanagement verantwortete. Bis zu ihrem Ausscheiden begleitete sie zahlreiche Wissenstransferprozesse und einige große Change-Projekte. Seit vielen Jahren ist sie in der Lehre und in der Beratung sowie im Training mit den Schwerpunkten Wissensmanagement und Wissenstransfer tätig. 2015 erhielt sie den Knowledge Management Award für ihr Lebenswerk. Sie ist Mitglied des Beirats der Gesellschaft für Wissensmanagement und Autorin vieler Publikationen, insbesondere des „Werkzeugkasten Wissensmanagement".

Manfred della Schiava

Manfred della Schiava hat als Wissensmanagement-Pionier der ersten Stunde die Entwicklungsphasen dieser Management-Disziplin mitgemacht. Er ist Inhaber und Gründer des Wissensberater-Netzwerkes, das sich auf die Begleitung von Veränderungsprozessen in den Bereich „Zukunft der Arbeit", „Büro der Zukunft" und die „Digitale Transformation in Organisationen" spezialisiert hat. Durch seine eigene Führungserfahrung in Organisationen, seine Betätigungen in internationalen Netzwerken und durch vielseitige Zertifizierungen als u.a. Systemischer Berater, Psychodynamischer Berater, Lego-Serious-Play Facilitator, Certified Business Consultant für „The New World of Work", Business-Yoga-Instructor vereinigt er die unterschiedlichsten Wissensgebiete und Methoden für die Begleitung von Transformations-Prozessen in lebendigen Systemen. Sein Herzensanliegen ist die Gesundheit der Menschen im Leben und die Achtsamkeit in Organisationen, damit das Arbeitsleben Spaß und Freude bereitet.

Werkzeugkasten Wissensmanagement - eine Methodensammlung für Praktiker

Wissensmanagement ist aus dem Unternehmensalltag erfolgreicher Firmen nicht mehr wegzudenken. In vielen Unternehmen hat es einen gewissen Stellenwert erlangt, in manchen wird ihm strategische Bedeutung beigemessen. Ob und inwieweit Wissensmanagement in einem Unternehmen Eingang gefunden hat, ist daran zu erkennen, welche und wie viele Methoden des Wissensmanagements zum Einsatz kommen. Den mit Wissensmanagement Beauftragten stellt sich immer wieder die Frage, ob die richtigen Methoden verwendet werden bzw. ob andere oder weitere noch besser geeignet wären, die Unternehmensziele zu unterstützen.

Der vorliegende Werkzeugkasten wendet sich an diese Praktiker. Gut sortiert, findet der Wissensmanager für viele seiner Herausforderungen die passenden Methoden. Die Bandbreite der über 60 Methoden ist so gewählt, dass ein breites Spektrum von Anwendungsfällen abgedeckt werden kann. Methoden, die dem persönlichen Wissensmanagement dienen, sind hier ebenso zu finden wie Einführungsmethoden für organisationales Wissensmanagement oder Steuerungsmethoden für das intellektuelle Kapital eines Unternehmens. Die Methodenbeschreibungen sind so abgefasst, dass sie - etwas Erfahrung im Wissensmanagement vorausgesetzt - unmittelbar angewendet werden können.

Das Paperback-Buch umfasst 284 Seiten mit 59 Abbildungen und ist unter der ISBN 978-3-8423-7087-6 zum Preis von 25 € inkl. MwSt. verfügbar. Als e-Book ist die Publikation unter ISBN 9783844862270 erhältlich.